I0881126

HIPPOCRATE

DU RÉGIME

COLLECTION DES UNIVERSITÉS DE FRANCE
publiée sous le patronage de l'ASSOCIATION GUILLAUME BUDÉ

HIPPOCRATE

TOME VI

1re partie

DU RÉGIME

TEXTE ÉTABLI ET TRADUIT

PAR

ROBERT JOLY

Professeur au Centre Universitaire de Mons
Chargé de cours à l'Université Libre de Bruxelles

Deuxième tirage

PARIS
LES BELLES LETTRES
2003

Conformément aux statuts de l'Association Guillaume Budé, ce volume a été soumis à l'approbation de la commission technique, qui a chargé M. Jacques Jouanna d'en faire la révision et d'en surveiller la correction en collaboration avec M. Robert Joly.

Tous droits de traduction, de reproduction et d'adaptation réservés pour tous les pays.

© 2003. Société d'édition Les Belles Lettres
95 boulevard Raspail, 75006 Paris
www.lesbelleslettres.com

Première édition 1967

ISBN : 2-251-00154-9
ISSN : 0184-7155

NOTICE

I

La diététique

La diététique dans la médecine grecque classique.

On ne saurait surestimer le rôle de la diététique dans la médecine grecque classique.

En l'absence de toute connaissance biochimique, médicale et pharmaceutique vraiment scientifique, il était fatal que la nourriture prît une importance capitale, souvent fort exagérée. Pour le Grec de l'époque, qui ignorait aussi l'existence des microbes, l'aliment était, avec l'air, la seule chose que l'homme absorbât et fît sien : c'était donc aussi la cause essentielle des maladies internes. Pour être scientifique, la diététique aurait dû pouvoir se fonder, comme de nos jours, sur l'analyse chimique des aliments, les lois de l'assimilation et les besoins du corps, trois points où l'ignorance, jusqu'au XIXe siècle, était à peu près totale. Ne nous attendons donc pas à trouver en Grèce une diététique scientifique.

Mais nous trouverons, dès le Ve siècle[1], une diététique rationnelle, c'est-à-dire une « science » du régime toute dégagée de la religion et de la magie, s'établissant par le seul effort de la raison.

1. Nos documents ne nous permettent pas, en tout cas, de remonter plus haut que la fin du VIe siècle, avec le pythagorisme. Galien (V, 869, Kühn) remarquait déjà que, contrairement à la pharmaceutique et à la chirurgie, la diététique, comme le traitement des maladies internes, était absente des œuvres homériques. Cf. Ch. Daremberg, *La médecine chez Homère*, Paris, 1865, p. 84 sq.

Non pas, à vrai dire, une raison triomphante, en possession de la véritable méthode expérimentale, mais une raison souffrante, victime des préjugés et des mille pièges de l'inconscient et de l'évidence sensible.

Si la mission du philologue est de donner la meilleure édition possible de ces textes, celle de l'historien des sciences doit être notamment d'en évaluer le niveau rationnel, ce qui revient, selon nous, à appliquer à la diététique grecque la méthode psychanalytique de G. Bachelard[1]. A notre connaissance, la chose n'a jamais été tentée ; nous avons au moins voulu amorcer ce travail dans nos *Recherches sur le traité pseudo-hippocratique Du Régime*[2].

Place de la diététique dans la Collection hippocratique.

Il suffit de parcourir la *Collection hippocratique* pour voir toute la place qu'y occupe la diététique.

Les traités cnidiens détaillent un régime à suivre à propos de chaque maladie décrite[3]. Si nous n'avons rien de semblable pour l'École de Cos, nous trouvons là des traités entiers consacrés au régime : le *Régime des maladies aiguës*, que seul Edelstein affirme cnidien[4], et le *Régime salutaire*, un peu plus tardif à notre avis[5]. Un traité aussi important que l'*Ancienne médecine* est surtout une dissertation sur le régime. Parmi les œuvres les plus sûrement coaques, les *Fractures* et les *Articulations* précisent sobrement, mais assez souvent[6], le ré-

1. *La formation de l'esprit scientifique*, Paris, 1938.

2. Paris-Liège, 1961, p. 108 sq. Nous avons écrit, depuis lors, un livre sur ce sujet : *Le niveau de la science hippocratique*, Paris, Les Belles Lettres, 1966.

3. On s'en aperçoit facilement en parcourant notamment les traités *Maladies II* et *Affections internes* ; nous avons cité quelques exemples dans nos *Recherches*, p. 196 sq.

4. Περὶ ἀέρων *und die Sammlung der hippokr. Schriften*, (*Problemata*, 4), Berlin, 1931, p. 154 sq.

5. Cf. nos *Recherches*, p. 188 sq.

6. Voyez un relevé de ces passages dans nos *Recherches*, p. 202, n. 1.

gime à suivre, malgré la nature du sujet qui ne paraîtrait pas, à première vue, réclamer d'indications diététiques. Et un texte d'origine obscure, mais qui était certainement admis de tous, le fameux *Serment*, aborde les règles d'ordre proprement médical par le mot διαιτήμασι.

Origine pythagoricienne de la diététique.

Ce sont vraisemblablement les Pythagoriciens qui ont fondé la diététique. Malheureusement, notre information dépend de doxagraphes parfois très tardifs et les témoignages recueillis dans ces conditions sont souvent l'objet d'une méfiance exagérée.

Les Pythagoriciens liaient fortement soin de l'âme et soin du corps, comme Platon, sur leurs traces, dans le *Timée*[1] ; ils faisaient la purgation de l'âme par la musique et celle du corps par la médecine, nous apprend Aristoxène[2]. Il n'est pas étonnant dès lors que la médecine, selon eux, ç'ait été d'abord la diététique[3]. Bien mieux, le même passage de Jamblique (= Aristoxène) précise qu'ils cherchaient à comprendre les signes du rapport exact entre d'une part aliments et boissons, et d'autre part, le repos[4]. Jamblique nous apprend aussi[5]

1. *Timée*, 86 d-e ; cf. notre article *Platon et la médecine*, Lettres d'humanité, 1961, p. 435-451. Le parallélisme entre l'âme et le corps permettait notamment aux Pythagoriciens d'appliquer, avant Platon, le vocabulaire médical à la vie morale, plus profondément que par simple métaphore ; cf. Diogène Laërce, VIII, 33 ; Élien, *V. H.*, IV, 17 ; Jamblique, *V. P.*, §§ 64, 110, 196 et 225 ; A. Delatte, *Études sur la littérature pythagoricienne*, Liège-Paris, 1911, p. 280 sq.

2. Cf. *Vorsokratiker*, 58 D 1, p. 468, 19 sq. : ὅτι οἱ Πυθαγορικοί, ὡς ἔφη Ἀριστόξενος, καθάρσει ἐχρῶντο τοῦ μὲν σώματος διὰ τῆς ἰατρικῆς, τῆς δὲ ψυχῆς διὰ τῆς μουσικῆς. Cependant, la musique jouait aussi selon eux un grand rôle en médecine : cf. Jamblique, *V. P.*, 110.

3. *Ibid.*, p. 467, 5 sq. : τῆς δὲ ἰατρικῆς μάλιστα μὲν ἀποδέχεσθαι τὸ διαιτητικὸν εἶδος καὶ εἶναι ἀκριβεστάτους ἐν αὐτῷ κ. τ. λ.

4. *Ibid.* : Καὶ πειρᾶσθαι πρῶτον μὲν καταμανθάνειν σημεῖα συμμετρίας ποτῶν τε καὶ σίτων καὶ ἀναπαύσεως...

5. *V. P.*, 97. Cf. A. E. Taylor, *A Commentary on Plato's Timaeus*, Oxford, 1928, p. 629 sq.

qu'après l'étude du matin, les fidèles s'adonnaient aux exercices physiques.

On pourrait à la rigueur se méfier d'Aristoxène, encore qu'on ait de bonnes raisons de le suivre. Mais Alcméon déjà révèle[1] l'importance de l'équilibre en médecine (ἰσονομία, κρᾶσις) et les Comiques du IVe siècle se moquent du régime austère des Pythagoriciens[2]. Nul doute que, dans le genre de vie dont Platon attribue la découverte à Pythagore[3], il ne faille inclure la diététique.

Il est moins douteux encore que c'est au nom d'une religion et d'une morale élevées que les Pythagoriciens veillent à l'équilibre, à la santé du corps. Dans l'ancien pythagorisme, la science purifie l'âme ; elle est κάθαρσις, terme d'abord médical[4]. La santé de l'âme dépend en partie au moins de la santé du corps : le *Timée*, sur ce point aussi, s'inspire du pythagorisme. La diététique rationnelle des pythagoriciens avait des mobiles religieux et moraux, sans compter qu'une secte moins scientifique comme les *Acousmatiques* pouvait fort bien y mêler de vieux tabous alimentaires[5].

Un diététicien : Hérodicos de Sélymbrie.

L'idée de juste mesure, d'équilibre, nous la retrouvons très vite chez Hérodicos de Sélymbrie, un des grands sophistes et le fondateur, selon Platon[6], de la diététique. Mais cela ne suffit pas à faire croire qu'Hérodicos était pythagoricien, pas plus que l'auteur de l'*Ancienne médecine*. En réalité, la diététique,

1. *Fragment* 4.
2. Cf. *Vorsokratiker*, 58, fin ; E. Zeller, 1903³, III², p. 93, n. 3 ; A. Maddalena, *I Pitagorici*, Bari, 1954, p. 312 sq.
3. *République*, X, 600 a.
4. Cf. E. Howald, *Eine Vorplatonische Kunsttheorie*, in Hermes, 1919, p. 187-207 ; R. Joly, *Le thème philosophique des genres de vie...*, 1956, p. 35 sq.
5. Cf. A. Delatte, *o. l.*, ch. x, *Le catéchisme des acousmatiques.*
6. *République*, III, 406 a sq. ; cf. aussi *Protagoras*, 316 d, et *Phèdre*, 277 d.

si elle fut jamais l'apanage des Pythagoriciens, est très vite tombée dans le domaine public. Si un médecin grec traite de l'équilibre des humeurs, ou Hérodicos de l'équilibre entre aliments et exercices, ce serait verser dans l'esprit de système que de les croire pythagoriciens ; il faut admettre plus simplement que l'origine de l'idée, vite oubliée sans doute, est pythagoricienne.

Nous connaissons Hérodicos surtout par les témoignages remarquablement concordants de Platon, qui le critique vivement dans la *République*[1], du livre VI des *Épidémies*[2] et de Ménon, dans le papyrus de l'*Anonyme de Londres*[3].

Hérodicos affirme que les maladies proviennent d'un régime contraire à la nature et que le régime naturel doit inclure des exercices et une certaine vie dure[4]. C'est ce qui fait dire à l'auteur d'*Épidémies VI* qu'il tuait les fébricitants à force de courses, de lutte et de bains de vapeur. Hérodicos croit encore que les maladies sont causées par le conflit entre la chaleur et l'humidité du corps[5].

Ces doctrines sont reprises, précisées et développées par l'auteur du *Régime*, au point qu'on a cru parfois, mais à tort[6], qu'Hérodicos en est l'auteur.

Il faut éviter d'être dupe de notre information très fragmentaire. Hérodicos a certainement joué un grand rôle dans la promotion de la diététique classique, mais l'idée était dans l'air. Elle est trop naturelle pour que nous attribuions au sophiste de Sélymbrie un rôle exclusif. Il nous paraît certain que la diététique cnidienne

1. *Ibid.*
2. *Épidémies*, VI, 3, 18.
3. IX, 20 sq.
4. *Ibid.*, IX, 23 : ἄλγη δ' ὅσα δεῖ.
5. Il faut comprendre que ce conflit est lui-même provoqué par un mauvais régime.
6. Le chapitre XXIV s'oppose à cette attribution ; cf. la note *ad locum.*

ou coaque ne lui doit pas grand-chose. Mais le *Régime* lui doit beaucoup et c'est ici ce qui importe[1].

II

Le traité *DU RÉGIME*[2]

La date du traité. Traditionnellement, et surtout depuis C. Fredrich[3], on attribue le *Régime* à la fin du ve siècle, on le date des environs de 400.

Telle est bien aussi notre conviction, malgré plusieurs avis divergents.

Le *Régime* s'inspire visiblement de penseurs du ve siècle : d'Hérodicos, d'Anaxagore, d'Archélaos, d'Empédocle, des Pythagoriciens, des Sophistes, d'Héraclite... ; il pastiche Protagoras et emprunte aux *Dialexeis* : tout le désigne comme une œuvre éclectique de la fin du ve siècle.

W. Jaeger, qui lie trop étroitement la question du *Régime* à celle de Dioclès de Caryste[4], est d'avis que ce traité date du IVe siècle, d'assez avant dans le IVe siècle, semble-t-il[5], mais n'a pas subi l'influence d'Aristote.

1. L'étude de L. Edelstein, *Antike Diatetik*, Die Antike, 1931, p. 255-278, se fonde trop exclusivement, pour l'époque que nous envisageons, sur le traité *Du Régime*, avec, selon nous, des erreurs d'interprétation assez importantes, notamment à propos des préoccupations sociales de l'auteur (cf. *infra*, p. XXI, et *Recherches*, p. 132 sq., surtout p. 133 et n. 8).

2. Nos *Recherches* mentionnées plus haut doivent être considérées comme une vraie introduction à la présente édition. Sous peine de nous répéter fastidieusement, nous nous bornerons à des indications résumées. Nous citons notre étude simplement par *Recherches*.

3. *Hippokratische Untersuchungen*, Berlin, 1899, p. 217 sq.

4. W. Jaeger a établi définitivement que Dioclès de Caryste vivait plus tardivement qu'on le croyait, à la fin du IVe siècle et au début du IIIe ; cf. *Diokles von Karystos. Die griechische Aerzteschule und die Schule des Aristoteles*, Berlin-Leipzig, 1938.

5. Une erreur d'interprétation de nos notes de lecture nous a fait dire dans nos *Recherches* que Jaeger proposait la date de 320. En

L'éminent philologue avance en faveur de cette thèse un certain nombre d'arguments rapides et vagues; nous les avons combattus dans nos *Recherches*[1] et nous ne voyons pas la nécessité d'y revenir ici.

G. S. Kirk[2], qui admettrait une date postérieure à 350, remarque que l'éclectisme n'est pas propre à la fin du ve siècle. Il a raison, mais cette vérité très générale ne change rien au problème. C'est qu'il y a bien des formes d'éclectisme; celui qui apparaît dans le *Régime* et qui exploite exclusivement la pensée présocratique ne nous paraît pas possible à une date beaucoup plus tardive que 400.

Le second argument du même auteur nous semble encore plus fragile : la diététique du *Régime* ressemble à celle de Dioclès et devrait être en gros de la même époque.

Mais les principes diététiques du *Régime* se retrouvent dans d'autres œuvres de la *Collection hippocratique*. L'*Ancienne médecine*, le *Régime des maladies aiguës*, les *Affections* seraient-ils de la seconde moitié du IVe siècle? La diététique qu'on y trouve ressemble fort à celle du *Régime*; c'est bien la même pensée, malgré des divergences de détail[3]. Hérodicos de Sélymbrie, d'autre part, serait-il, malgré Platon et quelques autres, contemporain de Dioclès?

On ne peut malheureusement espérer que l'étude de la langue apporte des lumières décisives dans cette question. L'ionien hippocratique forme un bloc relativement homogène; on ne dispose d'aucun critère linguistique qui permettrait de dater une œuvre de 350

réalité, Jaeger opte pour une date « plus tardive », en plein IVe siècle, mais sans préciser davantage.

1. *Recherches*, p. 206 sq.

2. *Heraclitus. The Cosmic Fragments*, Cambridge, 1954, p. 27 sq.; J. H. Kühn opte pour la première moitié du IVe siècle; cf. *System-und Methodenprobleme im Corpus Hippocraticum*, Wiesbaden, 1956, p. 80, n. 1.

3. Cf. *Recherches*, p. 99 sq., 184 sq. et 192 sq.

plutôt que de 400. Il nous semble toutefois que l'emploi de certains mots et la composition de certains paragraphes favorisent bien plutôt la date haute[1].

En résumé, tous les éléments sûrement datés nous portent vers le ve siècle, mais aucun ne fait penser indiscutablement au ive. Maintenons donc la date traditionnelle.

L'auteur du traité. Quant à l'auteur, il est, comme celui des autres œuvres de la *Collection*, anonyme. Les anciens se perdaient déjà en conjectures ; Galien écrit qu'ils hésitaient entre Hippocrate, Philistion, Ariston, Euryphon, Phérécyde, et aussi Philétas et Phaon, dont on ne sait rien[2]. Certains modernes ont préféré Hérodicos de Sélymbrie, à cause de la parenté manifeste de la doctrine, mais l'hypothèse n'est pas plus heureuse[3]. Il faut renoncer à vouloir l'impossible.

Les influences dont témoigne le traité. Ce qu'on peut faire et qui est plus intéressant, c'est reconnaître les courants de pensée médicale auxquels se rattache l'auteur.

Le *Régime* expose, chapitre IX sq., la doctrine philosophique du microcosme : on pourrait dire que l'œuvre elle-même est un microcosme où se reflètent clairement les principaux courants de la médecine classique grecque.

Le livre I fonde la diététique, l'embryologie, la caractérologie, etc., sur une anthropologie et une cosmologie dualistes qui viennent tout droit de la pensée présocratique. L'auteur fait dériver la médecine de la philoso-

1. Nous pensons par exemple aux mots γνώμη, συλλαβή ; cf. *Recherches*, p. 217, et, pour la composition, p. 29 et 208.

2. Galien, VI, 473 ; XV, 455, et XVIII, I, 9 K.

3. Cf. la note au ch. XXIV. L'attribution à un disciple d'Hérodicos (W. H. S. Jones, *The medical writings of Anonymus Londinensis*, Cambridge, 1947, p. 49, n. 35) atténue peut-être un peu la difficulté, mais reste une pure conjecture.

phie ; il n'est pas le seul à le faire dans la *Collection*, mais le *Régime*, par son ampleur et son importance, dépasse de loin les petits traités des *Vents* et des *Chairs* qui se rattachent au même dogmatisme philosophique.

Par contre, le livre II est jugé par Galien[1] digne d'Hippocrate et, en effet, on ne voit pas bien ce que l'École de Cos aurait pu écrire de très différent en la matière. Le principe même de la polyvalence diététique des aliments est celui de l'*Ancienne médecine*[2] et le catalogue des aliments, boissons et exercices, très complet et très rationnel, ne pouvait guère être dépassé, pas plus à Cos qu'à Cnide.

Le livre III enfin, et notamment la découverte personnelle de l'auteur, révèle avec les traités les plus sûrement cnidiens un air de famille fort reconnaissable. Le *Régime* suit là, jusque dans le détail, un schéma cnidien de description nosologique[3].

Ainsi, même sur le plan strictement médical, l'auteur est un éclectique.

Il ne faudrait pas en déduire à la légère que nous nous trouvons devant une œuvre tiraillée entre mille tendances et foncièrement incohérente.

Tout d'abord, le *Régime* est l'œuvre la plus clairement composée de la *Collection hippocratique*[4]. Certaines digressions n'ont jamais autorisé personne à méconnaître l'unité ordonnée de l'ensemble.

Quant à la doctrine, elle est dominée par quelques principes précis qui régissent tout le traité : anthropologie dualiste, équilibre entre aliments et exercices, manière de rétablir cet équilibre quand il est rompu ou menace de l'être.

1. Galien, VI, 473 K.
2. *Ancienne médecine*, XV ; *Recherches*, p. 97 sq.
3. *Recherches*, p. 193 sq.
4. *Recherches*, p. 11 sq., et, pour d'autres traités hippocratiques, B. A. van Groningen, *La composition littéraire archaïque grecque*, Amsterdam, 1958.

Ces trois principes eux-mêmes ne sont pas simplement juxtaposés, mais au contraire étroitement liés. Le feu et l'eau, avec leurs qualités antagonistes et complémentaires, se retrouvent forcément dans les aliments et dans les effets des exercices. L'équilibre entre les aliments et les exercices s'exprime et s'explique par les notions de froid, de chaud, de sec et d'humide ; et si cet équilibre vient à se rompre, on ne saurait le rétablir qu'en agissant sur ces mêmes contraires par leurs contraires, selon la doctrine avouée de l'auteur[1] et de beaucoup de Présocratiques.

Ainsi, l'œuvre est cohérente, malgré certaines disparates de détail.

Si l'auteur est un éclectique, il n'est pas un compilateur au sens strict et péjoratif que lui donnait Fredrich[2] et que maintiennent encore parfois quelques savants contemporains.

III

Analyse de l'œuvre

Livre I. Après avoir précisé son attitude à l'égard de ses prédécesseurs (ch. I), l'auteur expose les grands points de sa doctrine (II) ; c'est au fond la table des matières de l'œuvre entière, excepté le livre IV sur les rêves. La diététique est fondée sur la nature humaine au sens philosophique du terme. La santé provient de l'équilibre entre aliments et exercices ; il faut donc connaître en détail les qualités des uns et des autres, mais aussi l'influence d'autres facteurs, humains ou extérieurs : l'âge, le sexe, le lieu, les vents, les saisons... Enfin et surtout, l'auteur a découvert personnellement la *prodiagnose*, diagnostic préventif qui annonce les prochains

1. Cf. LXXXI, 1 (fin) ; XC, 3 (fin) sq., 7.
2. *Op. cit.*, *passim*.

déséquilibres entre aliments et exercices, et le régime qui, dans chaque cas, maintiendra ou rétablira l'équilibre et, partant, la santé.

Avec le chapitre III commence l'exposé anthropologique : l'homme, comme tous les êtres vivants, est formé de deux éléments, l'eau et le feu. L'auteur étend ce dualisme à la cosmologie (IV et V), puis aborde la biologie, plus précisément l'embryologie (VI sq.).

Les chapitres VI-VIII sont parmi les plus obscurs du traité. L'influence d'Anaxagore et de son école est directe et fondamentale[1] ; par contre, celle d'Héraclite, traditionnellement jugée décisive, est plus superficielle : imitation du style et développement du πάντα χωρεῖ, mais en des termes qui ne sont pas spécifiques de l'Éphésien.

L'auteur décrit ensuite (IX) la formation du fœtus qu'il met en parallèle avec la structure de l'Univers (X) : c'est la doctrine du micro-macrocosme, très répandue dans la philosophie présocratique. Le *Régime* nous paraît s'inspirer ici directement, mais librement, du traité des *Semaines*, et l'inspiration générale de tout ce passage nous semble pythagoricienne.

Les chapitres XI-XXIV constituent une longue digression sur les τέχναι ; selon l'auteur, les artisans imitent, sans le savoir, la nature humaine. Le catalogue des techniques reste fort obscur sur plusieurs points, mais tout cela se rattache manifestement à la doctrine micro-macrocosmique et doit avoir la même origine.

Après cette digression, l'exposé embryologique continue (XXV sq.). L'auteur explique le sexe de l'enfant (XXVII), expose une caractérologie somatique selon le sexe (XXVIII-XXIX), se préoccupe du cas des jumeaux (XXX), de la superfétation (XXXI), avant de reprendre

1. En plus de nos *Recherches*, il faut voir l'article remarquable de P. Kucharski, *Anaxagore et les idées biologiques de son siècle*, in Revue philosophique, 1964, p. 153-161.

un classement caractérologique, en fonction, cette fois, des deux éléments constitutifs (XXXII). Viennent ensuite les caractères des âges (XXXIII), des sexes (XXXIV) et les variétés de l'intelligence (XXXV), expliquées selon la même méthode. Nous ne possédons rien d'aussi systématique et d'aussi cohérent à la même époque.

Le livre I se termine un peu brusquement (XXXVI) : l'auteur oppose les qualités intellectuelles modifiables par le régime et les qualités morales où le régime n'est pour rien. L'explication, ici, serait à chercher dans les qualités des πόροι, selon une doctrine d'Empédocle.

Livre II. Le second livre s'ouvre sur deux chapitres de géographie physique exposant les caractères des lieux et des vents. Ils nous paraissent bien plus proches de la manière des Présocratiques que de celle, plus empirique, du traité des *Airs*, *eaux*, *lieux* hippocratique. Anaxagore, Parménide et les Pythagoriciens pourraient avoir inspiré l'auteur ici aussi.

Le chapitre XXXIX introduit le catalogue par une doctrine fort intéressante : il est inutile de parler globalement des matières grasses ou salées ou douces, car, à l'intérieur de chacune de ces catégories, chaque aliment a d'autres qualités différentes. Nous reconnaissons ici une tendance empirique qui est celle de l'*Ancienne médecine*.

Suit un catalogue d'aliments, de boissons et d'exercices ; c'est le plus complet que nous possédions de ce temps. L'auteur entre dans un très grand détail : il ne s'agit pas seulement par exemple de l'orge, mais des différentes préparations de l'orge.

Voici l'ordre des matières : l'orge (XL), le cycéon et le lait (XLI), le blé (XLII), l'épeautre (XLIII), pains rassis et frais (XLIV), les légumineuses et les graines (XLV), les viandes (de boucherie) (XLVI), les volailles (XLVII), les poissons et crustacés (XLVIII), diverses qualités des viandes (XLIX), les œufs (L), le fromage (LI), les boissons (LII), le miel et le vin doux (LIII), les légumes (LIV), les fruits (LV), diverses qualités des aliments et de leurs préparations (LVI).

La suite aborde le rôle des bains (LVII), de l'onction, du soleil, du froid, du coït (LVIII), des vomissements provoqués (LIX), du sommeil et de l'insomnie, de l'inaction et de l'activité, d'un seul repas par jour (LX). Puis viennent les exercices naturels (LXI), les promenades (LXII), les courses (LXIII), différents mouvements, la lutte et la friction (LXIV), les exercices faits dans la poussière ou le corps huilé (LXV). Le livre se termine par l'étude des courbatures (LXVI).

Livre III. Après une introduction où l'auteur réaffirme sa découverte (LXVII), nous trouvons la description d'un régime annuel (LXVIII). Nous avons essayé de montrer[1] que c'est seulement par un artifice littéraire très curieux que ce régime est dédié aux besogneux obligés de travailler pour vivre. D'une part, en effet, tout le monde doit veiller à corriger dans son régime l'influence des saisons (cf. ch. II) et, d'autre part, la matière même du chapitre LXVIII illustre bien plutôt le désintéressement de l'auteur à l'égard des « économiquement faibles ».

Mais cette astuce lui permet de dédier enfin sa découverte personnelle à l'élite bourgeoise et intellectuelle (LXIX).

A partir du chapitre LXX se suivent quinze cas différents où l'équilibre entre les aliments et les exercices est menacé, où la santé est donc sur le point d'être compromise ; l'auteur indique chaque fois le régime adéquat.

Ces quinze cas doivent de toute évidence se répartir en deux catégories : la première où les aliments dominent

1. *Recherches*, p. 132 sq.

les exercices ; l'autre où les exercices dominent les aliments. Mais la répartition traditionnelle (6-9) et plusieurs autres tentatives divergentes nous paraissent erronées. Nous avons longuement montré[1] qu'il faut grouper les neuf premiers cas dans la première catégorie et les six derniers seulement dans la seconde. Ainsi est sauvegardée la clarté et la cohérence du livre III, et l'auteur absous des reproches injustes de confusion et de contradiction.

Le chapitre LXXXV est une conclusion malheureusement partielle qui ne vise que la seconde catégorie des symptômes.

Livre IV. Ce livre, beaucoup plus bref que les trois premiers, a souvent dans les manuscrits un titre propre : *des Rêves*, mais il y vient toujours à la suite du *Régime*. La très grande majorité des spécialistes considèrent qu'il fait partie intégrante de l'œuvre. L'analyse que nous avons faite de la diététique de ce livre ne fait que confirmer la conviction générale[2].

L'auteur utilise ici les rêves comme indices d'un dérangement dans le corps. Il ne s'agit pas du tout de divination ; le rêve ne prédit pas l'avenir ; il est un symptôme comme un autre d'un état présent du corps. La *Collection hippocratique* atteste d'autres exemples de cette méthode[3]. Si l'application qu'en fait l'auteur est, on le pense bien, tout à fait périmée, le principe même est toujours admis par la psychologie d'aujourd'hui. Le professeur D. Lagache écrit : « Un rêve de grossesse

1. *Recherches*, p. 138 sq.
2. *Recherches*, p. 168 sq.
3. Cf. Fredrich, *op. cit.*, p. 206-217. On peut lire aussi les quelques pages de I. Dambska, *Le problème des songes dans la philosophie des anciens Grecs*, Revue philosophique, 1961, p. 11-24, et E. R. Dodds, *The Greeks and the Irrational*, Berkeley et Los Angeles, 1951, p. 119 et 133.

peut précéder la découverte médicale d'une tumeur[1]. »

Il reste que l'auteur avait, au chapitre II, annoncé tous les sujets qu'il aborderait, sauf celui-ci : le livre IV est ce que nous appellerions un appendice. Mais cela n'excuse pas l'auteur ; c'est la seule grave erreur de composition qu'il ait commise.

IV

Manuscrits et éditions

1. *Les manuscrits.*

Manuscrits de base. Les deux manuscrits de base pour l'édition du Περὶ διαίτης sont :

θ, *Vindobonensis medicus gr.* 4, parchemin du XIe siècle, mutilé au début et à la fin ; le *Régime* se lit fol. 174 vo-241 ro. Une particularité notable concerne précisément le livre IV du *Régime* : un chrétien y a plusieurs fois remplacé θεοί par θεός et effacé les mentions de dieux grecs[2].

M, *Marcianus gr.* 269, parchemin du Xe siècle ; il s'ouvre par un index de soixante œuvres hippocratiques qu'il ne contient plus toutes, car il a été mutilé. Le *Régime* s'y lit fol. 179 ro-211 ro[3].

Recentiores. Beaucoup d'autres manuscrits, plus récents et de la même famille que M, contiennent le *Régime*. Parmi eux nous avons pu consulter directement les *Parisini graeci*, dont voici la liste : 2140 (I ; XIIIe s.), 2141 (G ; XVe s.), 2142 (H ; XIIe-XIIIe s.), 2143 (J ; XIVe s.), 2144 (F ; XIVe s.),

1. D. Lagache, *La psychanalyse* (« Que sais-je? », no 660), p. 81.
2. Pour plus de détails, cf. H. Kuehlewein-I. Ilberg, *Hippocratis opera quae feruntur omnia*, vol. I, Leipzig, 1894, p. V-VIII.
3. *Ibid.*, p. XVIII-XXI.

2145 (K ; XVe s.), 2148 (Z ; XVIe s.) et 2255 (E ; XVe s.)[1].

D'autres, plus nombreux, sont dispersés dans les bibliothèques européennes :

Cantabrigiensis Caius Coll. 50 (XVe-XVIe s.) ;
Cantabrigiensis Bibl. Univ. L. l. IV, 12 (XVe s.) ;
Laurentianus 74, 1 (XVe s.) ;
Hauniensis ant. fund. reg. 224 (XVIe s.) ;
Vossianus gr. F. 10 (XVIe s.) ;
Ambrosianus B 108 sup. (XIVe s.) ;
Ambrosianus C 85 sup. (XVe ou XVIe s.) ;
Mutinensis gr. 220 (II H 5) (XVe s.) ;
Monacensis gr. 71 (a. 1531) ;
Baroccianus 204 (XIVe s.) ;
Urbinas gr. 68 (XIVe s.) ;
Vaticanus gr. 277 (XIVe s.) ;
Vaticanus gr. 278 (a. 1512)[2].

Ces divers *recentiores* avaient fait souvent l'objet d'examens antérieurs[3], mais nous avons tenu à vérifier nous-même leur valeur, leur peu de valeur. Nous nous sommes donc procuré, pour chacun d'eux, le microfilm d'une quinzaine de pages du Περὶ διαίτης, prises dans les quatre livres de l'œuvre et le plus souvent désignées par nous parce que spécialement caractéristiques[4].

1. E contient deux parties distinctes, dont la seconde est une copie de l'édition de Cornarius (Froben) ; le *Régime* appartient à la première. — H. Diels, dans *Die Handschriften der antiken Aerzte, Griechische Abteilung*, I (APAW, 1905, n° 3), p. 25-26, ajoute, sur la foi d'Omont, le *Parisinus gr.* 36, mais c'est une erreur. Ce manuscrit contient seulement le Περὶ διαίτης ὀξέων, comme a bien voulu nous le confirmer par lettre M. Chartes Astruc, que nous remercions vivement.

2. Diels, *ibid.*, mentionne aussi le [*Vaticanus*] *Reg. Suec.* 182, mais ce manuscrit ne contient, sous le titre fallacieux de Περὶ διαίτης, que le début du Περὶ διαίτης ὑγιεινῆς, comme a bien voulu nous le confirmer la Bibliothèque Vaticane.

3. Cf. nos *Recherches*, p. 16, n. 2.

4. Ces pages représentent normalement un bon tiers, parfois la moitié du texte. Dans le manuscrit de Leyde, nous avons pu voir le

Ces collations partielles n'ont laissé, à nos yeux, aucun doute : **θ** excepté, tous les manuscrits du *Régime* sont de la famille de M. Aucune lecture typique de **θ** ne s'y retrouve[1], mais bien toutes celles de M, à quoi peuvent seulement s'ajouter des fautes supplémentaires et rarement isolées.

Quant à la filiation précise — et encore discutée sur certains points — de ces *recentiores*, ce n'est pas notre tâche de l'établir ici. D'une part, nos sondages personnels ont une base beaucoup trop restreinte et, d'autre part, la question intéresse l'ensemble de la Collection hippocratique. Nous renvoyons donc à l'*Introduction générale* que donnera, sur la tradition manuscrite, M. Jean Irigoin à l'édition de la Collection des Universités de France. En attendant, on pourra consulter avec fruit l'étude de M. A. Rivier sur la tradition du traité *De la maladie sacrée*[2]. Mis à part l'un ou l'autre détail, notre enquête limitée a toujours confirmé les résultats auxquels parvient M. Rivier.

Une question encore discutée est de savoir si le *Parisinus gr.* 2140, I, dépend bien de M, comme nous le pensons, ou s'il provient du même manuscrit que M[3]. De toute manière, I est très proche de M, mais on verra dans l'apparat critique que de rares variantes de notre texte pourraient être versées à ce dossier contesté[4].

Quelques manuscrits tardifs contiennent aussi le Περὶ

texte entier du *Régime*, grâce au prêt généreux, par la Bibliothèque de l'Université, d'un microfilm complet du manuscrit.

1. Cela se produit pourtant en E, d'ailleurs très rarement et sans doute en dehors de toute influence de **θ** : corrections heureuses, mais indépendantes.

2. A. Rivier, *Recherches sur la tradition manuscrite du traité hippocratique « de morbo sacro »*, Berne, 1962.

3. *Note sur trois « recentiores » hippocratiques (d'après le texte du* Περὶ γονῆς*)*, L'Antiquité classique, t. 34, 1965, p. 193-198.

4. *Régime*, I, 1 notamment : ὅτι ἀλλ' ἐπεχειρήσαντο ; cf. la même *Note*, p. 196.

ἐνυπνίων (livre IV) seul ; rarement, le texte y est complet. On en verra la liste dans Diels[1] ; nous ne les connaissons pas personnellement.

Traductions latines. Enfin, il est des traductions fragmentaires en latin.

Une traduction latine du livre I, dans le *Parisinus lat.* 7027, est connue depuis Littré. Le manuscrit date du xe siècle, mais la traduction peut remonter au vie. Diels l'a étudiée et utilisée, sans doute avec excès ; nous ne la connaissons que par lui[2].

Il existe aussi une traduction latine d'assez longs passages du livre II. V. Rose les a publiés[3] d'après le *Sangallensis* 762. Nous avons obtenu sur microfilms quelques pages de ces textes dans le *Berol. lat. qu.* 198 et le *Cassinensis* 69, mais pratiquement sans profit pour l'édition. Cette traduction, en latin barbare et obscur, n'a jamais été étudiée, mais elle présente cependant un intérêt capital pour l'histoire de la tradition hippocratique.

Une ou deux traditions? Le problème majeur est en effet de savoir si θ et M représentent deux traditions complètement différentes du texte ou s'ils remontent à une même tradition.

Les premiers philologues qui ont étudié avec méthode les manuscrits hippocratiques — Ilberg surtout — admettaient l'unité de la tradition manuscrite. Les doutes ne sont venus qu'ensuite. A propos des deux manuscrits θ et M, qui nous retiennent seuls ici, Wilamowitz parlait de deux traditions antiques[4]. Les études intéressantes de

1. *Op. cit.*, p. 26.
2. *Hippokratische Forschungen I*, Hermes, t. 45, 1910, p. 136-150.
3. *Anecdota graeca et graecolatina*, t. II, Berlin, 1870, p. 131-136 et 151-160.
4. *Die hippokratische Schrift* περὶ ἱρῆς νούσου, SPAW, philos.-hist. Klasse, 1901, p. 14.

F. Pfaff vont dans le même sens, avec une érudition qui a fait impression[1].

Un progrès notable est accompli par A. Rivier[2]. Comme la *Maladie sacrée* est transmise par les mêmes manuscrits anciens que le *Régime*, A. Rivier s'occupe de la tradition de ce dernier. Il montre que les variantes connues de P, la version latine du livre I, sont favorables à l'unité de la tradition. Malheureusement, faute d'une édition critique du texte grec, il doit limiter sa prospection aux passages édités par Fredrich et par Diels.

Notre édition nous a permis d'étudier du même point de vue la traduction latine du livre II. Nous avons montré[3] que cette traduction suppose un modèle grec attestant à la fois de bonnes leçons de **θ** contre M et de bonnes leçons de M contre **θ**[4]. Il nous paraît, en outre, contenir des fautes typiques de M, ce qui nous fait admettre que ce modèle grec faisait déjà partie de la tradition particulière qui aboutira à M, tout en étant encore fort proche de la tradition commune à **θ** et à M. De toute façon, la traduction latine en question témoigne nettement en faveur d'une tradition commune et de la date ancienne de la division en deux familles. Comme, d'autre part, notre enquête pouvait s'appuyer sur des données beaucoup plus larges que celles fournies par P, elle apporte peut-être un élément décisif[5].

1. *Die Ueberlieferung des Corpus Hippocraticum in der nachalexandrinischen Zeit*, Wiener Studien, t. 50, 1932, p. 65-82 ; et aussi *Die nur arabisch erhaltenen Teile der Epidemien-Kommentare des Galen und die Ueberlieferung des Corpus Hippocraticum*, SPAW, philos.-hist. Klasse, 1931, p. 558-581.

2. Le problème vraiment nouveau que l'auteur y étudie est celui du *Corsinianus* 1410, qui ne nous intéresse pas ici. Les vues de M. Rivier à ce propos ne sont probablement pas définitives ; voir la critique de H. Diller dans *Gnomon*, t. 36, 1964, p. 236-244.

3. Cf. R. Joly, *La traduction latine du livre II du « Régime » et l'unité de la tradition hippocratique*, L'Antiquité classique, t. 33, 1964, p. 45-57.

4. *Ibid.*, p. 48-52. L'apparat critique mentionne ces leçons de la version latine du livre II par le sigle S.

5. Nous souhaitons qu'un latiniste s'attache à éditer définitivement

2. *Les éditions.*

Parmi les éditions anciennes du *Corpus*, les plus notables sont :

l'Aldine, Venise, 1526 ;

Zwinger, Bâle, 1579 (choix d'œuvres) ;

Foes, Francfort, 1595 ;

Van der Linden, Leyde, 1665 ;

Mack, Vienne, 1743.

Le *Régime* ne semble pas avoir connu d'édition séparée, mais son appendice *Des rêves* a souvent été publié, seul ou avec d'autres œuvres hippocratiques.

Il y eut ensuite trois éditions critiques.

Littré (tome VI, 1849) connaissait θ de seconde main, mais ses lectures sont la plupart du temps exactes. A cette date, par contre, Littré ne connaissait pas M.

Ermerins[1] a pu utiliser M pour plusieurs œuvres, grâce aux notes de Cobet, mais non pour le *Régime* ; son édition a donc sensiblement la même base que la précédente.

Jones[2] a collationné personnellement θ et M ; ses notes critiques donnent les variantes les plus importantes de ces deux manuscrits, sans qu'on puisse parler vraiment d'apparat critique.

La présente édition donne toutes les variantes significatives de θ et de M[3] ; elle mentionne parfois aussi des *recentiores*, là où il nous a paru intéressant de le faire : soit que la variante fautive de ces *recentiores* se soit maintenue au moins jusqu'à Littré, soit que leur texte l'emporte sur celui de θ et de M, ce qui est très rare ; soit encore que les *recentiores* aient retrouvé la bonne leçon

toutes les traductions connues du *Régime* (il existe aussi une traduction séparée du Περὶ ἐνυπνίων dans le *Parisinus lat.* 7337 du XVe s.), mieux encore : qu'une équipe puisse nous restituer l'*Hippocrates latinus*, qui jetterait certainement des lumières nouvelles sur la tradition hippocratique.

1. *Hippocratis... reliquiae*, t. III, 1864, et t. I, p. IX.
2. W. H. S. Jones, *Hippocrates* (Coll. Loeb), t. IV, 1931.
3. Cf. *infra*, p. XXXIV.

de θ, par correction indépendante ; soit enfin qu'il y ait lacune en θ. Comme nous n'avons pas fait la collation exhaustive des *recentiores*, l'abréviation « recc. » veut dire *des recentiores* ou *d'autres recentiores*, mais très souvent il s'agit bien de la plupart ou de tous. Les traductions latines, P pour le livre I, S pour le livre II, ne sont mentionnées dans l'apparat critique que dans les cas jugés dignes d'intérêt.

Sensible à la complexité des références hippocratiques, nous avons subdivisé les chapitres en autant de paragraphes qu'il était nécessaire, en tenant compte le mieux possible des articulations du texte. Les citations pourraient ainsi devenir indépendantes de toute édition : *Régime*, LXVIII, 4 ou *R.*, 68, 4, par exemple. Toutefois, pour faciliter la recherche des renvois, la page correspondante de l'édition Littré est indiquée dans la marge de droite du texte grec.

V

L'ionien hippocratique

Comme tous les textes de la *Collection hippocratique*, le *Régime* pose à l'éditeur des problèmes épineux en ce qui concerne la couleur dialectale. Nous en avons discuté brièvement dans nos *Recherches*[1] et ne pouvons guère nous étendre ici sur ce point. Il faut cependant indiquer quels sont les principes suivis dans cette édition du *Régime*.

Exigences des linguistes et des philologues. Il faut essayer, dans ce domaine fort obscur, de contenter les exigences variées des linguistes et des philologues.

Les premiers s'insurgent aujourd'hui avec raison contre une uniformisation rigoureuse des textes au point de vue

1. P. 229-237.

dialectologique : aucun dialecte n'est exempt de toute variété ou de toute influence extérieure ; a fortiori — peut-être — une langue littéraire. L'ionien absolument pur est un mythe dangereux.

Mais c'est ici qu'interviennent les philologues. Appliquées largement, ces vues saines de la linguistique aboutiraient à faire accepter sans assez de critique la bigarrure dialectale de nos meilleurs manuscrits. Or, un peu de familiarité avec ces derniers montre vite qu'en cette matière, ils sont déjà fort corrompus et que leur autorité ne saurait être absolue.

Aucun critère n'est décisif, faute d'informations détaillées. Nous ne connaissons pas suffisamment l'ionien lui-même ni ses variétés dialectales ; nous ignorons l'appartenance dialectale réelle des auteurs hippocratiques ; nous ne savons pas s'ils étaient puristes ou relativement indifférents à une certaine bigarrure. Comment dès lors prendre position avec assurance dans des cas douteux? Par contre, les fautes ou les corrections des copistes nous sont mieux connues ; il est démontré que nos textes ont eu à subir à travers les siècles à la fois une atticisation et une hyperionisation audacieuses, souvent menées de front, la première sans doute beaucoup moins consciente que la seconde.

Éditions antérieures. Les hésitations et les divergences des éditeurs peuvent, dans ces circonstances, se comprendre très facilement.

Littré n'était pas linguiste et la linguistique de son époque, de toute façon, était peu avancée : ses erreurs sont pardonnables. Ermerins est beaucoup plus attentif déjà à l'ionien hippocratique. Kühlewein a étudié de près le problème et appliqué dans ses deux volumes Teubner des règles strictes, souvent justifiées à nos yeux[1]. Elles ont paru trop strictes, en vérité, et Jones finit par avouer

1. *Op. cit.*, t. I, p. LXV-CXXVIII.

son scepticisme, du moins sur quelques points[1] ; mais il maintient en fait l'essentiel de la doctrine de Kühlewein.

En tout cas, la solution de I. L. Heiberg, dans le premier volume, seul paru, du *Corpus Medicorum Graecorum*[2], ne nous paraît pas heureuse[3]. Cet éditeur ne s'explique pas sur les principes qu'il a suivis en la matière, mais on a vite fait de voir qu'il introduit dans les textes qu'il édite une variété morphologique à nos yeux hautement improbable[4]. Si Heiberg a une doctrine, elle paraît être d'admettre sans plus la leçon du ou des meilleurs manuscrits. S'il ne veut pas renoncer à une de ses tâches essentielles, l'éditeur doit essayer d'atteindre, par delà les manuscrits, la langue authentique des auteurs hippocratiques. Aventure périlleuse certes, mais indispensable. A ce point de vue, Heiberg nous paraît avoir choisi une voie trop facile.

1. *Hippocrates*, t. IV, p. LVI sq.

2. *Hippocratis opera*, t. I, 1, Leipzig-Berlin, 1927.

3. K. Deichgraeber est sévère pour ce tome I, 1 (*Hermes*, t. 70, 1935, p. 106, n.) ; J. Mewaldt remarque justement « dass z. B. die Dialektformen doch allzusehr bei ihm schwanken » (*Deutsche Literaturzeitung*, t. 49, 1928, p. 860) ; W. Jones aussi dit son désappointement (*Classical Review*, t. 42, 1928, p. 29). Seul, W. A. Heidel parle négligemment de « unquestionable excellence » (*American Journal of Philology*, t. 49, 1928, p. 207).

4. On lit dans l'*Ancienne médecine*, éd. Heiberg, διοικέετο (p. 36, 13), ζητέη (37, 4), δοκέει (38, 3), κρατέειν (38, 20), etc..., à côté de ἐπιχειρεῖ ζητεῖν (37, 5), ῥυφεῖν (40, 7), δειπνεῖν (43, 4), etc. ; καταμαθεῖν (37, 13), ἀφελεῖν (40, 21), mais ἀφελέειν (45, 23)... On lit ἀφαιροῦντας (52, 22), ἀκολουθοῦντα (77, 22). Heiberg maintient des formes comme αὐτέῃ (*Airs, eaux, lieux*, 57, 14), τουτέου (58, 5), αὐτέοισιν (58, 15)... On lit, p. 62, 26 : ξυνῆκται καὶ συμμέμικται ; l'auteur garde autant de formes en -οις, semble-t-il, que de formes en -οισι, et même des formes en -αις : ἐν ταύταις ταῖς ἁμάξαις (72, 3), ὑπ' αὐταῖς ταῖς ἄρκτοις καὶ τοῖς ὄρεσι (72, 14). Il accueille ὑγιεῖς (74, 24), à côté de σαρκώδεες (77, 3) ; δασεῖς (78, 4), trois lignes plus bas que παχέες et ὀξέες (78, 1). Le comble nous paraît atteint avec cette ligne : ἐν ταῖς μεταλλαγαῖς τῶν ὡρέων πυκναῖς ἐούσαις ἢ ἐν τῇσι παραπλησίῃσι καὶ ὁμοίῃσι (76, 6-7).

Le cas du « Régime ». Pour ce qui est du *Régime*, la tâche est encore compliquée par le fait que ce texte manque dans l'un des meilleurs manuscrits, le *Parisinus gr.* 2253 (A). Les manuscrits θ et M comptent beaucoup de formes attiques certainement aberrantes, mais tous deux aussi, comparés à A, semblent remplis d'hyperionismes. Si on les suivait, la contraction ει dans les formes verbales apparaîtrait comme l'exception à rejeter. Des différences existent aussi entre θ et M : ce dernier contient beaucoup de ὁκόσον et de ὁκόταν, au lieu de ὅσον, ὅταν en θ. M donne assez souvent des formes du genre τουτέοισι, qui sont beaucoup plus rares en θ et, pour d'autres œuvres, en A.

Solutions concrètes. Voici quelques précisions sur la manière dont nous avons tranché les problèmes particuliers.

Avec Kühlewein et Jones, nous avons admis la contraction de ε + ε (ou ει) en ει[1] et la non-contraction de ε + ο, hormis la contraction ευ, assez fréquente, sans prédominer[2]. Nous avons rejeté δοκοίη voisinant avec δοκέοι et χρέεσθαι pour χρῆσθαι. Nous préférons χρεώμενος à χρεόμενος. Quand les manuscrits hésitent entre ὁκόσον et ὅσον, nous avons admis ὅσον, presque toujours donné par θ.

Le ν ephelcystique est beaucoup plus rare en M qu'en θ, mais M l'admet assez souvent devant consonne ; nous avons suivi θ et, au besoin, rétabli ce ν devant voyelle. Nous avons imprimé αἰεί, non ἀεί, σύν et non ξύν, et

1. θ et M comptent beaucoup plus de formes non contractées que de formes contractées ; nous corrigeons sans le signaler dans l'apparat critique. Toutefois, une variante non acceptée y est consignée telle qu'elle se lit dans le manuscrit. Plus généralement, les formes aberrantes ne sont pas suivies d'un (*sic*).

2. A. Rüst, *Monographie der Sprache des hippokratischen Traktates* περὶ ἀέρων, ὑδάτων, τόπων, Fribourg, 1952, admet la contraction ε + ο en ου devant ι, sur la foi de certaines inscriptions. Nous avons bien failli le suivre, mais il n'est pas certain que l'usage littéraire des médecins corresponde à tel état, peut-être local, de l'ionien.

rejeté εἰς pour ἐς, même en composition ; nous admettons cependant εἴσω sur l'accord des manuscrits de base. Nous n'avons pas corrigé πλεῖον en πλέον, car l'incertitude est grande.

Le datif féminin pluriel en -αις nous semble inadmissible. Quant au datif pluriel en -οις, plusieurs fois attesté dans les manuscrits et maintenu par les éditeurs, nous ne l'avons admis que devant voyelle, notamment sur l'accord de **θ** et de M. Encore devons-nous ajouter que l'uniformisation en -οισιν ne nous paraîtrait pas blâmable.

Ὑγείη n'a pas trouvé grâce devant ὑγιείη, mais l'adverbe μόνον paraît admissible à côté de μοῦνον (? XLI, 1) et de μοῦνος. Contrairement à nos prédécesseurs, nous donnons τέσσερες et τεσσεράκοντα, sur la foi de **θ**. Nous écrivons αὖτις, non αὖθις, et δένδρεα, plus sûrement attesté que δένδρα.

La présente édition débarrasse le texte du *Régime* de ce que nous estimons être des erreurs, maintenues jusqu'à Jones inclusivement. Par exemple, les formes du genre de πόλεις paraissent maintenues sporadiquement par inadvertance ; de même μοίρη pour μοῖρα, μηδεμίη pour μηδεμία[1].

1. Traditionnellement, sur la foi des manuscrits, on lisait jusqu'à présent : II, 1, μερῶν pour μερέων ; τὰς θέσεις pour τὰς θέσιας (de même : XXIII, 2, αἱ αἰσθήσεις ; XC, 1, τὰς ἀποκρίσεις) ; IV, 2, ὂν pour ἐὸν (de même : XLVI, 2 et LXIII, 3) ; XV, 2, τεμνόμενοι pour ταμνόμενοι, à quelques lignes d'un τάμνοντες ; XXVII, 1, ἄρρενα pour ἄρσενα ; XXXV, 12, διαίτην pour δίαιταν ; XXXVI, 3, τραχυτέρους pour τρηχυτέρους ; XXXVII, 4, ὄρη à côté de ὄρεα ; XXXVIII, 2, βορέας pour βορέης ; XLIII, 1 et LXVIII, 3, ῥόφημα pour ῥύφημα ; XLV, 2, ἵστασιν pour ἱστᾶσιν ; XLIX, 1, πονοῦντα pour πονέοντα ; LVII, 2, ἀνηλειψίη pour ἀναλειψίη ; LIX, 2, διαχωροῦσαν pour διαχωρέουσαν (de même : LXXVI, 1 ; XC, 3) ; LX, 4, πληρεύμενον pour πληρούμενον ; LXVI, 1, ἀηθῶν et συνηθῶν pour ἀηθέων et συνηθέων (de même : XCIII, 1 et 2) ; LXVIII, 1, ὠφελοῖντο pour ὠφελέοιντο ; LXXIV, 3, θαρρεῖν pour θάρσει ; LXXXIII, 2, χλιαρῷ pour χλιερῷ ; LXXXVIII, 1, τῆς ἡμέρας pour τῆς ἡμέρης ; XC, 3, ἀκαρπία pour ἀκαρπίη et XCIII, 1, χολέραν pour χολέρην. De même encore, ἀκριβείην pour ἀκρίβειαν (*passim*), ὠφελείην (LIV, 1 ; LXVIII, 9) pour ὠφελίην. Enfin, sur le conseil de M. Jouanna,

En principe, l'apparat critique n'accueille que les variantes qui intéressent le sens du texte. Nous avons cependant admis des dérogations à ce principe, par exemple lorsque nous ne suivons pas, en matière dialectale, la leçon retenue par nos prédécesseurs.

* * *

C'est un devoir pour nous, mais aussi un plaisir, de remercier vivement MM. J. Irigoin et F. Robert pour leur sollicitude éclairée, et tout spécialement notre réviseur, M. J. Jouanna, qui n'a pas ménagé son temps et à qui cette édition doit de multiples améliorations. En outre, M. Jouanna a fait progresser sur plusieurs points notre compréhension du *Régime* : c'est pourquoi son nom revient plusieurs fois dans l'apparat critique et dans les notes.

nous avons uniformisé le féminin des adjectifs en -ύς, écrivant ταχέης (XXV, 1), βραδέης (XXXV, 5), βραχέης (XXXV, 11), γλυκέης (LV, 3), alors que les manuscrits ont des formes en -είης ; de même, βραδέαν (XXXV, 2), ταχέαν (LXVI, 2) au lieu de -είην ; ὀξέαι (*bis* ; XXXV, 5) et ὀξέα (XXXV, 11) au lieu de ὀξεῖαι et ὀξείη ; παχέη (LXVIII, 14) au lieu de παχείη.

SIGLA

θ = Vindobonensis medicus gr. 4, saec. XI.
M = Marcianus gr. 269, saec. X.
  M^1 = emendatio scribae ipsius.
  M^2 = manus posteriores.

Raro memorantur :
H = Parisinus gr. 2142, saec. XII-XIII.
I = Parisinus gr. 2140, saec. XIII.
J = Parisinus gr. 2143, saec. XIV.
F = Parisinus gr. 2144, saec. XIV.
G = Parisinus gr. 2141, saec. XV.
E = Parisinus gr. 2255, saec. XV.
K = Parisinus gr. 2145, saec. XV.
Z = Parisinus gr. 2148, saec. XVI.
L = Cod. Serv. apud Foes.
Q' = Cod. Febr. apud Foes.
K' = Cod. Imper. Corn. apud Mack.
P' = Cod. Imper. Samb. apud Mack.
recc. = recentiores (alii vel nonnulli vel plerique vel omnes).

P = Versio latina in cod. Parisino lat. 7027 seruata (= H. Diels, *Hippokr. Forschungen*, Hermes, t. 45, 1910, p. 136-150).
S = Versio latina in cod. Sangallensi lat. 762 seruata (= V. Rose, *Anecdota graeca et graecolatina*, t. II, p. 131-136, 151-156).

Zwing. = Zwingerus (1579) ; Zwing.^{m} = Zwingerus in margine.
Lind. = Van der Linden (1665).
Coray = Ad. Coray, *Editio libri* π. ἀέρων, ὑδάτων, τόπων. Paris, 1800.
Bernays = J. Bernays, *Heraclitea*, I, Bonn, 1848.
Littré = E. Littré, *Œuvres complètes d'Hippocrate*, t. VI, 1849.

Erm. = F. Z. Ermerins, *Hippocratis... reliquiae*, t. III, 1864.
Bywater = I. Bywater, *Heracliti Eph. reliquiae*, Oxford, 1877, p. 61-67.
Ilberg = J. Ilberg, *Zur Ueberlieferung des hipp. Corpus*, Rheinisches Museum, t. 42, 1887, p. 436-461.
Gomperz = Th. Gomperz, *Die Apologie der Heilkunst*, Vienne, 1890.
Fred. = C. Fredrich, *Hippokratische Untersuchungen*, Berlin, 1899.
Wil. = U. von Wilamowitz-Moellendorff, apud Fredrich.
Diels = H. Diels, *Hippokratische Forschungen*, Hermes, t. 45, 1910, p. 125-150 ; t. 46, 1911, p. 267-285 ; vel *Die Fragmente der Vorsokratiker*⁶, *Herakleitos*, *Imitatio* (C), 1951.
Heidel = W. A. Heidel, *Hippocratea*, Harvard Studies in Classical Philology, t. 25, 1914, p. 139-203.
Peck = A. L. Peck, apud Jones, *Hippocrates*, t. IV, 1931.
Kranz = in H. Diels-W. Kranz, *Die Fragmente der Vorsokratiker*⁶, 1951.
Kirk = G. S. Kirk, *Heraclitus. The Cosmic Fragments*, Cambridge, 1954.
Diller = H. Diller, *Der innere Zusammenhang der hippokr. Schrift de victu*, Hermes, t. 87, 1959, p. 39-56.

DU RÉGIME I

Préambule : Méthode. I. **1** Si je croyais que l'un de mes prédécesseurs, à propos du régime à suivre pour rester en santé, avait écrit en parfaite connaissance de cause absolument tout ce qu'il est possible d'embrasser par la raison humaine, il me suffirait, après le travail d'autrui, de reprendre les résultats exacts selon ce qui paraît être leur utilité respective. Malheureusement, si beaucoup ont déjà écrit là-dessus[1], personne encore n'a bien vu comment traiter le sujet. Chacun a eu ses succès, mais personne de mes prédécesseurs n'a encore réussi l'ensemble. Il ne faut toutefois reprocher à aucun d'entre eux de n'avoir pu mener à bonne fin cette découverte, mais bien les louer tous d'avoir entrepris la recherche. **2** Je ne suis pas disposé à réfuter les erreurs passées ; je suis plutôt décidé à reprendre à mon compte les résultats exacts[2]. En effet, ce que mes prédécesseurs ont dit d'exact, il ne m'est pas possible d'être exact en le disant autrement ; quant à leurs erreurs, si je montre seulement qu'elles s'écartent des faits, je n'aboutirai à rien. En revanche, si j'explique ce que je crois exact sur chaque point, mon exposé sera celui que je veux faire[3]. **3** Voici pourquoi je fais ces remarques préliminaires : la plupart des gens, une fois qu'ils ont entendu d'abord quelqu'un exposer un sujet,

1. Nous sommes assurés qu'à la fin du ve siècle, la littérature diététique était déjà très développée, mais il ne nous en reste que le *Régime des maladies aiguës* et le *Régime salutaire*, sans compter le *Régime* lui-même et des développements diététiques dans d'autres œuvres, par exemple en *Affections*, §§ 39-61.

2. L'auteur, sans être le compilateur qu'on a voulu voir en lui, utilise les spéculations de ses prédécesseurs, et non seulement en diététique.

3. Même quand il utilise les résultats antérieurs, l'auteur se réserve une certaine originalité.

ΠΕΡΙ ΔΙΑΙΤΗΣ Α

I. 1 Εἰ μέν μοί τις ἐδόκει τῶν πρότερον συγγραψάντων VI 466
περὶ διαίτης ἀνθρωπίνης τῆς πρὸς ὑγιείην ὀρθῶς ἐγνωκὼς συγγεγραφέναι πάντα διὰ παντὸς ὅσα δυνατὸν ἀνθρωπίνῃ γνώμῃ περιληφθῆναι, ἱκανῶς εἶχεν ἄν μοι, ἄλλων ἐκπονησάντων, γνόντα τὰ ὀρθῶς ἔχοντα, τούτοισι χρῆσθαι, καθότι ἕκαστον αὐτῶν ἐδόκει χρήσιμον εἶναι. Νῦν δὲ πολλοὶ μὲν ἤδη συνέγραψαν, οὐδεὶς δέ πω ἔγνω ὀρθῶς καθότι ἦν αὐτοῖσι συγγραπτέον· ἄλλοι δὲ ἄλλο ἐπέτυχον· τὸ δὲ ὅλον οὐδείς πω τῶν πρότερον. Μεμφθῆναι μὲν οὖν οὐδενὶ αὐτῶν ἄξιόν ἐστιν εἰ μὴ ἐδυνήθησαν ἐξευρεῖν, ἐπαινέσαι δὲ πάντας ὅτι ἐπεχείρησάν γε ζητῆσαι. 2 Ἐλέγχειν μὲν οὖν τὰ μὴ ὀρθῶς εἰρημένα οὐ παρεσκεύασμαι· προσομολογεῖν δὲ τοῖσι καλῶς ἐγνωσμένοισι διανενόημαι· ὅσα μὲν γὰρ ὀρθῶς ὑπὸ τῶν πρότερον εἴρηται, οὐχ οἷόν τε ἄλλως πως ἐμὲ συγγράψαντα ὀρθῶς συγγράψαι· ὅσα δὲ μὴ ὀρθῶς εἰρήκασιν, ἐλέγχων μὲν ταῦτα, διότι οὐχ οὕτως ἔχει, οὐδὲν περανέω· ἐξηγεύμενος δὲ καθότι δοκεῖ μοι ὀρθῶς ἔχειν ἕκαστον, δηλώσω ὃ βούλομαι. 3 Διὰ τοῦτο δὲ τὸν λόγον τοῦτον προκατατίθεμαι, ὅτι οἱ πολλοὶ τῶν ἀνθρώπων ὁκόταν τινὸς προτέρου ἀκούσωσι περί τινος

2 ὑγιείην Diels (quod verbum ὑγιείη per totum opus scripsi) : ὑγιείαν **θ** ὑγείαν M ‖ 3 ὅσα **θ** : ὁκόσα M ‖ 5 γνόντα τὰ **θ** : γνόντα M γνόντι Erm. ‖ τούτοισι **θ** M : καὶ τ. Zwing.[m] ‖ 8 αὐτοῖσι **θ** : αὐτοῖς M secl. Erm. ‖ 9 πω om. M ‖ 11 ἐπεχείρησάν γε Joly : ἀλλ' ἐπεχείρησάν γ' οὖν **θ** ἀλλ' ἐπεχειρήσαντο M (sed ἀλλ' et -το del. M[1]) ἀλλ' ἐπεχείρησάν γε Diels ‖ 13 τοῖσι καλῶς ἐγνωσμένοισι Diels : τοῖς κ. -οις **θ** τοῖς ἱκανοῖς -οισιν M ‖ 14 (et 15) ὅσα **θ** : ὁκόσα M ‖ γὰρ **θ** : οὖν M ‖ οἷόν τε M : οἴονται **θ** ‖ 15 πως **θ** : ὅπως M ‖ 17 περανέω Joly : περανῶ M περ ἄνω **θ** ‖ 17-18 δοκεῖ — ἕκαστον **θ** : αὐτῶν μοι δοκέει ἕκαστον ὀρθῶς ἔχειν M ‖ 18 δηλώσω ὃ **θ** : δηλῶσαι M ‖ 19 οἱ om. M.

n'écoutent plus ceux qui en discutent par la suite ; ils ne voient pas que c'est la même démarche intellectuelle[1] qui connaît les affirmations exactes et qui trouve ce qu'on n'avait pas encore dit. Pour ma part donc, je reprendrai à mon compte, comme je l'ai dit, les affirmations exactes[2] ; pour ce qui est des erreurs, j'exposerai la réalité des faits ; quant aux points que personne de mes prédécesseurs n'a même essayé d'exposer, je montrerai aussi leur vraie nature.

La diététique ; l'apport de l'auteur.

II. **1** Je prétends que celui qui veut traiter exactement du régime de l'homme doit d'abord connaître et discerner la nature de l'homme en général[3] : connaître ses constituants fondamentaux et discerner les éléments qui prédominent. Car, s'il ne connaît pas la constitution fondamentale, il sera incapable d'en connaître les effets ; et s'il ne discerne pas ce qui prédomine dans le corps, il ne sera pas capable de fournir au patient un traitement utile. L'auteur doit donc connaître ces points et, en plus de cela, la vertu respective de tous les aliments et boissons de notre régime, qu'elle soit naturelle ou imposée artificiellement par la technique humaine. Car il faut connaître la manière artificielle de supprimer la vertu de ce qui est naturellement fort et de donner de la force à ce qui est faible, chaque fois que le moment opportun est venu. **2** Mais ce qui précède étant connu, on n'a pas encore un traitement complet, pour la bonne raison que l'homme qui se borne à se nour-

1. Tel est le sens ici, nous paraît-il, de διάνοια. L'affirmation de l'unité de la méthode est très intéressante.

2. Il y a dans cet avant-propos quelques répétitions : technique archaïque de composition, étudiée en dernier lieu par B. A. Van Groningen, *op. cit.*, Amsterdam, 1958.

3. La médecine est fondée, on ne peut plus catégoriquement, sur la philosophie. Cette position est à l'opposé de la doctrine de Cos ; cf. *Ancienne médecine*, 20, et *Nature de l'homme*, 1 sq.

ἐξηγευμένου, οὐκ ἀποδέχονται τῶν ὕστερον διαλεγομένων περὶ τούτων, οὐ γι|νώσκοντες ὅτι τῆς αὐτῆς ἐστι διανοίης 468
γνῶναι τὰ ὀρθῶς εἰρημένα, ἐξευρεῖν τε τὰ μήπω εἰρημένα. Ἐγὼ οὖν, ὥσπερ εἶπον, τοῖσι μὲν ὀρθῶς εἰρημένοισι προσομολογήσω· τὰ δὲ μὴ ὀρθῶς εἰρημένα δηλώσω ποῖά ἐστιν· ὁκόσα δὲ μηδὲ ἐπεχείρησε μηδεὶς τῶν πρότερον δηλῶσαι, ἐγὼ ἐπιδείξω καὶ ταῦτα οἷά ἐστι.

II. **1** Φημὶ δὲ δεῖν τὸν μέλλοντα ὀρθῶς συγγράφειν περὶ διαίτης ἀνθρωπηΐης πρῶτον μὲν παντὸς φύσιν ἀνθρώπου γνῶναι καὶ διαγνῶναι· γνῶναι μὲν ἀπὸ τίνων συνέστηκεν ἐξ ἀρχῆς, διαγνῶναι δὲ ὑπὸ τίνων μερέων κεκράτηται· εἴτε γὰρ τὴν ἐξ ἀρχῆς σύστασιν μὴ γνώσεται, ἀδύνατος ἔσται τὰ ὑπ' ἐκείνων γινόμενα γνῶναι· εἴτε μὴ διαγνώσεται τὸ ἐπικρατέον ἐν τῷ σώματι, οὐχ ἱκανὸς ἔσται τὰ συμφέροντα προσενεγκεῖν τῷ ἀνθρώπῳ. Ταῦτα μὲν οὖν δεῖ γινώσκειν τὸν συγγράφοντα, μετὰ δὲ ταῦτα σίτων καὶ ποτῶν ἁπάντων, οἷσι διαιτώμεθα, δύναμιν ἥντινα ἕκαστα ἔχει καὶ τὴν κατὰ φύσιν καὶ τὴν δι' ἀνάγκην καὶ τέχνην ἀνθρωπηΐην. Δεῖ γὰρ ἐπίστασθαι τῶν τε ἰσχυρῶν φύσει ὡς χρὴ τὴν δύναμιν ἀφαιρεῖσθαι, τοῖσί τε ἀσθενέσιν ὅκως χρὴ ἰσχὺν προστιθέναι διὰ τέχνης, ὅκου ἂν ὁ καιρὸς ἑκάστῳ παραγένηται. **2** Γνοῦσι δὲ τὰ εἰρημένα οὔπω αὐτάρκης ἡ θεραπείη τοῦ ἀνθρώπου, διότι οὐ δύναται ἐσθίων ὁ ἄνθρωπος ὑγιαίνειν, ἢν μὴ καὶ πονῇ. Ὑπεναντίας μὲν γὰρ

2 διανοίης ἐστὶ M ‖ 3 ἐξευρεῖν — εἰρημένα om. M ‖ 5 εἰρημένα **θ** : ἐγνωσμένα M ‖ ποῖά **θ** : ὁκοῖά τινα M ‖ 7 οἷά **θ** : ὁκοῖά M ‖ 8 δὲ **θ** M : δὴ Diels *igitur* P ‖ δεῖν M : μὴ δεῖν **θ** (quod verbum μὴ ab adversario in margine scriptum postea in textum irrepsisse mihi videtur) ‖ 9 ἀνθρωπηΐης Diels : -πίης **θ** -πίνης M ‖ 11 μερέων Erm. : μερσῶν **θ** μερῶν M ‖ 12 γνώσεται **θ** : ἐπιγν — M ‖ 12-14 ἀδύνατος — διαγνώσεται om. M (habet P) ‖ 13-14 διαγνώσεται Heidel : γνώσεται **θ** ‖ 17-18 ἕκαστα ἔχει M : ἔχουσι **θ** ‖ 19 ἀνθρωπηΐην M : -πίνην **θ** ‖ 21 ἑκάστῳ **θ** : -ων M ‖ 22 γνοῦσι **θ** : γνόντας M γνόντι Erm.

rir ne peut se bien porter : il y faut aussi des exercices. Aliments et exercices ont en effet des vertus opposées, mais qui collaborent à la santé[1]. Par nature, les exercices dépensent l'énergie disponible ; les aliments et boissons, eux, compensent les pertes. Il importe, à ce qu'il semble, de discerner la vertu des exercices naturels ou violents ; lesquels d'entre eux développent les chairs, lesquels les diminuent et non seulement cela, mais encore la proportion des exercices à l'égard de la quantité d'aliments, de la nature du patient, de son âge, des saisons de l'année, des changements des vents, de la situation des lieux où il vit, de la constitution de l'année. Il faut connaître le lever et le coucher des astres, pour savoir prendre garde aux changements et excès des aliments, des boissons, des vents et de l'univers entier[2] : c'est de tout cela que proviennent les maladies. **3** Mais tout cela connu, la découverte n'est pas encore complète. Si en effet il était possible, en sus de tout cela, de trouver dans chaque cas individuel une proportion exacte des aliments et des exercices, sans excès ni défaut[3], on aurait trouvé alors très exactement la santé pour tout le monde. Malheureusement, si tout ce qu'on a cité plus haut a bien été découvert, ce dernier point est impossible à découvrir. Si on était présent et qu'on pût observer, on connaîtrait chaque patient qui se déshabille et fait des exercices au point de le garder en santé, enlevant ici, ajoutant là[4], mais sans

1. Doctrine capitale pour l'auteur, mais elle ne lui est pas personnelle ; cf. *Recherches*, p. 124, n. 2 ; ajouter Hérodicos de Cnide, in *Anonyme de Londres*, V, 6 sqq.

2. Ὅλος κόσμος ne fait ici que résumer l'énumération empirique qui précède, sans avoir l'acception philosophique de τὸ ὅλον au chapitre x.

3. L'auteur semble rejeter avec regret l'idéal qui devait être celui de la diététique pythagoricienne ; cf. *Introduction*, p. xi, n. 4.

4. Cf. *Ancienne médecine*, 4, fin : « Du moins, aujourd'hui encore, ceux qui veillent sur les gymnases et les exercices du corps ne cessent-ils pas de faire quelque nouvelle découverte... » (Trad. Festugière.)

ἀλλήλοισιν ἔχει τὰς δυνάμιας | σῖτα καὶ πόνοι, συμφέ- 470
ρονται δὲ πρὸς ἄλληλα πρὸς ὑγιείην· πόνοι μὲν γὰρ πεφύκασιν ἀναλῶσαι τὰ ὑπάρχοντα· σῖτα δὲ καὶ ποτὰ ἐκπληρῶσαι τὰ κενωθέντα. Δεῖ δέ, ὡς ἔοικε, τῶν πόνων διαγινώσκειν τὴν δύναμιν καὶ τῶν κατὰ φύσιν καὶ τῶν διὰ βίης γινομένων, καὶ τίνες αὐτῶν αὔξησιν παρασκευάζουσιν ἐς σάρκας καὶ τίνες ἔλλειψιν, καὶ οὐ μόνον ταῦτα, ἀλλὰ καὶ τὰς συμμετρίας τῶν πόνων πρὸς τὸ πλῆθος τῶν σίτων καὶ τὴν φύσιν τοῦ ἀνθρώπου καὶ τὰς ἡλικίας τῶν σωμάτων, καὶ πρὸς τὰς ὥρας τοῦ ἐνιαυτοῦ καὶ πρὸς τὰς μεταβολὰς τῶν πνευμάτων, πρός τε τὰς θέσιας τῶν χωρίων ἐν οἷσι διαιτέονται, πρός τε τὴν κατάστασιν τοῦ ἐνιαυτοῦ. Ἄστρων τε ἐπιτολὰς καὶ δύσιας γινώσκειν δεῖ, ὅκως ἐπίστηται τὰς μεταβολὰς καὶ ὑπερβολὰς φυλάσσειν καὶ σίτων καὶ ποτῶν καὶ πνευμάτων καὶ τοῦ ὅλου κόσμου, ἐξ ὧνπερ τοῖσιν ἀνθρώποισιν αἱ νοῦσοί εἰσιν. **3** Ταῦτα δὲ πάντα διαγνόντι οὔπω αὔταρκες τὸ εὕρημά ἐστιν· εἰ μὲν γὰρ ἦν εὑρετὸν ἐπὶ τούτοισι πρὸς ἑκάστου φύσιν σίτου μέτρον καὶ πόνων ἀριθμὸς σύμμετρος μὴ ἔχων ὑπερβολὴν μήτε ἐπὶ τὸ πλέον μήτε ἐπὶ τὸ ἔλασσον, εὕρητο ἂν ὑγιείη τοῖσιν ἀνθρώποισιν ἀκριβῶς. Νῦν δὲ τὰ μὲν προειρημένα πάντα εὕρηται, ὁκοῖά ἐστι, τοῦτο δὲ ἀδύνατον εὑρεῖν. Εἰ μὲν οὖν παρείη τις καὶ ὁρῴη, γινώσκοι ἂν τὸν ἄνθρωπον ἐκδύνοντά τε καὶ ἐν τοῖσι γυμνασίοισι γυμναζόμενον, ὥστε φυλάσσειν ὑγιαίνοντα, τῶν μὲν ἀφαιρέων, τοῖσι δὲ προστιθείς·

1 ἀλλήλοισιν : -οισι M ἀλλήλῃσιν **θ** ‖ συμφέρονται Jones : ξυμφ- M συνφέροντα **θ** ‖ 3 ἀναλῶσαι **θ** : ἁλῶσαι M ‖ σῖτα **θ** : σιτία M ‖ 6 αὔξησιν **θ** : ἐς αὔξ- M ‖ ἐς om. M ‖ 8 post συμμετρίας add. τὰς ὑμετέρας M ‖ 11 τε om. M ‖ θέσιας Erm. : -σεις **θ** M ‖ χωρίων **θ**M : -έων Zwing.[m] Diels ‖ 16 πάντα om. **θ** (habet P) ‖ 17 εὕρημα M : εὕρεμα **θ** ‖ εἰ **θ** : ἦν M ‖ 18 τούτοισι **θ** : τούτους M ‖ ἑκάστου **θ** : -ην M ‖ 19 ἀριθμὸς σύμμετρος μὴ ἔχων **θ** : ἀριθμὸν ἔχον M ‖ 19-20 μήτε ἐπὶ τὸ om. et restituit in margine M ‖ 21 μὲν om. **θ** ‖ 22 ὁκοῖά **θ** : -όν M ‖ 23 γινώσκοι ἂν post γυμναζόμενον transtulit Erm. ‖ 24 τε om. **θ** ‖ 24-25 ὥστε φυλάσσειν M : ὥστε διαφ. **θ** ὡς δεῖ φ. Erm.

cela, il n'est pas possible de prescrire en toute exactitude aliments et exercices : j'ai dit jusqu'où pouvait aller la découverte. Mais n'y aurait-il qu'une infériorité minime de l'un ou de l'autre, avec le temps, il est inévitable que le corps soit vaincu par l'excès et tombe malade. **4** Mes prédécesseurs ont poussé leurs recherches jusqu'à ce point, mais ils n'ont même pas dit ces choses exactement. C'est moi qui les ai trouvées ; et encore ceci : un diagnostic préventif, établi avant que le patient ne souffre d'un excès, (et disant) où il va se porter. En effet, les maladies ne surviennent pas brusquement : elles se développent, au contraire, insensiblement, puis se déclarent dans toute leur force. J'ai donc découvert[1] les symptômes ressentis avant que la santé ne soit vaincue chez le patient et la façon de le ramener vers la santé. Cela une fois ajouté à la littérature existante, la tâche que je me propose est accomplie.

Anthropologie...

III. **1** L'homme et tous les autres animaux se composent de deux éléments, différents par leurs vertus, mais complémentaires dans leur action, le feu et l'eau[2]. Ensemble, ils se suffisent à eux-mêmes et à tout le reste ; séparés, ils ne suffisent ni à eux-mêmes ni à rien d'autre. Voici quelle est la vertu de chacun : le feu peut toujours tout mouvoir, l'eau toujours tout nourrir[3] ; tour à tour, chacun domine et est dominé, du maximum au minimum

1. Nouvelle répétition : cette « naïveté » paraît improbable fort avant dans le ɪᴠᵉ siècle ; cf. la double répétition aux §§ 6 et 7.

2. Il est essentiel de remarquer que l'auteur aborde son exposé par l'anthropologie ; il ne vient qu'ensuite et par digression à la cosmologie. Le dualisme de l'Eau et du Feu est inspiré d'Archélaos (et d'Hippon?) ; il ne saurait remonter à Héraclite, dont les fragments 30, 66 et 90 (sans compter toute la doxographie) affirment très clairement la précellence indiscutable du Feu.

3. Ceci non plus n'est pas doctrine personnelle de l'auteur ; cf. Hippon (*Vorsokr.*, 38 A 3) ; *Des chairs*, 6 ; Aristote, *De anima*, II, 4, 8, 416 a et *Météorologiques*, II, 2, 355 a 4.

μὴ παρεόντι δὲ ἀδύνατον ὑποθέσθαι ἐς ἀκρίβειαν σῖτα καὶ πόνους· ἐπεὶ ὁκόσον γε δυνατὸν εὑρεῖν ἐμοὶ εἴρηται. Ἀλλὰ γὰρ εἰ καὶ πάνυ μικρὸν ἐνδεέ|στερα ⟨τὰ ἕτερα⟩ τῶν 472
ἑτέρων γίνοιτο, ἀνάγκη κρατηθῆναι ἐν πολλῷ χρόνῳ τὸ σῶμα ὑπὸ τῆς ὑπερβολῆς καὶ ἐς νοῦσον ἀφικέσθαι. **4** Τοῖσι μὲν οὖν ἄλλοισι μέχρι τούτου ἐπικεχείρηται ζητηθῆναι· εἴρηται δὲ οὐδὲ ταῦτα ⟨ὀρθῶς⟩· ἐμοὶ δὲ ταῦτα ἐξεύρηται, καὶ πρὸ τοῦ κάμνειν τὸν ἄνθρωπον ἀπὸ τῆς ὑπερβολῆς, ἐφ' ὁκότερον ἂν γένηται, προδιάγνωσις. Οὐ γὰρ εὐθέως αἱ νοῦσοι τοῖσιν ἀνθρώποισιν ἐπιγίνονται, ἀλλὰ κατὰ μικρὸν συλλεγόμεναι ἀθρόως ἐκφαίνονται. Πρὶν οὖν κρατεῖσθαι ἐν τῷ ἀνθρώπῳ τὸ ὑγιὲς ὑπὸ τοῦ νοσεροῦ, ἃ πάσχουσιν ἐξεύρηταί μοι, καὶ ὅκως χρὴ ταῦτα καθιστάναι ἐς τὴν ὑγιείην. Τούτου δὲ προσγενομένου πρὸς τοῖσι γεγραμμένοισι, τελευτᾷ τὸ ἐπιχείρημα τῶν διανοημάτων.

III. **1** Συνίσταται μὲν οὖν τὰ ζῷα τά τε ἄλλα πάντα καὶ ὁ ἄνθρωπος ἀπὸ δυοῖν, διαφόροιν μὲν τὴν δύναμιν, συμφόροιν δὲ τὴν χρῆσιν, πυρὸς καὶ ὕδατος. Ταῦτα δὲ συναμφότερα αὐτάρκεά ἐστι τοῖσί τε ἄλλοισι πᾶσι καὶ ἀλλήλοισιν, ἑκάτερον δὲ χωρὶς οὔτε αὐτὸ ἑωυτῷ οὔτε ἄλλῳ οὐδενί. Τὴν μὲν οὖν δύναμιν αὐτῶν ἔχει ἑκάτερον τοιήνδε· τὸ μὲν γὰρ πῦρ δύναται πάντα διὰ παντὸς κινῆσαι, τὸ δὲ ὕδωρ πάντα διὰ παντὸς θρέψαι· ἐν μέρει δὲ ἑκάτερον κρατεῖ καὶ κρατεῖται ἐς τὸ μήκιστον καὶ τὸ ἐλάχιστον ὡς ἀνυσ-

1-2 ὑποθέσθαι — δυνατὸν om. **θ** ‖ 2 ἐπεὶ M : ἐπὶ Diels ‖ ἐμοὶ M : ἃ ἐμοὶ **θ** ‖ εἴρηται **θ**M : εὕρηται Diels ‖ 3 *καὶ* om. **θ** ‖ τὰ ἕτερα suppl. Diels ‖ 4 ἐν πολλῷ edd. : ἐν τῷ πολ- M om. **θ** ‖ χρόνῳ om. **θ** ‖ 7 εἴρηται **θ** M : εὕρηται Diels ‖ ὀρθῶς suppl. Diels in nota *ut congruit* P : om. **θ**M ‖ 9 ἐφ' ὁκότερον **θ**M : *de qua* P ἀφ' ὁκοτέρων Diels ‖ ἂν γένηται edd. : ἢν γίγνηται M γίνεται **θ** ‖ προδιάγνωσις M : -εις **θ** ‖ 10 ἐπιγίνονται M : γίγνονται **θ** ‖ 11 ἀθρόως M : ἀθρόον **θ** ‖ 12 τὸ M : τῷ **θ** ‖ 15 τελευτᾷ **θ** : τελέεται M ‖ 16 πάντα om. **θ** ‖ 17 διαφόροιν M : -ων **θ** ‖ 18 συμφόροιν **θ** : -οις M ‖ 21 ἑκάτερον ἔχει recc. edd. ‖ 22 γὰρ M : οὖν **θ** ‖ 24 alt. τὸ recc. : om. **θ**M.

possible. **2** Car aucun des deux ne peut dominer complètement, pour la raison suivante : le feu, en s'avançant[1] jusqu'à la dernière parcelle de l'eau, vient à manquer de nourriture ; il recule donc pour trouver où se nourrir ; l'eau, de son côté, en s'avançant jusqu'à la dernière parcelle de feu, vient à manquer de mouvement ; elle s'arrête donc à ce point et, dès qu'elle s'arrête, elle perd sa supériorité et se consume dès lors en nourriture pour le feu qui l'assaille. **3** C'est pour cela qu'aucun des deux ne peut l'emporter complètement. Si l'un des deux, quel qu'il fût, était vaincu, rien de ce qui existe maintenant ne serait ce qu'il est ; mais comme les choses sont ce qu'elles sont, les deux éléments seront toujours les mêmes et ne manqueront jamais, ni séparément ni ensemble. Donc, le feu et l'eau, comme je l'ai dit, suffisent toujours à tout, aussi bien à leur minimum qu'à leur maximum.

... et cosmologie.

IV. **1** Chacun des deux éléments a les attributs suivants : le feu a le chaud et le sec ; l'eau, le froid et l'humide. Chacun tient aussi de l'autre un attribut : le feu, de l'eau, tient l'humide, car il y a de l'humidité dans le feu ; et l'eau, du feu, tient le sec ; car il y a du sec dans l'eau[2]. Les éléments étant tels, ils séparent mutuellement d'eux-mêmes beaucoup de formes variées de semences et de vivants, qui ne se ressemblent ni par l'aspect ni par leur qualité[3]. Étant donné, en effet, que les éléments ne se figent jamais dans le même état, mais changent toujours en ceci ou en cela, il est forcé que soient aussi dissemblables les choses qui se séparent d'eux. **2** Ainsi, rien ne meurt de toutes choses et rien ne naît qui n'exis-

1. Ermerins transforme ici en génitifs absolus les constructions parallèles : τοῦ μὲν πυρὸς... et τοῦ δὲ ὕδατος. Le texte reçu est pourtant tout à fait normal.

2. Cette idée que Fredrich juge baroque se comprend en réalité par la conception anaxagoréenne de la matière ; cf. *Recherches*, p. 21.

3. Δύναμις est une notion importante dans le *Régime*, mais un peu floue ; il nous paraît bien difficile de toujours la traduire par le même terme français. Cf. en dernier lieu Gert Plamböck, Δύναμις *im Corpus Hippocraticum*, Mainz, 1964.

τόν. **2** Οὐδέτερον γὰρ κρατῆσαι παντελῶς δύναται διὰ τόδε· τὸ μὲν πῦρ ἐπεξιὸν ἐπὶ τὸ ἔσχατον τοῦ ὕδατος ἐπιλείπει ἡ τροφή· ἀποτρέπεται οὖν ὅθεν μέλλει τρέφεσθαι· τὸ δὲ ὕδωρ ἐπεξιὸν ἐπὶ τὸ ἔσχατον τοῦ πυρός, ἐπιλείπει ἡ κίνησις· ἵσταται οὖν ἐν τούτῳ· ὁκόταν δὲ στῇ, οὐκέτι | 474 ἐγκρατές ἐστιν, ἀλλ' ἤδη τῷ ἐμπίπτοντι πυρὶ ἐς τὴν τροφὴν καταναλίσκεται. **3** Οὐδέτερον δὲ διὰ ταῦτα δύναται κρατῆσαι παντελῶς· εἰ δέ ποτε κρατηθείη καὶ ὁκότερον πρότερον, οὐδὲν ἂν εἴη τῶν νῦν ἐόντων ὥσπερ ἔχει νῦν· οὕτω δὲ ἐχόντων αἰεὶ ἔσται τὰ αὐτά, καὶ οὐδέτερα καὶ οὐδ' ἅμα ἐπιλείψει. Τὸ μὲν οὖν πῦρ καὶ τὸ ὕδωρ, ὥσπερ εἴρηταί μοι, αὐτάρκεά ἐστι πᾶσι διὰ παντὸς ἐς τὸ μήκιστον καὶ τὸ ἐλάχιστον ὡσαύτως.

IV. **1** Τούτων δὲ πρόσκειται ἑκατέρῳ τάδε· τῷ μὲν πυρὶ τὸ θερμὸν καὶ τὸ ξηρόν, τῷ δὲ ὕδατι τὸ ψυχρὸν καὶ τὸ ὑγρόν· ἔχει δὲ ἀπ' ἀλλήλων τὸ μὲν πῦρ ἀπὸ τοῦ ὕδατος τὸ ὑγρόν· ἔνι γὰρ ἐν πυρὶ ὑγρότης· τὸ δὲ ὕδωρ ἀπὸ τοῦ πυρὸς τὸ ξηρόν· ἔνι γὰρ ἐν ὕδατι ξηρόν. Οὕτω δὲ τούτων ἐχόντων, πολλὰς καὶ παντοδαπὰς ἰδέας ἀποκρίνονται ἀπ' ἀλλήλων καὶ σπερμάτων καὶ ζῴων οὐδὲν ὁμοίων ἀλλήλοισιν οὔτε τὴν ὄψιν οὔτε τὴν δύναμιν· ἅτε γὰρ οὔποτε κατὰ τωὐτὸ ἱστάμενα, ἀλλ' αἰεὶ ἀλλοιούμενα ἐπὶ τὰ καὶ ἐπὶ τά, ἀνόμοια ἐξ ἀνάγκης γίνεται καὶ τὰ ἀπὸ τούτων ἀποκρι-

2 τόδε M : τάδε θ ‖ μὲν om. θ ‖ 3 ἡ τροφή recc. Zwing.[m] : τῇ τροφῇ θM ‖ ὅθεν θ : ὁκόθεν M ‖ 4 τὸ δὲ ὕδωρ recc. : τὸ ὕδωρ τε θ τὸ ὕδωρ M ‖ τοῦ πυρὸς ante ἐπὶ τὸ ἔσχ- transt. θ ‖ 6 ἀλλ' ἤδη θ : ἀλλὰ δὴ M ‖ 7 διὰ om. θ ‖ 9 πρότερον om. M ‖ ἐόντων M : ἐχόντων θP ‖ 12 εἴρηται θ : εἰρέαται M ‖ 15 τὸ ante ὑγρὸν om. θ ‖ 16 δὲ M : δ' θ ‖ 17 ἐν πυρὶ θ : ἀπὸ τοῦ ὕδατος M ‖ 18 post γὰρ add. καὶ θ ‖ ξηρόν θM : ξηρότης Erm. ‖ 19 ἐς ante πολλὰς add. Zwing.[m] ‖ 20 ὁμοίων Zwing. : ὅμοιον θM ‖ 22 τωὐτὸ M : ταῦτα θ ‖ ἱστάμενα θ : -ων M ‖ αἰεὶ ἀλλοιούμενα θ : ἀεὶ ἀλλοιουμένων M ‖ ἐπὶ τὰ καὶ ἐπὶ τά Coray : ἔπειτα καὶ ἔπειτα θM ‖ 23 γίνεται θ : -εσθαι M ‖ τὰ om. θ.

tait déjà auparavant : mais en se mêlant et en se séparant, tout change. Les hommes pensent que ce qui croît, venant d'Hadès vers la lumière, naît, et que ce qui diminue, partant de la lumière vers Hadès, périt ; car ils se fient aux yeux plutôt qu'à la raison et ils ne sont même pas capables de juger de ce qu'ils voient. Pour ma part, j'explique ces faits par la raison[1]. La vie existe chez Hadès comme ici. Si une chose est vivante, il n'est pas possible qu'elle meure, si ce n'est en même temps que tout le reste : où irait-elle mourir? Il n'est pas possible non plus que ce qui n'est pas, naisse : d'où viendrait-il? Au contraire, tout augmente ou diminue, jusqu'à un maximum et un minimum possibles. **3** Si j'emploie « naître » et « périr », c'est par égard pour la foule ; mais je montre qu'il s'agit en réalité de « se mélanger » et « se séparer »[2]. Voilà ce qu'il en est : naître et périr, c'est la même chose ; se mélanger et se séparer, c'est la même chose ; augmenter et diminuer, c'est la même chose ; naître et se mélanger, c'est la même chose ; mourir et se séparer, c'est la même chose ; chaque chose est la même dans sa relation à toutes choses, et toutes choses dans leur relation à chacune ; cependant, rien de toutes les choses n'est identique, car la coutume s'oppose sur ce point à la nature[3].

Héraclitéisme.

V. **1** Toutes choses, divines et humaines, s'écoulent[4] vers le haut et vers le bas, procédant à des échanges. Le

1. Notons cet emploi de γνώμη au sens absolu, qui revient plusieurs fois dans l'œuvre, de même d'ailleurs que le sens plus tardif ; cf. I, 1 ; XI, 1 ; XII, 2 ; XXI, 1 ; LXVIII, 9 (sens ancien), et XXIV, 3 (sens récent : *opinion*).

2. Toute cette page reprend des thèmes communs à Empédocle et à Anaxagore ; cf. Empédocle, fragments 9 ; 17 ; Anaxagore, 17 ; 21 et A 46 (Diels[6]) ; nos *Recherches*, p. 24.

3. Premier pastiche apparent du style d'Héraclite, ce passage, comme le suivant, développe une idée plus générale, celle du changement, lieu commun des Présocratiques, à l'exception des Éléates (cf. *Recherches*, p. 26).

4. Χωρεῖ n'est qu'une correction, mais elle s'impose.

νόμενα. **2** Ἀπόλλυται μὲν οὖν οὐδὲν ἁπάντων χρημάτων, οὐδὲ γίνεται ὅ τι μὴ καὶ πρόσθεν ἦν· συμμισγόμενα δὲ καὶ διακρινόμενα ἀλλοιοῦται· νομίζεται δὲ ὑπὸ τῶν ἀνθρώπων τὸ μὲν ἐξ Ἅιδου ἐς φάος αὐξηθὲν γενέσθαι, τὸ δὲ ἐκ τοῦ φάεος ἐς Ἅιδην μειωθὲν ἀπολέσθαι· ὀφθαλμοῖσι γὰρ πιστεύουσι μᾶλλον ἢ γνώμῃ, οὐχ ἱκανοῖς ἐοῦσιν οὐδὲ περὶ τῶν ὁρεομένων κρῖναι· | ἐγὼ δὲ τάδε γνώμῃ ἐξηγέο- 476
μαι· Ζῷα γὰρ κἀκεῖνα καὶ τάδε· καὶ οὔτε, εἰ ζῷον, ἀποθανεῖν οἷόν τε, εἰ μὴ μετὰ πάντων· ποῖ γὰρ ἀποθανεῖται; οὔτε τὸ μὴ ἐὸν γενέσθαι, πόθεν γὰρ ἔσται; ἀλλ' αὔξεται πάντα καὶ μειοῦται ἐς τὸ μήκιστον καὶ ἐς τὸ ἐλάχιστον, τῶν γε δυνατῶν. **3** Ὅ τι δ' ἂν διαλέγωμαι γενέσθαι ἢ ἀπολέσθαι, τῶν πολλῶν εἵνεκεν ἑρμηνεύω· ταῦτα δὲ συμμίσγεσθαι καὶ διακρίνεσθαι δηλῶ· ἔχει δὲ καὶ ὧδε· γενέσθαι καὶ ἀπολέσθαι τωὐτό, συμμιγῆναι καὶ διακριθῆναι τωὐτό, αὐξηθῆναι καὶ μειωθῆναι τωὐτό, γενέσθαι, συμμιγῆναι τωὐτό, ἀπολέσθαι, [μειωθῆναι,] διακριθῆναι τωὐτό, ἕκαστον πρὸς πάντα καὶ πάντα πρὸς ἕκαστον τωὐτό, καὶ οὐδὲν πάντων τωὐτό. Ὁ νόμος γὰρ τῇ φύσει περὶ τούτων ἐναντίος.

V. **1** Χωρεῖ δὲ πάντα καὶ θεῖα καὶ ἀνθρώπινα ἄνω καὶ κάτω ἀμειβόμενα. Ἡμέρη καὶ εὐφρόνη ἐπὶ τὸ μήκιστον καὶ

1 οὖν M : νῦν **θ** ‖ 4-5 τὸ... μειωθὲν M : τὰ... μιωθέντα **θ** ‖ 5 ἀπολέσθαι M : ἀπόλλυσθαι **θ** ‖ 6 πιστεύουσι **θ** : -εσθαι M ‖ 7 γνώμῃ **θ** : γνῶναι M ‖ 8 ζῷα **θ**M : add. et del. εἰ **θ** ζώει Littré ‖ 8 οὔτε, εἰ ζῷον Littré : οὔτα ει ζ. **θ** οὔτε τὸ ζ. M οὔτε τι ζῷον Erm. οὔτε τὸ ἀείζῳον Fred. Gomperz ‖ 9 οἷόν τε M : οἴονται **θ** ‖ εἰ om. M ‖ ποῖ Peck : ποῦ **θ** καὶ M ‖ 10 ἐόν Joly : ὄν **θ**M ‖ γὰρ ἔσται **θ** : παραγενήσεται M ‖ 11 alt. ἐς τὸ om. **θ** ‖ 12 γε M : τε **θ** ‖ ἂν διαλέγωμαι edd. : ἂν διαλέγομαι **θ** ἣν διαλέγομαι M ‖ ἢ **θ** : καὶ τὸ M ‖ 13 ταῦτα : ταὐτὰ Bernays ‖ 14 pr. καὶ om. M ‖ 16 αὐξηθῆναι καὶ μειωθῆναι τωὐτό om. M ‖ γενέσθαι M : add. καὶ **θ** add. αὐξηθῆναι Erm. ‖ 17 μειωθῆναι del. Bywater Fred. Diels (qui addit καὶ) ‖ 18 τωὐτόν M ‖ 18-19 καὶ οὐδὲν πάντων τωὐτὸ **θ** : om. M ‖ 21 χωρεῖ P Bernays edd. : χωρὶς **θ**M.

jour et la nuit vont vers un maximum et un minimum; la lune va vers un maximum et un minimum, montée du feu et de l'eau; de même, le soleil va au plus long et au plus court. Toutes choses sont les mêmes et non les mêmes. Lumière pour Zeus, obscurité pour Hadès; lumière pour Hadès, obscurité pour Zeus; les choses de là-bas viennent ici; celles d'ici vont là-bas; en toute saison, en tout lieu, les choses de là-bas jouent le rôle de celles d'ici et vice versa. **2** Ce que les hommes font, ils ne le savent pas; ce qu'ils ne font pas, ils croient le savoir[1]; ce qu'ils voient, ils ne le connaissent pas. Peu importe : tout leur arrive en vertu d'une nécessité divine, aussi bien ce qu'ils souhaitent que ce qu'ils ne souhaitent pas. Les choses de là-bas viennent ici[2], celles d'ici vont là-bas, se mélangeant les unes les autres : ainsi chacune remplit sa destinée pour le plus et le moins. Pour toutes choses la destruction est mutuelle : pour le plus grand, elle vient du plus petit et pour le plus petit, du plus grand; le plus grand s'accroît du plus petit et le plus petit du plus grand.

Biologie. VI. **1** Toutes les choses, et particulièrement l'âme de l'homme, et le corps comme l'âme, ont une structure[3]. Dans l'homme se glissent des parcelles de parcelles, des touts de touts, mélanges de feu et d'eau, les unes pour prendre, les autres pour donner. Celles qui prennent font diminuer, celles qui donnent font augmenter. Des hommes scient une pièce de bois; l'un tire, l'autre pousse[4] : ils font la même chose; en diminuant, ils augmentent. **2** La nature de l'homme est telle : ceci

1. La passion des antithèses entraîne parfois paradoxe et obscurité.

2. Ὧδε, au sens local, est rare en prose à cette date; il en est de même de Ζηνί (l'auteur écrit Διί en LXXXIX, 14); ce sont là des marques de l'influence de Gorgias, très sensible en ce passage.

3. On a voulu corriger cette phrase de plusieurs façons, mais au nom de présupposés fallacieux; cf. *Recherches*, p. 27.

4. Ce thème revient deux autres fois dans l'œuvre : ch. VII, 2; XVI, 1. Aristophane fait allusion à cette manière de proverbe, *Guêpes*, 694 :

κᾆθ' ὡς πρίονθ' ὁ μὲν ἕλκει, ὁ δ' ἀντέδωκεν.

ἐλάχιστον· ὡς σελήνη ἐπὶ τὸ μήκιστον καὶ ἐλάχιστον, πυρὸς ἔφοδος καὶ ὕδατος, ⟨οὕτως⟩ ἥλιος ἐπὶ τὸ μακρότατον καὶ βραχύτατον, πάντα ταὐτὰ καὶ οὐ ταὐτά. Φάος Ζηνί, σκότος Ἅιδῃ, φάος Ἅιδῃ, σκότος Ζηνί, φοιτᾷ κεῖνα ὧδε, καὶ τάδε κεῖσε, πᾶσαν ὥρην, πᾶσαν χώρην διαπρησσόμενα κεῖνά τε τὰ τῶνδε, τάδε τ' αὖ τὰ κείνων. 2 Καὶ ἃ μὲν πρήσσουσιν οὐκ οἴδασιν, ἃ δὲ οὐ πρήσσουσι δοκέουσιν εἰδέναι· καὶ ἃ μὲν ὁρέουσιν οὐ γινώσκουσιν, ἀλλ' ὅμως αὐτοῖσι πάντα γί|νεται δι' ἀνάγκην θείην καὶ ἃ 478
βούλονται καὶ ἃ μὴ βούλονται. Φοιτεόντων δὲ κείνων ὧδε, τῶν δέ τε κεῖσε, συμμισγομένων πρὸς ἄλληλα, τὴν πεπρωμένην μοῖραν ἕκαστον ἐκπληροῖ, καὶ ἐπὶ τὸ μέζον καὶ ἐπὶ τὸ μεῖον. Φθορὴ δὲ πᾶσιν ἀπ' ἀλλήλων, τῷ μέζονι ἀπὸ τοῦ μείονος καὶ τῷ μείονι ἀπὸ τοῦ μέζονος, αὔξεται τὸ μέζον ἀπὸ τοῦ ἐλάσσονος, καὶ τὸ ἔλασσον ἀπὸ τοῦ μέζονος.

VI. 1 Τὰ δὲ ἄλλα πάντα, καὶ ψυχὴ ἀνθρώπου, καὶ σῶμα ὁκοῖον ἡ ψυχή, διακοσμεῖται. Ἐσέρπει δὲ ἐς ἄνθρωπον μέρεα μερέων, ὅλα ὅλων, ἔχοντα σύγκρησιν πυρὸς καὶ ὕδατος, τὰ μὲν ληψόμενα, τὰ δὲ δώσοντα· καὶ τὰ μὲν λαμβάνοντα μεῖον ποιεῖ, τὰ δὲ διδόντα πλέον. Πρίουσιν ἄνθρωποι ξύλον· ὁ μὲν ἕλκει, ὁ δὲ ὠθεῖ. Τὸ δ' αὐτὸ τοῦτο ποιέουσι, μεῖον δὲ ποιέοντες πλεῖον ποιέουσι. 2 Τοιοῦ-

1 ὡς — ἐλάχιστον om. **θ** ‖ σελήνη ἐπὶ Diels : σ. εἴη M καὶ τῇ σελήνῃ recc. ‖ 2 οὕτως add. Diels ‖ 3 πάντα **θ** : πάλιν M ‖ 4 σκότος Ἅιδῃ, φάος Ἅιδῃ om. **θ** ‖ 5 κεῖσε M : ἔκεισε **θ** ‖ πᾶσαν χώρην om. M ‖ 6 κεῖνά M : ἐκεῖνά **θ** ‖ τ' αὖ τὰ Diels : ταῦτα M τε τὰ **θ** ‖ 7 ἃ (bis) Jones : τὰ Diels ‖ οὐ om. M ‖ 8 ὁρέουσιν edd. : ἐραίουσιν **θ** ὁρῶσιν M ‖ 9 ὅμως H : ὅκως **θ** M ‖ 10 ἃ om. M ‖ φοιτεόντων δὲ (τε Diels) κείνων M : φοιτώντων δὲ ἐκείνων **θ** ‖ 11 τε M : τι **θ** ‖ κεῖσε **θ** : κεῖοσι M ‖ 12 μοῖραν **θ** : μοίρην M ‖ 13 φθορὴ M : φορὴ **θ** ‖ 14 αὔξεται **θ** : αὐξάνεται M αὔξῃ τε Wil. Diels ‖ 15-16 καὶ τὸ — μέζονος om. M ‖ 17 ψυχὴ **θ**M : -ὴν Fred. Diels ‖ 18 ὁκοῖον **θ**M : ὁμοίως Fred. Diels ‖ ἡσυχῇ **θ** ‖ 23 μεῖον... πλεῖον Diels : πλέον... μεῖον **θ**M.

pousse, cela tire ; ceci donne, cela prend ; on donne à ceci, on prend à cela ; on donne à l'un d'autant plus, on prend à l'autre d'autant moins. Chaque cellule[1] garde sa propre place ; celles qui diminuent se séparent dans un endroit plus petit ; celles qui augmentent se mélangent et passent à un rang supérieur ; les cellules étrangères, n'étant pas adaptées, sont rejetées d'un lieu qui n'est pas le leur. **3** Chaque âme, ayant des cellules plus grandes et plus petites, fait le tour de ses parties ; elle n'a besoin ni d'addition ni de suppression de cellules, mais bien d'espace en rapport avec l'augmentation ou la diminution des cellules ; elle fait tout ce qu'elle doit faire, où qu'elle arrive, et reçoit ce qui y tombe. Car ce qui n'est pas adapté ne peut rester dans des endroits non appropriés ; alors, cela erre sans intention ; mais si ces éléments se rassemblent, ils savent à quoi ils se joignent, l'approprié se joint à l'approprié, mais l'inapproprié entre en guerre, combat et se sépare. C'est pourquoi l'âme de l'homme croît dans l'homme et en aucun autre vivant. Il en est de même des autres grands animaux[2]. S'il en va autrement, il y a séparation forcée du reste[3].

1. Le français est bien obligé de préciser le pronom neutre grec. Tout ce texte est fort obscur, mais prépare manifestement la théorie embryologique des paragraphes suivants.

2. On se demande pourquoi l'auteur limite l'analogie aux *grands* animaux. Anaxagore, lui, avait des raisons précises de s'y intéresser ; cf. *Recherches*, p. 30, n. 2.

3. Sur l'influence anaxagoréenne dans ces chapitres vi et vii, cf. A. L. Peck, *Anaxagoras and the Parts*, The Classical Quarterly, 1926, p. 68-69. Les derniers mots du ch. vi rappellent le fragment 9 d'Anaxagore, où il est question de l'action du νοῦς sur la matière : ἀποκρινομένων ὑπὸ βίης τε καὶ ταχυτῆτος ; à ce sujet, cf. N. Boussoulas, *Essai sur la structure du mélange dans la pensée présocratique. Le* Νοῦς *et le Mélange dans le système d'Anaxagore*, Bulletin de l'Assoc. G. Budé, 1956, 3, et nos *Recherches*, p. 26-35. En dernier lieu, C. W. Müller, *Gleiches zum Gleichen*, Wiesbaden, 1965, p. 122-126.

τον φύσις ἀνθρώπου, τὸ μὲν ὠθεῖ, τὸ δὲ ἕλκει· τὸ μὲν δίδωσι, τὸ δὲ λαμβάνει· καὶ τῷ μὲν δίδωσι, τοῦ δὲ λαμβάνει· καὶ τῷ μὲν δίδωσι τοσούτῳ πλέον, τοῦ δὲ λαμβάνει τοσούτῳ μεῖον. Χώρην δὲ ἕκαστον φυλάσσει τὴν ἑωυτοῦ, καὶ τὰ μὲν ἐπὶ τὸ μεῖον ἰόντα διακρίνεται ἐς τὴν ἐλάσσονα χώρην· τὰ δὲ ἐπὶ τὸ μέζον πορευόμενα, συμμισγόμενα ἐξαλλάσσει ἐς τὴν μέζω τάξιν· τὰ δὲ ξεῖνα μὴ ὁμότροπα ὠθεῖται ἐκ χώρης ἀλλοτρίης. **3** Ἑκάστη δὲ ψυχὴ μέζω καὶ ἐλάσσω ἔχουσα περιφοιτᾷ τὰ μόρια τὰ ἑωυτῆς, οὔτε προσθέσιος οὔτε ἀφαιρέσιος δεομένη τῶν μερέων, κατὰ δὲ αὔξησιν καὶ μείωσιν τῶν ὑπαρχόντων δεομένη χώρης, ἕκαστα διαπρήσσεται ἐς ἥντινα ἂν ἔλθῃ, καὶ δέχεται τὰ προσπίπτοντα. Οὐ γὰρ δύναται τὸ μὴ ὁμότροπον ἐν τοῖσιν ἀσυμφό|ροισι χωρίοισιν ἐμμένειν· πλανᾶται μὲν γὰρ 480 ἀγνώμονα· συγγινόμενα δὲ ἀλλήλοισι γινώσκει πρὸς ὅ προσίζει· προσίζει γὰρ τὸ σύμφορον τῷ συμφόρῳ, τὸ δὲ ἀσύμφορον πολεμεῖ καὶ μάχεται καὶ διαλλάσσει ἀπ' ἀλλήλων. Διὰ τοῦτο ἀνθρώπου ψυχὴ ἐν ἀνθρώπῳ αὔξεται, ἐν ἄλλῳ δὲ οὐδενί· καὶ τῶν ἄλλων ζῴων τῶν μεγάλων ὡσαύτως· ὅσα δ' ἄλλως, ἀπ' ἄλλων ὑπὸ βίης ἀποκρίνεται.

1 φύσις ἀνθρώπου Diels : φύσεις ἀνθρ- **θ** φύσις -ων M ‖ alt. μὲν M : δὲ **θ** ‖ 2-3 τοῦ δὲ — δίδωσι om. **θ** Diels ‖ 3 τοῦ δὲ Littré : οὐδὲν **θ**M οὗ δὲ Bywater ‖ 4 φυλάσσει M : -ειν **θ** ‖ 7 μὴ ὁμότροπα **θ**M : καὶ μὴ ὁμ- P Diels secl. Erm. ‖ 8 ὠθεῖται M : ἐκχωρέεται **θ** ‖ ψυχὴ **θ** : τύχη M ‖ 9 post ἑωυτῆς, add. αὐτὴ δὲ Diels ‖ 9-10 οὔτε... οὔτε **θ** : οὐ... οὐδὲ M ‖ 10 δεομένη **θ** : -ης M ‖ 11 καὶ μείωσιν τῶν ὑπ- M : τῶν ὑπ- καὶ μείωσιν **θ** ‖ δεομένη edd. : -ης M -όμενα **θ** ‖ χώρης **θ** : χώρην δὲ M ‖ 12 ἂν ἔλθῃ **θ** Diels : ἐσέλθῃ M ἂν ἐσ Littré ‖ δέχεται recc. : δέχηται M HEJ δέξηται Zwing. ἀνέχεται **θ** ‖ 14 ἐμμένειν recc. : ἐμμένων M μὴ ὁμονοεῖν **θ** ‖ 15 συγγινόμενα **θ** : συμμισγόμενα M συγγώμονα Fred. Diels ‖ 15-16 γινώσκει πρὸς ὃ προσίζει **θ** : συγγινώσκει M ‖ 16-17 τὸ δὲ ἀσύμφορον : τὰ δὲ ἀξύμφορα Erm. ‖ 18 ἀνθρώπῳ **θ** : -ου M ‖ αὔξεται **θ** : -άνεται M ‖ 20 ὅσα δ' ἄλλως Joly : ὁκόσα δ' ἄλλως M ὅσα ἄλλως **θ** ὅσα ἀλλοῖα Wil. Fred. (ὡσαύτως) ὅσα διαλλάσσει Diels ‖ ἀπ' ἄλλων **θ**M : ἀπ' ἀλλήλων recc. Diels ἀπ' αὐτῶν Wil. Fred.

Embryologie. VII. **1** Laissant de côté les animaux, mon exposé traitera de l'homme. Dans l'être humain se glisse une âme[1] comportant un mélange de feu et d'eau, partie du corps humain. Ces cellules femelles et mâles, nombreuses et variées, se nourrissent et s'accroissent par un régime humain. Ce qui entre dans l'homme doit avoir toutes les parcelles. Car l'élément dont il n'y aurait pas une parcelle dès le début ne pourrait s'accroître, que ce soit avec beaucoup ou peu de nourriture, puisqu'il n'aurait pas de quoi s'accroître[2]. **2** Mais si tout y est, chaque cellule se développe à sa place, grâce à la nourriture qui provient d'une eau sèche et d'un feu humide, les unes introduites, les autres expulsées de force. Des charpentiers scient une pièce de bois ; l'un tire, l'autre pousse : ils font la même chose. S'ils poussent vers le bas, la scie remonte, car elle ne saurait descendre à contre-temps et si on veut forcer, on manque tout. Il en va ainsi de la nourriture de l'homme : tel élément tire, tel autre pousse ; si on force l'un à entrer, il sort et si on force à contre-temps, on manque tout.

VIII. **1** Toutes les cellules conservent la même position un certain temps, jusqu'au moment où le lieu où elles sont ne peut plus les contenir et qu'elles ne reçoivent plus la nourriture suffisante pour le maximum de leurs possibilités. Ensuite, elles passent dans un endroit plus

1. Il faut admettre que, dans toute cette section du *Régime*, ψυχή est synonyme de σπέρμα. Cette conjecture de Heidel peut s'appuyer sur des textes anciens explicites : Platon, *Timée*, 73 b-c ; Aristote, *De anima*, I, 405 b 2 sq., à propos d'Hippon : « Hippon réfute ceux qui prétendent que l'âme est le sang, en disant que la semence n'est pas du sang et que c'est elle qui est l'âme primitive ». La doctrine même d'Aristote, plus complexe, est analogue ; pour le stoïcisme, cf. *S. V. F.*, II, 741-743.

2. Ceci est nettement d'inspiration anaxagoréenne ; cf. le fragment 10 : πῶς γὰρ ἐκ μὴ τριχὸς γένοιτο θρίξ ; nous traduisons μέρεα tantôt par *cellules*, tantôt par *parcelles* ; c'est une solution regrettable, mais nous ne pensons pas que, dans des textes aussi obscurs, le français tolérerait une traduction purement mécanique.

VII. **1** Περὶ μὲν οὖν τῶν ἄλλων ζῴων ἐάσω, περὶ δὲ ἀνθρώπου δηλώσω. Ἐσέρπει γὰρ ἐς ἄνθρωπον ψυχὴ πυρὸς καὶ ὕδατος σύγκρησιν ἔχουσα, μοῖραν σώματος ἀνθρώπου. Ταῦτα δὲ καὶ θήλεα καὶ ἄρσενα πολλὰ καὶ παντοῖα τρέφεταί τε καὶ αὔξεται διαίτῃ τῇ περὶ τὸν ἄνθρωπον· ἀνάγκη δὲ τὰ μέρεα ἔχειν πάντα τὰ ἐσιόντα· οὗτινος γὰρ μὴ ἐνείη μοῖρα ἐξ ἀρχῆς οὐκ ἂν αὐξηθείη οὔτε πολλῆς ἐπιούσης τροφῆς οὔτε ὀλίγης, οὐ γὰρ ἔχει τὸ προσαυξόμενον· **2** ἔχον δὲ πάντα, αὔξεται ἐν χώρῃ τῇ ἑωυτοῦ ἕκαστον, τροφῆς ἐπιούσης ἀπὸ ὕδατος ξηροῦ καὶ πυρὸς ὑγροῦ, τὰ μὲν εἴσω βιαζόμενα, τὰ δὲ ἔξω. Ὥσπερ οἱ τέκτονες τὸ ξύλον πρίζουσι, καὶ ὁ μὲν ἕλκει, ὁ δὲ ὠθεῖ, τωὐτὸ ποιέοντες· κάτω δὲ πιεζόντων ἄνω ἕρπει, οὐ γὰρ ἂν παρὰ ⟨καιρὸν⟩ δέχοιτο κάτω ἰέναι· ἢν δὲ βιάζηται, παντὸς ἁμαρτήσεται. Τοιοῦτον τροφὴ ἀνθρώπου· τὸ μὲν ἕλκει, τὸ δὲ ὠθεῖ· εἴσω δὲ βιαζόμενον ἔξω ἕρπει· ἢν δὲ βιῆται παρὰ καιρόν, παντὸς ἀποτεύξεται.

VIII. **1** Χρόνον δὲ τοσοῦτον ἕκαστα τὴν αὐτὴν τάξιν ἔχει, ἄχρι μηκέτι δέχηται ἡ χώρη, μηδὲ τροφὴν ἱκανὴν ἔχῃ ἐς τὸ μήκιστον τῶν | δυνατῶν· ἔπειτεν ἀμείβει ἐς τὴν 482
μέζονα χώρην, θήλεα καὶ ἄρσενα, τὸν αὐτὸν τρόπον ὑπὸ

1 οὖν MP : om. θ ‖ 2 γὰρ θH : δὲ M ‖ 3 μοῖραν θM : μέρεα Fred. add. δὲ Diels ‖ 4 pr. καὶ θ : τὰ M ‖ πολλὰ θP : καὶ π. M ‖ 5 τρέφεταί τε θ : τρ- τρέφεται δὲ M ‖ τῇ περὶ τὸν ἄνθρωπον M : τῇ περ ἄνθρωπος θ Diels ‖ 7 μοῖρα θ : μοίρῃ M (cum α super η) ‖ ἂν om. θ ‖ 8 τροφῆς ἐπιούσης θ ‖ 11 pr. τὰ M : καὶ τὰ θ Diels ‖ βιαζόμενα : -μένης Diels ‖ 12 πρίζουσι corr. θ[1] : τρυπῶσιν θM πρίουσιν Diels ‖ καὶ om. θ ‖ 13 δὲ πιεζόντων ἄνω ἕρπει Diels : δὲ π. ἀνέρπει θ δὲ πιέζοντον ἄνω ἕρπει M δ' ὁ πιέζων τὸν ἄνω ἕλκει recc. ‖ 14 παρὰ καιρὸν δέχοιτο Diels : παραδέχοιτο θM ‖ 14 βιάζηται... ἁμαρτήσεται θ Diels : -ωνται... -σονται M ‖ 15 ἕλκει om. M ‖ 16 βιαζόμενον M Heidel : -μένου θ Diels ‖ 18 ἕκαστα M : -ον θ ‖ 19 ἡ χώρη Diels : ἧ χωρῇ Heidel τροφὴ θ edd. ‖ τροφὴν M Diels : χώρην θ ‖ 20 δυνατῶν θM[1] (in margine) : ὑδάτων M ‖ ἔπειτεν ἀμείβει θ Diels : ἔπειτ' ἐναμείβει M ‖ 21 μέζονα θ : ἔξω M.

grand, femelles et mâles, chassées de la même façon par force et nécessité. Celles qui ont accompli leur destinée sont les premières à se séparer, et en même temps, elles se mélangent. Car chaque cellule commence par se séparer et en même temps, elle se mélange. **2** Quand, après avoir changé de lieu, les cellules[1] entrent dans un système harmonisé selon des rapports musicaux exacts, un système où apparaissent les trois consonances, la quarte, la quinte et l'octave[2], elles vivent et se développent grâce aux mêmes aliments qu'auparavant; mais si elles n'entrent pas dans cette ordonnance harmonisée, si le son grave n'est pas en rapport de consonance parfaite avec le son aigu dans un des intervalles en question, qu'il s'agisse du premier, du second ou de l'octave, si un seul est faussé, tout l'accord réalisé est sans effet, car il ne permettrait pas d'accompagner un chant. Dans ce cas, les cellules changent du plus grand au plus petit avant leur temps. Car elles ne connaissent pas ce qu'elles font.

IX. **1** J'expliquerai plus loin pourquoi se forment mâles et femelles. Mais quel que soit le sexe du germe qui arrive et trouve l'harmonie, ce germe est humide et est mû par le feu. Étant mû, il s'enflamme et tire sa nourriture des aliments et du souffle qui entrent dans la femme; au début, tant qu'il est souple, il le fait partout de la même façon. Mais par l'effet du mouvement et du feu, il se dessèche et se solidifie; en se solidifiant, il durcit à la surface et le feu, enfermé, ne peut plus tirer assez de nourriture ni chasser le souffle, vu la

1. Le passage suivant est traduit par M. Fr. Duysinx; voyez page 111 la note additionnelle.

2. Correction « palmaire » de M. A. Delatte. Mais il a échappé à notre maître, comme à beaucoup d'autres, que la même correction avait déjà été proposée par Bernays en 1848. Littré, qui ne pouvait la connaître pour son édition du *Régime* (1849), l'accueille avec intérêt au tome VII, p. LIV. Les premiers responsables de cette omission sont Fredrich et Diels-Kranz. Chose étonnante, Jones, qui connaît Bernays par Littré, n'admet pas la correction dans le texte. Que deux philologues éminents aient proposé indépendamment cette correction la rend d'autant plus certaine. Ajoutons encore que l'ar-

βίης καὶ ἀνάγκης διωκόμενα· ὁκότερα δ' ἂν πρότερον ἐκπλήσῃ τὴν πεπρωμένην μοῖραν, ταῦτα διακρίνεται πρῶτα, ἅμα δὲ καὶ συμμίσγεται· ἕκαστον μὲν γὰρ διακρίνεται πρῶτα, ἅμα δὲ καὶ συμμίσγεται· **2** χώρην δὲ ἀμείψαντα καὶ τυχόντα ἁρμονίης ὀρθῆς ἐχούσης συμφωνίας τρεῖς, συλλαβήν, δι' ὀξέων, διὰ πασέων, ζώει καὶ αὔξεται τοῖσιν αὐτοῖσιν οἷσι καὶ πρόσθεν· ἢν δὲ μὴ τύχῃ τῆς ἁρμονίης, μηδὲ σύμφωνα τὰ βαρέα τοῖσιν ὀξέσι γένηται ἐν τῇ πρώτῃ συμφωνίῃ ἢ τῇ δευτέρῃ ἢ τῇ διὰ παντός, ἑνὸς ἀπογενομένου πᾶς ὁ τόνος μάταιος· οὐ γὰρ ἂν προσαείσαι· ἀλλ' ἀμείβει ἐκ τοῦ μέζονος ἐς τὸ μεῖον πρὸ μοίρης· διότι οὐ γινώσκουσιν ὅ τι ποιέουσιν.

IX. **1** Ἀρσένων μὲν οὖν καὶ θηλέων διότι ἑκάτερα γίνεται, προϊόντι τῷ λόγῳ δηλώσω. Τούτων δὲ ὁκότερον ἂν ἐλθὸν τύχῃ τῆς ἁρμονίης, ὑγρὸν ἐὸν κινεῖται ὑπὸ τοῦ πυρός· κινεόμενον δὲ ζωπυρεῖται καὶ προσάγεται τὴν τροφὴν ἀπὸ τῶν ἐσιόντων ἐς τὴν γυναῖκα σίτων καὶ πνεύματος, καὶ τὰ μὲν πρῶτα πάντῃ ὁμοίως, ἕως ἔτι ἀραιόν ἐστιν· ὑπὸ δὲ τῆς κινήσιος καὶ τοῦ πυρὸς ξηραίνεται καὶ στερεοῦται· στερεούμενον δὲ πυκνοῦται πέριξ, καὶ τὸ πῦρ ἐγκατακλειόμενον οὐκέτι τὴν τροφὴν ἱκανὴν ἔχει ἐπάγεσ-

1 ὁκότερα **θ** : ὁκώτερα M ὁκόσα P′ ‖ πρότερον om. M ‖ 1-2 ἐκπλήσῃ **θ**M : ἐμπλ- recc. Littré ‖ 2 μοῖραν **θ** : μοίρην M ‖ 3 ἅμα δὲ καὶ **θ** : καὶ ἅμα M ‖ 4 πρῶτα, ἅμα δὲ καὶ **θ** : πάντα δὲ ταῦτα M ‖ 6 συλλαβὴν δι' ὀξέων corr. Bernays, *Heraclitea*, I, Bonn, 1848 (cf. Littré, t. VII, p. LIV), A. Delatte in *Mélanges Paul Thomas*, 1930, p. 164 : συλλήβδην διεξιὸν **θ** συλλήβδην διεξιὼν M alii alia conjecerunt ‖ ζώει M : ζώῃ **θ** ‖ 8 ὀξέσι M : ὀξέοισι **θ** ‖ 8-9 ἐν τῇ πρώτῃ — διὰ παντὸς Diels : ἡ πρώτη σ. ἣν δὲ δευτέρη γένεσις τὸ διαπαντός **θ** ἡ πρώτη σ. ἣν δὲ δευτέρη γένεσις ᾖ, τὸ διαπαντός M ἣν ἡ πρ. σ., ἣν ἡ δευτέρη γεννηθῇ ἢ τὸ διὰ παντὸς Littré ‖ 9 ἑνὸς M : τινος **θ** ‖ 11 πρὸ μοίρης διότι M : προμοιρῆσαι ὅτι **θ** ‖ 14 ὁκότερον M : ὁπ- **θ** Diels ‖ 15 ἐλθὸν τύχῃ Joly : τύχῃ M τύχῃ ἐλθὸν καὶ τύχῃ **θ** edd. τύχῃ ἐλθὸν Erm. ‖ 18 καὶ **θ**P′ Diels : om. M edd.

dureté de l'enveloppe. Il consume alors l'humidité qui se trouve à l'intérieur. **2** D'autre part, les parties naturellement dures et sèches de la masse contractée ne se consument pas en aliment pour le feu ; elles deviennent fortes et compactes quand l'humide vient à manquer : c'est ce qu'on appelle os et nerfs. Le feu, lui, à travers l'humide mélangé à lui et mû par lui[1], structure le corps selon la nature, de par la nécessité suivante : à travers les parties dures et sèches, il ne parvient pas à établir des passages permanents, car il y manque de nourriture, mais à travers les parties humides et molles, il le peut, car c'est là sa nourriture. **3** Mais même là, il reste du sec non consumé par le feu ; ces parties sèches s'agglomèrent. Le feu qui est enfermé au plus intime du fœtus est aussi le plus abondant et se fait le passage le plus large : là se trouvait le plus d'humidité ; c'est ce qui s'appelle ventre. Le feu est sorti de là, car il n'y trouvait plus d'aliment et il a fait les passages pour le souffle et pour la nourriture à amener et à répartir. Le feu le plus humide, enfermé dans le reste du corps, a fait trois circuits appelés veines caves, dans ces parties. Au milieu de celles-ci, le reste de l'eau, s'agglomérant, se solidifie : c'est ce qu'on appelle chairs.

X. **1** En un mot[2], le feu a tout structuré dans le

ticle de M. A. Delatte est riche de rapprochements nouveaux et établit de façon définitive l'inspiration pythagoricienne de ce passage du *Régime* (*Les harmonies dans l'embryologie hippocratique*, Mélanges Paul Thomas, 1930, p. 160-171).

1. Nous ne croyons pas que l'insertion d'un καὶ soit très satisfaisante, mais, d'autre part, la doctrine expresse de notre auteur exige le génitif κινεομένου. — Tout le passage est un développement de la doctrine du micro-macrocosme, d'origine vraisemblablement pythagoricienne (cf. *Recherches*, p. 37 sq.).

2. A la suite de A. Götze (*Persische Weisheit im griechischen Gewande*, Zeitschrift für Indologie und Iranistik, 1923, p. 60 sq. et 167 sq.), on a admis que la doctrine macrocosmique, dont on a ici plus qu'un écho, était d'origine orientale. M. Duchesne-Guillemin a justement répliqué (*Persische Weisheit im griechischen Gewande?*, The Har-

θαι, οὐδὲ τὸ πνεῦμα ἐξωθεῖ διὰ τὴν πυκνότητα τοῦ περιέχοντος· ἀναλίσκει οὖν τὸ ὑπάρχον ὑγρὸν εἴσω. **2** Τὰ μὲν οὖν στερεὰ τὴν φύσιν ἐν τῷ συνεστηκότι καὶ ξηρὰ οὐ καταναλίσκεται τῷ | πυρὶ ἐς τὴν τροφήν· ἀλλ' ἐγκρατέα 484
γίνεται καὶ συνίσταται τοῦ ὑγροῦ ἐκλείποντος, ἅπερ ὀστέα καὶ νεῦρα ὀνομάζεται. Τὸ δὲ πῦρ ἐκ τοῦ συμμιγέντος ⟨καὶ⟩ κινεομένου τοῦ ὑγροῦ, διακοσμεῖται τὸ σῶμα κατὰ φύσιν διὰ τοιήνδε ἀνάγκην· διὰ μὲν τῶν στερεῶν καὶ ξηρῶν οὐ δύναται τὰς διεξόδους χρονίας ποιεῖσθαι, διότι οὐκ ἔχει τροφήν· διὰ δὲ τῶν ὑγρῶν καὶ μαλακῶν δύναται· ταῦτα γάρ ἐστιν αὐτῷ τροφή· **3** ἔνι δὲ καὶ ἐν τούτοισι ξηρότης οὐ καταναλισκομένη ὑπὸ τοῦ πυρός· ταῦτα δὲ συνίσταται πρὸς ἄλληλα. Τὸ μὲν οὖν ἐσωτάτω καταφραχθὲν πῦρ καὶ πλεῖστόν ἐστι καὶ μεγίστην τὴν διέξοδον ἐποιήσατο· πλεῖστον γὰρ τὸ ὑγρὸν ἐνταῦθα ἐνῆν, ὅπερ κοιλίη καλεῖται· καὶ ἐξέπεσεν ἐντεῦθεν, ἐπεὶ οὐκ εἶχε τροφήν, ἔξω, καὶ ἐποιήσατο τοῦ πνεύματος διεξόδους καὶ τροφῆς ἐπαγωγὴν καὶ διάπεμψιν· τὸ δὲ ἀποκλεισθὲν ἐς ⟨τὸ⟩ ἄλλο σῶμα περιόδους ἐποιήσατο τρισσάς, ὅπερ ἦν ὑγρότατον τοῦ πυρός, ἐν τούτοισι τοῖσι χωρίοισιν, αἵτινες φλέβες καλέονται κοῖλαι· ἐς δὲ τὰ μέσα τούτων τὸ ὑπολειπόμενον τοῦ ὕδατος συνιστάμενον πήγνυται, ὅπερ καλεῖται σάρκες.

X. **1** Ἑνὶ δὲ λόγῳ πάντα διεκοσμήσατο κατὰ τρόπον

3 ξηρὰ Fred. Diels : ξηρῷ codd. edd. ‖ οὐ καταναλ- **θ** : οὐκ ἀναλ- M ‖ 5 ἐκλείποντος MP : οὐκ ἐνλίποντος **θ** ‖ 6 ἐκ ante τοῦ ὑγροῦ transtulit Heidel ‖ καὶ add. Joly ‖ 7 κινεομένου Erm. : κινουμένου **θ**M κινεόμενον Diels ‖ 8 τῶν στερεῶν καὶ ξηρῶν **θ** : τὸ στερεὸν καὶ ξηρὸν M ‖ 11 γὰρ ἐστιν αὐτῷ M : δὲ αὐτῷ ἐστι **θ** Diels ‖ 12 οὐ καταναλισκομένη **θ** : οὐκ ἀναλ- M ‖ 14 ἐστι — ἐποιήσατο om. **θ** (ἐστι om. quoque MH, restit. H²) ‖ 15 πλεῖστον M : ἄνω **θ** ‖ ἐνταῦθα ἐνῆν ὅπερ M : ἐντεῦθεν ἦν ὅποι **θ** *intrinsecus quo* P ἐνταῦθ' ἐνῆν ὅπη Diels ἐντεῦθεν ἦν ὅπερ Erm. ‖ 16 εἶχε **θ** : ἔχει M ‖ τοῦ πνεύματος διεξόδους **θ** : πλεῖστον γὰρ τὸ ὑγρὸν ἐνταῦθα ἐνῆν M ‖ 18 τὸ add. Erm. Diels ‖ 19 περιόδους ἐποιήσατο τρισσάς post χωρίοισιν transtulit Diels ‖ 21 post κοῖλαι lacunam indicavit Diels.

corps à la manière qui lui est propre pour en faire une imitation de l'Univers[1], accordant les petits organes aux grands et les grands aux petits. Il a fait du ventre le plus grand organe, réservoir pour l'eau sèche et humide, qu'il donne à tous les organes et qu'il prend à tous ; le ventre a le pouvoir de la mer, qui nourrit les animaux adaptés et détruit les inadaptés. Autour du ventre, le feu a mis une concrétion d'eau froide et humide, passage du feu froid et chaud, imitation de la terre qui change tout ce qui tombe sur elle. **2** Consumant ceci, développant cela, il a dispersé de l'eau légère et du feu aérien, invisible et visible, sécrétion de la substance compacte, où chaque chose qui y est amenée vient au jour à son heure. Là dedans, le feu a établi trois séries de circuits qui se rejoignent en dedans et en dehors, l'une au cœur de l'humide, correspondant à la lune ; l'autre à la surface solide, correspondant aux astres ; celle du milieu enfin, qui atteint l'intérieur et l'extérieur, correspondant au soleil. **3** Quant au feu le plus chaud et le plus fort, dirigeant toutes choses selon la nature, inaccessible à la vue et au toucher, c'est en lui qu'est l'âme, l'esprit, la pensée, la croissance, le dépérissement, le mouvement, le changement, le sommeil, le réveil. Ce feu dirige tou-

vard Theological Review, 1956, p. 115-122) en s'inspirant d'un article de W. Kranz, *Kosmos und Mensch in der Vorstellung frühen Griechentums*, Nachrichten von der Gesellschaft der Wissenschaften zu Göttingen, II, 7, 1938. En dehors du *Régime*, le texte le plus explicite est celui des *Semaines* pseudo-hippocratiques, § 6, mais on peut dire que le thème micro-macrocosme est un lieu commun de la première pensée grecque ; cf. nos *Recherches*, p. 45-52.

1. Formule remarquable de la doctrine micro-macrocosmique. — On a cru parfois que le feu, en ce ch. x, était l'élément privilégié de l'héraclitéisme : il n'en est rien. C'est bien, ici aussi, le feu qui agit, qui ordonne, mais dans la perspective nettement dualiste de notre auteur, qui n'est pas absente non plus de ce chapitre ; cf. *Recherches*, p. 35-36.

Les correspondances micro-macrocosmiques restent obscures et vagues sur plusieurs points ; voyez notre analyse en *Recherches*, p. 40 sq. Toute cette section du livre I (ch. IV-XXIV) reste très difficile et est loin d'être élucidée de façon satisfaisante.

αὐτὸ ἑωυτῷ τὰ ἐν τῷ σώματι τὸ πῦρ, ἀπομίμησιν τοῦ ὅλου, μικρὰ πρὸς μεγάλα καὶ μεγάλα πρὸς μικρά· κοιλίην μὲν τὴν μεγίστην, ὕδατι ξηρῷ καὶ ὑγρῷ ταμιεῖον, δοῦναι πᾶσι καὶ λαβεῖν παρὰ πάντων, θαλάσσης δύναμιν, ζῴων συμφόρων τροφόν, ἀσυμφόρων δὲ φθόρον· περὶ δὲ ταύτην ὕδατος ψυχροῦ καὶ ὑγροῦ σύστασιν, διέξοδον πνεύματος ψυχροῦ καὶ θερμοῦ, ἀπομίμησιν γῆς, τὰ ἐπεσπίπτοντα πάντα ἀλλοιούσης. **2** Καὶ τὰ ⟨μὲν⟩ ἀναλίσκον, τὰ δὲ αὖξον, σκέδασιν ὕδατος λεπτοῦ καὶ πυρὸς ἐποιή|σατο ἠερίου, 486 ἀφανέος καὶ φανεροῦ, ἀπὸ τοῦ συνεστηκότος ἀπόκρισιν, ἐν ᾧ φερόμενα ἐς τὸ φανερὸν ἀφικνεῖται ἕκαστον μοίρῃ πεπρωμένῃ. Ἐν δὲ τούτῳ ἐποιήσατο τὸ πῦρ περιόδους τρισσάς, περαινούσας πρὸς ἀλλήλας καὶ εἴσω καὶ ἔξω· αἱ μὲν πρὸς τὰ κοῖλα τῶν ὑγρῶν, σελήνης δύναμιν, αἱ δὲ [πρὸς τὴν ἔξω περιφορήν,] πρὸς τὸν περιέχοντα πάγον, ἄστρων δύναμιν, αἱ δὲ μέσαι καὶ εἴσω καὶ ἔξω περαίνουσαι ⟨ἡλίου δύναμιν⟩. **3** Τὸ θερμότατον καὶ ἰσχυρότατον πῦρ, ὅπερ πάντων κρατεῖ, διέπον ἅπαντα κατὰ φύσιν, ἄθικτον καὶ ὄψει καὶ ψαύσει, ἐν τούτῳ ψυχή, νόος, φρόνησις, αὔξησις, μείωσις, κίνησις, διάλλαξις, ὕπνος, ἔγερσις·

1 αὐτὸ ἑωυτῷ edd. : αὐτῷ ἑωυτὸ M αὐτὸ **θ** ‖ τὰ om. **θ** ‖ 2 μικρὰ **θ** : μικρὰν M ‖ 3 ὕδατι om. M ‖ ταμιεῖον Diels : ταμεῖον **θ**M ‖ πᾶσι om. **θ** ‖ 4-5 συμφόρων Wil. : συντρόφων **θ** ἐντρόφων M ‖ 6 διέξοδον **θ** : -ος M ‖ 7 γῆς **θ** : τῆς γ. M ‖ ἐπεσπίπτοντα Joly : ἐπεισπ- **θ**M edd. (ἐπεισ[ ]τα **θ**) ‖ 8 καὶ τὰ μὲν ἀναλίσκον, τὰ δὲ αὖξον Diels : καταναλίσκοντα δὲ αὖξον **θ**M καταναλίσκον δὲ καὶ αὖξον Zwing. edd. καὶ τὰ μὲν καταναλίσκον, τὰ δὲ αὖξον K' Lind ‖ 9 ἠερίου **θ**P : περὶ οὗ M ἀραιοῦ? Jones ‖ 11 post φερόμενα add. πάντα M ‖ ἕκαστον **θ** : -α M ‖ 12 τούτῳ M : -ων **θ** ‖ τὸ πῦρ Bernays : πυρὸς **θ**M ‖ 15 πρὸς τὴν ἔξω περιφορήν del. Joly suadente Jones : πρὸς τὴν ἔ. ἐπιφορήν **θ** ἐς τὴν ἔ. περιφοράν M Littré ὡς πρὸς τὴν ἔ. περιφορήν Diels ‖ 17 ἡλίου δύναμιν add. Joly, suadente Diels : πρὸς τὰς ἑτέρας, ἡλίου δύναμιν add. Diels ‖ 18 κρατεῖ **θ** Diels : ἐπικρατέεται M edd. ‖ ἅπαντα M : ἕκαστα **θ** Diels ‖ ἄθικτον Bernays Diels *intractabilem* P : ἄοικτον **θ** ἄψοφον M ἀΐκτον Littré ἄψαυστον quoque Bernays ‖ 20 αὔξησις M : -ήσεις **θ** secl. Fred. ‖ μείωσις, κίνησις, διάλλαξις Joly : κ., μ., δ. M om. **θ** (κ., αὔξησις, μ., δ. P Diels) ‖ ἔγερσις **θ** : ἐγρήγορσις M.

jours tout[1], les choses d'ici-bas comme celles de l'autre monde, sans jamais demeurer à ne rien faire.

Les techniques imitent la nature humaine.

XI. **1** Les hommes ne savent pas observer l'invisible à partir du visible[2]; ils ne savent même pas que les techniques qu'ils utilisent sont semblables à la nature humaine. L'esprit des dieux leur a enseigné à imiter leurs propres fonctions, mais ils savent ce qu'ils font sans savoir ce qu'ils imitent. Car toutes choses sont semblables, quoique différentes ; compatibles, quoique incompatibles ; elles dialoguent sans le faire, elles ont l'intelligence sans l'avoir. La manière de chacune est opposée, quoique en accord : la coutume et la nature, par quoi nous faisons tout, ne s'accordent pas, tout en s'accordant[3]. **2** La coutume, les hommes l'ont établie eux-mêmes pour eux-mêmes, sans savoir au sujet de quoi ils l'établissaient ; la nature de toutes choses, au contraire, ce sont les dieux qui l'ont ordonnée. Ce que les hommes ont établi ne reste jamais stable, ni en bien ni en mal ; mais ce que les dieux ont ordonné est toujours bien. Voilà la différence entre ce qui est bien et ce qui ne l'est pas*.

Mantique.

XII. **1** Je vais montrer que les techniques visibles sont semblables à ce qui, visible ou invisible, affecte l'homme.

Voici la mantique. Par ce qui est visible, elle connaît l'invisible et vice versa ; par le présent, elle connaît le futur ; par ce qui est mort, ce qui est vivant ; par ce qui

1. Ceci aussi n'est héraclitéen qu'en apparence. Il ne s'agit pas du feu, mais d'une espèce particulière de feu ; la formule πάντα διὰ παντός est typique d'Anaxagore ; cf. *Recherches*, p. 37, n. 1.

2. La formule, malgré l'antithèse d'allure sophistique et héraclitéenne, est l'équivalent d'un mot d'Anaxagore : ὄψις ἀδήλων τὰ φαινόμενα (fragment 21 a) ; cf. *Recherches*, p. 62-63.

3. L'opposition φύσις-νόμος est typique du dernier tiers du ve siècle, le temps des lumières.

* L'astérisque, ici et plus loin, renvoie aux *Notes complémentaires*, p. 115.

τοῦτο πάντα διὰ παντὸς κυβερνᾷ, καὶ τάδε καὶ ἐκεῖνα, οὐδέποτε ἀτρεμίζον.

XI. 1 Οἱ δὲ ἄνθρωποι ἐκ τῶν φανερῶν τὰ ἀφανέα σκέπτεσθαι οὐκ ἐπίστανται· τέχνῃσι γὰρ χρεώμενοι ὁμοίῃσιν ἀνθρωπίνῃ φύσει οὐ γινώσκουσιν· θεῶν γὰρ νόος ἐδίδαξε μιμεῖσθαι τὰ ἑωυτῶν, γινώσκοντας ἃ ποιέουσι, καὶ οὐ γινώσκοντας ἃ μιμέονται. Πάντα γὰρ ὅμοια, ἀνόμοια ἐόντα· καὶ σύμφορα πάντα, διάφορα ἐόντα· διαλεγόμενα, οὐ διαλεγόμενα· γνώμην ἔχοντα, ἀγνώμονα· ὑπεναντίος ὁ τρόπος ἑκάστων ὁμολογεόμενος. Νόμος γὰρ καὶ φύσις, οἷσι πάντα διαπρησσόμεθα, οὐχ ὁμολογεῖται ὁμολογεόμενα· 2 νόμον μὲν ἄνθρωποι ἔθεσαν αὐτοὶ ἑωυτοῖσιν, οὐ γινώσκοντες περὶ ὧν ἔθεσαν, φύσιν δὲ πάντων θεοὶ διεκόσμησαν. Τὰ μὲν οὖν ἄνθρωποι διέθεσαν οὐδέποτε κατὰ τωὐτὸ ἔχει οὔτε ὀρθῶς οὔτε μὴ ὀρθῶς· ὅσα δὲ θεοὶ διέθεσαν αἰεὶ ὀρθῶς ἔχει· καὶ τὰ ὀρθὰ καὶ τὰ μὴ ὀρθὰ τοσοῦτον διαφέρει.

XII. 1 Ἐγὼ δὲ δηλώσω τέχνας φανερὰς ἀνθρώπου πα- 488
θήμασιν ὁμοίας ἐούσας καὶ φανεροῖσι καὶ ἀφανέσι. Μαντικὴ τοιόνδε· τοῖσι μὲν φανεροῖσι τὰ ἀφανέα γινώσκει, καὶ τοῖσιν ἀφανέσι τὰ φανερά, καὶ τοῖσιν ἐοῦσι τὰ μέλλοντα,

2 ἀτρεμίζον **θ** Zwing. : -ων M ‖ 4 χρεώμενοι Diels : χρεόμ- **θ**M ‖ 5 θεῶν HE : θεῶι M ὅσων **θ** ‖ 6 ποιέουσι **θ**M : ποιοῦσι Diels (quam formam semel et iterum accepit) ‖ 7 γινώσκοντας edd. : γιγν- **θ** γινώσκοντες M ‖ 8 πάντα **θ** : καὶ π. M ‖ 9 ὑπεναντίος **θ** : -ον M ‖ 10 ὁμολογεόμενος Diels : -ούμενος **θ**M ‖ φύσις **θ** : φύσιος M ‖ 11 διαπρησσόμεθα **θ** : -μενα M ‖ 12 μὲν **θ**M Diels : γὰρ IJK ‖ ἔθεσαν ἄνθρωποι M ‖ 13 δὲ **θ**H : δὴ M ‖ 13-14 θεοὶ διεκόσμησαν M : mutaverunt in θεὸς -σεν **θ**P ‖ 15 ὅσα δὲ θεοὶ Diels : ὁκόσα θεοὶ M ὅσα δὲ ὅσοι **θ** ὁκόσα δὲ θεοὶ Littré (θεὸς P) ‖ 16 punctum non post ἔχει, sed post μὴ ὀρθά pon. Bywater Fred. Diels Kirk ‖ 18 δὲ om. M ‖ 20 φανεροῖσι μὲν M ‖ γινώσκει **θ**E : -ειν M.

est dépourvu d'intelligence, les devins ont l'intelligence, celui qui sait vraiment comprenant toujours exactement, l'autre, selon les cas. **2** Cela imite la nature et la vie de l'homme. Un homme, s'unissant à une femme, a engendré un enfant : par ce qui est visible, il connaît que l'invisible sera tel. La raison humaine, étant invisible, connaît ce qui est visible et passe de l'enfant à l'homme[1] : par le présent, elle connaît l'avenir. Un mort n'est pas semblable à un vivant, mais par le mort la raison connaît le vivant. Le ventre est dépourvu d'intelligence, mais par lui, nous sommes conscients de la soif ou de la faim. Ces caractères sont propres à la fois à l'art divinatoire et à la nature humaine ; pour ceux qui les connaissent, la prévision est toujours exacte ; pour ceux qui ne les connaissent pas, c'est selon les cas[2].

Métallurgistes.

XIII. **1** Les artisans fondent le fer au feu, contraignant le feu par le souffle. Ils enlèvent au fer la nourriture qu'il contient et, quand il est malléable, ils le frappent et le contractent ; puis, nourri par de l'eau, il devient résistant[3]. **2** L'homme subit le même traitement de la part du pédotribe[4] : ce dernier enlève la nourriture par le feu, qui est contraint par le souffle. Une fois que le corps est souple, il est frappé, massé, purgé ; mais, l'eau lui venant d'ailleurs, il devient résistant.

1. Le texte, un peu décousu, n'est pas parfaitement clair. D'après ce qui précède immédiatement, on aurait plutôt attendu « de l'homme (procréateur) à l'enfant (à naître) ». Avec sa correction, Diels supprime le point après ἔσται et en met un après φανερά.

2. La mantique est bien le premier cas de la série qui se continue jusqu'au ch. xxiv, malgré l'avis opposé de H. Diller (Hermes, 1959, p. 72 ; *Recherches*, p. 54).

3. Le contexte exige que ce soit le fer, et non le feu, qui devienne fort : nous corrigeons ἰσχυρόν en ἰσχυρός.

4. Cette mention rapide et sereine du pédotribe ne nous prépare pas au petit pamphlet du ch. xxiv.

καὶ τοῖσιν ἀποθανοῦσι τὰ ζῶντα, καὶ τοῖσιν ἀσυνέτοισι συνιᾶσιν, ὁ μὲν εἰδὼς αἰεὶ ὀρθῶς, ὁ δὲ μὴ εἰδὼς ἄλλοτε ἄλλως. **2** Φύσιν ἀνθρώπου καὶ βίον ταῦτα μιμεῖται· ἀνὴρ γυναικὶ συγγενόμενος παιδίον ἐποίησε· τῷ φανερῷ τὸ ἄδηλον γινώσκει ὅτι οὕτως ἔσται. Γνώμη ἀνθρώπου ἀφανὴς γινώσκουσα τὰ φανερὰ ἐκ παιδὸς ἐς ἄνδρα μεθίσταται· τῷ ἐόντι τὸ μέλλον γινώσκει. Οὐχ ὅμοιον ἀποθανὼν ζώοντι· τῷ τεθνηκότι οἶδε τὸ ζῶον. Ἀσύνετον γαστήρ· ταύτῃ συνίεμεν ὅτι διψῇ ἢ πεινῇ. Ταὐτὰ μαντικῆς τέχνης καὶ φύσιος ἀνθρωπίνης παθήματα, τοῖσι μὲν γινώσκουσιν αἰεὶ ὀρθῶς, τοῖσι δὲ μὴ γινώσκουσιν αἰεὶ ἄλλοτε ἄλλως.

XIII. **1** [Σιδήρου ὄργανα] τεχνῖται τὸν σίδηρον πυρὶ τήκουσι, πνεύματι ἀναγκάζοντες τὸ πῦρ, τὴν ὑπάρχουσαν τροφὴν ἀφαιρέονται, ἀραιὸν δὲ ποιήσαντες παίουσι καὶ συνελαύνουσιν, ὕδατος δὲ ἄλλου τροφῇ ἰσχυρὸς γίνεται. **2** Ταὐτὰ πάσχει ἄνθρωπος ὑπὸ παιδοτρίβου· τὴν ὑπάρχουσαν τροφὴν πυρὶ ἀφαιρεῖται, ὑπὸ πνεύματος ἀναγκαζομένῳ· ἀραιούμενος κόπτεται, τρίβεται, καθαίρεται, ὑδάτων δὲ ἐπαγωγῇ ἄλλοθεν ἰσχυρὸς γίνεται.

1 pr. καὶ om. M ‖ τοῖσιν ἀσυνέτοισι P Diels : τῶν ἀσυνέτων M ἀσυνέτων **θ** τῷ ἀσυνέτῳ Bywater ‖ 2 αἰεὶ Lind. : ἀεὶ **θ**M ‖ 3 βίον **θ** : οἷον M ὡς οἷόν τε K′ ‖ 4 ἐποίησε **θ** : ἐποίεε M ‖ 5 γινώσκει **θ** : -ειν M ‖ post ὅτι add. συνέλαβεν Diels ‖ ὅτι οὕτως ἔσται secl. Fred. ‖ 6 ἐς edd. : εἰς **θ**M ‖ 7-8 οὐχ ὅμοιον — ζῷον **θ** Diels (οἶδεν) : οὐχ ὅμοιον ἀπὸ θανάτου — τὸ ζῷον οἶδε M οὐχ ὁ μὴ ὢν ἀπὸ θανάτου, ζῷον δὲ... Littré διότι οὐχ ὅμοιον τὸ ἀποθανὸν τῷ ζώοντι Erm. ‖ 9 ταὐτά Diels : ταῦτα **θ**M ‖ 9-10 μαντικῆς τέχνης **θ**M : errore negat Diels ‖ 10 παθήματα **θ** Diels : πάθεα M ‖ 11 αἰεὶ om. P Diels ‖ 13 Σιδήρου ὄργανα secl. Diels : σ. ἐργάται Wil. Fred. ‖ τεχνῖται Jones : τέχνησι **θ** τέχνης M secl. Fred. ‖ 13-14 πυρὶ τήκουσι Bywater edd. : περιτήκ- **θ**M ‖ 15 ἀφαιρέονται **θ** : -τες M ‖ 16 ἰσχυρὸς Joly : -ὸν **θ**M edd. ‖ 17 ταὐτὰ Erm. Diels : ταῦτα **θ**M ‖ 18 πυρὶ : πῦρ Fred. Diels ‖ ἀναγκαζομένῳ Joly : -μένου **θ** -μενος M -μενον Diels ‖ 19 ἀραιούμενος δὲ M : ἀραιούμενα **θ** ‖ καθαίρεται **θ** : -ρέεται M ‖ ὑδάτων M ὕδατος P : ὑπὸ τῶν **θ** ‖ 20 ἐπαγωγῇ **θ** Zwing.[m] : ὑπ- M.

Foulons. XIV. **1** Les foulons opèrent ainsi : ils foulent, frappent, tirent ; en maltraitant, ils rendent plus fort ; en tondant les fils qui dépassent ou en les rentrant, ils rendent les tissus plus beaux. L'homme subit le même traitement[1].

Cordonniers. XV. **1** Les cordonniers découpent des ensembles en morceaux et font des ensembles avec des morceaux. Coupant et perçant, ils rendent sain ce qui est pourri. L'homme aussi subit ce traitement. Des ensembles, on découpe des morceaux et les morceaux agencés font des ensembles. **2** En perçant et en coupant, les médecins guérissent ce qui est pourri. Ceci aussi est le propre de la médecine : débarrasser de ce qui fait souffrir, rendre sain en enlevant la cause de la souffrance. La nature, spontanément, sait cela : elle fait[2] lever celui qui est assis, se reposer celui qui s'agite. Les autres caractères semblables de la médecine, la nature les possède aussi.

Charpentiers. XVI. **1** Les charpentiers scient : l'un pousse, l'autre tire : ils font la même chose tous les deux. Quand ils appuient, ceci monte, cela descend ; faisant moins, ils font plus[3]. **2** Ils imitent la nature de l'homme. Ceci

1. L'auteur ne développe pas le second terme, parce qu'il devrait répéter ce qu'il vient de dire en XIII, 2.

2. Les manuscrits ne donnent pas ici un texte satisfaisant (cf. *Recherches*, p. 55, n. 3) ; nous proposons une légère correction, à l'appui de laquelle il n'est peut-être pas inutile de souligner que cet emploi de ποιεῖν, fréquent en grec, est attesté au moins deux fois dans le *Régime* : LVI, 6 (fin), et LXIV, 2. La présence de πονεῖ et de ποιεῖν dans la phrase précédente est à l'origine de la faute.

3. Tout ce passage est fort malmené dans la tradition manuscrite ; l'établissement du texte reste forcément conjectural.

XIV. **1** Καὶ οἱ γναφεῖς τοῦτο διαπρήσσονται· λακτίζουσι, κόπτουσιν, ἕλκουσι, λυμαινόμενοι ἰσχυρότερα ποιέουσι, κείροντες τὰ ὑπερέχοντα καὶ παραπλέκοντες καλλίω ποιέουσι· ταὐτὰ πάσχει ἄνθρωπος. 490

XV. **1** Σκυτεῖς τὰ ὅλα κατὰ μέρεα διαιρέουσι, καὶ τὰ μέρεα ὅλα ποιέουσι, τάμνοντες δὲ καὶ κεντέοντες τὰ σαθρὰ ὑγιέα ποιέουσι. Καὶ ἄνθρωπος δὲ ταῦτα πάσχει· ἐκ τῶν ὅλων μέρεα διαιρεῖται, καὶ ἐκ τῶν μερέων συντιθεμένων ὅλα γίνεται· **2** κεντεόμενοί τε καὶ ταμνόμενοι τὰ σαθρὰ ὑπὸ τῶν ἰητρῶν ὑγιάζονται· καὶ τόδε ἰητρικῆς· τὸ λυπέον ἀπαλλάσσειν, καὶ ὑφ' οὗ πονεῖ ἀφαιρέοντα ὑγιέα ποιεῖν. Ἡ φύσις αὐτομάτη ταῦτα ἐπίσταται· καθήμενον ποιεῖ ἀναστῆναι, κινεύμενον ποιεῖ ἀναπαύσασθαι, καὶ τὰ ἄλλα τὰ τοιαῦτα ἔχει φύσις ἰητρικῆς.

XVI. **1** Τέκτονες πρίοντες ὁ μὲν ὠθεῖ, ὁ δὲ ἕλκει· τωὐτὸ ποιέοντες ἀμφότεροι· [τρυπῶσιν, ὁ μὲν ἕλκει, ὁ δὲ ὠθεῖ·] πιεζόντων ἄνω ἕρπει, τὸ δὲ κάτω· μείω ποιέοντες πλείω ποιέουσι. **2** Φύσιν ἀνθρώπου μιμέονται. Τὸ πνεῦμα τὸ

1 τοῦτο **θ** : τωὐτὸ M ‖ 1-2 post λακτίζουσι add. παίουσι λυμαινόμενοι M π. πλυνόμενοι Zwing.[m] ‖ 2 λυμαινόμενοι : πλυνόμενοι Lind. ‖ 3 παραπλέκοντες **θ**M : παραπέκοντες Wil. Diels ‖ 4 ταὐτὰ M (?) Diels : ταῦτα **θ** ‖ ἄνθρωπος **θ** : ὤνθρ M ‖ 5 κατὰ M : καὶ τὰ **θ** ‖ 6 ὅλα om. M ‖ τάμνοντες M : τέμν- **θ** Diels ‖ δὲ om. **θ** Diels ‖ 7 ταῦτα **θ** : τωὐτὸ M ταὐτὰ Bywater Diels ‖ 9 ταμνόμενοι Joly : τεμν **θ**M edd. ‖ 10 ὑγιάζονται Erm. edd. : ὑγιαίνονται **θ**M ‖ καὶ τόδε ἰητρικῆς **θ** : καὶ ζώει ἰητρική M ‖ 10-11 λυπέον ἀπαλλάσσειν **θ** : λυπέει ἀπαλλάσσει M ‖ 12 αὐτόματα Erm. ‖ ταῦτα : ταὐτὰ Bywater Diels ‖ 12-13 καθήμενον ποιεῖ... κινεύμενον ποιεῖ Joly : καθήμενος πονεῖ... κινεύμενος πονεῖ **θ**M edd. (κινεόμενος Diels) ‖ 13 τὰ ἄλλα **θ**M : πολλὰ P Diels ‖ 13-14 τὰ τοιαῦτα **θ** : τοιαῦτα M τὰ αὐτὰ Bywater ‖ 14 ἰητρικῆς **θ**M : -κῇ Bywater ‖ 16 ποιέοντες **θ** : ποιέει M ‖ ἀμφότεροι **θ** : ἀμφοτέρως φέρει M ἀμφοτέρως συμφέρει Zwing.[m] ἀμφοτέρως [φέρε] Diels ‖ τρυπῶσιν — ὠθεῖ secl. Diels ‖ 17 μείω ποιέοντες **θ** : μίον οἷοι ἐόντες M ‖ 18 post ποιέουσι add. *et maius facientes minuunt* P Littré ‖ pr. τὸ om. M.

tire le souffle, cela le pousse : c'est la même chose des deux façons. Ceci est poussé vers le bas, cela monte. D'une seule âme divisée proviennent d'autres âmes plus ou moins nombreuses, plus ou moins grandes[1].

Architectes. XVII. **1** Les architectes bâtissent un ensemble concordant avec des matériaux différents, mouillant les matériaux secs, séchant les matériaux humides, découpant des ensembles et assemblant des morceaux. Sans cela, la construction ne serait pas ce qu'elle doit être. **2** Ils imitent le régime de l'homme : séchant les aliments humides, mouillant les aliments secs, les hommes divisent des ensembles et rassemblent des morceaux. Tout cela, quoique différent, concorde[2].

Musique, cuisine. XVIII. **1** Des compositions musicales[3] sont diverses tout en provenant des mêmes notes, de l'aigu et du grave, semblables par le nom, différentes par le son. Celles qui diffèrent le plus s'accordent le mieux ; celles qui diffèrent le moins s'accordent le moins. Si quelqu'un compose tout sur une même note, il n'y a plus de plaisir. Ce sont les plus grands changements et les plus divers qui plaisent le plus. **2** Les cuisiniers préparent pour les gens des mets avec des denrées différentes, concordantes, mêlant toutes sortes de choses ; des mêmes denrées, ils font des choses diverses, aliment et boisson pour l'homme. Si l'un d'eux fait des plats tout semblables, il n'y a pas de plaisir ; mais ce ne serait pas bien non plus de tout faire entrer dans le même

1. Cette dernière phrase est embarrassante. On y a vu l'âme du monde produisant les âmes individuelles ; mais cette âme du monde n'est mentionnée nulle part ailleurs dans le *Régime*, à moins qu'on ne corrige le texte en IV, 1. Par contre, pour l'auteur, ψυχή équivaut à σπέρμα (cf. XXIX, 2, et *Recherches*, p. 30 sq.). Il est donc naturel de voir ici l'âme individuelle produisant d'autres âmes par émissions spermatiques.

2. Il faut remarquer que plusieurs τέχναι sont comparées non pas à la nature humaine proprement dite, mais à d'autres τέχναι qui, à vrai dire, la concernent de fort près.

3. L'expression atteste une influence pythagoricienne ; cf. L. Delatte, *Les traités de la royauté d'Ecphante, Diotogène et Sthénidas*, Liège, 1942, p. 255.

μὲν ἕλκει, τὸ δὲ ὠθεῖ· τωὐτὸ ποιεῖ καὶ ἀμφοτέρως· τὰ μὲν κάτω πιέζεται, τὰ δὲ ἄνω ἕρπει. Ἀπὸ μιῆς ψυχῆς διαιρεομένης πλείους καὶ μείους καὶ μέζονες καὶ ἐλάσσονες.

XVII. **1** Οἰκοδόμοι ἐκ διαφόρων σύμφορα ἐργάζονται, 492
τὰ μὲν ξηρὰ ὑγραίνοντες, τὰ δὲ ὑγρὰ ξηραίνοντες, τὰ μὲν ὅλα διαιρέοντες, τὰ δὲ διῃρημένα συντιθέντες· μὴ οὕτω δὲ ἐχόντων οὐκ ἂν ἔχοι ᾗ δεῖ. **2** Δίαιταν ἀνθρωπίνην μιμέονται· τὰ μὲν ξηρὰ ὑγραίνοντες, τὰ δὲ ὑγρὰ ξηραίνοντες, τὰ μὲν ὅλα διαιρέουσι, τὰ δὲ διῃρημένα συντιθέασι· ταῦτα πάντα διάφορα ἐόντα συμφέρει.

XVIII. **1** [Μουσικῆς ὄργανον ὑπάρξαι δεῖ πρῶτον, ἐν ᾧ δηλώσει ἃ βούλεται] ἁρμονίης συντάξιες ἐκ τῶν αὐτῶν οὐχ αἱ αὐταί, ἐκ τοῦ ὀξέος καὶ ἐκ τοῦ βαρέος, ὀνόματι μὲν ὁμοίων, φθόγγῳ δὲ οὐχ ὁμοίων· τὰ πλεῖστον διάφορα μάλιστα συμφέρει, τὰ δὲ ἐλάχιστον διάφορα ἥκιστα συμφέρει· εἰ δὲ ὅμοια πάντα ποιήσει τις, οὐκέτι τέρψις· αἱ πλεῖσται μεταβολαὶ καὶ πολυειδέσταται μάλιστα τέρπουσιν. **2** Μάγειροι ὄψα σκευάζουσιν ἀνθρώποισι διαφόρων, συμφόρων, παντοδαπὰ συγκρίνοντες, ἐκ τῶν αὐτῶν οὐ ταὐτά, βρῶσιν καὶ πόσιν ἀνθρώπῳ· εἰ δὲ πάντα ὅμοια ποιήσει, οὐκ ἔχει τέρψιν· οὐδ' εἰ ἐν τῷ αὐτῷ πάντα συντάξειεν, οὐκ

1 τωὐτὸ ποιεῖ **θ** : τὸ δ' αὐτὸ ποιέειν M ‖ καὶ ἀμφοτέρως **θ** Diels : ἀμφ- φέρει σίτων M ‖ 2 πιέζεται M : -ηται **θ** -εῖται Diels ‖ διαιρεομένης M : διερευμένη **θ** ‖ 4 σύμφορα Diels : -ον M om. **θ** ‖ ἐργάζονται **θ** : -οντες M ‖ 5 δὲ **θ** : δ' M ‖ 6 συντιθέντες M : ξυντιθέασι **θ** ‖ 7 ᾗ δεῖ **θ** : ἰδίως M ‖ 7 ἀνθρωπίνην : ἀνθρώπου Diels ‖ 7-8 μιμέονται K' Zwing.[m] Diels : -έεται **θ**M ‖ 10 συμφέρει **θ** : add. τῇ φύσει M ‖ 11-12 Μουσικῆς — βούλεται secl. Fred. Diels ‖ 12 ἁρμονίης **θ** : -ίη M ‖ συντάξιες M : σύνταξις **θ** ‖ 13 αἱ αὐταὶ **θ** : ἑαυταὶ M ‖ καὶ ἐκ **θ** : ἐκ M ‖ 14 φθόγγῳ MP : -ων **θ** ‖ 14-15 πλεῖστον,... ἐλάχιστον Wil. : -α... -α codd. ‖ 16 οὐκέτι **θ** : οὐκ ἔνι M fortasse recte ‖ 18 συμφόρων om. M ‖ 19 ταὐτά Jouanna : ταῦτα **θ** τωὐτά M ‖ 20 ἀνθρώπῳ **θ** : -ων M ‖ εἰ... ποιήσει **θ** : ἢν... ποιήσῃ M εἰ... ποιήσειε Wil. Diels ‖ 21 συντάξειεν **θ** (ξυν-) : συνταράξειεν M.

plat. **3** En musique, les notes que l'on frappe sont les unes hautes, les autres basses. La musique imite la langue qui distingue[1] le doux et l'aigre dans ce qu'elle goûte, le discordant et le concordant. Les sons qu'elle émet sont élevés ou bas ; il n'est pas correct d'abaisser les sons élevés ni d'élever les sons bas. Quand la langue est bien dans le ton, l'accord produit le plaisir ; mais quand elle n'est pas dans le ton, il y a désagrément.

Tanneurs, Vanniers. XIX. **1** Les tanneurs étendent, pressent, peignent, lavent : le traitement des enfants est le même. Les vanniers font tourner la corbeille en tressant ; ils reviennent au début en terminant. Le circuit physiologique est la même chose : il revient pour finir où il avait commencé[2].

Orfèvres. XX. **1** On travaille l'or, on le frappe, le lave, le fond ; l'or prend au feu doux et non violent. Une fois qu'il est prêt, on s'en sert pour tout usage. **2** L'homme frappe, lave, moud le blé ; il le fait cuire et l'utilise. Avec un feu violent, il ne prend pas dans le corps, mais bien au feu doux.

Sculpteurs. XXI. **1** Les sculpteurs imitent le corps, sauf l'âme[3] et ne font pas d'objets pourvus de raison. Ils utilisent l'eau et la terre, séchant ce qui est humide et mouillant ce qui est sec. Ils enlèvent ce qui est en trop, ajoutent là où il manque, développant du minimum au maximum.

1. Le texte traditionnel fait dire à l'auteur que la langue imite la musique, alors que, d'après tout le développement, le contraire s'impose. H. Koller (*Die Mimesis in der Antike*, Berne, 1954, p. 60) était arrivé aussi à la même correction que nous ; cf. *Recherches*, p. 57.

2. Cette idée se trouve chez Héraclite (fr. 103), mais aussi chez Alcméon (fr. 2), dans l'orphisme (Kern, *O. F.*, fr. 168) et aussi dans la *Collection hippocratique* (*Lieux dans l'homme*, 1 ; *Aliment*, 9).

3. Il ne faut pas condamner πλὴν ψυχῆς comme une glose entrée dans le texte : Socrate discute de ce problème dans les *Mémorables* de Xénophon (III, x, 3 sqq. ; *Recherches*, p. 59).

ἂν ἔχοι ὀρθῶς. **3** Κρούεται τὰ κρούματα ἐν μουσικῇ τὰ μὲν ἄνω, τὰ δὲ κάτω. Γλῶσσαν μουσικὴ μιμεῖται διαγινώσκουσαν μὲν τὸ γλυκὺ καὶ τὸ ὀξὺ τῶν προσπιπτόντων, καὶ διάφωνα καὶ σύμφωνα· κρούεται δὲ τοὺς φθόγγους ἄνω καὶ κάτω, καὶ οὔτε τὰ ἄνω κάτω κρουόμενα ὀρθῶς ἔχει οὔτε τὰ κάτω ἄνω· καλῶς δὲ ἡρμοσμένης γλώσσης, τῇ συμφωνίῃ τέρψις, ἀναρμόστου δὲ λύπη.

XIX. **1** Νακοδέψαι τείνουσι, τρίβουσι, κτενίζουσι, πλύνουσι· ταὐτὰ παιδίων θεραπείη. Πλοκεῖς ἄγοντες κύκλῳ πλέκουσιν, ἀπὸ τῆς | ἀρχῆς ἐς τὴν ἀρχὴν τελευτῶσι· 494
τωὐτὸ περίοδος ἐν τῷ σώματι, ὁκόθεν ἄρχεται, ἐπὶ τοῦτο τελευτᾷ.

XX. **1** Χρυσίον ἐργάζονται, κόπτουσι, πλύνουσι, τήκουσι· πυρὶ μαλακῷ, ἰσχυρῷ δὲ οὔ, συνίσταται· ἀπειργασμένοι πρὸς πάντα χρέωνται· **2** ἄνθρωπος σῖτον κόπτει, πλύνει, ἀλήθει, πυρώσας χρῆται· ἰσχυρῷ μὲν πυρὶ ἐν τῷ σώματι οὐ συνίσταται, μαλακῷ δέ.

XXI. **1** Ἀνδριαντοποιοὶ μίμησιν σώματος ποιέουσιν πλὴν ψυχῆς, γνώμην δὲ ἔχοντα οὐ ποιέουσιν, ἐξ ὕδατος καὶ γῆς, τὰ ὑγρὰ ξηραίνοντες καὶ τὰ ξηρὰ ὑγραίνοντες· ἀφαιρέονται ἀπὸ τῶν ὑπερεχόντων, προστιθέασι πρὸς τὰ ἐλλείποντα, ἐκ τοῦ ἐλαχίστου ἐς τὸ μέγιστον αὔξοντες·

1-2 κρούεται — κάτω post προσπιπτόντων ⟨ὀρθῶς⟩ Erm. ‖ 2-3 Γλῶσσαν μουσική, διαγινώσκουσαν Koller Joly : γλῶσσα -ὴν -α **θ**M edd. ‖ 4 καὶ σύμφωνα (ξυμ-) **θ** : om. M ‖ τοὺς φθόγγους secl. Bywater Diels ‖ 6 ἄνω κάτω **θ** ‖ δὲ edd. : δ' **θ**M ‖ 7 τῇ συμφωνίῃ **θ** : τῆς -ίης M ‖ 8 Νακοδέψαι **θ** : σκυτοδ- M ‖ 9 ταὐτὰ Erm. : ταῦτα **θ**M ‖ 11 τωὐτὸ Erm. : τοῦτο **θ**M ‖ 14 μαλακῷ M : μαλθακῷ **θ** ‖ δὲ οὔ recc. : δ' οὔ **θ**M ‖ συνίσταται **θ** : -ανται M ‖ 14-15 ἀπειργασμένοι **θ** : ἀπεργασάμενοι M ἀπεργασμένοι fortasse scribendum ‖ 15 χρέωνται Joly : χρῶνται M om. **θ** ‖ 16 ἀλήθει secl. Fred. ‖ 19 πλὴν ψυχῆς secl. Wil. Fred. Diels ‖ δὲ ἔχοντα οὐ M : δέχονται **θ** ‖ 20 καὶ τὰ ξηρὰ ὑγραίνοντες **θ** Zwing.[m] : om. M ‖ 22 ἐς **θ** : πρὸς M ‖ μέγιστον M : μήκιστον **θ**.

2 L'homme subit le même traitement ; il se développe du minimum au maximum, enlevant ce qui est en trop, ajoutant là où il manque, mouillant ce qui est sec et séchant ce qui est humide.

Potiers. XXII. **1** Les potiers font tourner le tour, lequel ne recule ni n'avance et en se mouvant dans les deux sens en même temps, imite la révolution de l'Univers. Sur le même tour en mouvement, ils fabriquent toutes sortes de récipients, qui n'ont rien de commun les uns avec les autres, tout en étant faits des mêmes matières avec les mêmes instruments. **2** Les hommes subissent le même traitement et aussi les autres animaux : au cours d'une même révolution, avec les mêmes matériaux, ils font toutes sortes de choses qui n'ont rien de commun entre elles, avec les mêmes organes, séchant l'humide et mouillant le sec[1].

Écriture. XXIII. **1** Voici ce qu'est l'art de l'écriture : assemblage de figures, signes de la voix humaine, capacité de se souvenir du passé, de montrer ce qui est à faire. La connaissance utilise sept figures. Tout cela l'homme le fait, qu'il sache les lettres ou ne les sache pas. **2** Les sensations de l'homme se produisent grâce à sept[2] structures différentes : l'ouïe pour le bruit, la vue pour ce qui est visible, le nez pour l'odeur, la langue pour le plaisir et le déplaisir, la bouche pour la conversation, le corps pour le toucher, les passages intérieurs et extérieurs

1. Περιφορή ne saurait avoir d'autre sens que celui de « circuit physiologique », traduit d'ordinaire par περίοδος. L'auteur emploie le même mot ὄργανα dans les deux termes de la comparaison, mais, comme dans d'autres cas, il est bien difficile de traduire par le même mot en français ; cf. σχῆμα, au ch. XXIII.

2. La double mention du nombre sept fait penser au traité des *Semaines*, §§ 8 et 19. Kranz admet une source commune aux deux traités, mais il est possible aussi que le *Régime* s'inspire directement et partiellement des *Semaines*.

2 Ταῦτα πάσχει καὶ ἄνθρωπος· αὔξεται ἐκ τοῦ ἐλαχίστου ἐς τὸ μέγιστον, ἐκ τῶν ὑπερεχόντων ἀφαιρεύμενος, τοῖσιν ἐλλείπουσι προστιθείς, τὰ ξηρὰ ὑγραίνων καὶ τὰ ὑγρὰ ξηραίνων.

XXII. **1** Κεραμεῖς τροχὸν δινέουσι, καὶ οὔτε ὀπίσω οὔτε πρόσω χωρεῖ, καὶ ἀμφοτέρωσε ἅμα τοῦ ὅλου ἀπομιμεῖται περιφορήν· ἐν δὲ τῷ αὐτῷ ἐργάζονται περιφερομένῳ παντοδαπά, οὐδὲν ὅμοιον τὸ ἕτερον τῷ ἑτέρῳ ἐκ τῶν αὐτῶν τοῖσιν αὐτοῖσιν ὀργάνοισιν. **2** Ἄνθρωποι ταὐτὰ πάσχουσι καὶ τἄλλα ζῷα· ἐν τῇ αὐτῇ περιφορῇ πάντα ἐργάζονται, ἐκ τῶν αὐτῶν οὐδὲν ὅμοια τοῖσιν αὐτοῖσιν ὀργάνοισιν, ἐξ ὑγρῶν ξηρὰ ποιέοντες καὶ ἐκ τῶν ξηρῶν ὑγρά.

XXIII. **1** Γραμματικὴ τοιόνδε· σχημάτων σύνθεσις, σημεῖα φωνῆς ἀνθρωπίνης, δύναμις τὰ παροιχόμενα μνημονεῦσαι, τὰ ποιητέα δηλῶσαι· δι' ἑπτὰ σχημάτων ἡ γνῶσις· ταῦτα πάντα ἄνθρωπος διαπρήσσεται, καὶ ὁ ἐπιστάμενος γράμματα καὶ ὁ μὴ ἐπιστάμενος. | **2** Δι' ἑπτὰ 496
σχημάτων καὶ αἱ αἰσθήσιες ἀνθρώπων ἀκοὴ ψόφων, ὄψις φανερῶν, ῥῖνες ὀδμῆς, γλῶσσα ἡδονῆς καὶ ἀηδίης, στόμα διαλέκτου, σῶμα ψαύσιος, θερμοῦ ἢ ψυχροῦ πνεύμα-

1 Ταῦτα **θ**M : ταὐτὰ Diels ‖ 2 μέγιστον **θ**M : μήκιστον Fred. ‖ ἀφαιρεύμενος Diels : -ούμενος **θ**M -εόμενος Jones fortasse recte. ‖ 5 Κεραμεῖς **θ** Diels : -μέες M ‖ δινέουσι edd. : δεινέουσι M δείνουσι **θ** ‖ 5-6 πρόσω... ὀπίσω **θ** ‖ 6 χωρεῖ M : προχωρέει **θ** ‖ καὶ ἀμφοτέρωσε M : ἀμφοτέρως **θ** Diels χωρέων ἀμφοτέρωσε Wil. ‖ 6 ἀπομιμεῖται περιφορὴν Joly : ἀπόμιμα τῆς περιφορῆς **θ** μιμητὴς περιφερῆς M (ἄγει pro ἅμα primum conjecerat Diels) ἀπομίμημα τῆς περιφορῆς Erm. Diels Kranz ‖ 7 περιφερομένῳ **θ** : -ων M ‖ 9 τοῖσιν αὐτοῖσιν ὀργάνοισι **θ**P : om. M Wil ‖ ταὐτὰ Joly, suadente Jones : ταῦτα **θ**M ‖ 11 ὅμοια Diels : -ον **θ**M edd. ‖ 12 ἐξ ὑγρῶν — ὑγρά secl. Fred. ‖ 13 σύνθεσις M : -έσεις **θ** ‖ 14 ἀνθρωπίνης φωνῆς **θ** ‖ 18 αἱ αἰσθήσιες Joly : αἱ -εις **θ** ἡ αἴσθησις ἡ M ‖ ἀνθρώπων : -ῳ Bywater ‖ ψόφων recc. Littré : ψόφον M ψόφους **θ** ψόφου Fred. Jones ‖ 19 ῥῖνες **θ** Diels : ῥὶν M edd. ‖ post καὶ add. ἡ M.

pour le souffle chaud ou froid. C'est grâce à cela que l'homme a la connaissance.

Pédotribe.

XXIV. **1** La compétition sportive[1], la gymnastique[2], voici ce que c'est. Les pédotribes enseignent à transgresser la loi légalement, à être injuste justement, à tromper, à voler, à enlever, à faire violence : les pires choses sont pour eux les meilleures. Celui qui n'agit pas ainsi est mauvais ; celui qui agit ainsi est bon. Preuve de la folie de la masse. Ils regardent cela et jugent qu'un seul parmi tous est bon, les autres mauvais. Beaucoup admirent, peu savent. **2** Quand les hommes viennent à l'agora, ils font la même chose : ils trompent en vendant et en achetant ; c'est celui qui a trompé le plus qui est le plus admiré. Quand ils boivent et sont ivres, ils font la même chose : ils courent, luttent, se battent, volent, trompent ; un seul parmi tous est apprécié. **3** L'art de l'acteur trompe les spectateurs ; ils disent ceci et pensent cela ; ils entrent tels et sortent autres. Il est bien humain aussi de dire ceci, de faire cela, d'être le même et non le même, de penser ceci à tel moment et cela à tel autre.

De cette façon, toutes les techniques ont quelque chose en commun avec la nature humaine.

Ames et corps.

XXV. **1** L'âme de l'homme, comme je l'ai dit, composée de feu et d'eau et des parcelles de l'homme,

1. Malgré Bernays, approuvé par Littré au t. VII (p. LIV) et par Jones, nous préférons ici la leçon de M : ἀγνωσίη ne se justifie en rien dans le contexte immédiat ; par contre, la présence de γνῶσις et le goût marqué de l'auteur pour les oppositions expliquent bien le passage fautif de ἀγωνίη à ἀγνωσίη.

2. Ce chapitre XXIV est une diatribe contre l'art du pédotribe, inspiré de la sophistique et en particulier des *Dialexeis*. Il est exclu dès lors que l'auteur soit le pédotribe Hérodicos de Sélymbrie, dont le *Régime* s'inspire certainement. — Si le ton est très nouveau, ce chapitre reste pourtant dans la ligne des comparaisons qui précèdent et auxquelles il met un terme.

τος διέξοδοι ἔξω καὶ ἔσω· διὰ τούτων ἀνθρώποισιν γνῶσις.

XXIV. **1** Ἀγωνίη, παιδοτριβίη τοιόνδε· διδάσκουσι παρανομεῖν κατὰ νόμον, ἀδικεῖν δικαίως, ἐξαπατᾶν, κλέπτειν, ἁρπάζειν, βιάζεσθαι, τὰ αἴχιστα κάλλιστα· ὁ μὴ ταῦτα ποιέων κακός, ὁ δὲ ταῦτα ποιέων ἀγαθός· ἐπίδειξις τῆς τῶν πολλῶν ἀφροσύνης· θεῶνται ταῦτα καὶ κρίνουσιν ἕνα ἐξ ἁπάντων ἀγαθόν, τοὺς δὲ ἄλλους κακούς· πολλοὶ θαυμάζουσιν, ὀλίγοι γινώσκουσιν. **2** Ἐς ἀγορὴν ἐλθόντες ἄνθρωποι ταὐτὰ διαπρήσσονται· ἐξαπατῶσιν ἄνθρωποι πωλέοντες καὶ ὠνεόμενοι· ὁ πλεῖστα ἐξαπατήσας, οὗτος θαυμάζεται. Πίνοντες καὶ μαινόμενοι ταὐτὰ διαπρήσσονται. Τρέχουσι, παλαίουσι, μάχονται, κλέπτουσιν, ἐξαπατῶσιν· εἷς ἐκ πάντων κρίνεται. **3** Ὑποκριτικὴ ἐξαπατᾷ ἰδόντας· ἄλλα λέγουσιν καὶ ἄλλα φρονέουσιν, οἱ αὐτοὶ ἐσέρπουσι καὶ ἐξέρπουσιν οὐχ οἱ αὐτοί· ἔνι καὶ ἐν ἀνθρώπῳ ἄλλα μὲν λέγειν, ἄλλα δὲ ποιεῖν, καὶ τὸν αὐτὸν μὴ εἶναι τὸν αὐτόν, καὶ τότε μὲν ἄλλην, τότε δὲ ἄλλην ἔχειν γνώμην. Οὕτω μὲν αἱ τέχναι πᾶσαι τῇ ἀνθρωπίνῃ φύσει ἐπικοινωνέουσιν.

XXV. **1** Ἡ δὲ ψυχὴ τοῦ ἀνθρώπου, ὥσπερ μοι καὶ

1-2 γνῶσις ἀνθρώπ- M ‖ 3 Ἀγωνίη MP Littré Diels : ἀγνωσίη **θ** Bernays Jones ‖ παιδοτριβίη **θ** : -τρίβαι M ‖ τοιόνδε **θ** : τοιὸν M ‖ 5 τὰ αἴσχιστα κάλλιστα Diels : τὰ αἴσχ- καὶ κάλλ- **θ** τὰ καλλ- καὶ αἴσχ- M ‖ 7 τῆς τῶν EH² Diels : τῶν **θ**M ‖ 8 ἕνα recc. edd. : ἓν **θ**M ἕν' Diels ‖ κακούς M : -ῶς **θ** ‖ 9 θαυμάζουσιν M : θωμ- **θ** Diels ‖ 10 ταὐτὰ **θ** : ταῦτα M ‖ ἐξαπατῶσιν Diels : -σι M ἐξ ἁπάντων ειν **θ** ‖ 11-12 θαυμάζεται M : θωμ- **θ** ‖ 12 πίνοντες : παίζοντες Heidel Diller ‖ ταὐτὰ **θ** : ταῦτα M ‖ 14 ὑποκριτικὴ ἐξαπατᾷ **θ**M : ὑποκριταὶ καὶ ἐξαπατηταὶ Erm. ‖ ἰδόντας Fred. Peck (cf. Jones, p. 261, n. 4) : εἰδότας **θ**M edd. πρὸς ἰδιώτας Erm. ‖ 15 ἄλλα λ. καὶ ἄλλα φρον- P Diels Kranz : ἃ λέγουσι ἄλλα καὶ φρον- **θ** λέγουσι ἄλλα καὶ φρον- ἕτερα M Erm. ‖ ἐσέρπουσι(ν) **θ** : ἐξερ- M ‖ 16 οὐχ M : καὶ οὐχ **θ** ‖ ἔνι **θ** Zwing. : ἐνὶ M ‖ καὶ ἐν **θ** : δὲ M κἂν Diels ‖ 17 ποιεῖν M : ἀκούειν **θ** ‖ 18 τότε (bis) : ὅτε (bis) Erm. ‖ τότε μὲν — γνώμην **θ** (sed add. μὴ ante ἔχειν) : τότε μὲν ἄλλην ἔχειν γν- M.

pénètre en tout animal qui respire et naturellement aussi en tout homme, jeune ou vieux[1]. Mais elle ne se développe pas de même en tous ; dans les corps jeunes, vu que le circuit est rapide et que le corps grandit, elle brûle, devient légère et se consume pour la croissance du corps ; mais dans des corps plus âgés, vu que le mouvement est lent et le corps froid, elle se consume pour le dépérissement du corps. **2** Tous les corps en pleine force et à l'âge de la procréation peuvent la nourrir et la développer. Un chef qui peut entretenir de très nombreux hommes a de la puissance ; mais si ceux-ci l'abandonnent, il s'affaiblit ; il en va de même pour chaque corps en particulier : ceux qui peuvent nourrir le plus grand nombre d'âmes sont les plus forts ; cette faculté s'en allant, ils s'affaiblissent[2].

Embryologie (suite).

XXVI. **1** Ce qui pénètre ailleurs ne se développe pas, mais ce qui pénètre dans la femme se développe, à condition d'y trouver ce qui lui convient[3]. Tous les membres se séparent et se développent en même temps, aucun avant ou après l'autre. Mais ceux qui sont plus grands par nature sont visibles avant les plus petits, sans pour cela s'être formés antérieurement. **2** Et tous les fœtus[4] ne se forment pas en un temps égal, mais les uns plus vite, les autres plus lentement, selon le feu et la

1. Ceci n'est pas en contradiction avec l'affirmation du ch. VI, fin : l'âme (= le sperme) peut pénétrer en tout être vivant, mais ne pourrait s'y développer indifféremment.

2. « How can a body nourish many souls? », demande Jones. Ici encore, il n'y a, croyons-nous, qu'une façon de bien comprendre : les âmes correspondent toujours aux émissions spermatiques.

3. Cette phrase répète avec plus de précision le ch. VI, fin, mais c'est une transition qui amorce la suite de l'exposé embryologique.

4. Le sujet de cette phrase ne saurait être celui de la précédente : construction typique de la prose archaïque. — L'idée que tous les organes se développent en même temps cadre fort bien avec la doctrine d'Anaxagore ; la question était cependant fort discutée (*Recherches*, p. 78).

εἴρηται, σύγκρησιν ἔχουσα πυρὸς καὶ ὕδατος, μέρεα δὲ ἀνθρώπου, ἐσέρπει ἐς ἅπαν ζῷον, ὅ τι περ ἀναπνεῖ, καὶ δὴ καὶ ἐς ἄνθρωπον πάντα καὶ νεώτερον καὶ πρεσβύτερον. Αὔξεται δὲ οὐκ ἐν πᾶσιν ὁμοίως, | ἀλλ' ἐν μὲν τοῖσι νέοισι 498
τῶν σωμάτων, ἅτε ταχέης ἐούσης τῆς περιφορῆς καὶ τοῦ σώματος αὐξίμου, ἐκπυρουμένη καὶ λεπτυνομένη καταναλίσκεται ἐς τὴν αὔξησιν τοῦ σώματος· ἐν δὲ τοῖσι πρεσβυτέροισιν, ἅτε βραδέης ἐούσης τῆς κινήσιος καὶ ψυχροῦ τοῦ σώματος, καταναλίσκεται ἐς τὴν μείωσιν τοῦ ἀνθρώπου. **2** Ὅσα δὲ τῶν σωμάτων ἀκμάζοντά ἐστι καὶ ἐν τῇσιν ἡλικίῃσι τῇσι γονίμῃσι, δύναται τρέφειν καὶ αὔξειν· δυνάστης δὲ ἄνθρωπος, ὅστις δύναται πλείστους ἀνθρώπους τρέφειν, ἰσχυρός· ἀπολειπόντων δέ, ἀσθενέστερος. Τοιοῦτον καὶ ἕκαστα τῶν σωμάτων· ὁκοῖα πλείστας δύναται ψυχὰς τρέφειν, ταῦτα ἰσχυρότατα, ἀπελθόντων δὲ τούτων, ἀσθενέστερα.

XXVI. **1** Ὅ τι μὲν ἂν ἐς ἄλλο ἐσέλθῃ, οὐκ αὔξεται· ὅ τι δ' ἂν ἐς τὴν γυναῖκα, αὔξεται, ἢν τύχῃ τῶν προσηκόντων. Καὶ διακρίνεται δὲ τὰ μέλεα ἅμα πάντα καὶ αὔξεται, καὶ πρότερον οὐδὲν ἕτερον ἑτέρου οὐδ' ὕστερον. Τὰ δὲ μέζω φύσει πρότερα φαίνεται τῶν ἐλασσόνων, οὐδὲν πρότερα γινόμενα. **2** Οὐκ ἐν ἴσῳ δὲ χρόνῳ πάντα διακοσμεῖται, ἀλλὰ τὰ μὲν θᾶσσον, τὰ δὲ βραδύτερον, ὅκως ἂν καὶ τοῦ

1 εἴρηται **θ**MH : προείρηται recc. edd. || μέρεα **θ** : -ρη M μοῖραν Zwing.[m] || 1-2 μέρεα δὲ ἀνθρώπου secl. Erm. || 3 pr. καὶ om. **θ** || 4 οὐκ om. **θ** || 6 post σώματος add. ὄντος M || ἐκπυρουμένη καὶ λεπτυνομένη **θ** : -μενα καὶ -μενα M || 8 post καὶ add. δεῖ M add. δὴ recc. || 9 καταναλίσκεται M : -κεσαι **θ** || 10 ὅσα **θ** : ὁκόσα M || ἐν om. **θ** || 12 δυναστὴς... ἄνθρωπος **θ** : -αὶ... -οι M || 13 ἰσχυρός **θ** : οὗτος ἰσχ- M || 14 τοιοῦτον **θ** : -ούτων M || καὶ M : ὅκοι **θ** || ὁκοῖα πλείστας edd. : πλεῖστας **θ** πλεῖστα· ὁκοῖα πλεῖστα M || 15 ψυχὰς M : om. **θ** Erm. Fred. || ἰσχυρότατα **θ** : -τερον M || 17 ἂν ἐς ἄλλο **θ** : οὖν ἄλλος M || 18 δ' ἂν ἐς **θ** : δ' ἐς M || 19 δὲ om. **θ** || πάντα ἅμα **θ** || ter. καὶ **θ** : οὔτε M || 20 οὐδὲν M : οὐδὲ ἓν **θ** || 23 ἂν **θ** : ἢν M.

nourriture qu'ils trouvent à leur disposition. Donc, chez les uns tout est visible en quarante jours, chez d'autres en deux, en trois ou en quatre mois. De même, pour la naissance, ils viennent au jour, les uns plus vite, en sept mois, complètement formés ; les autres, plus lentement, en neuf mois, complètement formés, avec la composition qu'ils garderont toujours.

Le sexe, la conception.

XXVII. **1** Voici, autant que possible, comment se forment mâles et femelles. Les femelles, venant plutôt de l'eau, se développent à partir d'aliments, de boissons et d'un genre de vie froids, humides et mous ; les mâles, venant plutôt du feu, à partir d'aliments et d'un régime secs et chauds. Si donc on veut avoir une fille, il faut user d'un régime aqueux ; et si l'on veut un garçon, il fait avoir un genre de vie igné. Et ce n'est pas seulement l'homme qui doit s'y soumettre, mais aussi la femme, car ce n'est pas seulement ce qui provient de l'homme qui contribue à la croissance, mais aussi ce qui provient de la femme, et voici pourquoi[1]. **2** Aucune des deux parts n'a assez de mouvement, vu l'abondance de l'humide et la faiblesse de son feu, pour consumer et solidifier l'eau qui afflue. Mais quand les deux, émises ensemble, arrivent au même endroit, les deux éléments se rejoignent, le feu avec le feu et l'eau de même. Si donc tous deux tombent dans un endroit sec, le feu est mis en mouvement, si du moins il domine aussi l'eau émise avec lui ; il s'en accroît de telle sorte qu'il n'est pas éteint par le flot qui survient,

1. Malgré l'opinion courante, cette doctrine, qui était celle de Parménide, d'Empédocle, de Démocrite, devait également être celle d'Anaxagore. Censorin (V, 4) l'affirme explicitement et surtout le confirme indirectement en VI, 8 : *Anaxagoras autem ejus parentis faciem referre liberos judicavit qui seminis amplius contulisset.* A l'opposé, il y a l'avis d'Aristote, *Gén. anim.*, IV, 1, 763 b 30 sq. Nous pensons, avec Wellmann et Cherniss, que l'avis de Censorin doit l'emporter ; cf. *Recherches*, p. 79-80.

πυρὸς τύχῃ ἕκαστα καὶ τῆς τροφῆς· τὰ μὲν οὖν ἐν τεσσεράκοντα ἡμέρῃσιν ἴσχει πάντα φανερά, τὰ δ' ἐν δύο μησί, τὰ δ' ἐν τρισί, τὰ δ' ἐν τετραμήνῳ. Ὡς δ' αὔτως καὶ γόνιμα γίνεται· τὰ μὲν θᾶσσον ἑπτάμηνα τελέως, τὰ δὲ βραδύτερον ἐννέα μησὶ τελέως ἐς φάος ἀναδείκνυται ἔχοντα τὴν σύγκρησιν ἥνπερ καὶ διὰ παντὸς ἕξει.

XXVII. **1** Ἄρσενα μὲν οὖν καὶ θήλεα ἐν τῷδε τῷ 500
τρόπῳ γίνοιτ' ἂν ὡς ἀνυστόν· τὰ δὲ θήλεα πρὸς ὕδατος μᾶλλον ἀπὸ τῶν ψυχρῶν καὶ ὑγρῶν καὶ μαλακῶν αὔξεται καὶ σίτων καὶ ποτῶν καὶ ἐπιτηδευμάτων· τὰ δὲ ἄρσενα πρὸς πυρὸς μᾶλλον, ἀπὸ τῶν ξηρῶν καὶ θερμῶν καὶ σίτων καὶ διαίτης. Εἰ μὲν οὖν θῆλυ τεκεῖν βούλοιτο, τῇ πρὸς ὕδατος διαιτήσει χρηστέον· εἰ δὲ ἄρσεν, τῇ πρὸς πυρὸς ἐπιτηδεύσει διακτέον· καὶ οὐ μόνον τὸν ἄνδρα δεῖ τοῦτο διαπρήσσεσθαι, ἀλλὰ καὶ τὴν γυναῖκα. Οὐ γὰρ τὸ ἀπὸ τοῦ ἀνδρὸς μόνον ἀποκριθὲν αὔξιμόν ἐστιν, ἀλλὰ καὶ τὸ ἀπὸ τῆς γυναικός, διὰ τάδε· **2** ἑκάτερον μὲν τὸ μέρος οὐκ ἔχει ἱκανὴν τὴν κίνησιν τῷ πλήθει τοῦ ὑγροῦ, ὥστε καταναλίσκειν τὸ ἐπιρρέον καὶ συνιστάναι δι' ἀσθενείην τοῦ πυρός· ὁκόταν δὲ κατὰ τωὐτὸ ἀμφότερα συνεκπεσόντα τύχῃ, συμπίπτει πρὸς ἄλληλα, τὸ πῦρ τε πρὸς τὸ πῦρ καὶ τὸ ὕδωρ ὡσαύτως. Ἢν μὲν οὖν ἐν ξηρῇ τῇ χώρῃ πέσῃ, κινεῖται, εἰ καὶ κρατεῖ τοῦ συνεκπεσόντος ὕδατος, καὶ ἀπὸ τούτου αὔξεται τὸ πῦρ, ὥστε μὴ κατασβέννυσθαι ὑπὸ τοῦ ἐπιπίπτον-

1-2 τεσσεράκ- **θ** : τεσσάρακ- M || 2-3 πάντα φανερὰ — τὰ δ' ἐν (τρισί) om. M || 3 γόνιμα **θ** : γόνημα M secl. Erm. || 6 ἕξει M : ἔχει **θ** || 7 μὲν οὖν **θ**M : οὖν recc. edd. || 13 διαιτήσει M : διαίτῃ **θ** || ἄρσεν **θ** : ἄρσενα M || 14 καὶ οὐ μόνον **θ**H[1] : οὐ μόνον δὲ M || τοῦτο δεῖ **θ** || 15 (et 16) τὸ om. **θ** || 16 ἀποκριθὲν **θ** : post ἐστιν transtulit M || 17 τάδε **θ** : τόδε M || 19 συνιστάναι **θ** : συνίστασθαι Zwing. συνίσταται M || 20 τωὐτὸ **θ** : τοῦτο M || συνεκπεσόντα **θ** : συνεμπ- M || συμπίπτει **θ** : περιπ- M || 22 πέσῃ-, κινεῖται-, εἰ καὶ **θ** : περικινέεται M || 23 συνεκπεσόντος **θ** : συνεμπ- M || 24 ἐπιπίπτοντος **θ** : ἐμπ- M.

mais le reçoit au contraire et le solidifie sur le fonds existant. **3** Si par contre les deux parts tombent dans l'humide, instantanément elles sont éteintes et se dissolvent à un rang inférieur. Ce n'est qu'un jour par mois qu'elles peuvent se solidifier et triompher de l'humide qu'elles rencontrent, et encore, à condition qu'émises en même temps par les deux partenaires, elles tombent au même endroit[1].

Virilité relative des hommes.

XXVIII. **1** Les germes femelle et mâle peuvent s'agglomérer parce que d'une part ils sont nourris réciproquement l'un dans l'autre et d'autre part parce que l'âme est la même dans tous les êtres animés, alors que le corps de chaque individu est différent. L'âme est toujours semblable, dans le plus grand comme dans le plus petit, car elle ne change ni par nature ni par force, alors que le corps des individus n'est jamais le même, ni par nature ni par force, car il se dissout en tout et se mélange à tout. **2** Si donc les cellules émises par les deux partenaires se trouvent être mâles, elles croissent selon ce qui est à leur disposition et deviennent des hommes à l'âme brillante et au corps robuste, si du moins ils ne sont pas gâtés par le régime subséquent[2]. **3** Si la sécrétion de l'homme est mâle et celle de la femme femelle, mais que la mâle l'emporte, l'âme plus faible se mélange à la plus forte, car il ne se trouve alors rien de plus apparenté à elle vers quoi elle

1. L'auteur restreint beaucoup trop la période de fécondité. N'est-il pas probable qu'une telle doctrine apparaisse dans une société atteinte de dénatalité?

2. L'importance du régime n'est jamais oubliée. — Avec ce chapitre commence un vrai système de caractérologie, le premier qui nous soit parvenu avec autant de détails (cf. *Recherches*, p. 83 sq., et notre étude, *La caractérologie antique jusqu'à Aristote*, Revue belge de philologie et d'histoire, XL, 1962, p. 5-28). On trouve quelques notations caractérologiques dans d'autres traités hippocratiques (par exemple, *Airs, eaux, lieux*, 1 et 12), mais nullement aussi rigides et théoriques. Notre auteur semble adapter ici la pensée d'Empédocle ; cf. Théophraste, *De sensu*, 11, dans les *Vorsokratiker*[6], I, p. 301-302.

τος κλύδωνος, ἀλλὰ τό τε ἐπιὸν δέχεσθαι καὶ συνιστάναι πρὸς τὸ ὑπάρχον· **3** ἢν δὲ ἐς ὑγρὸν πέσῃ, εὐθέως ἀπ' ἀρχῆς κατασβέννυταί τε καὶ διαλύεται ἐς τὴν μείω τάξιν. Ἐν μιῇ δὲ ἡμέρῃ τοῦ μηνὸς ἑκάστου δύναται συστῆναι καὶ κρατῆσαι τῶν ἐπιόντων, καὶ ταῦτ' ἢν τύχῃ συνεκπεσόντα παρ' ἀμφοτέρων κατὰ τόπον.

XXVIII. **1** Συνίστασθαι δὲ δύναται καὶ τὸ θῆλυ καὶ τὸ ἄρσεν πρὸς ἄλληλα, διότι καὶ ἐν ἀμφοτέροις ἀμφότερα τρέφεται, καὶ διότι ἡ μὲν ψυχὴ τωὐτὸ πᾶσι τοῖσιν ἐμψύχοισι, τὸ δὲ σῶμα διαφέρει ἑκά|στου. Ψυχὴ μὲν οὖν αἰεὶ 502 ὁμοίη καὶ ἐν μέζονι καὶ ἐν ἐλάσσονι· οὐ γὰρ ἀλλοιοῦται οὔτε διὰ φύσιν οὔτε δι' ἀνάγκην· σῶμα δὲ οὐδέποτε τωὐτὸ οὐδενὸς οὔτε κατὰ φύσιν οὔθ' ὑπ' ἀνάγκης, τὸ μὲν γὰρ διακρίνεται ἐς πάντα, τὸ δὲ συμμίσγεται πρὸς ἅπαντα. **2** Ἢν μὲν οὖν ἄρσενα τὰ σώματα ⟨τὰ⟩ ἀποκριθέντα ⟨ἀπ'⟩ ἀμφοτέρων τύχῃ, αὔξεται κατὰ τὸ ὑπάρχον, καὶ γίνονται οὗτοι ἄνδρες λαμπροὶ τὰς ψυχὰς καὶ τὰ σώματα ἰσχυροί, ἢν μὴ ὑπὸ τῆς διαίτης βλαφθῶσι τῆς ἔπειτα. **3** Ἢν δὲ τὸ μὲν ἀπὸ τοῦ ἀνδρὸς ἄρσενα ἀποκριθῇ, τὸ δὲ ἀπὸ τῆς γυναικὸς θῆλυ, καὶ ἐπικρατήσῃ τὸ ἄρσεν, ἡ μὲν ψυχὴ προσμίσγεται πρὸς τὴν ἰσχυροτέρην ἡ ἀσθενεστέρη, οὐ γὰρ

1 ἀλλὰ τό τε edd. : ἀλλὰ τὸ **θ** ἄλλοτε M ‖ 2 πρὸς τὸ ὑπάρχον M in dittographia : πρὸς τὸν ὑπ- **θ** primum om. πρὸς τὸ M ‖ 3 κατασβέννυταί τε **θ** : add. ὑπὸ τοῦ ἐμπίπτοντος κλύδωνος — κατασβέννυταί τε M ‖ 5-6 συνεκπεσόντα **θ** : ξυνεμπ- M ‖ 6 τόπον M : τρόπον **θ** ‖ 7 Συνίστασθαι **θ** : ξ. M ‖ 8 post τὸ ἄρσεν add. διότι M ‖ 8-9 καὶ ἐν ἀμφοτέροις — διότι om. M ‖ 9 τωὐτὸ **θ** : τὸ αὐτὸ M ‖ 12 δι' ἀνάγκην M : ὑπ' οὐδενὸς **θ** ‖ 12-13 σῶμα δὲ — ὑπ' ἀνάγκης : iteravit M (primum οὐδέποτε, postea οὐδέκοτε praebet) ‖ 13 γὰρ om. M ‖ 14 διακρίνεται **θ** : -εσθαι M ‖ συμμίσγεται **θ** : -εσθαι M ‖ 15 οὖν M : add. ἐς **θ** ‖ σώματα secl. Erm. Heidel ‖ alt. τὰ Joly ‖ ἀπ' Erm. Heidel ‖ 16 ἀμφοτέρων om. **θ** ‖ 17 τὰ σώματα **θ** : τὸ σῶμα M ‖ 18 ὑπὸ **θ** : ἀπὸ M ‖ βλαφθῶσι **θ**MHEJKP'Q' : βλαβῶσι recc. ‖ 20 ἡ μὲν ψυχὴ **θ** : ἢν μὲν τύχῃ M ‖ 21 ἀσθενεστέρη **θ** : -ὴν M.

pourrait se retirer. Car la petite va vers la plus grande et la plus grande vers la plus petite. Et ensemble, elles maîtrisent ce qui se trouve à leur disposition ; l'élément mâle se développe et l'élément femelle dépérit et se sépare pour aller vers un autre destin. Ces hommes sont moins brillants que les précédents ; cependant, puisque l'élément mâle venant de l'homme l'a emporté, ils sont virils et portent ce nom à juste titre. **4** Si l'élément mâle vient de la femme et l'élément femelle de l'homme, mais que le mâle l'emporte, il se développe de la même façon que précédemment et l'élément femelle dépérit. Ces hommes sont efféminés et sont appelés ainsi à juste titre[1]. Voilà les trois façons dont se forment les hommes ; leur degré de virilité diffère, selon la teneur en eau et en feu des cellules, le régime, l'éducation, les habitudes. Mais je traiterai ces sujets dans la suite de cet exposé[2].

Féminité relative des femmes.

XXIX. **1** La femme se forme de la même façon. Si l'élément femelle est secrété par les deux partenaires, elles sont très féminines et très belles. Si l'élément femelle vient de la femme et le mâle de l'homme, mais que le femelle l'emporte[3], elles sont plus hardies que les précédentes, tout en restant modérées, elles aussi. Si l'élément femelle vient de l'homme et l'élément mâle de la femme, mais que le femelle l'emporte, il se développe de la même façon. Ces femmes sont plus audacieuses que les précédentes et

1. Il ne saurait s'agir ici d'hermaphrodites, tout le contexte l'indique suffisamment.

2. L'auteur est fort conscient de la complexité des facteurs qui interviennent pour différencier l'individu. Le thème précis annoncé en fin de chapitre ne revient plus dans la suite.

3. Démocrite expliquait le sexe de l'enfant par l'ἐπικράτεια de la semence paternelle ou maternelle (*Vorsokratiker*[6], *Demokritos*, A 151 ; cf. Wellmann, *Spuren Demokrits von Abdera im Corpus Hippocraticum*, in Archeion, 1929, p. 306 sq.), mais la doctrine du *Régime* est plus complexe, puisque, ici, le germe paternel peut aussi bien être femelle que mâle et le germe maternel, mâle que femelle. D'autre part, le texte de Censorin, VI, 8, cité plus haut (p. 21, n. 1) montre qu'Anaxagore était probablement déjà partisan de l'ἐπικράτεια.

ἔχει πρὸς ὅ τι ὁμοτροπώτερον ἀποχωρήσει τῶν παρεόντων· προσέρχεται γὰρ καὶ ἡ μικρὴ πρὸς τὴν μέζω καὶ ἡ μέζων πρὸς τὴν ἐλάσσονα· κοινῇ δὲ τῶν ὑπαρχόντων κρατέουσι· τὸ δὲ σῶμα τὸ μὲν ἄρσεν αὔξεται, τὸ δὲ θῆλυ μειοῦται καὶ διακρίνεται ἐς ἄλλην μοῖραν. Καὶ οὗτοι ἧσσον μὲν τῶν πρότερον λαμπροί, ὅμως δέ, διότι ἀπὸ τοῦ ἀνδρὸς τὸ ἄρσεν ἐκράτησεν, ἀνδρεῖοι γίνονται, καὶ τὸ ὄνομα τοῦτο δικαίως ἔχουσιν. **4** Ἢν δὲ ἀπὸ μὲν τῆς γυναικὸς ἄρσεν ἀποκριθῇ, ἀπὸ δὲ τοῦ ἀνδρὸς θῆλυ, κρατήσῃ δὲ τὸ ἄρσεν, αὔξεται τὸν αὐτὸν τρόπον τῷ προτέρῳ· τὸ δὲ μειοῦται· γίνονται δὲ οὗτοι ἀνδρόγυνοι καὶ καλέονται τοῦτο ὀρθῶς. Τρεῖς μὲν οὖν αὗται γενέσιες τῶν ἀνδρῶν, διάφοροι δὲ πρὸς τὸ μᾶλλον καὶ ἧσσον τὸ τοιοῦτον εἶναι διὰ τὴν σύγκρησιν τοῦ ὕδατος ⟨καὶ τοῦ πυρὸς⟩ τῶν μερέων καὶ τροφὰς καὶ παιδεύσιας καὶ συνηθείας. Δηλώσω δὲ προϊόντι τῷ λόγῳ καὶ περὶ τούτων.

XXIX. **1** Τὸ δὲ θῆλυ γίνεται κατὰ τὸν αὐτὸν τρόπον·
ἢν μὲν ἀπ' | ἀμφοτέρων θῆλυ ἀποκριθῇ, θηλυκώτατα καὶ 504
εὐφυέστατα γίνεται· ἢν δὲ τὸ μὲν ἀπὸ τῆς γυναικὸς θῆλυ, τὸ δὲ ἀπὸ τοῦ ἀνδρὸς ἄρσεν, κρατήσῃ δὲ τὸ θῆλυ, θρασύτεραι μὲν τῶν πρόσθεν, ὅμως δὲ κόσμιαι καὶ αὗται. Ἢν δὲ τὸ μὲν ἀπὸ τοῦ ἀνδρὸς θῆλυ, τὸ δὲ ἀπὸ τῆς γυναικὸς ἄρσεν, κρατήσῃ δὲ τὸ θῆλυ, αὔξεται τὸν αὐτὸν τρόπον, γίνονται δὲ τολμηρότεραι τῶν προτέρων καὶ ἀνδρεῖαι ὀνο-

1 ὅ τι **θ** : τι M ‖ ὁμοτροπώτερον **θ** : -τροφώτερον M ‖ ἀποχωρήσει M : -σῃ **θ** ‖ 2 προσέρχεται **θ** : προσδέχεται M ‖ καὶ om. M ‖ πρὸς (et 3) om. M ‖ 4 τὸ δὲ σῶμα secl. Heidel ‖ 5 μοῖραν **θ** : μοίρην M edd. χώρην Heidel ‖ 6 πρότερον M : -τέρων **θ** ‖ 7 τὸ ὄνομα **θ**K : τὸ οὔνομα MH τοὔνομα recc. ‖ 11 ἀνδρόγυνοι **θ** : -αι M ‖ 12 οὖν om. **θ** ‖ ἀνδρῶν **θ** : ἀνθρώπων M ‖ 13 τὸ τοιοῦτον M : τοιοῦτοι **θ** ‖ 14 καὶ τοῦ πυρὸς add. Heidel ‖ μερέων : μητρέων Zwing.[m] Erm. ‖ alt. καὶ M : αἱ **θ** ‖ 17 τὸν αὐτὸν **θ** : τῶν ὠὔτὸν M ‖ 19 γίνεται **θ** : γίνονται M fortasse recte ‖ 20 κρατήσῃ **θ** : -σει M ‖ 21 αὗταί **θ** : αὐταί M ‖ 21-22 δὲ τὸ om. M ‖ 22 δὲ **θ**ME : δ' recc. ‖ 23 κρατήσῃ **θ** : -σει M ‖ 24 δὲ om. M.

sont appelées viriles. **2** Si quelqu'un ne croit pas que l'âme puisse s'unir à l'âme, qu'il considère des charbons, quand on en verse de noirs[1] sur ceux qui brûlent, du fort sur du faible pour lui donner de l'aliment : tous les charbons forment bientôt une masse semblable et ne se distingueront plus l'un de l'autre ; quel que soit l'endroit où ils brûlent, l'ensemble est pareil. Et quand ils ont consumé la nourriture qui est à leur disposition, ils se dissolvent dans l'indistinct. C'est ce qui arrive aussi à l'âme humaine.

Les jumeaux.

XXX. **1** Voici mon exposé sur la formation des jumeaux[2]. Pour l'essentiel, c'est la nature de la matrice qui en est cause. Si elle s'est développée semblablement des deux côtés de l'orifice, que l'ouverture soit égale et qu'elle soit sèche après les règles, elle peut nourrir deux embryons pour autant qu'elle reçoive le sperme de façon à ce qu'il se répartisse également des deux côtés. Si la sécrétion des deux partenaires est abondante et forte, elle peut se développer des deux côtés de la matrice, car elle domine la nourriture qui lui arrive. S'il en va d'une autre façon, il n'y a pas de jumeaux. **2** Quand la sécrétion des deux partenaires est mâle, il est fatal qu'un garçon naisse des deux côtés, et quand elle est femelle, une fille. Quand c'est une sécrétion femelle d'un côté et mâle de l'autre, celle qui l'emporte sur l'autre détermine le sexe. Les jumeaux se ressemblent pour les raisons que voici : tout d'abord, les lieux où ils

1. Ce § 2 est le texte décisif pour l'équivalence de ψυχή et de σπέρμα. Dans la comparaison, une négation paraît indispensable, et nous préférons la placer devant le premier κεκαυμένους, comme Ermerins.

2. La doctrine, comme sur plusieurs autres points, est ici fort semblable à celle qu'on trouve en *Nature de l'enfant*, 31, L VII, 540.

μάζονται. **2** Εἰ δέ τις ἀπιστεῖ ψυχὴν μὴ προσμίσγεσθαι ψυχῇ, ἀφορῶν ἐς ἄνθρακας, ⟨μὴ⟩ κεκαυμένους πρὸς κεκαυμένους προσβάλλων, ἰσχυροὺς πρὸς ἀσθενέας, τροφὴν αὐτοῖσι διδούς, ὅμοιον τὸ σῶμα πάντες παρασχήσονται καὶ οὐ διάδηλος ἕτερος τοῦ ἑτέρου, ἀλλ' ἐν ὁκοίῳ σώματι ζωπυρέονται, τοιοῦτον δὴ τὸ πᾶν ἔσται· ὁκόταν δ' ἀναλώσωσι τὴν ὑπάρχουσαν τροφήν, διακρίνονται ἐς τὸ ἄδηλον· τοῦτο καὶ ἀνθρωπίνη ψυχὴ πάσχει.

XXX. **1** Περὶ δὲ τῶν διδύμων γινομένων ὧδε ὁ λόγος δηλώσει. Τὸ μὲν πλεῖστον τῆς γυναικὸς ἡ φύσις αἰτίη τῶν μητρέων· ἢν γὰρ ὁμοίως ἀμφοτέρωσε πεφύκωσι κατὰ τὸ στόμα, καὶ ἀναχάσκωσιν ὁμοίως, καὶ ξηραίνωνται ἀπὸ τῆς καθάρσιος, δύνανται τρέφειν, ἢν τὰ τοῦ ἀνδρὸς συλλαμβάνῃ ὥστε εὐθὺς ἀποσχίζεσθαι ἐς ἀμφοτέρας τὰς μήτρας ὁμοίως. Ἢν μὲν οὖν πολὺ ἀπ' ἀμφοτέρων τὸ σπέρμα καὶ ἰσχυρὸν ἀποκριθῇ, δύναται ἐν ἀμφοτέρῃσι τῇσι χώρῃσιν αὔξεσθαι· κρατεῖ γὰρ τῆς τροφῆς τῆς ἐπιούσης. Ἢν δέ πως ἄλλως γένηται, οὐ γίνεται δίδυμα. **2** Ὁκόταν | μὲν 506
οὖν ἄρσενα ἀπ' ἀμφοτέρων ἀποκριθῇ, ἐξ ἀνάγκης ἐν ἀμφοτέροις ἄρσενα γεννᾶται· ὁκόταν δὲ θήλεα ἀπ' ἀμφοτέρων, θήλεα γίνεται· ὁκόταν δὲ τὸ μὲν θῆλυ, τὸ δὲ ἄρσεν, ὁκότερον ἂν ἑκατέρου κρατήσῃ, τοιοῦτον ἐπαύξεται. Ὅμοια δὲ

2 ψυχῇ M : φύσει **θ** ‖ ἀφορῶν ἐς **θ** : ἄφρων ἐστὶν M ‖ μὴ Erm. : post πρὸς add. Littré ‖ 4 πάντες παρασχήσονται M : ἅπαν παρεσχηκότος **θ** ‖ 5 διάδηλος ἕτερος τοῦ ἑτέρου M : διάδηλον ἕτερον τοῦ στεροῦ **θ** ‖ 6 δὴ τὸ πᾶν **θ** : ἀπὸ πάντων M ‖ 8 τοῦτο **θ**M : τωὐτό Erm. Heidel ‖ ἡ post καὶ add. Heidel ‖ 9 ὧδε **θ**HEK : ὅδε M ‖ **11** ἀμφοτέρωσε πεφύκωσι edd. : ἀμφ- πεφύκοσι M ἀμφοτέρως ἐπεφύκωσι **θ** ‖ 12 καὶ **θ** : καὶ ἢ M ‖ ἀναχάσκωσι(ν) **θ** : ἀνάσχωσι M ‖ ὁμοίως om. **θ** ‖ ξηραίνωνται **θ** : -νονται M ‖ 13 συλλαμβάνῃ **θ** : -νει M ‖ 14 post ἀποσχίζεσθαι add. οὕτω γὰρ ἀνάγκη σκίδνασθαι M ‖ 18 πως **θ** recc. : κω M πω M¹H ‖ οὐ om. M ‖ γίνεται **θ** : γίνονται M forsitan recte ‖ 19 ἀμφοτέροις **θ** : -οισι M -ησιν Zwing. ‖ 20 γεννᾶται Littré : -ννᾶσθαι **θ**M Jones ‖ 21 ὁκόταν M : ὅταν **θ** ‖ 22 ἂν recc. : ἢν **θ**M ‖ ἐπαύξεται **θ** : -ξει M ‖ τάδε **θ** : τόδε M ‖ ὅμοια om. M.

se développent sont semblables, ensuite, ils ont été secrétés en même temps ; ensuite ils se développent à partir des mêmes aliments et enfin, ils viennent au jour en même temps[1].

La superfétation. XXXI. **1** La superfétation arrive de cette façon. Lorsque la matrice est naturellement chaude et sèche, la femme de même et que la semence arrive sèche et chaude, il n'y a plus dans la matrice aucune humidité pour dominer la semence qui y tombe. C'est pourquoi cette dernière se solidifie tout de suite et vit ; mais elle ne peut durer et même, elle détruit en plus le premier embryon, car les mêmes choses ne sont pas utiles aux deux.

Typologie somatique. XXXII. **1** L'eau la plus légère et le feu le plus subtil, par leur mélange dans le corps humain, produisent la constitution la plus saine[2] pour les raisons que voici : dans les plus grands changements des saisons de l'année, ni l'un ni l'autre n'atteint sa capacité extrême, l'eau n'atteint pas sa densité maximum lors des afflux de l'eau, ni le feu, lors des afflux du feu, ni dans les changements de l'âge ni dans le régime des aliments et des boissons. Car une telle eau et un tel feu peuvent tous deux comporter la plus grande génération[3] et la plus large plénitude. Le bronze le plus souple et le plus poreux admet le mélange le plus intime et devient le plus beau. L'eau

1. L'auteur explique la ressemblance des jumeaux par l'identité de leur milieu. On sait aujourd'hui que ce facteur est négligeable à côté de l'hérédité.

2. Autre système caractérologique (cf. ch. xxviii et xxix), plus exactement de morphologie somatique ; au ch. xxxv sera exposée la classification des intelligences.

3. Le mot γένεσιν nous paraît obscur et fautif ; la comparaison du bronze doit faire admettre que le texte non corrompu avait ici κρῆσιν ou mieux σύγκρησιν.

ἀλλήλοισι τὰ δίδυμα διὰ τάδε γίνεται, ὅτι πρῶτον μὲν τὰ χωρία ὅμοια ἐν οἷσιν αὔξεται, ἔπειτα ἅμα ἀπεκρίθη, ἔπειτα τῇσιν αὐτῇσι τροφῇσιν αὔξεται, γόνιμά τε γίνεται ἅμα ἐς φάος.

XXXI. **1** Ἐπίγονα δὲ τῷδε τῷ τρόπῳ γίνεται· ὅταν αἵ τε μῆτραι θερμαί τε καὶ ξηραὶ φύσει ἔωσιν, ἥ τε γυνὴ τοιαύτη, τό τε σπέρμα ξηρὸν καὶ θερμὸν ἐμπέσῃ, οὐκ ἔτι γίνεται ἐν τῇσι μήτρῃσιν ὑγρασίη οὐδεμία ἥτις τὸ ἐπεσπῖπτον σπέρμα κρατήσει· διὰ τοῦτο συνίσταται ἐξ ἀρχῆς καὶ ζώει, διατελεῖν δὲ οὐ δύναται, ἀλλὰ καὶ τὸ ὑπάρχον προσδιαφθείρει, διότι οὐ ταὐτὰ συμφέρει ἀμφοῖν.

XXXII. **1** Ὕδατος δὲ τὸ λεπτότατον καὶ πυρὸς τὸ ἀραιότατον σύγκρησιν λαβόντα ἐν ἀνθρώπου σώματι ὑγιεινοτάτην ἕξιν ἀποδεικνύει διὰ τάδε, ὅτι ἐν τῇσι μεταβολῇσι τῶν ὡρέων τοῦ ἐνιαυτοῦ τῇσι μεγίστῃσιν οὐκ ἐπιπληροῦται τὸ ἔσχατον οὐδέτερον, οὔτε τὸ ὕδωρ ἐς τὸ πυκνότατον ἐν τῇσι τοῦ ὕδατος ἐφόδοισιν, οὔτε τὸ πῦρ ἐν τῇσι τοῦ πυρός, οὔτε τῶν ἡλικιέων ἐν τῇσι μεταστάσεσιν, οὔτε τῶν σίτων καὶ ποτῶν ἐν τοῖσι διαιτήμασι. Δύνανται γὰρ γένεσίν τε πλείστην δέξασθαι ἀμφότερα καὶ πλησμονήν· χαλκὸς ὁ μαλακώτατός τε καὶ ἀραιότατος πλείστην κρῆσιν δέχεται καὶ γίνεται | κάλλιστος· καὶ ὕδατος τὸ λεπτότατον καὶ 508

2 ἅμα **θ** : ὅτι καὶ ἅμα M ‖ 3 γίνεται ἅμα **θ** : ἀναγίνεται M ‖ 5 ὅταν **θ** : ὁκόταν M ‖ 6 alt. τε om. M ‖ 7-8 ἔτι γίνεται M : ἐπιγίνεται **θ** ‖ 8 οὐδεμία **θ**E Erm. : -ίη M recc. ‖ ἐπεσπῖπτον Joly : ἐπεισπ- M εἰσπ- **θ** ‖ 9 κρατήσει **θ** : -η M ‖ 10 alt. καὶ om. **θ** ‖ 11 προσδιαφθείρει M : διαφορει **θ** ‖ ταὐτὰ M : ταῦτα **θ** ‖ ἀμφοῖν M : αὐτοῖν **θ** ‖ 12 δὲ edd. : τε M om. **θ** ‖ 13-14 ὑγιεινοτάτην edd. : ὑγιεῖ ὑγ- **θ** ὑγινοτάτην M ‖ 14 ὅτι M : διότι **θ** ‖ 15 τοῦ ἐν- τῶν ὡρ· M ‖ 15-16 οὐκ — οὐδέτερον om. M ‖ 17 ἐν **θ** : ἐστι M ‖ 18 ἡλικιέων Zwing. edd. : -ιῶν **θ** μικρέων M ‖ σίτων **θ** : -ίων M ‖ 19 γένεσιν **θ**M : σύγκρησιν vel κρῆσιν malim κένωσιν Lind. κίνησιν Zwing.[m] ‖ 20 δέξασθαι M : γενέσθαι **θ** ‖ 21 τε καὶ **θ** : καὶ M ‖ 22 κάλλιστος **θ** : -ον M.

la plus légère et le feu le plus subtil, en se mélangeant, font de même. Ceux qui ont cette nature restent en bonne santé tout le temps, les uns jusqu'à quarante ans, d'autres jusqu'à l'extrême vieillesse. Ceux d'entre eux qui sont pris par quelque maladie après quarante ans n'en meurent pas d'ordinaire.

2 Les corps faits d'un mélange du feu le plus fort et de l'eau la plus dense sont forts et valides, mais demandent beaucoup de précautions. Car ils sont sujets à des grands changements des deux côtés et ils tombent malades aussi bien lors des afflux[1] de l'eau que lors des afflux du feu. Un tel homme, pour réagir aux saisons de l'année, a intérêt à user, lors d'un afflux de l'eau, d'un régime igné, et lors d'un afflux du feu[2], d'un régime aqueux, en le changeant insensiblement avec la saison.

3 Quand l'eau la plus épaisse et le feu le plus léger se mélangent en un corps, les résultats sont tels qu'on doit discerner une nature froide et humide. Ces corps sont plus exposés à la maladie en hiver qu'en été, au printemps qu'en automne. Pour ce qui est de l'âge, avec cette constitution, ce sont les enfants qui sont en meilleure santé ; en second lieu, les jeunes gens ; les plus maladifs sont les plus âgés et ceux qui s'en rapprochent. De telles natures vieillissent vite. Elles ont intérêt à se donner un régime[3] qui échauffe[4] et dessèche, exercices et aliments,

1. Quelques manuscrits, dont M, lisent ἐπόδοισιν, un des cas très rares de psilose dans les manuscrits hippocratiques ; cf. *Recherches*, p. 230, n. 4.

2. Le vrai texte n'est gardé que par un manuscrit secondaire et un ancien éditeur : la plupart des manuscrits présentent une lacune due à un saut du même au même.

3. Nous gardons la forme διαιτῆσθαι, fréquente et bien attestée par la tradition ; mais **θ**, comme ici, donne parfois διαιτᾶσθαι.

4. On notera la correction du manuscrit E, qui retrouve ainsi la bonne leçon. Quelques variantes de E posent un problème qui n'est pas tout à fait élucidé. — L'action réciproque de la constitution, de la saison et de l'âge, s'explique toujours par l'opposition et l'équilibre des contraires.

πυρὸς τὸ ἀραιότατον σύγκρησιν λαμβάνοντα ὡσαύτως. Οἱ μὲν οὖν ταύτην ἔχοντες τὴν φύσιν ὑγιαίνοντες διατελέουσι τὸν πάντα χρόνον, μέχρι τεσσεράκοντα ἐτέων, οἱ δὲ καὶ μέχρι γήρως τοῦ ἐσχάτου· ὁκόσοι δ' ἂν ληφθῶσιν ὑπό τινος νοσήματος ὑπὲρ τεσσεράκοντα ἔτεα, οὐ μάλα ἀποθνῄσκουσιν. **2** Ὁκόσα δὲ τῶν σωμάτων σύγκρησιν λαμβάνει πυρὸς τοῦ ἰσχυροτάτου καὶ ὕδατος τοῦ πυκνοτάτου, ἰσχυρὰ μὲν καὶ ἐρρωμένα [τὰ σώματα] γίνεται, φυλακῆς δὲ πολλῆς δεόμενα· μεγάλας γὰρ τὰς μεταβολὰς ἔχει ἐπ' ἀμφότερα, καὶ ἐν τῇσι τοῦ ὕδατος ἐφόδοισιν ἐς νοσήματα πίπτουσιν, ἔν τε τῇσι τοῦ πυρὸς ὡσαύτως. Τοῖσιν οὖν διαιτήμασι συμφέρει χρῆσθαι τὸν τοιοῦτον πρὸς τὰς ὥρας τοῦ ἔτεος ἐναντιούμενον, ὕδατος μὲν ἐφόδου γινομένης, τοῖσι πρὸς πυρός, πυρὸς δὲ ἐφόδου γινομένης, τοῖσι πρὸς ὕδατος χρῆσθαι, κατὰ μικρὸν μεθιστάντα μετὰ τῆς ὥρης. **3** Ὕδατος δὲ τοῦ παχυτάτου καὶ πυρὸς τοῦ λεπτοτάτου συγκρηθέντων ἐν τῷ σώματι, τοιαῦτα συμβαίνει ἐξ ὧν διαγινώσκειν χρὴ ψυχρὴν φύσιν καὶ ὑγρήν· ταῦτα τὰ σώματα ἐν τῷ χειμῶνι νοσερώτερα ἢ ἐν τῷ θέρει, καὶ ἐν τῷ ἦρι ἢ ἐν τῷ φθινοπώρῳ. Τῶν ἡλικιέων, ὑγιηρότατοι τῶν τοιούτων οἱ παῖδες, δεύτερον νεηνίσκοι, νοσερώτατοι δὲ οἱ πρεσβύτατοι καὶ οἱ ἔγγιστα, καὶ ταχέως γηράσκουσιν αἱ φύσιες αὗται. Διαιτῆσθαι δὲ συμφέρει τοῖσι τοιούτοισιν ὅσα θερμαίνει καὶ ξηραίνει καὶ πόνοισι καὶ σίτοισι, καὶ πρὸς

1 σύγκρησιν λαμβάνοντα om. **θ** ‖ 2 ταύτην — φύσιν M : ἔχοντες ταύτην φ. **θ** ‖ 3 τὸν om. **θ** ‖ 3 (et 5) τεσσεράκοντα **θ**M : τεσσαρ- recc. ‖ 4 λημφθῶσιν M (pro λαμφθῶσιν?) ‖ 5 νοσήματος τινος M ‖ ἀποθνήσκουσιν **θ** : διαφυγγάνουσιν M ‖ 8 τὰ σώματα secl. Erm. ‖ 10 ἐφόδοισιν **θ** : ἐπόδοισιν MH Ald ‖ 14 πρὸς πυρὸς — τοῖσι (sed γινομένης pro γενομ- Joly) L Zwing.[m] edd. : om. **θ**M ‖ 15 χρῆσθαι edd. : χρέεσθαι M κρέεσθαι **θ** ‖ μετὰ **θ** : μὲν τὰ ἀπὸ M ‖ 17 τῷ om. **θ** ‖ 19 νοσερώτερα M : -τατα **θ** ‖ καὶ M : ἢ **θ** ‖ 20 ὑγιηρότατοι **θ** : -ταται M ‖ 21 δὲ om. **θ** ‖ 23 ὅσα **θ** : ὁκόσα M ‖ 24 θερμαίνει **θ**E[1] : συμφέρει ME recc. ‖ σίτοισι **θ** : σιτίοισι M.

et à faire les exercices concernant l'extérieur du corps plutôt que l'intérieur.

4 Si on a dans le corps un mélange du feu le plus humide et de l'eau la plus dense, il faut discerner aux signes suivants une nature humide et chaude. De telles gens sont surtout malades au printemps, très peu en automne, parce qu'au printemps il y a excès d'humidité et en automne, juste proportion de sécheresse. Pour l'âge, les plus sujets à la maladie sont les jeunes ; le corps se développe vite et ils sont exposés au catarrhe. Comme régime, il y a intérêt à recourir à tous les aliments, boissons et exercices qui refroidissent en desséchant ; il leur[1] est préférable de faire des exercices concernant l'intérieur du corps[2].

5 Avec un mélange du feu le plus fort et de l'eau la plus légère, on a une nature sèche et chaude. La maladie, chez les personnes ainsi constituées, arrive lors des afflux du feu, la santé, lors des afflux de l'eau. C'est à l'âge de la maturité, quand elles sont bien en chair, qu'elles sont les plus malades ; elles se portent mieux plus âgées. Les âges très rapprochés de ceux-là se comportent de même. Il faut des régimes qui refroidissent et humectent et parmi les exercices, ceux qui, en échauffant et en amaigrissant le moins, provoquent le plus grand refroidissement. De telles natures vivent longtemps et ont une belle vieillesse.

6 Si on a un mélange du feu le plus subtil et de l'eau la plus sèche, une telle nature est froide et sèche[3], maladive en automne, bien portante au printemps ; il en va

1. Nous avons conservé la variante τούτοις de θ devant εἴσω, quoique ce soit peut-être, ici comme ailleurs, un atticisme de copiste. Mais on sait aussi que l'ionien des inscriptions atteste de telles formes en -οις. Le doute subsiste.

2. Expression obscure, mais qu'il n'y a pas lieu de modifier ni de supprimer ; cf. ch. LXXXIX, 4 ; *Recherches*, p. 173.

3. Seuls quelques manuscrits secondaires inversent ces deux adjectifs, mais tous les éditeurs modernes leur donnent la préférence,

τὰ ἔξω τοῦ σώματος μᾶλλον τοὺς πόνους ποιεῖσθαι ἢ πρὸς τὰ εἴσω. **4** Εἰ δὲ λάβοι πυρός τε τὸ ὑγρότατον καὶ ὕδατος | τὸ πυκνότατον σύγκρησιν ἐν τῷ σώματι, τοισίδε 510
γινώσκειν ὑγρὴν καὶ θερμὴν φύσιν· κάμνουσι μὲν μάλιστα οἱ τοιοῦτοι ἐν τῷ ἦρι, ἥκιστα δὲ ἐν τῷ φθινοπώρῳ, ὅτι ἐν μὲν τῷ ἦρι ὑπερβολὴ τῆς ὑγρασίης, ἐν δὲ τῷ φθινοπώρῳ συμμετρίη τῆς ξηρασίης· τῶν δὲ ἡλικιέων νοσερώταται ὅσαι νεώταταί εἰσιν· αὔξεται δὲ τὰ σώματα ταχέως, καταρροώδεις δὲ οἱ τοιοῦτοι γίνονται. Διαιτῆσθαι δὲ συμφέρει ὅσα ξηραίνοντα ψύχει καὶ σίτων καὶ ποτῶν καὶ πόνων, τοὺς δὲ πόνους τούτοις εἴσω τοῦ σώματος ποιεῖσθαι συμφέρει μᾶλλον. **5** Εἰ δὲ σύγκρησιν λάβοι πυρός τε τὸ ἰσχυρότατον καὶ ὕδατος τὸ λεπτότατον, ξηρὴ φύσις καὶ θερμή. Νοῦσος μὲν τοῖσι τοιούτοισιν ἐν τῇσι τοῦ πυρὸς ἐφόδοισιν, ὑγιείη δὲ ἐν τῇσι τοῦ ὕδατος· ἡλικίῃσιν ἀκμαζούσῃσι πρὸς σαρκὸς εὐεξίην νοσερώτατοι, ὑγιηρότατοι δὲ οἱ πρεσβύτεροι καὶ τὰ ἔγγιστα ἑκατέρων. Δίαιται ὅσαι ψύχουσι καὶ ὑγραίνουσι, καὶ τῶν πόνων ὅσοι ἥκιστα ἐκθερμαίνοντες καὶ συντήκοντες πλείστην ψύξιν παρασχήσουσιν· αἱ τοιαῦται φύσιες μακρόβιοι καὶ εὔγηροι γίνονται. **6** Ἢν δὲ σύγκρησιν λάβῃ πυρὸς τοῦ ἀραιοτάτου καὶ ὕδατος τοῦ ξηροτάτου, ψυχρὴ καὶ ξηρὴ φύσις ἡ τοιαύτη, νοσερὴ μὲν ἐν τῷ φθινοπώρῳ, ὑγιηρὴ δὲ ἐν τῷ ἦρι

1 τοὺς πόνους **θ** : τοῦ πόνου M ‖ 2 εἰ δὲ λάβοι **θ** : ἣν δὲ λάβῃ M ‖ 7 δὲ ἡλικιέων M : ἡλικιῶν **θ** ‖ 8 ὅσαι **θ** : ὁκόσαι M ‖ νεώταται **θ** : -τεραι M ‖ καταρροώδεις edd. : -δεες **θ** καταροώδης M ‖ 9 pr. δὲ recc. edd. : δ' θ θ' M ‖ 10 ὅσα **θ** : ὁκόσα M ‖ καὶ ποτῶν **θ**E[1]FG : om. MHEIJK ‖ καὶ πόνων om. **θ** ‖ 11 τούτοις **θ** : τούτοισι M ‖ εἴσω M : εἴσωθε **θ** ‖ 12 τε τὸ **θ** : τότε M ‖ 14 νοῦσος **θ** : νόσον M ‖ μὲν MH[1] : om. **θ**H ‖ 16 νοσερώτατοι M : νοσηρότατοι **θ** ‖ 17 πρεσβύτεροι M : -τατοι **θ** ‖ ὅσαι **θ** : ὁκόσαι M ‖ 18 ὅσοι **θ** : ὁκόσοι M ‖ ἐκθερμαίνοντες καὶ συντήκοντες M : -ουσι καὶ -ουσι καὶ **θ** ‖ 20 μακρόβιοι καὶ εὔγηροι **θ** : μακροβιώτατοι καὶ ὑγιηρότατοι M ‖ 21 λάβῃ M : λάβοι **θ**K ‖ 22 ψυχρὴ καὶ ξηρὴ **θ**M recc. : ξηρὴ καὶ ψ. FGP'Q' ‖ 22-23 φύσις ἡ τοιαύτη **θ**M recc. : ἡ τ. φ. FG edd.

de même peu avant et peu après. Pour l'âge, la quarantaine est maladive ; l'enfance est très saine ; il en est de même, dans les deux cas, pour les âges qui s'en rapprochent. Pour régime, il faut tout ce qui, étant chaud, humecte, et des exercices augmentant peu à peu, réchauffant doucement sans prélever beaucoup sur les réserves. Voilà donc comment il faut discerner la nature de la constitution originelle.

Caractères des quatre âges.

XXXIII. **1** Les âges pris séparément ont les caractères[1] suivants : l'enfant est un mélange d'éléments humides et chauds, parce qu'il en est composé et s'est formé en eux. Car ce qui est très près de la naissance est très humide et très chaud et se développe le plus ; de même ce qui touche encore à l'enfance. Le jeune homme est un mélange d'éléments chauds et secs ; chauds parce que l'afflux du feu triomphe de l'eau ; secs, parce que l'humidité de l'enfance est déjà consumée, en partie pour la croissance du corps, en partie pour le mouvement du feu et en partie par les exercices. **2** L'homme adulte, lorsque le corps s'arrête de grandir, est sec et froid, parce que l'afflux du chaud ne triomphe plus, mais s'arrête, et que, cessant de grandir, le corps s'est refroidi. Il lui reste cependant la sécheresse de l'âge précédent ; il n'a pas encore[2] l'humidité que donne l'âge qui s'avance et l'afflux de l'eau : c'est pourquoi il est dominé par les éléments secs. Les vieillards sont froids et humides, parce qu'il y a retrait du feu et afflux de

ce que rien ne justifie. Le cas est loin d'être isolé, mais nous avons très souvent dû renoncer à noter dans l'apparat critique les options diverses de nos prédécesseurs.

1. Ce chapitre illustre bien la manière de l'auteur ; les quatre qualités fondamentales y sont l'objet d'une dialectique rigoureuse qui « explique » les qualités propres à chaque âge : humide et chaud (jeunesse) ; chaud et sec (adolescence) ; sec et froid (maturité) ; froid et humide (vieillesse).

2. Οὔκω est une correction de Littré ; elle s'impose manifestement. La question reste toutefois de savoir si ce οὔκω n'a pas lui-même remplacé un οὔπω originel ; cf. *Recherches*, p. 233-234.

καὶ τοῖσιν ἔγγιστα ὡσαύτως· ἡλικίαι πρὸς ἔτεα τεσσεράκοντα νοσεραί· παῖδες δὲ ὑγιηρότατοι καὶ τὰ προσέχοντα ἑκατέροισι. Δίαιται ὅσαι θερμαὶ ἐοῦσαι ὑγραίνουσι· καὶ πόνοι ἐξ ὀλίγου προσαγόμενοι, ἡσυχῇ διαθερμαίνοντες, μὴ πολὺ ἀπὸ τῶν ὑπαρχόντων φέροντες. Περὶ μὲν οὖν φύσιος διαγνώσιος οὕτω χρὴ διαγινώσκειν τῆς ἐξ ἀρχῆς συστάσιος.

XXXIII. 1 Αἱ δὲ ἡλικίαι αὗται πρὸς ἑωυτὰς ὧδε ἔχουσι· παῖς μὲν οὖν κέκρηται ὑγροῖσι καὶ θερμοῖσι, διότι ἐκ τούτων συνέστηκε καὶ ἐν | τούτοισιν ηὐξήθη· ὑγρότατα 512
μὲν οὖν καὶ θερμότατα ὅσα ἔγγιστα γενέσιος, καὶ αὔξεται ὡς πλεῖστον, καὶ τὰ ἐχόμενα ὡσαύτως. Νεηνίσκος δὲ θερμοῖσι καὶ ξηροῖσι, θερμοῖσι μέν, ὅτι τοῦ πυρὸς ἐπικρατεῖ ἡ ἔφοδος τοῦ ὕδατος· ξηροῖσι δέ, ὅτι τὸ ὑγρὸν ἤδη κατανάλωται τὸ ἐκ τοῦ παιδός, τὸ μὲν ἐς τὴν αὔξησιν τοῦ σώματος, τὸ δὲ ἐς τὴν κίνησιν τοῦ πυρός, τὸ δὲ ὑπὸ τῶν πόνων. 2 Ἀνήρ, ὁκόταν στῇ τὸ σῶμα, ξηρὸς καὶ ψυχρός, διότι τοῦ μὲν θερμοῦ ἡ ἔφοδος οὐκ ἔτι ἐπικρατεῖ, ἀλλ' ἕστηκεν, ἀτρεμίζον δὲ τὸ σῶμα τῆς αὐξήσιος ἔψυκται· ἐκ δὲ τῆς νεωτέρης ἡλικίης τὸ ξηρὸν ἔνι· ἀπὸ δὲ τῆς ἐπιούσης ἡλικίης καὶ τοῦ ὕδατος τῆς ἐφόδου οὔκω ἔχων τὴν ὑγρασίην, διὰ ταῦτα τοῖσι ξηροῖσι κρατεῖται. Οἱ δὲ πρεσβῦται ψυχροὶ καὶ ὑγροί, διότι πυρὸς μὲν ἀποχώρησις, ὕδατος δὲ

1 τεσσεράκ- **θ**M : -αράκ- recc. edd. ‖ 2 δὲ om. M ‖ 3 ὅσαι **θ** : ὁκόσαι M ‖ θερμαὶ ἐοῦσαι M : θερμαίνουσι **θ** ‖ 5 ἀπὸ M : ὑπὸ **θ** ‖ 8 ἑωυτὰς M : αὐτὰς **θ** ‖ 9 οὖν om. **θ** ‖ 10 ἐκ τούτων M : ἐξ ὀστέων **θ** ‖ τούτοισιν M : τοιούτοισιν **θ** ‖ 11 ὅσα **θ** : ὁκόσα M ‖ 12 τὰ om. M ‖ 12-13 θερμοῖσι καὶ ξηροῖσι om. M ‖ 13-14 θερμοῖσι... ξηροῖσι **θ** : θερμὸς... ξηρὸς M ‖ 17 ἀνὴρ ὁκόταν στῇ M : ωστειη **θ** ‖ 19 ἀτρεμίζον M : -ων **θ** ‖ δὲ om. M ‖ post σῶμα add. ληξάσης Heidel ‖ 20-22 τὸ ξηρὸν — διὰ ταῦτα om. **θ** ‖ 21 οὔκω Littré : ου κο M οὐχ ὁ recc. οὔπω fortasse scribendum ‖ 22 διὰ ταῦτα secl. Erm. ‖ post ξηροῖσι add. καὶ ὑγρυγροῖσι M add. καὶ ψυχροῖσι Erm. ‖ 22-23 πρεσβῦται ψυχροὶ καὶ ὑγροὶ M : πρεσβύτεροι ψυχροῖσι **θ**.

l'eau, éloignement des éléments secs et installation des humides.

Caractères des sexes.

XXXIV. **1** Dans toutes les espèces, les mâles sont plus chauds et plus secs, les femelles plus humides et plus froides pour les raisons suivantes. Dès la conception, chaque sexe s'est formé dans de tels éléments et se développe grâce à eux ; et après la naissance, les mâles usent d'un régime plus fatigant, si bien qu'ils s'échauffent et se dessèchent ; les femelles, par contre, usent d'un régime plus humide et plus facile et purgent leur corps de la chaleur chaque mois.

Variétés de l'intelligence.

XXXV. **1** Au sujet de ce qu'on appelle l'intelligence et son contraire, voici ce qu'il en est*. Le feu le plus humide et l'eau la plus sèche se mêlant dans un corps produisent la plus grande intelligence, parce que, le feu détenant l'humide de l'eau et l'eau, le sec du feu, chacun se suffit ainsi le mieux à lui-même ; le feu, ne manquant pas de nourriture, n'a pas besoin d'aller loin, et l'eau, pourvue de mouvement, n'est pas inerte. Donc, aussi bien séparément que l'un envers l'autre dans le mélange, chacun se suffit le mieux. En effet, ce qui dépend le moins de son entourage s'applique le mieux aux choses présentes, le feu le moins en mouvement, à moins qu'il y ait nécessité, l'eau le plus en mouvement, à moins qu'il y ait contrainte. L'âme ainsi composée est la plus intelligente et a la meilleure mémoire. Si, par quelque apport, l'un des deux éléments, quel qu'il soit, augmentait ou dépérissait, on deviendrait très inintelligent, parce que, avec ces qualités, ils se suffisent le mieux[1].

2 Avec un mélange de feu et d'eau très purs, si le

1. La plus haute qualité, si elle se détériore, devient la pire de toutes. La raison donnée par l'auteur se comprend de la façon suivante: ces éléments les meilleurs ne dépendent que d'eux-mêmes, c'est-à-dire que le régime, le climat, etc., ont beaucoup moins de prise sur eux.

ἔφοδος· καὶ ξηρῶν μὲν ἀπάλλαξις, ὑγρῶν δὲ κατάστασις.

XXXIV. **1** Τῶν δὲ πάντων τὰ μὲν ἄρσενα θερμότερα καὶ ξηρότερα, τὰ δὲ θήλεα ὑγρότερα καὶ ψυχρότερα διὰ τάδε, ὅτι τε ἀπ' ἀρχῆς ἐν τοιούτοισιν ἑκάτερα ἐγένετο καὶ ὑπὸ τοιούτων αὔξεται, γενόμενά τε τὰ μὲν ἄρσενα τῇσι διαίτῃσιν ἐπιπονωτέρῃσι χρῆται, ὥστε ἐκθερμαίνεσθαι καὶ ἀποξηραίνεσθαι, τὰ δὲ θήλεα ὑγροτέρῃσι καὶ ῥᾳθυμοτέρῃσι τῇσι διαίτῃσι χρέωνται, καὶ κάθαρσιν τοῦ θερμοῦ ἐκ τοῦ σώματος ἑκάστου μηνὸς ποιέονται.

XXXV. **1** Περὶ δὲ φρονήσιος ψυχῆς ὀνομαζομένης καὶ ἀφροσύνης ὧδε ἔχει· πυρὸς τὸ ὑγρότατον καὶ ὕδατος τὸ ξηρότατον κρῆσιν λαβόντα ἐν σώματι φρονιμώτατον, διότι τὸ μὲν πῦρ ἔχει ἀπὸ τοῦ ὕδατος τὸ ὑγρόν, τὸ δὲ ὕδωρ ἀπὸ τοῦ πυρὸς τὸ ξηρόν· ἑκάτερον δὲ οὕτως | αὐταρκέστατον· 514 οὔτε τὸ πῦρ τῆς τροφῆς ἐνδεέστερον ἐπὶ πολὺ φοιτᾷ, οὔτε τὸ ὕδωρ τῆς κινήσιος δεόμενον κωφοῦται· αὐτό τε οὖν ἑκάτερον οὕτως αὐταρκέστατόν ἐστι πρὸς ἄλληλά τε κρηθέντα. Ὅ τι γὰρ ἐλάχιστα τῶν πέλας δεῖται, τοῦτο μάλιστα τοῖσι παρεοῦσι προσέχει, πυρός τε τὸ ἥκιστα κινεύμενον μὴ ὑπ' ἀνάγκης, καὶ ὕδατος τὸ μάλιστα μὴ ὑπὸ βίης. Ἐκ τούτων δὲ ἡ ψυχὴ συγκρηθεῖσα φρονιμωτάτη καὶ μνημονικωτάτη· εἰ δέ τινι ἐπαγωγῇ χρεώμενον τούτων ὁκοτερονοῦν αὐξηθείη ἢ μαραίνοι, ἀφρονέστατον ἂν γένοιτο, διότι οὕτως ἔχοντα αὐταρκέστατα. **2** Εἰ δὲ πυρὸς

5 τάδε **θ** : τόδε M ‖ 6 τὰ μὲν ἄρσενα K' Lind. edd. : om. **θ**M ‖ 7 χρῆται : χρέεται M χρέεσθαι **θ** ‖ ἐκθερμαίνεσθαι M : θερμαίνεσθαί τε **θ** ‖ 9 χρέωνται Joly : χρέονται **θ**M ‖ κάθαρσιν M : θραυσι **θ** ‖ 14 post ἀπὸ τοῦ ὕδατος τὸ ὑ...[longa lacuna in **θ** usque ad c. xxxv, 3, in fine, συνταράσσῃ] folio, ut videtur, perdito ‖ 15 οὕτως recc. : οὕτω M οὔπω Fred. ‖ 16-17 οὔτε τὸ recc. edd. : τό τε M ‖ 20 κινεύμενον M : -εόμενον Jones ‖ 23 χρεώμενον Joly : χρεόμενον (vel ἐρχομένῃ) proponit Jones χρεομένῃ M ‖ 24 ἢ E[1]G : om. ME.

feu est un peu inférieur à l'eau, les gens sont intelligents aussi, mais inférieurs aux premiers, parce que le feu, dominé par l'eau et se mouvant lentement, se porte plus paresseusement vers les parcelles sensibles[1]. De telles âmes sont suffisamment constantes dans ce à quoi elles s'attachent. Si le régime est correct, on peut devenir plus intelligent et plus pénétrant que ne le voulait la nature. Il est utile à une telle personne d'user d'un régime igné, sans plénitude ni d'aliments ni de boissons.
3 Il faut faire des courses rapides pour que le corps se vide de l'humide et que ce dernier s'arrête plus vite. Il ne convient pas de faire de la lutte, des frictions et des exercices de ce genre, de peur que, les pores se creusant davantage, on ne se remplisse de l'excès, auquel cas il est fatal que le mouvement de l'âme s'alourdisse. Il est utile de faire des promenades, après dîner, le matin et après les courses : après dîner, pour que l'âme reçoive une nourriture plus sèche de ce que l'on absorbe ; le matin, pour que les passages soient exempts d'humidité et que les pores de l'âme ne s'obstruent pas ; après les exercices, pour éviter que la sécrétion provoquée par la course ne reste dans le corps, ne se mélange à l'âme, n'obstrue les passages et ne trouble la nourriture. **4** Il convient de recourir aux vomissements[2] pour purger le corps si les exercices ne le font pas suffisamment et après les vomissements, de redonner la nourriture progressivement, pendant plus de quatre jours au moins.

1. Nous nous inspirons ici d'une communication remarquable de M. Jacques Jouanna, faite le 7 mars 1966 devant la Société pour l'encouragement des études grecques. Grâce à lui, ce chapitre XXXV s'éclaire par des rapprochements minutieux avec la doctrine d'Empédocle (Théophraste, *De sensu*, 10-11) et celle du *Timée*. L'âme, composée de feu et d'eau, est un fluide dynamique dont les révolutions circulaires autour du ventre sont plus ou moins rapides selon le dosage des deux éléments. Αἰσθήσιες doit avoir ici le même sens rare qu'en *Timée*, 44 a.

2. Le vomissement provoqué faisait couramment partie de la thérapeutique.

τοῦ εἰλικρινεστάτου καὶ ὕδατος σύγκρησιν λάβοι, ἐνδεέστερον δὲ τὸ πῦρ εἴη τοῦ ὕδατος ὀλίγον, φρόνιμοι μὲν καὶ οὗτοι, ἐνδεέστεροι δὲ τῆς προτέρης, διότι κρατεόμενον τὸ πῦρ ὑπὸ τοῦ ὕδατος καὶ βραδέαν τὴν κίνησιν ποιεύμενον, νωθρότερον προσπίπτει πρὸς τὰς αἰσθήσιας· παραμόνιμοι δ' εἰσὶν ἐπιεικέως αἱ τοιαῦται ψυχαὶ πρὸς ὅ τι ἂν προσέχωσιν· εἰ δὲ ὀρθῶς διαιτῷτο, καὶ φρονιμώτερος καὶ ὀξύτερος ⟨ἂν⟩ γένοιτο παρὰ τὴν φύσιν. Συμφέρει δὲ τῷ τοιούτῳ τοῖσι πρὸς πυρὸς διαιτήμασι μᾶλλον χρῆσθαι καὶ μὴ πλησμονῇσι μήτε σίτων μήτε πομάτων. **3** Δρόμοισιν οὖν χρῆσθαι ὀξέσιν, ὅκως τοῦ τε ὑγροῦ κενῶται τὸ σῶμα καὶ τὸ ὑγρὸν ἐφιστῆται θᾶσσον· πάλῃσι δὲ καὶ τρίψεσι καὶ τοῖσι τοιούτοισι γυμνασίοισιν οὐ συμφέρει χρῆσθαι, ὅκως μὴ κοιλοτέρων τῶν πόρων γινομένων πλησμονῆς πληρῶνται, βαρύνεσθαι γὰρ ἀνάγκη τῆς ψυχῆς τὴν κίνησιν ὑπὸ τῶν τοιούτων· τοῖσι περιπάτοισι συμφέρει χρῆσθαι καὶ ἀπὸ δείπνου καὶ ὀρθρίοισι καὶ ἀπὸ τῶν δρόμων, ἀπὸ δείπνου μέν, ὅκως τροφὴν ξηροτέρην ἡ ψυχὴ δέχηται ἀπὸ τῶν ἐσιόντων, ὄρθρου δέ, ὅκως αἱ διέξοδοι κενῶνται τοῦ ὑγροῦ καὶ μὴ φράσσωνται οἱ πόροι τῆς ψυχῆς, ἀπὸ δὲ τῶν γυμνασίων, ὅκως μὴ ἐγκαταλείπηται ἐν τῷ σώματι τὸ ἀπο|κριθὲν ἀπὸ τοῦ δρόμου, μηδὲ συμμίσγηται τῇ ψυχῇ, 516
μηδὲ ἐμφράσσῃ τὰς διεξόδους, μηδὲ συνταράσσῃ τὴν τροφήν. **4** Συμφέρει δὲ καὶ ἐμέτοισι χρῆσθαι, ὅκως ἀποκαθαίρηται τὸ σῶμα, εἴ τι ἐνδεέστερον οἱ πόνοι διαπρήσσονται, προσάγειν δὲ ἀπὸ τῶν ἐμέτων, κατὰ μικρὸν προστιθέντα τούτοισι πλείονας ἡμέρας ἢ τέσσερας τὰς ἐλαχίσ-

4 καὶ recc. : om. MHEK ‖ 7 διαιτῷτο Jones : -ῷντο M Littré ‖ φρονιμώτερος — γένοιτο MH : pluraliter recc. ‖ 8 ἂν add. Jouanna ‖ τῷ τοιούτῳ MHEKLP : τοῖσι τοιούτοισι recc. ‖ 10 σίτων MHEJK : σιτίων recc. ‖ 12 ἐφιστῆται Littré : ἐπίστηται K[1] ἐπίσταται MK recc. ἐφίσταται Mack ‖ 20 φράσσωνται recc. : -σσονται MH ‖ 23 συνταράσσῃ Littré : -ξῃ codd. ‖ 27 τούτοισι πλείονας ἡμέρας ἢ **θ** : τὸ σιτίον ἐς ἡμ- M ‖ τέσσερας **θ** : -αρας M.

L'onction est plus utile que le bain ; les rapports sexuels seront plus fréquents lors des afflux de l'eau, moins fréquents lors des afflux du feu.

5 Si le pouvoir du feu est nettement inférieur à celui de l'eau, il est fatal qu'une telle âme soit plus lente et on appelle de telles gens des niais. Étant donné, en effet, que la révolution de l'âme est lente[1], les parcelles sensibles n'ont qu'un court instant à chaque fois pour s'y précipiter quand elles sont rapides et par conséquent, ne peuvent s'y mêler qu'en petite quantité à cause de la lenteur de la révolution. C'est que les parcelles sensibles saisies par l'âme, quand elles y pénètrent par le canal de la vue ou de l'ouïe, sont rapides, tandis que quand elles y pénètrent par le canal du toucher, elles sont plus lentes et plus facilement saisies. Ces dernières parcelles, ces gens ne les perçoivent pas moins que d'autres personnes, par exemple le froid, le chaud et ce qui s'y apparente. Mais ce qu'il faut percevoir par la vue ou l'ouïe, s'ils ne le connaissent d'avance, ils ne peuvent le sentir : si l'âme n'est pas ébranlée par le feu qui s'est jeté sur elle, elle ne peut ressentir la qualité de l'objet. **6** De telles âmes ne le peuvent à cause de leur grossièreté, mais s'ils avaient un bon régime, ces gens pourraient s'améliorer[2] eux aussi. Le régime du cas précédent convient ici, avec des aliments plus secs et en quantité moindre, et des exercices plus nombreux et plus vifs. Il est utile aussi de prendre des bains de vapeur, de vomir ensuite et, après les vomissements, d'augmenter la nourriture en plus de temps que dans le cas précédent. A suivre ces indications, on serait en meilleure santé et plus intelligent.

7 Si le feu est encore dominé davantage par l'eau présente en l'âme, on nomme de telles gens soit insensés,

1. La traduction de toute cette phrase est celle de M. Jouanna, qui est le premier à élucider la théorie ici exposée : les parcelles sensibles qui arrivent rapidement repartent également très vite ; les parcelles plus lentes se retirent aussi plus lentement, si bien que l'âme capte moins les premières que les secondes.

2. Ce qui est possible dans les cas moyens ou médiocres ne l'est pas pour la qualité supérieure d'intelligence ; cf. p. 29, n. 1. Ermerins inverse la phrase arbitrairement et lit : βελτίων δὲ καὶ οὗτος γένοιτ' ἂν ὀρθῶς διαιτεόμενος.

τας. Χρίεσθαι δὲ συμφορώτερον ἢ λούεσθαι, λαγνεύειν δὲ ὕδατος ἐφόδων γινομένων πλείονα, ἐν δὲ τῇσι τοῦ πυρὸς μείονα. **5** Εἰ δέ τινι ἐνδεεστέρην τὴν δύναμιν τὸ πῦρ λάβοι τοῦ ὕδατος, βραδυτέρην ἀνάγκη ταύτην εἶναι, καὶ καλέονται οἱ τοιοῦτοι ἠλίθιοι· ἅτε γὰρ βραδέης ἐούσης τῆς περιόδου, κατὰ βραχύ τι προσπίπτουσιν αἱ αἰσθήσιες, ὀξέαι ἐοῦσαι, καὶ ἐπ᾽ ὀλίγον συμμίσγονται διὰ βραδυτῆτα τῆς περιόδου· αἱ γὰρ αἰσθήσιες τῆς ψυχῆς ὁκόσαι μὲν δι᾽ ὄψιος ἢ ἀκοῆς εἰσίν, ὀξέαι, ὁκόσαι δὲ διὰ ψαύσιος, βραδύτεραι καὶ εὐαισθητότεραι. Τούτων μὲν οὖν αἰσθάνονται καὶ οἱ τοιοῦτοι οὐδὲν ἧσσον, οἷον τῶν ψυχρῶν καὶ τῶν θερμῶν καὶ τῶν τοιούτων· ὁκόσα δὲ δι᾽ ὄψιος ἢ δι᾽ ἀκοῆς αἰσθέσθαι δεῖ, ἃ μὴ πρότερον ἐπίστανται, οὐ δύνανται αἰσθάνεσθαι· ἢν γὰρ μὴ σεισθῇ ἡ ψυχὴ ὑπὸ τοῦ πυρὸς πεσόντος, οὐκ ἂν αἴσθοιτο ὁκοῖόν ἐστιν. **6** Αἱ οὖν τοιαῦται ψυχαὶ οὐ πάσχουσι τοῦτο διὰ παχύτητα· εἰ δὲ ὀρθῶς διαιτῷντο, βελτίους γίνοιντο ἂν καὶ οὗτοι. Συμφέρει δὲ τὰ διαιτήματα ἅπερ τῷ προτέρῳ, ξηροτέροισι καὶ ἐλάσσοσι τοῖσι σιτίοισι, τοῖσι δὲ πόνοισι πλείοσι καὶ ὀξυτέροισι· συμφέρει δὲ καὶ πυριῆσθαι, καὶ ἐμέτοισι χρῆσθαι ἐκ τῶν πυριησίων, καὶ προσαγωγῇσι τῇσιν ἐκ τῶν ἐμέτων ἐκ πλείονος | χρόνου ἢ τὸ πρότερον, καὶ ταῦτα ποιέων ὑγιεινότερος 518 ἂν καὶ φρονιμώτερος εἴη. **7** Εἰ δὲ κρατηθείη ἐπὶ πλεῖον τὸ πῦρ ὑπὸ τοῦ ἐόντος ὕδατος, τούτους ἤδη οἱ μὲν ἄφρο-

1 λαγνεύειν θ : λαγνείην M ‖ 2 πλείονα om. θ ‖ πυρὸς θMH : add. ἐπιφορῇσι recc. ‖ 3 μείονα M : μεῖον θ ‖ τινι M : τι θ ‖ 4 βραδυτέρην Zwing. Foes edd. : βραχυτέρην θM ‖ 7 διὰ θH : τε διὰ M ‖ 9 ἢ θ : καὶ M ‖ 11 οἷον om. θ ‖ 12 ὁκόσα M : ὅσα θ ‖ 12-13 ἢ δι᾽ ἀκοῆς αἰσθέσθαι M : αἰσθάνονται θ ‖ 14 πυρὸς πεσόντος : προσπεσ- Erm. ‖ 15 post ὁκοῖον add. τι M ‖ 16 εἰ M : ἢν θ ‖ διαιτῷντο — οὗτοι θ : διαιτῷτο, βέλτιον γίνοιτο ἂν καὶ οὗτος M ‖ 18 post ξηροτέροισι add. δὲ χρῆσθαι M ‖ 19 τοῖσι σιτίοισι om. θ ‖ 21 προσαγωγῇσι τῇσιν θH[2] recc. : προσάγωσι MH ‖ 22 ἢ τὸ πρότερον θ : ἤ ποι ἕτερον MH ἢν ποιέῃ ἕτερον H[2] ἢν ποιέει ἐνδεέστερον recc. ‖ ὑγιεινότερος θIJ : ὑγιηνότερος M ὑγιηρότερος HEK.

soit idiots. Leur folie va du côté d'une grande lenteur. De telles gens pleurent sans motif, craignent ce qui n'est pas à craindre, ils s'affligent à contre-temps et ne ressentent en réalité rien comme il convient aux gens sensés. Il est utile à ceux-là de prendre des bains de vapeur et ensuite de se purger à l'ellébore[1] et de suivre le même régime que dans le cas précédent. Ils ont besoin d'amaigrissement et de sécheresse.

8 Si l'eau a un pouvoir inférieur, le feu ayant un mélange pur, une telle âme, dans des corps bien portants, est intelligente et perçoit rapidement les parcelles qui se présentent, sans changements fréquents. Une telle nature est celle d'une âme bonne ; mais une telle personne aussi deviendra meilleure avec un régime correct, et pire avec un régime mauvais. Elle a intérêt à user d'un régime plutôt aqueux, en se gardant d'excès d'aliments, de boissons et d'exercices ; à faire des courses de fond[2], des diaules, de la lutte[3] et tous les autres exercices, mais sans aucun excès. Car si le corps se porte bien et n'est troublé par rien, le mélange de l'âme est intelligent.

9 Si le pouvoir de l'eau est dominé davantage par le feu, il est fatal que cette âme soit d'autant plus vive qu'elle sera mue plus vite, qu'elle ait des sensations plus rapides, mais qu'elle soit moins stable que dans les cas

1. L'auteur n'est guère partisan des drogues (cf. ch. LXVII et LXXIII, LXXVI), mais il s'agit ici d'un cas extrême.

2. Ce texte apporte la preuve que καμπτός ne saurait être synonyme de δίαυλος ; il s'agit, à notre avis, d'une course de fond (μακροὶ καὶ καμπτοί, ch. LXIII), multiple non précisé du diaule.

3. Les courses de fond conviennent bien à un régime plutôt aqueux, car elles rendent le corps plus lent et plus épais (LXIII, 1) ; la lutte aussi, car, en ouvrant les pores, elle risque de créer une plénitude, un excès d'humidité (XXXV, 3). Par contre, les diaules dessèchent (LXIII, 3) et ne paraissent pas s'imposer ici. La disparate n'est guère

νας ὀνομάζουσιν, οἱ δὲ ἐμβροντήτους. Ἔστι δ' ἡ μανίη τοιούτων ἐπὶ τὸ βραδύτερον· οὗτοι κλαίουσί τε οὐδενὸς ἕνεκα, δεδίασί τε τὰ μὴ φοβερά, λυπέονταί τε ἐπὶ τοῖσι μὴ προσήκουσι, αἰσθάνονταί τε ἐτεῇ οὐδὲν ὧν προσήκει τοὺς φρονέοντας. Συμφέρει δὲ τούτοισι πυριῆσθαι καὶ ἐλλεβόροισιν ἐκκαθαίρεσθαι ἐκ τῶν πυριησίων, καὶ τῇ διαίτῃ χρῆσθαι ᾗπερ πρότερον· ἰσχνασίης δεῖται καὶ ξηρασίης. **8** Εἰ δὲ τὸ ὕδωρ ἐνδεεστέρην τὴν δύναμιν λάβοι, τοῦ πυρὸς εἰλικρινῆ τὴν σύγκρησιν ἔχοντος, ἐν ὑγιαίνουσι σώμασι φρόνιμος ἡ τοιαύτη ψυχὴ καὶ ταχέως αἰσθανομένη τῶν προσπιπτόντων καὶ οὐ μεταπίπτουσα πολλάκις. Φύσις μὲν οὖν ἡ τοιαύτη ψυχῆς ἀγαθῆς· βελτίων δὲ καὶ οὗτος ὀρθῶς διαιτεόμενος γένοιτο ἄν, καὶ κακίων μὴ ὀρθῶς. Συμφέρει δὲ τῷ τοιούτῳ τῇ διαίτῃ χρῆσθαι τῇ πρὸς ὕδατος μᾶλλον, ὑπερβολὰς φυλασσόμενον καὶ σίτων καὶ ποτῶν καὶ πόνων, καὶ δρόμοισι καμπτοῖσι καὶ διαύλοισι καὶ πάλῃ καὶ τοῖσιν ἄλλοισι γυμνασίοισιν πᾶσιν ὑπερβολὴν οὐδενὸς ποιεύμενον. Ἢν γὰρ ἔχῃ ὑγιηρῶς τὸ σῶμα καὶ μὴ ὑπ' ἄλλου τινὸς συνταράσσηται, τῆς ψυχῆς φρόνιμος ἡ σύγκρησις. **9** Εἰ δ' ἐπὶ πλεῖον κρατηθείη ἡ | τοῦ ὕδατος δύνα- 520
μις ὑπὸ τοῦ πυρός, ὀξυτέρην μὲν τοσούτῳ ἀνάγκη εἶναι τὴν ψυχὴν ὅσῳ θᾶσσον κινεῖται, καὶ πρὸς τὰς αἰσθήσιας

2 τοιούτων Littré : τοιοῦτον EGK τοιοῦτο MHIJ τοῦτο **θ** ‖ βραδύτερον M : βραχύτ- **θ** ‖ 4 προσήκουσι **θ**HE : προσῆκον M ‖ ἐτεῇ οὐδὲν ὧν Gomperz : ητιη ουδενως **θ** αιτιη (cum correctionis vestigiis) οὐδὲν οὖν M οἷσιν οὐ recc. ἐτεῇ οὐδενὸς ὡς Littré Jones ‖ 6 ἐκκαθαίρεσθαι M : καθ- **θ** ‖ 7 post χρῆσθαι add. δεῖ M ‖ ᾗπερ **θ** : εἴπερ M ‖ post ἰσχνασίης add. τε πλεύμονος οὗτος MHEK δὲ πλ- οὗτος recc. Littré ‖ 8 λάβοι **θ** : -ῃ M ‖ 9 ἔχοντος **θ** : ἐχόντων M ‖ ἐν om. M ‖ 12 οὗτος **θ** : οὕτως M ‖ 13 γένοιτο ἂν Joly : γένοιτ' ἂν M γίγνοιτο ἂν **θ** ‖ 14 τοιούτῳ **θ** recc. : ουτωι MH (corr. H²) ‖ alt. τῇ **θ** : ηι M ‖ 15 ποτῶν **θ** : πομάτων M ‖ 16 πόνων **θ**EF : ποτῶν M recc. ‖ καὶ διαύλοισι καὶ πάλῃ **θ** : om. MHE (add. E²)GIJK (sed in dittographia καὶ δ. καὶ π. praebent MHIJ) ‖ 17 πᾶσιν om. M ‖ 18 ἢν γὰρ — σῶμα M : ἢν γὰρ ὑπογήρως ἔχηται τὸ σῶμα **θ** ‖ 19 post συνταράσσηται add. τὸ σῶμα **θ** ‖ ἡ **θ**J : om. M recc. ‖ 20 πλεῖον M : πλείω **θ** ‖ 22 ὅσῳ **θ** : ὅκως M.

précédents, parce qu'elle discerne plus vite ce qui se présente et qu'elle se porte vers plus d'objets, vu sa rapidité. Il est utile à une telle personne d'user d'un régime plus aqueux que le précédent, de pain d'orge plutôt que de blé, de poissons plutôt que de viandes ; de boissons plus aqueuses et de rapports sexuels moins fréquents ; parmi les exercices, user des plus naturels, en très grand nombre ; pour les exercices violents, n'en user qu'en cas d'obligation et moins[1] ; des vomissements au sortir de plénitudes, pour que le corps se vide, mais se réchauffe le moins possible. **10** Il est utile à de telles gens de maigrir pour être intelligents, car l'abondance des chairs entraîne fatalement l'inflammation du sang. Si cela arrive à une telle âme, elle tombe dans la folie, l'eau étant tout à fait dominée et le feu trop attiré. Il est utile à de telles gens de vaquer à leurs affaires après avoir mangé plutôt qu'à jeun, car leur âme est plus stable quand elle est imprégnée de la nourriture convenable plutôt que lorsqu'elle manque de nourriture.

11 Si l'eau est encore dominée davantage par le feu, l'âme est trop vive[2] et il est fatal que de telles gens aient des cauchemars. On les appelle des demi-fous, car une telle constitution est très près de la folie. De fait, une légère inflammation à contre-temps suffit à les

sensible, toutefois, puisque l'auteur recommande finalement tous les exercices et met en garde contre tout excès.

1. Ermerins a été le seul jusqu'à présent à corriger l'atticisme ἐλάττοσι donné par tous les manuscrits.

2. Ici commence, dans le meilleur manuscrit (θ), une lacune qui va jusqu'en XXXVI, 2. En l'absence de ce témoin, il arrive qu'il faille choisir, contre M, la leçon de manuscrits plus récents. Cela ne veut pas dire que ces derniers manuscrits dépendraient partiellement d'une tradition différente et supérieure : il s'agit essentiellement de corrections qui retrouvent par conjecture un meilleur texte.

θᾶσσον προσπίπτειν, ἧσσον δὲ μόνιμον τῶν πρότερον, διότι θᾶσσον ἐκκρίνεται τὰ παραγινόμενα καὶ ἐπὶ πλείονα ὁρμᾶται διὰ ταχυτῆτα. Συμφέρει δὲ τῷ τοιούτῳ διαιτῆσθαι τῇ πρὸς ὕδατος διαίτῃ μᾶλλον ἢ τῇ προτέρῃ· καὶ μάζῃ μᾶλλον ἢ ἄρτῳ, καὶ ἰχθύσιν ἢ κρέασι· καὶ τῷ ποτῷ ὑδαρεστέρῳ· καὶ λαγνείῃσιν ἐλάσσοσι χρῆσθαι· καὶ τῶν πόνων τοῖσι κατὰ φύσιν μάλιστα καὶ πλείστοισι· τοῖσι δ᾽ ὑπὸ βίης χρῆσθαι μὲν ἀνάγκῃ, ἐλάσσοσι δέ· καὶ ἐμέτοισιν ἐκ τῶν πλησμονῶν, ὅκως κενῶται μὲν τὸ σῶμα, θερμαίνηται δὲ ὡς ἥκιστα. **10** Συμφέρει δὲ καὶ ἀσαρκεῖν τοῖσι τοιούτοισι πρὸς τὸ φρονίμους εἶναι· πρὸς γὰρ σαρκὸς εὐεξίην καὶ αἵματος φλεγμονὴν ἀνάγκη γίνεσθαι· ὁκόταν δὲ τοῦτο πάθῃ ἡ τοιαύτη ψυχή, ἐς μανίην καθίσταται, κρατηθέντος τοῦ ὕδατος, ἐπισπασθέντος τοῦ πυρός. Συμφέρει δὲ τοῖσι τοιούτοισι καὶ τὰς πρήξιας πρήσσειν βεβρωκόσι μᾶλλον ἢ ἀσίτοισι· στασιμωτέρη γὰρ ἡ ψυχὴ τῇ τροφῇ καταμισγομένη τῇ συμφόρῳ μᾶλλον ἢ ἐνδεὴς ἐοῦσα τροφῆς. **11** Εἰ δ᾽ ἔτι πλέον ἐπικρατηθείη τὸ ὕδωρ ὑπὸ τοῦ πυρός, ὀξέα ἡ τοιαύτη ψυχὴ ἄγαν, καὶ τούτους ὀνειρώσσειν ἀνάγκη· καλέουσι δὲ αὐτοὺς ὑπομαινομένους· ἔστι γὰρ ἔγγιστα μανίης τὸ τοιοῦτον· καὶ γὰρ ἀπὸ βραχέης φλεγ-

1 μόνιμον M : -ίμους **θ** ‖ πρότερον M : -τέρων **θ** ‖ διότι M : διὸ **θ** ‖ 2 θᾶσσον ἐκκρίνεται **θ** : κρίνεται M ‖ πλείονα **θ** : πλεύμονα M ‖ 4 ὕδατος : dittographia in MHIJ ab μᾶλλον, ὑπερβολὰς (XXXV, 8) ad ὕδατος ‖ 5 ἄρτῳ EP′ : τῷ ἀρτῷ **θ**I τῷ αὐτῷ MHFGJK ‖ alt. καὶ om. M ‖ 6 ἐλάσσοσι **θ**HEK : -ονι M ‖ 7 δ᾽ om. **θ** ‖ 8 ἐλάσσοσι Erm. : -ττοσι **θ**M ‖ ἐκ M : καὶ ἐκ **θ** ‖ 9 κενῶται **θ**HEK : -οῦται MH² recc. ‖ θερμαίνηται M : -νησθαι **θ** ‖ 12 καὶ αἵματος **θ** : αἵματος Zwing.[m] κάματος (cum υ super α) M καύματος recc. ‖ τοῦτο **θ** : τοιοῦτον M ‖ 14 ἐπισπασθέντος τοῦ πυρὸς **θ** : ἐπισπασθεῖσα M ‖ 16 τῇ om. M ‖ 18 δ᾽ ἔτι Erm. : δέ τι M δέ τινι **θ** ‖ ἐπικρατηθείη M : κρατηθείη **θ** ‖ ὑπὸ M : ἀπὸ **θ** ‖ 19 ὀξεα : lacuna in **θ** ab ὀ[ξείη ad -]τὰ σπᾶσαι ἀφανέα, XXXVI, 2, in fine, folio, ut videtur, perdito ‖ 20 ἀνάγκη K′ : om. M ‖ αὐτοὺς ὑπομαινομένους H² recc. : οἱ δὲ ὑπομαίνεσθαι MH ‖ γὰρ EFGIJ : δὲ MHKP′Q′ ‖ 21 φλεγμονῆς : πλησμονῆς Erm.

rendre fous, soit dans l'ivresse, soit dans l'embonpoint, soit après consommation exagérée de viandes. Une telle personne doit s'abstenir de tout cela et de toute autre plénitude, des exercices violents ; elle doit user de pain d'orge de farine grossière, de légumes bouillis, sauf ceux qui sont laxatifs, de petits poissons dans la saumure ; boire de l'eau est le mieux, si on peut ; sinon, une boisson très voisine, à base de vin doux et blanc[1]. **12** Il faut faire beaucoup de promenades matinales ; après le dîner, juste de quoi se dégourdir les jambes ; de façon que les aliments ne se dessèchent pas du fait de ces promenades d'après dîner, mais que le corps se vide grâce à celles du matin. Il faut se laver complètement à l'eau tiède plutôt que recourir aux onctions. Il est utile aussi, en été, de faire de temps en temps une courte sieste, pour que le corps ne se dessèche pas à cause de la saison. Au printemps, il est convenable de purger à l'ellébore après des bains de vapeur, puis de se remettre peu à peu au régime habituel. Une telle personne non plus ne doit pas vaquer à ses affaires à jeun. C'est avec ces précautions qu'une telle âme serait le plus intelligente.

Conclusion.

XXXVI. **1** C'est donc ce mélange qui est cause de l'intelligence de l'âme ou de son inintelligence, comme je viens de l'écrire ; et elle peut par le régime devenir meilleure ou pire. Quand le feu domine dans ses courses, il est possible peut-être d'ajouter à l'eau et quand l'eau domine dans le mélange, d'augmenter le feu. C'est ce qui rend les âmes plus ou moins intelligentes.

Autres caractères et les pores.

2 Mais voici des caractères qui n'ont pas pour cause le mélange : irascibilité, indolence, ruse, simplicité, malveillance, bienveillance[2].

1. Ce n'est pas la seule fois où l'auteur témoigne d'une certaine indulgence envers les goûts des malades ; cf. ch. LXVIII, 11 et 13. Ce trait ne lui est pas particulier ; on le retrouve ailleurs dans la *Collection hippocratique*, par exemple en *Affections internes*, 51.

2. On reste surpris de voir ici les données fondamentales du carac-

μονῆς καὶ ἀσυμφόρου μαίνονται, | καὶ ἐν τῇσι μέθῃσι καὶ 522 ἐν τῇσιν εὐεξίῃσι τῆς σαρκὸς καὶ ὑπὸ τῶν κρεηφαγιῶν. Ἀλλὰ χρὴ τὸν τοιοῦτον τούτων μὲν πάντων ἀπέχεσθαι καὶ τῆς ἄλλης πλησμονῆς, καὶ γυμνασίων τῶν ἀπὸ βίης γινομένων, μάζῃ δὲ ἀτρίπτῳ διαιτῆσθαι, καὶ λαχάνοισιν ἑφθοῖσι πλὴν τῶν καθαρτικῶν, καὶ ἰχθυδίοισιν ἐν ἅλμῃ, καὶ ὑδροποτεῖν βέλτιστον, εἰ δύναιτο· εἰ δὲ μή, ὅ τι ἐγγιστότατα τούτου, ἀπὸ μαλακοῦ οἴνου καὶ λευκοῦ· **12** καὶ τοῖσι περιπάτοισι τοῖσιν ὀρθρίοισι πολλοῖσιν, ἀπὸ δείπνου δὲ ὁκόσον ἐξαναστῆναι, ὅκως τὰ μὲν σῖτα μὴ ξηραίνωνται ἀπὸ τῶν ἀπὸ δείπνου περιπάτων, τὸ δὲ σῶμα κενῶται ὑπὸ τοῦ ὀρθρίου· λούεσθαι δὲ χλιερῷ ὕδατι περικλύδην μᾶλλον ἢ χρίεσθαι· συμφέρει δὲ καὶ ἐν τῷ θέρει τῆς ἡμέρης ὕπνοισι χρῆσθαι βραχέσι μὴ πολλοῖσιν, ὅκως μὴ ἀποξηραίνηται τὸ σῶμα ὑπὸ τῆς ὥρης· ἐπιτήδειον δὲ τοῦ ἦρος καὶ ἐλλεβόροισι καθαίρειν προπυριηθέντας, εἶτα ἐπάγειν πρὸς τὴν δίαιταν ἡσυχῇ, καὶ μὴ ἄσιτον τὰς πρήξιας μηδὲ τοῦτον ποιεῖσθαι· ἐκ ταύτης τῆς ἐπιμελείης ἡ τοιαύτη ψυχὴ φρονιμωτάτη ἂν εἴη.

XXXVI. **1** Περὶ μὲν οὖν φρονίμου καὶ ἄφρονος ψυχῆς ἡ σύγκρησις αὕτη αἰτίη ἐστίν, ὥσπερ μοι καὶ γέγραπται· καὶ δύναται ἐκ τῆς διαίτης καὶ βελτίων καὶ χείρων γίνεσθαι. Δρόμοισι δὲ πυρὸς ἐπικρατέοντος, τῷ ὕδατι προστιθέναι δυνατὸν ἂν ἴσως, καὶ τοῦ ὕδατος ἐπικρατέοντος ἐν τῇ συγκρήσει τὸ πῦρ αὐξῆσαι· ἐκ τούτων δὲ φρονιμώτεραι καὶ ἀφρονέστεραι γίνονται. **2** Τῶν δὲ τοιούτων οὐκ ἐστὶν

1 pr. καὶ H^2 recc. : om. MH ‖ 4 ἀπὸ : ὑπὸ Erm. ‖ 11 κενῶται H^2EFK : κενοῦται MHGIJ ‖ 12 χλιαιρῳ M ‖ 14 βραχέσι μὴ Lind. : βραχέσιν ἢ M ‖ 16 προπυριηθέντας edd. : προσπ- M ‖ 17 δίαιταν H^2 : διαίτην MH recc. ‖ 21 αὕτη secl. Erm. ‖ 23 δρόμοισι δὲ πυρὸς : πυρὸς γὰρ Erm. ‖ 23-24 προστιθέναι δυνατὸν Littré : προστιθέντα ἀδύνατον M ‖ 24 ἴσως : εἴη malim (προστιθέντα δυνατὸν ἀνισάζειν optime coni. Jouanna).

De tout cela, la cause est la nature des pores par où l'âme circule. On a de tels caractères selon les vaisseaux par où l'âme passe, selon les objets qu'elle rencontre, selon ce à quoi elle se mélange. C'est pourquoi il n'est pas possible de changer ces traits par le régime, car il n'est pas possible de remodeler une nature invisible[1]. **3** De même la qualité de la voix dépend des pores du souffle ; il est fatal que la qualité de la voix dépende des pores où l'air se meut et qu'il rencontre. Et il est possible de la rendre meilleure ou pire parce qu'on peut rendre les pores du souffle plus doux ou plus rudes ; mais par le régime, il est impossible de changer cela[2].

tère énumérées sèchement et expliquées d'une tout autre façon. Il semble que l'auteur, effrayé de la longueur du développement précédent et de ce qu'il lui resterait à écrire dans ce sens, ait pris brusquement le parti d'en finir. Il invoque ici une doctrine d'Empédocle (les « pores »), mais l'Agrigentin n'était certainement pas étranger à l'inspiration des chapitres précédents (cf. *Recherches*, p. 82 et 88).

1. L'interprétation la plus naturelle serait de voir dans cette φύσις la φύσις τῶν πόρων dont parle l'auteur dans ce passage. Mais dans la suite immédiate, à propos de la voix, l'auteur admet fort bien que l'on puisse modifier les pores du souffle. Heidel (*Hippocratea*, p. 162) admet que la nature en question ici est la ψυχή. « Invisible » est peut-être trop fort : « obscur », « caché », conviendraient sans doute.

2. Cette fin du livre I a beaucoup souffert dans la tradition manuscrite, mais il reste assez d'indications pour qu'on puisse retrouver à peu près sûrement le texte authentique.

En refusant ainsi toute action du régime sur une part capitale de la psychologie, l'auteur évite le reproche courant de gonfler exagérément l'importance de sa spécialité ; il n'est pas certain toutefois qu'il s'en soit bien rendu compte (cf. p. 34, n. 2, p. 94, n. 1, et *Recherches*, p. 82).

ἡ σύγκρησις αἰτίη· οἷον ὀξύθυμος, ῥᾴθυμος, δόλιος, ἁπλοῦς δυσμενής, εὔνους· τῶν τοιούτων ἁπάντων ἡ φύσις τῶν πόρων δι' ὧν ἡ ψυχὴ πο|ρεύεται, αἰτίη ἐστί· δι' ὁκοίων γὰρ 524
ἀγγείων ἀποχωρεῖ καὶ πρὸς ὁκοῖά τινα προσπίπτει καὶ ὁκοίοισί τισι καταμίσγεται, τοιαῦτα φρονέουσι· διὰ τοῦτο οὐ δυνατὸν τὰ τοιαῦτα ἐκ διαίτης μεθιστάναι· φύσιν γὰρ μεταπλάσαι ἀφανέα οὐχ οἷόν τε. **3** Ὡσαύτως δὲ καὶ τῆς φωνῆς ὁκοίη τις ἂν ᾖ, οἱ πόροι αἴτιοι τοῦ πνεύματος· δι' ὁκοίων γὰρ ἄν τινων κινῆται ὁ ἠὴρ καὶ πρὸς ὁκοίους τινὰς προσπίπτῃ, τοιαύτην ἀνάγκη τὴν φωνὴν εἶναι. Καὶ ταύτην μὲν δυνατὸν καὶ βελτίω καὶ χείρω ποιεῖν, διότι λειοτέρους καὶ τρηχυτέρους τοὺς πόρους τῷ πνεύματι δυνατὸν ποιῆσαι, κεῖνο δὲ ἀδύνατον ἐκ διαίτης ἀλλοιῶσαι.

1 αἰτίη Littré : ἔτι M ‖ 4 ἀποχωρεῖ H recc. : -ῇ M ‖ 5 ὁκοίοισί Joly : ὁκοίοις codd. ‖ καταμίσγεται recc. : -ηται MHEIK ‖ 6 οὐ Peck : οὖν MHEK γοῦν recc. Littré Erm. (ἀδύνατον Lind. Mack) ‖ 7 μεταπλάσαι M : ...]τὰ σπᾶσαι **θ** ‖ οἷόν τε M : οιονται **θ** ‖ 8 αἴτιοι M : αὔξονται **θ** ‖ 9 γὰρ E[1]F : om. **θ**M ‖ ἂν H[2] : ἦν MH om. **θ** ‖ ὁκοίους M : ποίους **θ** ‖ 10 προσπίπτῃ : -ει **θ**H(-η H[1]) EG -ειν MIJ ‖ τοιαύτην **θ** : add. γὰρ M ‖ ταύτην K′ edd. : ταῦτα **θ**M recc. ‖ 11 χείρω... βελτίω M ‖ 11-12 λειοτέρους καὶ τραχυτέρους Littré (τρηχυτ- Joly) : λειοτ- καὶ βραχυτέρους M πλειοτέρους καὶ βραδυτ- **θ** ‖ 12 τοὺς πόρους om. **θ** ‖ 13 κεῖνο **θ**M edd. : κεῖνα malit Jones.

DU RÉGIME II

Climatologie.
Les régions.

XXXVII. **1** Il faut distinguer comme suit la situation et la nature des régions[1]. En termes généraux, il en va ainsi : la région méridionale est plus chaude et plus sèche que la septentrionale, parce qu'elle est très près du soleil. Dans ces contrées, il est fatal que les races humaines et les végétaux soient plus secs, plus chauds et plus forts que dans les régions opposées, par exemple la race libyenne comparée à la race du Pont et aussi leurs voisines respectives. **2** Prises séparément[2], les régions ont les caractères suivants. Les lieux élevés, secs et orientés au sud, sont plus secs que les plaines de même orientation, parce qu'ils ont moins d'humidité : ils ne peuvent retenir l'eau de pluie, tandis que les plaines le peuvent. Les régions de lacs et de marais humectent et échauffent ; elles échauffent parce qu'elles sont creuses, encerclées et à l'abri des vents ; elles humectent parce que les végétaux, nourriture de l'homme, y sont plus humides et que l'air qu'on y respire est plus épais, à cause de l'eau qui y stagne. **3** Les cavités sans eau dessèchent et échauffent ; elles échauffent parce qu'elles sont creuses et encerclées ; elles dessèchent à cause de la sécheresse de la nourriture et parce que l'air qu'on y respire, étant sec, tire l'humidité des corps pour se nourrir, n'ayant rien de plus humide à sa disposition comme nourriture. Dans les régions où

1. L'auteur ne pouvait raisonnablement placer les ch. XXXVII et XXXVIII ailleurs qu'en ce début du livre II (cf. *Recherches*, p. 12) ; cette section ne nous paraît se rapprocher qu'assez peu du traité *Airs, eaux, lieux* ; la source ou les sources de l'auteur doivent être cherchées dans la littérature plus systématique et plus dogmatique des philosophes présocratiques : Anaxagore et les Pythagoriciens (*ibid.*, p. 93 sq.).

2. La distinction très nette entre κατὰ παντός et αὐταὶ καθ' ἑωυτάς revient aux ch. XXXVIII et XXXIX ; cf. J.-H. Kühn, *System-und Methodenprobleme im Corpus Hippocraticum*, Wiesbaden, 1956, p. 80 sq.

XXXVII. **1** Χωρέων δὲ θέσιν καὶ φύσιν ἑκάστων ὧδε VI 528
χρὴ διαγινώσκειν. Κατὰ παντὸς μὲν εἰπεῖν ὧδε ἔχει· ἡ πρὸς μεσημβρίην κειμένη θερμοτέρη καὶ ξηροτέρη τῆς πρὸς τὰς ἄρκτους κειμένης, διότι ἐγγυτάτω τοῦ ἡλίου ἐστίν. Ἐν δὲ ταύτῃσι τῇσι χώρῃσιν ἀνάγκη καὶ τὰ ἔθνεα τῶν ἀνθρώπων καὶ τὰ φυόμενα ἐκ τῆς γῆς ξηρότερα καὶ θερμότερα καὶ ἰσχυρότερα εἶναι ἢ ἐν τῇσιν ἐναντίῃσιν· οἷον τὸ Λιβυκὸν ἔθνος πρὸς τὸ Ποντικὸν καὶ τὰ ἔγγιστα ἑκατέρων. **2** Αὐταὶ δὲ καθ' ἑωυτὰς αἱ χῶραι ὧδε ἔχουσι· τὰ ὑψηλὰ καὶ αὐχμηρὰ καὶ πρὸς μεσημβρίην κείμενα ξηρότερα τῶν πεδίων τῶν ὁμοίως κειμένων, διότι ἐλάσσους ἰκμάδας ἔχει· τὰ μὲν γὰρ οὐκ ἔχει στάσιν τῷ ὀμβρίῳ ὕδατι, τὰ δὲ ἔχει. Τὰ δὲ λιμναῖα καὶ ἑλώδεα ὑγραίνει καὶ θερμαίνει· θερμαίνει μέν, διότι κοῖλα καὶ περιέχεται καὶ οὐ διαπνεῖται· ὑγραίνει δέ, διότι τὰ φυόμενα ἐκ τῆς γῆς ὑγρότερα, οἷσι τρέφονται οἱ ἄνθρωποι, τό τε πνεῦμα ὃ ἀναπνέομεν παχύτερον διὰ τὸ ὕδωρ ἀπὸ τῆς ἀκινησίης. **3** Τὰ δὲ κοῖλα καὶ μὴ ἔνυδρα ξηραίνει καὶ θερμαίνει· θερμαίνει μέν, ὅτι κοῖλα καὶ περιέχεται, ξηραίνει δὲ διά τε τῆς τροφῆς τὴν ξηρότητα, καὶ διότι τὸ πνεῦμα, ὃ ἀναπνέομεν, ξηρὸν ἐόν, ἕλκει ἐκ τῶν σωμάτων τὸ ὑγρὸν ἐς τροφὴν ἑωυτῷ, οὐκ ἔχον πρὸς ὅ τι ἂν ὑγρότερον προσπῖπτον τρέφηται. Ὅκου δὲ τοῖσι

1 Χωρέων Zwing.[m] edd. : -ίων θM ‖ ἑκάστων M : -του θ ‖ 1-2 χρὴ ὧδε θ ‖ 3 μεσημβρίην θ : -ίαν M ‖ 4 ἐγγυτάτω θ : -τέρω M ‖ δὲ M : δὴ θ ‖ 7 οἷον τὸ Λιβυκὸν — ἑκατέρων secl. Erm. ‖ 8 αὐταὶ Jones : αὗται θM ‖ 9 ἑωυτὰς θ : ἑαυτὰς M ‖ 11 ἐλάσσους Littré : -σσω θM ‖ 13 δὲ om. θ ‖ alt. καὶ θ : μὲν καὶ M ‖ 14 περιέχεται θ : -εχόμενα M ‖ 16 ἀναπνέομεν θ : ἀναφέρομεν M ‖ 17 ἀπὸ θ : τὸ ἀπὸ M ‖ 18 μὴ ἔνυδρα θ K : μὴ ἄνυδρα MIHFGI ἄνυδρα EJP' ‖ 21 ἔχον θEFGHJK : ἔχομεν M ἔχων recc. ‖ 22 ὑγρότερον θ : ὑγρὸν M.

des montagnes sont orientées au sud, les vents du sud soufflent secs et insalubres. 4 Là où les montagnes sont orientées au nord, les vents du nord amènent des troubles et des maladies. Dans les cités, les cavités exposées au nord ou en face d'une île sont chaudes et insalubres par vents d'été[1], parce qu'aucun vent du nord n'y produit un apport d'air salubre et que ces régions ne sont pas rafraîchies par les vents d'été. Les îles proches des terres ont des hivers rudes ; celles qui sont en pleine mer ont l'hiver plus chaud parce que, si la neige et la glace se maintiennent dans les terres et envoient des vents froids sur les îles proches, en pleine mer, par contre, elles n'ont pas de stabilité en hiver[2].

Les vents.

XXXVIII. 1 Au sujet de la nature et de la puissance des vents, voici les distinctions à faire. Tous les vents ont pour nature d'humecter et de refroidir le corps des vivants et les végétaux, pour les raisons que voici : il est fatal que tous ces vents proviennent de neiges, glaces, contrées fortement gelées, fleuves, lacs et terres humides et froides ; la force des vents dépendant des dimensions et de la force de ces éléments[3]. Comme il y a du souffle dans les êtres vivants, il y en a aussi plus ou moins dans tout le reste[4]. Tous les vents ont donc pour nature de refroidir et d'humecter. Mais selon la situation res-

1. Nouvelle lacune sérieuse en θ, jusqu'en XXXVIII, 3.

2. Aristote distingue aussi, en *Météorologiques*, II, 8, 368 b, 30 sqq., les îles situées en pleine mer et les îles proches du continent, mais c'est à propos des tremblements de terre.

3. C'est ainsi, nous semble-t-il, que le français traduit l'idée que le grec exprime plus analytiquement. Littéralement, « (Les vents) les plus forts (proviennent) (des éléments) plus grands et plus forts ; les plus faibles, de plus petits et plus faibles ».

4. Cette réflexion est typique du « panpneumatisme » que nous avons analysé dans *Le niveau de la science hippocratique*, Les Belles Lettres, 1966, p. 87-97. L'auteur de la *Nature de l'enfant* « constate »,

χωρίοισιν ὄρεα πρόσκειται πρὸς νότου, ἐν τούτοισιν αὐχμώδεις οἱ νότοι καὶ νοσεροὶ | προσπνέουσιν. **4** Ὅκου δὲ 530
βορέηθεν ὄρεα πρόσκειται, ἐν τούτοισιν οἱ βορέαι ταράσσουσι καὶ νούσους ποιέουσιν. Ὅκου δὲ βορέηθεν κοῖλα χωρία τοῖσιν ἄστεσι πρόσκειται, ἢ καὶ ἐκ θαλάσσης νῆσος ἀντίκειται, πρὸς τῶν θερινῶν πνευμάτων θερμὸν καὶ νοσερὸν τοῦτο τὸ χωρίον, διότι οὔτε βορέης διαπνέων καθαρὴν τὴν ἐπαγωγὴν τοῦ πνεύματος παρέχει, οὔτε ὑπὸ τῶν θερινῶν πνευμάτων διαψύχεται. Τῶν δὲ νήσων αἱ μὲν ἐγγὺς τῶν ἠπείρων δυσχειμερώτεραί εἰσιν, αἱ δὲ πόντιαι ἀλεεινότεραι τὸν χειμῶνα, διότι αἱ χιόνες καὶ πάγοι ἐν μὲν τῇσιν ἠπείροισιν ἔχουσι στάσιν καὶ τὰ πνεύματα ψυχρὰ πέμπουσιν ἐς τὰς ἐγγὺς νήσους, τὰ δὲ πελάγια οὐκ ἔχει στάσιν ἐν χειμῶνι.

XXXVIII. **1** Περὶ δὲ πνευμάτων ἥντινα φύσιν ἔχει καὶ δύναμιν ἕκαστα, ὧδε χρὴ διαγινώσκειν. Φύσιν μὲν ἔχει τὰ πνεύματα πάντα ὑγραίνειν καὶ ψύχειν τά τε σώματα τῶν ζῴων καὶ τὰ φυόμενα ἐκ τῆς γῆς διὰ τάδε· ἀνάγκη τὰ πνεύματα ταῦτα πνεῖν ἀπὸ χιόνος καὶ κρυστάλλου καὶ πάγων ἰσχυρῶν καὶ ποταμῶν καὶ λιμνέων καὶ γῆς ὑγρανθείσης καὶ ψυχθείσης. Καὶ τὰ μὲν ἰσχυρότερα τῶν πνευμάτων ἀπὸ μεζόνων καὶ ἰσχυροτέρων, τὰ δὲ ἀσθενέστερα ἀπὸ μειόνων καὶ ἀσθενεστέρων· ὥσπερ γὰρ καὶ τοῖσι ζῴοισι πνεῦμα ἔνεστιν, οὕτω καὶ τοῖσιν ἄλλοισι πᾶσι τοῖσι μὲν ἔλασσον, τοῖσι δὲ κατὰ μέγεθος. Φύσιν μὲν οὖν ἔχει ψύχειν καὶ ὑγραίνειν τὰ πνεύματα πάντα. Διὰ θέσιν δὲ

1 αὐχμώδεις — τούτοισιν om. **θ** ‖ 3 βορέηθεν Joly : βόρραθεν MK βορρᾶθεν Erm. βόραθεν recc. ‖ ὄρεα Joly : ὄρη **θ**M ‖ βορέαι E : βορραι **θ** βόρρεαι M ‖ 4 βορέηθεν : βόρραθεν **θ**M βόραθεν edd. ‖ 5 ἢ καὶ — ἀντίκειται om. M ‖ 6 πρὸ(ς) τῶν θερι[... lacuna in **θ** usque ad c. xxxviii, 3]ρης οὐκέτι ὅμοιος παραγίνεται ‖ 12 στάσιν : τάσιν M ‖ 21 ψυχθείσης MHEKP′Q′ Zwing.[m] : ψυχρανθείσης recc. Littré ‖ 25 τοῖσι δὲ recc. : add. πνεῦμα M add. πλέον Erm.

pective des contrées et des lieux d'où ils se manifestent, les vents deviennent différents les uns des autres : plus froids, plus chauds, plus humides, plus secs, plus malsains, plus salubres.

2 Voici ce qu'il faut savoir de la cause de chacun. Le vent du nord souffle froid et humide, parce qu'il provient de régions telles, traverse des contrées telles, que le soleil n'atteint pas et où il ne dessèche pas l'air en le vidant de son humidité. Dans ces conditions, le vent du nord arrive à la terre habitée en gardant sa propre force, du moins là où la situation du lieu ne l'altère pas. Il est le plus froid pour ceux qui habitent le plus près de ces lieux et le moins froid pour ceux qui en sont le plus loin.

3 Le vent du sud provient de régions semblables par nature à celles dont provient le vent du nord. Provenant du pôle sud[1], naissant de neiges abondantes, de glaces et de fortes gelées, il est fatal que pour ceux qui habitent là-bas tout près, il souffle avec les mêmes caractères que pour nous le vent du nord. Mais il n'arrive pas tel quel en toute région. Il souffle au sud, à travers l'afflux de chaleur solaire, et son humidité est ainsi épuisée par le soleil. En se desséchant, le vent du sud devient plus léger. C'est pourquoi il est fatal qu'il arrive ici chaud et sec. **4** Dans les régions très voisines, il manifeste nécessairement une telle force chaude et sèche, comme il le fait en Libye : il brûle les végétaux et, sans qu'on s'en aperçoive, il dessèche les hommes. Étant donné, en effet, qu'il ne peut tirer de l'humidité ni de la mer, ni d'un fleuve, il en vide les êtres vivants et les végétaux. Mais lorsque, chaud et léger, il a traversé la

ch. xii, que tout ce qui s'échauffe respire : le bois, les feuilles, les aliments, les boissons, les légumes, les fruits, le blé... ; en fin de développement, l'auteur généralise imperturbablement.

1. La mention du pôle sud a fait croire à certains que le *Régime* n'avait pu être écrit que vers la moitié du IVe siècle : c'est là, croyons-nous, une déduction exagérée ; cf. *Recherches*, p. 96.

χωρίων καὶ τόπους, δι' ὧν παραγίνεται τὰ πνεύματα ἐς τὰς χώρας ἑκάστας, διάφορα γίνεται ἀλλήλων, ψυχρότερα, θερμότερα, ὑγρότερα, ξηρότερα, νοσερώτερα, ὑγιεινότερα. **2** Τὴν δὲ αἰτίην ἑκάστων ὧδε χρὴ γινώσκειν· ὁ μὲν βορέης ψυχρὸς καὶ ὑγρὸς πνεῖ, ὅτι ὁρμᾶται ἀπὸ τοιούτων χωρίων, πορεύεταί τε διὰ τοιούτων τόπων, οὕστινας ὁ ἥλιος οὐκ ἐφέρπει, οὐδ' ἀποξηραίνων τὸν ἠέρα | ἐκπίνει τὴν ἰκμάδα, [532] ὥστε παραγίνεται ἐπὶ τὴν οἰκεομένην, τὴν ἑωυτοῦ δύναμιν ἔχων, ὅκου μὴ διὰ τὴν θέσιν τῆς χώρης διαφθείρεται· καὶ τοῖσι μὲν οἰκέουσιν ἔγγιστα ψυχρότατος, τοῖσι δὲ προσωτάτω ἥκιστα. **3** Ὁ δὲ νότος πνεῖ μὲν ἀπὸ τῶν ὁμοίων τὴν φύσιν τῷ βορέῃ· ἀπὸ γὰρ τοῦ νοτίου πόλου πνέων, ἀπὸ χιόνος πολλῆς καὶ κρυστάλλου καὶ πάγων ἰσχυρῶν ὁρμώμενος, τοῖσι μὲν ἐκεῖσε πλησίον αὐτοῦ οἰκέουσιν ἀνάγκη τοῖον πνεῖν ὁκοῖόν περ ἡμῖν ὁ βορέης. Ἐπὶ δὲ πᾶσαν χώρην οὐκ ἔτι ὅμοιος παραγίνεται· διὰ γὰρ τῶν ἐφόδων τοῦ ἡλίου καὶ ὑπὸ τὴν μεσημβρίην πνέων ἐκπίνεται τὸ ὑγρὸν ὑπὸ τοῦ ἡλίου· ἀποξηραινόμενος δὲ ἀραιοῦται· διὸ ἀνάγκη θερμὸν αὐτὸν καὶ ξηρὸν ἐνθάδε παραγίνεσθαι. **4** Ἐν μὲν οὖν τοῖσιν ἔγγιστα χωρίοισιν ἀνάγκη τοιαύτην δύναμιν ἀποδιδόναι θερμὴν καὶ ξηρήν, καὶ ποιεῖ τοῦτο ἐν τῇ Λιβύῃ· τά τε γὰρ φυόμενα ἐξαυαίνει, καὶ τοὺς ἀνθρώπους λανθάνει ἀποξηραίνων· ἅτε γὰρ οὐκ ἔχων οὔτε ἐκ θαλάσσης ἰκμάδα λαβεῖν οὔτε ἐκ ποταμοῦ, ἐκ τῶν ζῴων καὶ ἐκ τῶν φυομένων ἐκπίνει τὸ ὑγρόν. Ὅταν δὲ τὸ πέλαγος περαιώσῃ, ἅτε θερμὸς ἐὼν καὶ ἀραιός, πολλῆς ὑγρα-

4 βορέης Joly : βορέας codd. ‖ 6 τοιούτων Jones : -τέων M ‖ 9 τὴν θέσιν τῆς χώρης recc. : τῆς χ. τὴν θ. MHEIK ‖ 12 βορέῃ Joly : -ᾳ codd. ‖ 14 ἐκεῖσε recc. : ἐκεῖθι M secl. Erm. ‖ 15 βορέης Joly : -ας codd. ‖ 16 πᾶσαν χώρην edd. : τὴν χώρην MGH πᾶσαν τ. χ. H¹EG¹K [...]ρης **θ** ‖ 18 δὲ **θ** : δὴ Zwing.[m] γὰρ M ‖ 21 θερμὴν καὶ ξηρὴν secl. Erm. ‖ 22 γὰρ **θ**S : om. M ‖ ἐξαυαίνει **θ**S : -εται M ‖ 24 ἐκπίνει **θ**E¹S : ἐκπονεῖ M recc. ‖ ὅταν **θ** : ὁκόταν M ‖ 25 περαιώσῃ M : παιρεώσῃ **θ** ‖ ἐὼν **θ** : ὢν M.

mer, il remplit d'humidité la région où il arrive. Il est fatal que le vent du sud soit chaud et humide, sauf là où la situation des contrées est cause du contraire. Les caractères des autres vents sont analogues.

5 Voici comment les vents varient selon chaque région. Tous les vents qui soufflent vers les terres à partir de la mer, des neiges, des glaces, des lacs ou des fleuves, humectent et refroidissent végétaux et animaux, et ils apportent la santé aux corps, sauf les vents qui sont froids à l'excès. Ces derniers, ils sont nuisibles parce qu'ils provoquent dans les corps de grands changements du chaud et du froid : c'est ce que subissent ceux qui habitent dans des régions marécageuses et chaudes, près de fleuves puissants. Les autres vents qui soufflent d'où il a été dit plus haut sont utiles, car ils procurent un air pur et serein et apportent de l'humidité à la chaleur de l'âme. **6** Tous les vents qui soufflent sur terre sont fatalement plus secs, desséchés qu'ils sont par le soleil et la terre. Ne pouvant tirer leur nourriture d'ailleurs, les vents tirent l'humidité des animaux et nuisent ainsi aux végétaux et aux animaux[1]. Et tous les vents qui arrivent sur les villes de par delà les montagnes, non seulement dessèchent, mais encore troublent l'air que nous respirons et le corps humain, de telle façon qu'ils provoquent des maladies.

Voilà donc comment il faut distinguer la nature et

1. La *nourriture* des vents : cette notion rentrerait facilement dans ce que J. Bachelard a appelé le *mythe de la digestion* (cf. *La formation...*, ch. IX). D'autre part, le phénomène général de l'évaporation échappe à l'auteur qui ne songe qu'aux animaux (y compris l'homme). La notion d'aliment est utilisée aussi par l'auteur de la *Nature de l'enfant* ; voici la conclusion du ch. XII, dont il était question p. 37, n. 4 : « Mais pourquoi allonger mon discours? Tout ce qui

σίης ἐμπίμπλησι τὴν χώρην ἐμπίπτων· ἀνάγκη δὲ τὸν νότον θερμόν τε καὶ ὑγρὸν εἶναι, ὅκου μὴ τῶν χωρίων αἱ θέσιες αἴτιαί εἰσιν. Ὡσαύτως δὲ καὶ αἱ τῶν ἄλλων πνευμάτων δυνάμιες ἔχουσιν. 5 Κατὰ δὲ τὰς χώρας ἑκάστας τὰ πνεύματα ὧδε ἔχει· τὰ μὲν ἐκ θαλάσσης πνεύματα ἐς τὰς χώρας ἐσπίπτοντα, ἢ ἀπὸ χιόνος ἢ πάγων ἢ λιμνέων ἢ ποταμῶν, ἅπαντα ὑγραίνει | καὶ ψύχει καὶ τὰ φυτὰ καὶ 534 **τὰ ζῷα, καὶ ὑγιείην τοῖσι σώμασι παρέχει ὅσα μὴ ὑπερβάλλει ψυχρότητι· καὶ ταῦτα δὲ βλάπτει, διότι μεγάλας τὰς μεταβολὰς ἐν τοῖσι σώμασιν ἐμποιεῖ τοῦ θερμοῦ καὶ τοῦ ψυχροῦ· ταῦτα δὲ πάσχουσιν ὅσοι ἐν χωρίοις οἰκέουσιν ἑλώδεσι καὶ θερμοῖσιν ἐγγὺς ποταμῶν ἰσχυρῶν. Τὰ δ' ἄλλα τῶν πνευμάτων ὅσα πνεῖ ἀπὸ τῶν προειρημένων, ὠφελεῖ, τόν τε ἠέρα καθαρὸν καὶ εἰλικρινέα παρέχοντα καὶ τῷ τῆς ψυχῆς θερμῷ ἰκμάδα διδόντα. 6 Ὅσα δὲ τῶν πνευμάτων κατὰ γῆν παραγίνεται, ξηρότερα ἀνάγκη εἶναι, ἀπό τε τοῦ ἡλίου ἀποξηραινόμενα καὶ ἀπὸ τῆς γῆς· οὐκ ἔχοντα δὲ τροφὴν ὁκόθεν ἐπαγάγηται, τὰ πνεύματα, ἐκ τῶν ζῴων ἕλκοντα τὸ ὑγρόν, βλάπτει καὶ τὰ φυτὰ καὶ τὰ ἄλλα ζῷα. Καὶ ὅσα ὑπὲρ τὰ ὄρεα ὑπερπίπτοντα παραγίνεται ἐς τὰς πόλιας, οὐ μόνον ξηραίνει, ἀλλὰ καὶ ταράσσει τὸ πνεῦμα ὃ ἀναπνέομεν, καὶ τὰ σώματα τῶν ἀνθρώπων, ὥστε νούσους ἐμποιεῖν. Φύσιν μὲν οὖν καὶ δύναμιν ἑκάσ-**

1 ἐμπίμπλησι **θ** Zwing.[m] : -πίπλησι M ‖ τὴν χώρην M : τὴν δὲ χ. **θ** ‖ ἐμπίπτων **θ** : ἐκπ. M ‖ 2 ὅκου M : ὅπου **θ** (ὅκου μὴ om. M sed restituit in margine M[1]) ‖ 3 αἱ post πνευμάτων transtulit M ‖ 4 τὰς om. M ‖ 5 ἔχει ὧδε **θ** ‖ πνεύματα secl. Erm. ‖ 6 ἐσπίπτοντα ἢ **θ**S : ἐσπ- ξη- ρότερα πῶς ἐστι· τὰ δὲ M ‖ 5-6 ἢ λιμν- ἢ ποτ- om. M sed restituit in margine M[1] ‖ 7 alt. καὶ om. M Erm. ‖ 14 καθαρὸν M : καθαίροντα **θ** ‖ 15 ὅσα **θ** : ὁκόσα M ‖ 18 ἐπαγάγηται **θ** : σπάσηται M σπάσεται Littré Erm. ‖ τὰ πνεύματα secl. Erm. ‖ ἐκ **θ** : ἀπὸ M ‖ 19 ζῴων **θ** : ζώντων M ‖ 19-20 τὰ ἄλλα ζῷα MHEK : τὰ ζῷα **θ** τὰ ζ. πάντα recc. ‖ 20 ὅσα **θ** : ὁκόσα M ‖ ὑπὲρ **θ**S : περ M ‖ ὑπερπίπτοντα **θ**S : καταλείποντα M ‖ 22 τὰ σώματα **θ**S recc. : τὸ σῶμα MHEK.

le pouvoir de chacun d'eux. Comment il faut se préserver de chacun, je le montrerai plus loin.

Catalogue des aliments : principe.

XXXIX. 1 Il faut analyser comme suit la qualité, naturelle ou artificielle, de chaque aliment et boisson. Tous ceux qui ont tenté de parler globalement de la qualité des matières douces, grasses, salées, etc., n'ont pas une connaissance exacte. Car toutes les matières douces n'ont pas la même qualité, ni les matières grasses, et ainsi de suite. En effet, si beaucoup de matières douces sont laxatives, d'autres sont resserrantes, d'autres dessèchent, d'autres humectent. 2 Il en va de même pour toutes les autres catégories : il en est qui sont astringentes ou laxatives ou diurétiques ; d'autres n'ont aucun de ces caractères. Il en est de même des substances échauffantes et de toutes les autres ; l'une a telle qualité ; l'autre, telle autre[1]. Il n'est donc pas possible de montrer les qualités de toutes les substances d'une catégorie prises globalement. J'enseignerai donc la qualité de chacune en particulier.

Orge.

XL. 1 L'orge, par nature, est froid, humide ; il dessèche aussi[2]. Il a en plus quelque chose de purgatif qui lui vient du suc de la paille. Voici la preuve : si on voulait bouillir de l'orge non mondé, le jus est fortement purgatif ; si on monde l'orge, le jus refroidit plutôt et resserre. Si on le grille, le caractère humide et purgatif disparaît sous l'action du feu, ce qui reste étant froid

s'échauffe émet du souffle et attire en sens inverse par le même endroit un autre souffle froid, qui est l'aliment. »

1. Ce sens aigu de la complexité des choses rapproche l'auteur de l'École de Cos, alors qu'au livre I il en est très éloigné. Le ch. XXXIX s'inspire, selon nous, de l'*Ancienne médecine* (cf. *Recherches*, p. 96 sq.).

2. Il ne faut pas crier à la contradiction ; la suite explique que l'orge a des qualités différentes et même opposées selon le traitement qu'il a subi.

των οὕτω χρὴ γινώσκειν· ὅκως δὲ χρὴ πρὸς ἕκαστα παρεσκευάσθαι, προϊόντι τῷ λόγῳ δηλώσω.

XXXIX. **1** Σιτίων δὲ καὶ πομάτων δύναμιν ἑκάστων καὶ τὴν κατὰ φύσιν καὶ τὴν διὰ τέχνης ὧδε χρὴ γινώσκειν. Ὅσοι μὲν κατὰ παντὸς ἐπεχείρησαν εἰπεῖν περὶ τῶν γλυκέων ἢ λιπαρῶν ἢ ἁλμυρῶν ἢ περὶ ἄλλου τινὸς τῶν τοιούτων τῆς δυνάμιος, οὐκ ὀρθῶς γινώσκουσιν· οὐ γὰρ τὴν αὐτὴν δύναμιν ἔχουσιν οὔτε τὰ γλυκέα ἀλλήλοισιν οὔτε τὰ λιπαρὰ οὔτε τῶν ἄλλων τῶν τοιούτων οὐδέν· πολλὰ γὰρ τῶν γλυκέων διαχωρεῖ, τὰ δ' ἵστησι, τὰ δὲ ξηραίνει, τὰ δὲ ὑγραίνει. **2** Ὡσαύτως δὲ καὶ τῶν ἄλλων ἁπάντων· ἔστι δὲ ὅσα στύφει | καὶ διαχωρεῖται, τὰ δὲ οὐρεῖται, τὰ δὲ 536 οὐδέτερα τούτων. Ὡσαύτως δὲ καὶ τῶν θερμαντικῶν καὶ τῶν ἄλλων ἁπάντων, ἄλλην ἄλλα δύναμιν ἔχει. Περὶ μὲν οὖν ἁπάντων οὐχ οἷόν τε δηλωθῆναι ὁκοῖά τινά ἐστι· καθ' ἕκαστα δὲ ἥντινα δύναμιν ἔχει διδάξω.

XL. **1** Κριθαὶ φύσει μὲν ψυχρὸν καὶ ὑγρὸν καὶ ξηραίνει· ἔνι δὲ καὶ καθαρτικόν τι ἀπὸ τοῦ χυλοῦ τοῦ ἀχύρου· τεκμήριον δέ· εἰ μὲν ἐθέλοις ἀπτίστους κριθὰς ἑψῆσαι, καθαίρει ὁ χυλὸς ἰσχυρῶς· εἰ δὲ πτίσας, ψύχει μᾶλλον καὶ ἵστησιν· ὅταν δὲ πυρωθῶσι, τὸ μὲν ὑγρὸν καὶ καθαρτικὸν ὑπὸ τοῦ πυρὸς οἴχεται, τὸ δὲ καταλειπόμενον ψυχρὸν καὶ

1-2 παρεσκευάσθαι **θ** : παρασκευάζεσθαι M ‖ 3 σιτίων δὲ καὶ πομάτων M : σίτων καὶ ποτῶν **θ** Jones (δὲ καὶ) ‖ 5 ὅσοι **θ** : ὁκόσοι M ‖ post εἰπεῖν add. ἢ M ‖ 9 λιπαρὰ **θ** : πικρὰ M ‖ 10 γλυκέων **θ** : τοιούτων M ‖ διαχωρεῖ **θ** : -έειν M ‖ ξηραίνει... ὑγραίνει **θ** recc. : ὑγρ-... ξηρ- M (τὰ δὲ ὑγραίνει omissa et in margine eadem manu restituta) HEKQ′ ‖ 13 οὐδέτερα **θ** : οὐθέτ- M ‖ 15 οὐχ οἷόν τε M : οὐχ οἴονται **θ** ‖ 17 ψυχρὸν καὶ ὑ. καὶ ξ. **θ** : ὑγρὸν καὶ ξηρὸν M recc. ὑγρὸν καὶ ψυχρὸν K ‖ 18 τι om. **θ**EG ‖ 19 δέ **θ** : μὲν M ‖ ἐθέλοις **θ** : θέλεις M ‖ κριθὰς ἀπτίστους M ‖ 20 πτίσας **θ** : πτίσαι MHE ἐπτισμένους H^2E^2 ἐπτισμένας K Littré ‖ ψύχει, ἵστησιν **θ** : ψύξει, συνστήσει MS (*refrigerabit restringitur*) ‖ 21 ὅταν **θ** : ὁκόταν M ‖ καὶ **θ** : τὸ J om. M ‖ 22 οἴχεται M : παύεται **θ** ‖ δὲ M : οὖν **θ**S.

et sec. Dans tous les cas où il faut refroidir et dessécher, la farine d'orge peut agir dans ce sens, quelle que soit la préparation du pain d'orge. Telle est la vertu du pain d'orge. **2** La farine grossière nourrit moins et est plus laxative ; la farine pure nourrit plus et est moins laxative. Le pain d'orge de farine pétrie d'avance, humectée et grossière est légère, laxative et refroidit. Elle refroidit parce qu'avec l'eau froide, elle est devenue humide ; elle est laxative parce que vite digérée ; elle est légère parce qu'une grande partie de l'élément nutritif se détache et s'en va au dehors avec le souffle. Car les conduits, étant trop étroits pour la nourriture, ne peuvent accueillir un nouvel apport ; une partie, rendue légère, s'en va dehors avec le souffle ; l'autre reste à l'intérieur et cause des flatulences ; de cette dernière, une part est vomie ; l'autre passe dans les selles. Une grande partie de la nourriture est donc perdue pour le corps. **3** Mais si on donne le pain d'orge immédiatement après qu'il est pétri, il dessèche. En effet, la farine, qui est sèche et qui n'a pas encore eu le temps de s'imprégner de l'eau[1], tire l'humidité du ventre quand elle y arrive, étant donné sa chaleur. Car, par nature, le chaud attire le froid et le froid le chaud. Quand son humidité est consumée, il est fatal que le ventre se dessèche, et grâce à l'eau qui a pénétré avec le pain d'orge, que se refroidisse ce qui en résulte[2]. Dans tous les cas où il faut re-

1. De l'eau avec laquelle elle forme le pain et dont il est question un peu plus bas. Malgré les éditeurs, il nous paraît indubitable que θ seul donne la vraie leçon et un sens acceptable, que nous appuyons quelque peu dans la traduction.

2. La fin de la phrase est manifestement corrompue. Les trois éditeurs modernes ont voulu combiner les variantes de θ et de M, à tort selon nous. Nous proposons une correction fort conjecturale, mais qui ne s'éloigne pas trop de θ. La logique du passage est sauve, malgré cette corruption.

ξηρόν. Ὁκόσα δὲ δεῖ ψῦξαι καὶ ξηρῆναι, ἄλφιτον διαπρήσσεται ὧδε χρεωμένῳ μάζῃ παντοδαπῇ· δύναμιν δὲ ἔχει ἡ μᾶζα τοιήνδε. **2** Τὰ συγκομιστὰ ἄλευρα τροφὴν μὲν ἔχει ἐλάσσω, διαχωρεῖ δὲ μᾶλλον· τὰ δὲ καθαρὰ τροφιμώτερα, ἧσσον δὲ διαχωρεῖ. Μᾶζα προφυρηθεῖσα ῥαντὴ ἄτριπτος, κούφη, καὶ διαχωρεῖ καὶ ψύχει· ψύχει μὲν διότι ψυχρῷ ὕδατι ὑγρὴ ἐγένετο, διαχωρεῖ δὲ διότι ταχέως πέσσεται, κούφη δὲ διότι πολλὴ τῆς τροφῆς μετὰ τοῦ πνεύματος ἔξω ἀποκρίνεται. Στενωπότεραι γὰρ αἱ διέξοδοι τῇ τροφῇ ἐοῦσαι ἄλλην ἐπιοῦσαν οὐκ ἐπιδέχονται· καὶ τὸ μὲν σὺν τῷ πνεύματι λεπτυνόμενον ἀποκρίνεται ἔξω, τὸ δ' αὐτοῦ μένον φῦσαν ἐμποιεῖ· καὶ τὸ μὲν ἄνω ἐρυγγάνεται, τὸ δὲ κάτω ὑποχωρεῖ· πολλὴ οὖν τῆς τροφῆς ἀπὸ τοῦ σώματος ἀπογίνεται. **3** Εἰ δὲ ἐθέλοις | εὐθέως συμφυρήσας τὴν 538
μᾶζαν διδόναι, ἡ τοιαύτη ξηραντική· ἅτε γὰρ τὸ ἄλφιτον ξηρὸν ἐὸν καὶ ὑπὸ τοῦ ὕδατος οὔπω διάβροχον γεγενημένον, ἐσπεσὸν ἐς τὴν κοιλίην, ἕλκει ἐξ αὐτῆς τὸ ὑγρὸν θερμὸν ἐόν· πέφυκε γὰρ τὸ μὲν θερμὸν τὸ ψυχρὸν ἕλκειν, τὸ δὲ ψυχρὸν τὸ θερμόν· καταναλισκομένου δὲ τοῦ ὑγροῦ ἐκ τῆς κοιλίης ἀνάγκη ξηραίνεσθαι, τοῦ δὲ ὕδατος τοῦ σὺν τῇ μάζῃ ἐσελθόντος ψύχεσθαι ⟨τὸ⟩ ἐπιγινόμενον. Ὅσα οὖν

1 ἄλφιτον θ : -α M ‖ 2 χρεωμένῳ Joly : -ομένῳ θ χρώμεθα M ‖ 6 pr. καὶ om. θ ‖ ψύχει θE[1] : om. M recc. ‖ (et 7, 8) διότι θ : ὅτι M ‖ 7 ταχέως M : παχέως θ ‖ 8 πολλὴ τῆς τροφῆς θ : πολλῆς τρ- M πολὺ τῆς τρ- Littré ‖ 9 στενωπότεραι Littré : στενοτόποροι MH στενοπώτεραι H[2]F στενοπώτεροι recc. στενότεραι θ ‖ τῇ τροφῇ θ : τῆς -ῆς M ‖ 10 ἐπιδέχονται θ : δέχ- M ‖ σὺν θ : ξὺν M ‖ 12 μένον θ : ἐμμένον M ‖ ἄνω om. θ ‖ 13 πολλὴ θM : ἡ π. Erm. πολὺ E Zwing. Littré ‖ 14 ἀπογίνεται θ : ἀποπνέεται M ‖ ἐθέλοις θ : θέλεις M ‖ εὐθέως συμφυρήσας θ : εὐ- φυρήσας post μᾶζαν transtulit M ‖ 16 ὑπὸ M : ἀπὸ θ ‖ οὔπω διάβροχον θ (cum ι post οὔπω, quod in θ frequentissimum est) S Ilberg : δ. οὕτω M ‖ 17 ἐσπεσὸν M : ἐνπ. θ ‖ 18 alt. τὸ om. M ‖ 19 καταναλισκομένου θ : ἀναλ- M ‖ 21 ψύχεσθαι τὸ ἐπιγινόμενον Joly : ψύχ- ἐπαγόμενον ὃν θ ψύχει ἐπαγόμενον M ψύχει ψύχεσθαι ἐπαγόμενον Littré ψύχει ψύχεσθαι Erm.

froidir ou dessécher un patient qui souffre de diarrhée ou de quelque autre inflammation, un tel pain d'orge est efficace. **4** Un pain d'orge sec, de farine pure, ne dessèche pas autant, parce qu'il est très condensé, mais il est très nourrissant, car les conduits peuvent recevoir la nourriture qui se dissout lentement. Elle passe donc lentement et ne provoque ni flatulence ni vomissement. Le pain d'orge de farine pure, pétrie d'avance, nourrit moins, donne des selles plus abondantes et provoque plus de flatulence.

Cycéon. Lait.

XLI. **1** Le cycéon[1] fait de farine d'orge seule avec de l'eau refroidit et nourrit ; avec du vin, il échauffe, nourrit et resserre ; avec du miel, il échauffe moins et nourrit ; mais il est plus laxatif si le miel n'est pas pur ; dans l'autre cas, il resserre. **2** Avec du lait, tous les cycéons sont nourrissants. Seulement, le lait de vache[2] resserre, tandis que le lait de chèvre est laxatif plus que celui de brebis, mais moins que celui de jument ou d'ânesse.

Blé.

XLII. **1** Le blé est plus fort que l'orge et plus nourrissant ; mais il est moins laxatif, de même que son jus. Le pain de farine grossière dessèche et est laxatif ; de farine pure, il nourrit plus et est moins laxatif. Parmi les différentes sortes de pain, celui qui est fait avec du levain est léger et laxatif ; léger parce que l'humide est consumé par l'acide du levain ; c'est sa nourriture ; laxatif, parce qu'il est vite digéré. Sans levain, il est moins laxatif et plus nourrissant. Le pain pétri avec le jus est très léger ; il nourrit bien et est laxatif. Il nourrit parce que la fa-

1. Sur le cycéon, voyez A. Delatte, *Le cycéon, breuvage rituel des mystères d'Éleusis*, Paris-Bruxelles, 1955, surtout p. 28 et suiv.

2. Nous suivons θ contre tous les éditeurs, car c'est ce texte qui respecte la doctrine de l'auteur (cf. *Recherches*, p. 106). La doctrine de Galien aussi (VI, 681-2 K) est plus proche du texte de θ que de celui de M. Aristote, qui ne dit rien du lait de brebis ni du lait de chèvre, admet que celui de vache est le plus épais, ce qui s'accorde avec notre passage : *Hist. an.*, III, 20, 521 b 33. La version latine du *Cassinensis 69* s'accorde avec θ, celle du *Berolinensis* avec M.

δεῖ ψῦξαι ἢ ξηρῆναι ἢ διαρροίῃ ἐχόμενον ἢ ἄλλῃ τινὶ θερμασίῃ, ἡ τοιαύτη μᾶζα διαπρήσσεται. **4** Ἡ δὲ ξηρὴ τριπτὴ ξηραίνει μὲν οὐχ ὁμοίως διὰ τὸ πεπιλῆσθαι ἰσχυρῶς, τροφὴν δὲ τῷ σώματι πλείστην δίδωσιν· ἅτε γὰρ ἡσυχῇ τηκομένης δέχονται τὴν τροφὴν αἱ δίοδοι· διαχωρεῖ μὲν οὖν βραδέως, φῦσαν δὲ οὐκ ἐμποιεῖ οὐδὲ ἐρυγγάνεται, ἡ δὲ προφυρηθεῖσα τριπτὴ τρέφει μὲν ἧσσον, διαχωρεῖ δὲ καὶ φῦσαν ἐμποιεῖ μᾶλλον.

XLI. **1** Κυκεὼν δὲ σὺν ἀλφίτοισι μοῦνον ἐφ' ὕδατι μὲν ψύχει καὶ τρέφει, ἐπ' οἴνῳ δὲ θερμαίνει καὶ τρέφει καὶ ἵστησιν· ἐπὶ μέλιτι δὲ θερμαίνει μὲν ἧσσον καὶ τρέφει, διαχωρεῖ δὲ μᾶλλον, ἢν μὴ ἄκρητον ᾖ τὸ μέλι· εἰ δὲ μή, ἵστησιν. **2** Ἐπὶ δὲ γάλακτι τρόφιμοι μὲν πάντες, ἀτὰρ τὸ μὲν βόειον ἵστησι, τὸ δὲ αἴγειον μᾶλλον διαχωρεῖ, τὸ δὲ ὄϊον ἧσσον, τὸ δὲ ἵππειον καὶ τὸ ὄνειον μᾶλλον διαχωρεῖ.

XLII. **1** Πυροὶ ἰσχυρότεροι κριθῶν καὶ τροφιμώτεροι, διαχωρέουσι δὲ ἧσσον καὶ αὐτοὶ καὶ ὁ χυλός. Ἄρτος δὲ ὁ μὲν συγκομιστὸς ξη|ραίνει καὶ διαχωρεῖ, ὁ δὲ καθαρὸς 540 τρέφει μὲν μᾶλλον, διαχωρεῖ δὲ ἧσσον. Αὐτῶν δὲ τῶν ἄρτων ὁ μὲν ζυμίτης κοῦφος καὶ διαχωρεῖ· κοῦφος μέν, ὅτι ἀπὸ τῆς ζύμης τοῦ ὀξέος τὸ ὑγρὸν προανάλωται, ὅπερ ἐστὶν ἡ τροφή· διαχωρεῖ δὲ ὅτι ταχέως πέσσεται. Ὁ δὲ ἄζυμος διαχωρεῖ μὲν ἧσσον, τρέφει δὲ μᾶλλον. Ὁ δὲ τῷ χυλῷ πεφυρημένος κουφότατος, καὶ τρέφει δὲ ἱκανῶς, καὶ

1 ξηρῆναι ἢ ψῦξαι M ‖ ἐχόμενον **θ** Zwing.[m] : χεόμενον M ‖ 2 ἡ τοιαύτη **θ** : τοιαύτῃ M ‖ ἡ **θ**K' : ἢν M ‖ 5 διόδοι M : ὁδοὶ **θ** ‖ 9 σὺν ἀλφίτοισι **θ**S : om. M Erm. ‖ 10 pr. καὶ : ἢ Erm. ‖ 12 μὴ ἄκρητον MS : ἄτηκτον **θ** ‖ 14 βόειον **θ** (βόϊον) *bubulo* Cassinensis 69 : ὄϊον MS Berol. 4° 198 edd. ‖ pr. τὸ δὲ M : ἀτὰρ **θ** ‖ 15 ὄϊον **θ** (ὄῖον) *ovellinum* Cassinensis 69 : βόειον MS ‖ 21 προανάλωται **θ** : προσαν- M ‖ 22 διαχωρεῖ M : -έεται **θ** ‖ 24 κουφότατος **θ**S : -τερος M ‖ δὲ **θ** : om. M.

rine est pure ; il est léger parce qu'il est pétri avec une substance très légère, qu'il lève grâce à elle et est passé au feu ; il est laxatif parce qu'il y entre ce qui est doux et laxatif dans le blé.

2 Si on considère les pains en eux-mêmes, les plus gros sont les plus nourrissants, parce que l'humide y est très peu consumé par le feu. Cuits au four, ils sont plus nourrissants que cuits sur le gril ou à la broche, parce qu'ils sont moins brûlés par le feu. Cuits au four de campagne ou sous la cendre, ils sont les plus secs, les derniers à cause de la cendre, les premiers à cause de la terre cuite qui absorbe l'humidité. Les pains faits de fleur de farine sont les plus forts de tous, hormis ceux faits de gruau, qui sont très nourrissants, mais sont moins laxatifs.

3 La farine pure, absorbée dans de l'eau, refroidit, de même que l'infusion de pâte passée au feu. Une infusion de son bouilli est légère et laxative. Les farines bouillies[1] dans le lait sont plus laxatives que bouillies dans l'eau, à cause du petit lait, spécialement s'il s'agit de lait laxatif. Toutes les préparations de farines bouillies ou rôties au miel ou à l'huile sont fort échauffantes et provoquent des rapports ; ceci, parce qu'étant nourrissantes, elles ne sont pas laxatives ; cela, parce que s'y trouvent mêlées des matières grasses, douces et mal assorties, qui ne demandent pas la même cuisson. La fleur de farine et le gruau, bouillis, sont forts et nourrissants, mais non laxatifs.

Épeautre, Avoine.

XLIII. **1** L'épeautre est plus léger que le blé ; ses préparations sont semblables à celles du blé, mais plus laxa-

1. La leçon de θ est appuyée, comme plus bas encore, par une version latine qui donne ici *cocta*. Le fait a son importance car, jusqu'à présent, le *Vindobonensis* paraissait tout à fait isolé.

διαχωρεῖ· τρέφει μὲν ὅτι καθαρός, κοῦφος δέ, ὅτι τῷ κουφοτάτῳ πεφύρηται καὶ ἐζύμωται ὑπὸ τούτου καὶ πεπύρωται· διαχωρεῖ δὲ ὅτι τὸ γλυκὺ καὶ διαχωρητικὸν τοῦ πυροῦ συμμέμικται. 2 Καὶ αὐτῶν δὲ τῶν ἄρτων οἱ μέγιστοι τροφιμώτατοι, ὅτι ἥκιστα ἐκκαίονται ὑπὸ τοῦ πυρὸς τὸ ὑγρόν· καὶ οἱ ἰπνῖται τροφιμώτεροι τῶν ἐσχαριτέων καὶ ὀβελιέων, διότι ἧσσον ἐκκαίονται ὑπὸ τοῦ πυρός. Οἱ δὲ κλιβανῖται καὶ οἱ ἐγκρυφίαι ξηρότατοι, οἱ μὲν διὰ τὴν σποδόν, οἱ δὲ διὰ τὸ ὄστρακον ἐκπίνονται τὸ ὑγρόν. Οἱ δὲ σεμιδαλῖται ἰσχυρότατοι τούτων πάντων, ἔτι δὲ μᾶλλον καὶ οἱ ἐκ τοῦ χόνδρου, καὶ τρόφιμοι σφόδρα, οὐ μέντοι διαχωρέουσιν ὁμοίως. 3 Ἄλητον καθαρὸν καὶ πινόμενον ἐφ' ὕδατι ψύχει, καὶ πλῦμα σταιτὸς ἐπὶ πυρί. Πιτύρων χυμὸς ἑφθὸς κοῦφος καὶ διαχωρεῖ. Τὰ δὲ ἐν γάλακτι ἑψόμενα ἄλητα διαχωρεῖ μᾶλλον ἢ τὰ ἐν τῷ ὕδατι, διὰ τοὺς ὀρρούς, καὶ μάλιστα ἐν τοῖσι διαχωρητικοῖσιν. Ὁκόσα δὲ σὺν μέλιτι καὶ ἐλαίῳ ἕψεται ἢ ὀπτᾶται ἐξ ἀλήτων, πάντα καυσώδεα καὶ ἐρευγματώδεά ἐστιν· ἐρευγματώδεα μὲν διότι τρόφιμα ἐόντα οὐ διαχωρητικά ἐστι, καυσώδεα δὲ διότι λιπαρὰ | 542
καὶ γλυκέα καὶ ἀσύμφορα ἀλλήλοισιν ἐόντα, οὐ τῆς αὐτῆς καθεψήσιος δεόμενα, ἐν τῷ αὐτῷ ἐστι. Σεμίδαλις καὶ χόνδρος ἑφθά, ἰσχυρὰ καὶ τρόφιμα, οὐ μέντοι διαχωρεῖ.

XLIII. 1 Ὀτρύγη κουφοτέρη πυρῶν, καὶ τὰ ἐξ αὐτῆς

3 δὲ M : δ' θ ‖ πυροῦ θ : πυρὸς M ‖ 4 καὶ om. M ‖ 5 ὅτι θ : διότι M ‖ 7 διότι MS : διότι περιπλάσσεται τος ταῖς ὀβελίσκοις θ ‖ 8 pr. οἱ om. θ ‖ 10 πάντων τούτων M ‖ 13 ἐπι πυρὶ secl. Erm. ‖ ἑφθὸς M : ὀπτὸς θ ‖ 14 καὶ om. M ‖ δὲ θ : δ' M ‖ ἑψόμενα θS : διδόμενα M ‖ 15 τὰ om. M ‖ τῷ secl. Erm. ‖ ὀρρούς edd. : ὀρούς M ὅρους θ ‖ 17 ὀπτᾶται θ : ὄπτεται M ‖ 18 ἐρευγματώδεα (bis) θ : ἐρευγμώδεα M ‖ ἐστιν om. M ‖ 19 καυσώδεα θ recc. : καὶ κ. MHK ‖ 20 καὶ ἀσύμφορα θ (add. δὲ) S : om. M ‖ 22 ἑφθά θ : -ός M Galenus, VI, 497 K ‖ 23 ὀτρύγη Wil. Diels : στρύγις M τίφη, ζειὰ θ τίφη Galenus, VI, 511 K ‖ κουφοτέρη Joly : -ότερα θM ‖ αὐτῆς M : -τῶν θ.

tives ; l'avoine humecte et refroidit, qu'elle soit mangée ou absorbée en bouillie.

Pains frais et rassis.

XLIV. **1** Les farines d'orge ou de blé fraîchement cuites sont plus sèches que si elles sont rassises, parce qu'elles sont plus près du feu et de la préparation[1]. Une fois rassises, la chaleur s'en exhale et le froid y pénètre. Les pains chauds dessèchent, les froids, moins ; les pains de la veille, encore moins, et ils provoquent une certaine maigreur.

Féculents, graines.

XLV. **1** Les fèves ont quelque chose de nourrissant, de resserrant et de flatulent ; de flatulent, parce que les pores ne peuvent recevoir la nourriture qui arrive en bloc ; de resserrant, parce que le résidu est peu important. Les pois sont moins flatulents et plus laxatifs. Les pois chiches jaunes et les longs[2] sont plus laxatifs que les précédents et moins flatulents ; ils sont nourrissants[3]. Les pois chiches blancs sont laxatifs, diurétiques et nourrissants : leur chair nourrit ; l'élément doux est diurétique et l'élément salé laxatif. **2** Le millet — grain et son — est sec et resserrant ; avec des figues, il est fort pour ceux qui travaillent ; le millet seul, bouilli, est nourrissant, mais non laxatif. Les lentilles sont fort échauffantes et provoquent des troubles, sans être ni laxatives ni resserrantes. La vesce est resserrante et forte ; elle fait grossir, remplit et donne bon teint. La

1. Voilà bien un cas où le préjugé triomphe d'une observation pourtant aisée.

2. Les δόλιχοι sont-ils des pois ou des fèves? Galien ne le sait déjà plus bien (VI, 540 sq. K) ; il remarque que le *Régime* ne parle pas des pois λάθυροι, ni des fèves φάσηλοι, et il conjecture que les δόλιχοι sont les uns ou les autres. Le contexte fait croire qu'il s'agit de pois.

3. Cette propriété devrait être affirmée plus généralement dans ce chapitre, mais la diversité que les légumineuses offrent au regard pousse inconsciemment la mentalité préscientifique à diversifier leurs propriétés.

γινόμενα ὁμοίως ὥσπερ ἐκ τῶν πυρῶν, καὶ διαχωρεῖ δὲ μᾶλλον. Βρόμος ὑγραίνει καὶ ψύχει καὶ ἐσθιόμενος καὶ ῥύφημα πινόμενος.

XLIV. **1** Τὰ πρόσφατα ἄλφιτα καὶ ἄλητα ξηρότερα τῶν παλαιῶν, διότι ἔγγιον τοῦ πυρὸς καὶ τῆς ἐργασίης εἰσί· παλαιούμενα δέ, τὸ μὲν θερμὸν ἐκπνεῖ, τὸ δὲ ψυχρὸν ἐπάγεται. Ἄρτοι θερμοὶ μὲν ξηραίνουσι, ψυχροὶ δὲ ἧσσον, ἕωλοι δ' ἔτι ἧσσον, ἰσχνασίην δέ τινα παρέχουσιν.

XLV. **1** Κύαμοι, τρόφιμόν τι καὶ στατικὸν καὶ φυσῶδες· φυσῶδες μὲν ὅτι οὐ δέχονται οἱ πόροι τὴν τροφὴν ἁλέα ἐπιοῦσαν· στάσιμον δὲ ὅτι ὀλίγην ἔχει τὴν ὑποστάθμην τῆς τροφῆς. Οἱ δὲ πισοὶ φυσῶσι μὲν ἧσσον, διαχωρέουσι δὲ μᾶλλον. Ὦχροὶ καὶ δόλιχοι διαχωρητικώτεροι τούτων, ἧσσον δὲ φυσώδεις, τρόφιμοι δέ. Ἐρέβινθοι λευκοὶ διαχωρέουσι καὶ οὐρέονται καὶ τρέφουσι· τρέφει μὲν τὸ σαρκῶδες, οὐρεῖται δὲ τὸ γλυκύ· διαχωρεῖται δὲ τὸ ἁλμυρόν. **2** Κέγχρων χόνδροι καὶ κυρήβια, ξηρὸν καὶ στάσιμον, μετὰ σύκων ἰσχυρὸν τοῖσι πονέουσιν· αὐτοὶ δὲ οἱ κέγχροι ἑφθοὶ τρόφιμοι, οὐ μέντοι δια|χωρέουσιν. Φακοὶ 544
καυσώδεις καὶ ταρακτικοί, οὔτε διαχωρέουσιν οὔτε ἱστᾶσιν. Ὄροβοι στάσιμον καὶ ἰσχυρὸν καὶ παχύνει καὶ πληροῖ καὶ εὔχρουν ποιεῖ τὸν ἄνθρωπον. Λίνου καρπὸς τρόφιμον

1 ὥσπερ **θ** : τοῖς E om. M ‖ διαχωρεῖ δὲ **θ** : διαχωρητικὰ M ‖ 2 alt. καὶ om. M ‖ 3 ῥύφημα **θ** : ῥόφ- M ‖ πινόμενος **θ** : γενόμενος M ‖ 5 εἰσί M : ἐστί **θ** ‖ 6 μὲν om. M ‖ 8 ἕωλοι δ' ἔτι ἧσσον Jones : ἕ. δέ τι ἧσσον **θ**S om. M ‖ 11 αλεα **θ**S : ἄλλην M ‖ ὀλίγην **θ**S : ὅλην M ‖ 13 διαχωρητικώτεροι Galenus, VI, 543 K recc. : -τερα M διαχωρητικοὶ **θ** ‖ 14 φυσώδεες, τρόφιμοι **θ** : -εα, -α M (τροφιμώτεροι Galenus, *ibid.*) ‖ 17 χόνδροι καὶ κυρήβια Lind. : χόνδροι · κυβήρια M χόνδρια κυρηβάξια **θ** ‖ ξηρόν... στάσιμον **θ** : -ά... -α M ‖ 18 ἰσχυρὸν τοῖσι πονέουσιν **θ** : -ρῶν τοῖσι πόνοισι M ‖ 19 φακοὶ **θ** : φακοὶ δὲ M ‖ 20 ταρακτικοὶ **θ** : καταρρηκτικόν M ‖ 20-21 διαχ- οὔτε ἱστᾶσιν **θ** : -ρέει οὔτε ἵστησι M ‖ 22 τρόφιμον καὶ **θ**S : om. MHP' ἐσθιόμενος recc.

graine de lin est nourrissante et resserrante[1] ; elle a aussi quelque chose de refroidissant. **3** La graine de la toute-bonne a des effets analogues. Le lupin est fort de nature et chaud ; la préparation le rend plus léger, plus froid et laxatif. Le vélar humecte et est laxatif. La graine de concombre est plus diurétique que laxative. Le sésame non lavé est laxatif ; il remplit et fait grossir ; il est laxatif à cause de la paille extérieure ; il remplit et fait grossir à cause de sa chair ; lavé, il est moins laxatif, mais il fait grossir et remplit davantage ; il dessèche et brûle à cause de la matière grasse et huileuse. **4** Le carthame est laxatif ; le pavot est resserrant, surtout le noir, mais aussi le blanc ; il est toutefois nourrissant et fort. Le jus de toutes ces graines est plus laxatif que leur chair. Il faut donc veiller par la préparation à enlever le jus et n'user que de la chair dans tous les cas où on veut dessécher ; et dans les cas où on veut purger, à prendre plus de jus, moins de chair et celle-ci plus juteuse.

Viandes.

XLVI. **1** Au sujet des animaux dont on mange la chair, il faut faire les distinctions suivantes. La viande de bœuf est forte, resserrante et indigeste pour le ventre, parce que cet animal a le sang épais et abondant ; sa viande est lourde au corps, mais aussi sa chair elle-même, son lait, son sang. Le mouton[2] a le lait léger, le sang de même et la chair analogue. La viande de chèvre est plus

1. La graine de lin est, en effet, nourrissante, mais elle ne resserre pas ; c'est là une erreur, mais une erreur qui a eu la vie dure jusqu'à l'époque contemporaine (cf. *Recherches*, p. 110).

2. D'après les manuscrits, l'auteur ne mentionnerait pas le mouton, ce qui serait tout à fait incroyable. D'autre part, le ὁκόσων des manuscrits est bizarre ; d'autres indices encore (cf. *Recherches*, p. 104 sq.) nous font proposer de corriger ce ὁκόσων en οἰῶν : il est question de l'agneau au § 2 ; le τούτων, p. 46, l. 1, doit désigner une variété précise de viande. Notre conjecture rétablit la cohérence doctrinale entre ce chapitre et ce qui est dit du lait au ch. XLI. Enfin,

καὶ στάσιμον· ἔχει δέ τι καὶ ψυκτικόν. 3 Ὁρμίνου καρπὸς παραπλήσια διαπρήσσεται. Θέρμοι φύσει μὲν ἰσχυρὸν καὶ θερμόν, διὰ δὲ τὴν ἐργασίην κουφότερον καὶ ψυκτικώτερον καὶ διαχωρεῖ. Ἐρύσιμον ὑγραίνει καὶ διαχωρεῖ. Σικύου σπέρμα διουρεῖται μᾶλλον ἢ διαχωρεῖ. Σήσαμα ἄπλυτα διαχωρεῖται, πληροῖ δὲ καὶ παχύνει· διαχωρεῖ μὲν διὰ τὸ ἄχυρον τὸ ἔξω, πληροῖ δὲ καὶ παχύνει διὰ τὴν σάρκα· πεπλυμένα δὲ διαχωρεῖ μὲν ἧσσον, παχύνει δὲ καὶ πληροῖ μᾶλλον, αὐαίνει δὲ καὶ καίει διὰ τὸ λιπαρὸν καὶ πῖον. 4 Κνίκος διαχωρεῖ. Μήκων στάσιμος, μᾶλλον μὲν ἡ μέλαινα, ἀτὰρ καὶ ἡ λευκή· τρόφιμον μέντοι καὶ ἰσχυρόν. Τούτων δὲ ἁπάντων οἱ χυλοὶ διαχωρητικώτεροι τῆς σαρκός· δεῖ οὖν τῇ ἐργασίῃ φυλάσσειν, ὁκόσα μὲν βούλει ξηραίνειν, τοὺς χυλοὺς ἀφαιρέοντα τῇ σαρκὶ χρῆσθαι· ὁκόσα δὲ διαχωρῆσαι, τῷ μὲν χυλῷ πλέονι, τῇ δὲ σαρκὶ ἐλάσσονι καὶ εὐχυλοτέρῃ.

XLVI. 1 Περὶ δὲ τῶν ζῴων τῶν ἐσθιομένων ὧδε χρὴ διαγινώσκειν. Βοὸς κρέα ἰσχυρὰ καὶ στάσιμα καὶ δύσπεπτα τῇσι κοιλίῃσι, διότι παχύαιμον καὶ πολύαιμόν ἐστι τὸ ζῷον· καὶ τὰ κρέα βαρέα ἐς | τὸ σῶμα, καὶ αὐταὶ αἱ σάρκες 546
καὶ τὸ γάλα καὶ τὸ αἷμα. Ὀΐων δὲ τὸ γάλα λεπτὸν καὶ τὸ αἷμα ὅμοιον, καὶ αἱ σάρκες παραπλήσιοι. Τὰ δὲ αἴγεια

3 post ψυκτικώτερον add. ἐστι M ‖ 4 διαχωρεῖ M : -έεται θ ‖ 5-6 σήσαμα — διαχωρεῖται om. M ‖ 6 πληροῖ δὲ καὶ παχύνει H² recc. : παχύνει δὲ θMH ‖ 8 ἧσσον θ : ἧσσον δὲ M ‖ 9 αὐαίνει θ ὑγραίνει M ‖ 10 κνίκος διαχωρεῖ M (κνήκος) : om. θ ‖ μᾶλλον μὲν M : μὲν μ. θ Ilberg (om. μὲν edd.) ‖ 11 μέντοι θ : δὲ M ‖ 12 δὲ ἁπάντων recc. : ἁπάντων δὲ M δὲ θ ‖ χυλοὶ θH¹ : χυμοὶ MH recc. ‖ διαχωρητικώτεροι θ : -τικοὶ M ‖ 14 χυλοὺς θH¹ : χυμοὺς MH recc. ‖ 15 διαχωρῆσαι θ : -ρέει MGIJ -έειν recc. ‖ χυλῷ θ : χυμῷ M ‖ 16 εὐχυλοτέρῃ θ : ἐνχυμότερα M ‖ 17 διαγινώσκειν θ : γιν- M ‖ 18 βοὸς θ : βόεια M ‖ 19-20 τὸ ζῷον θMH : τοῦτο τὸ ζ. SH² recc. edd. ‖ 20 τὰ κρέα secl. Erm. ‖ σῶμα θ : στόμα M (ἐς τὸ σ. secl. Erm. ἐν τῷ σταθμῷ Zwing.) ‖ 21 ὀΐων Joly : ὁκόσων θM recc. ὁκόσον HJK.

légère que les précédentes et est plus laxative. **2** La viande de porc donne plus de force au corps ; elle est assez laxative, parce que le porc a des veines fines, avec peu de sang et beaucoup de chair. La viande d'agneau est plus légère que celle du mouton ; celle de chevreau, plus légère que celle de chèvre, parce qu'elle a moins de sang et plus d'humidité. Les animaux, secs et forts par nature, sont laxatifs quand ils sont jeunes ; adultes, ils le sont moins. **3** Il en est de même des veaux par rapport aux bœufs ; mais les porcelets sont plus lourds que les porcs ; car cet animal, étant par nature bien en chair et pauvre en sang, a un excès d'humidité tant qu'il est jeune. Quand donc les pores ne peuvent recevoir la nourriture qui arrive, cette viande reste là, échauffe et trouble le ventre. La viande d'âne est laxative ; celle de l'ânon encore plus et celle de cheval est encore plus légère. **4** La viande de chien dessèche, échauffe et donne de la force, mais n'est pas laxative ; celle des jeunes chiens humecte et est laxative et plus diurétique. Celle du sanglier dessèche, donne de la force et est laxative. Celle du cerf dessèche, est moins laxative et plus diurétique. La viande de lièvre est sèche et resserrante, mais fait uriner ; celle du renard est plus humide et diurétique ; celle du hérisson est diurétique et humecte.

Volailles.

XLVII. **1** Au sujet des oiseaux, il en va ainsi. A peu près tous sont plus secs que les quadrupèdes[1]. Car tous les animaux qui n'ont pas de vessie n'ont pas non plus d'urine ni de salive. Vu la chaleur du ventre, l'humide

paléographiquement, la faute s'explique très bien : beaucoup de phrases du *Régime* commencent par ὁκόσα, ὅσα. Le ὁκόσων de θM peut fort bien avoir remplacé un ὅσων plus ancien et si proche de ὀτων.

1. Pour Aristote (*Éthique à Nicomaque*, VI, 7, fin), la volaille est une viande saine ; nous ne voyons pas qu'il y ait un rapport précis entre ce texte et le *Régime* (cf. W. Jaeger, in Journal of Hellenic Studies, 1957, p. 59).

κουφότερα τούτων καὶ διαχωρεῖ μᾶλλον. **2** Τὰ δὲ ὕεια ἰσχὺν μὲν τῷ σώματι ἐμποιεῖ μᾶλλον τούτων, διαχωρεῖ δὲ ἱκανῶς διότι λεπτὰς τὰς φλέβας ἔχει καὶ ὀλιγαίμους, σάρκα δὲ πολλήν. Ἄρνεια δὲ κουφότερα οἴων, καὶ ἐρίφεια αἰγείων, διότι ἀναιμότερα καὶ ὑγρότερα. Ξηρὰ γὰρ καὶ ἰσχυρὰ φύσει ἐόντα τὰ ζῷα, ὁκόταν μὲν ἁπαλὰ ᾖ, διαχωρεῖ, ὁκόταν δὲ αὐξηθῇ, οὐχ ὁμοίως. **3** Καὶ τὰ μόσχεια τῶν βοείων ὡσαύτως. Τὰ δὲ χοίρεια τῶν ὑείων βαρύτερα· φύσει γὰρ εὔσαρκον ἐὸν τὸ ζῷον καὶ ἄναιμον ὑπερβολὴν ὑγρασίης ἔχει τέως ἂν νέον ᾖ· ὁκόταν οὖν οἱ πόροι μὴ δέχωνται τὴν τροφὴν ἐπιοῦσαν, ἐμμένον θερμαίνει καὶ ταράσσει τὴν κοιλίην. Τὰ δὲ ὄνεια διαχωρεῖ, καὶ τῶν πώλων ἔτι μᾶλλον, καὶ τὰ ἵππεια δ' ἔτι κουφότερα. **4** Κύνεια ξηραίνει καὶ θερμαίνει καὶ ἰσχὺν ἐμποιεῖ, οὐ μέντοι διαχωρεῖ· σκυλάκεια δὲ ὑγραίνει καὶ διαχωρεῖ, οὐρεῖται δὲ μᾶλλον. Ὑὸς ἀγρίου ξηραίνει καὶ ἰσχὺν παρέχει καὶ διαχωρεῖ. Ἐλάφου δὲ ξηραίνει μέν, ἧσσον δὲ διαχωρεῖ, οὐρεῖται δὲ μᾶλλον. Λάγεια ξηρὰ καὶ στάσιμα, οὔρησιν δέ τινα παρέχει. Ἀλωπέκων ὑγρότερα, καὶ οὐρεῖται δέ· καὶ ἐχίνων χερσαίων οὐρητικά, ὑγραίνει δέ.

XLVII. **1** Ὀρνίθων δὲ πέρι ὧδε ἔχει· σχεδόν τι πάντα ξηρότερα ἢ τὰ τετράποδα· ὁκόσα γὰρ κύστιν οὐκ ἔχει οὔτε οὐρεῖ | οὔτε σιαλοχοεῖ· διὰ γὰρ θερμότητα τῆς κοιλίης 548

1 ὕεια θ (ὕια) M : ὕϊα vel ὕεια recc. ‖ 4 ἄρνεια δὲ θ : τὰ δὲ ἄρνια M ‖ 5 διότι M : καὶ δ. θ ‖ 6 ἐόντα Joly : ὄντα M καὶ θ ‖ ὁκόταν δὲ M : ὅταν δ' θ ‖ 8 ὑείων θ : συείων M ‖ 9 ἐὸν Joly : ὂν θM ‖ ὑγρασίης θ : ἐξ ὑγρ- M ‖ 10 ἂν θ : ἣν M ‖ οἱ om. M ‖ 11 ταράσσει θFGJK : καταταρ- MHEI ‖ 13 δ' ἔτι om. M ‖ 13-14 θερμαίνει καὶ ξηραίνει M ‖ 15 οὐρεῖται δὲ μᾶλλον om. M ‖ ὑὸς θ : συὸς M ‖ 17 μὲν om. M ‖ οὐρεῖται δὲ μᾶλλον om. M ‖ 18 λάγεια θMHEQ' Zwing.[m] : λαγῷα FGIJK ‖ 18-19 post ἀλωπέκων add. δὲ M ‖ 19 pr. καὶ om. M ‖ 21 Ὀρνίθων δὲ περὶ θ : π. δὲ ὀρ- M ‖ 22 τὰ om. MHE ‖ 23 διὰ γὰρ M : διὰ θ (cum γὰρ post ἀναλίσκεται p. 47, l. 1).

venant du corps se consume en aliment pour le chaud, si bien qu'il n'y a ni urine ni salive ; et si l'animal est dépourvu d'une telle humidité, il est fatal qu'il soit sec. **2** La viande la plus sèche paraît celle du ramier, en second lieu de la perdrix, en troisième lieu, du pigeon, du coq et de la tourterelle ; la plus humide est celle de l'oie. Ceux qui se nourrissent de graines sont plus secs que les autres. La viande du canard et des autres volatiles vivant dans les marais ou les eaux est humide dans tous les cas[1].

Poissons et crustacés.

XLVIII. **1** Parmi les poissons, les plus secs sont les suivants : le scorpion, le dragon de mer, le callionyme, le rouget, le glaucus, la perche, l'alose ; les poissons de roche sont à peu près tous légers, par exemple la grive, le labre, le goujon de mer et l'*éléphitis*[2] ; ces poissons sont plus légers que ceux qui voyagent beaucoup, car à rester tranquilles, ils ont une chair tendre et légère. **2** Ceux qui voyagent et sont ballottés par les flots, fortifiés[3] par l'exercice, ont une chair plus ferme et plus lourde. La torpille, l'auge, la plie et poissons semblables sont légers. Ceux qui trouvent leur nourriture dans des endroits vaseux ou marécageux, par exemple le muge, le mulet, l'anguille, de tels poissons sont plus lourds, parce qu'ils trouvent leur nourriture dans l'eau boueuse et ce qui y

1. Il n'échappe à personne que le canard est surtout gras, mais le dogmatisme de l'auteur établit entre l'animal et son milieu une osmose totale.

2. Plusieurs de ces poissons sont mal identifiés ; on peut consulter d'Arcy Thompson, *A Glossary of Greek Fishes*, Oxford, 1947.

3. Les éditeurs choisissent τεθρυμμένοι (de M, recc.) et traduisent selon la logique « rompus par le travail » (Littré), alors que le mot signifie « amollis ». Τετρυμένοι, que l'on tirerait de θ, fait contresens également : « épuisés, usés ». Τεθράμμενοι n'est pas entièrement satisfaisant, mais si on rejette cette variante il faut corriger le texte. Τετυμμένοι, malgré κυματοπλῆγες, ne paraît pas convenir ; il resterait τετυ⟨λω⟩μένοι, endurcis. Aussi bien, nous considérons la va-

ἀναλίσκεται τὸ ὑγρὸν ἐκ τοῦ σώματος ἐς τὴν τροφὴν τῷ θερμῷ, ὥστε οὔτε οὐρεῖται οὔτε σιαλοχοεῖ· ἐν οἵῳ δὲ μὴ ἔνι τοιαύτη ὑγρασίη, ξηρὰ εἶναι ἀνάγκη· **2** ξηρότατον μὲν οὖν φαίνεται φάσσης, δεύτερον πέρδικος, τρίτον περιστερῆς καὶ ἀλεκτρυόνος καὶ τρυγόνος· ὑγρότατον δὲ χηνός. Ὁκόσα δὲ σπερμολογεῖ ξηρότατα τῶν ἑτέρων. Νήσσης δὲ καὶ τῶν ἄλλων ὁκόσα ἐν ἕλεσι διαιτῆται ἢ ἐν ὕδασι, πάντα ὑγρά.

XLVIII. **1** Τῶν δὲ ἰχθύων ξηρότατοι μὲν οἵδε, σκορπίος, δράκων, καλλιώνυμος, κόκκυξ, γλαῦκος, πέρκη, θρίσσα· κοῦφοι δὲ οἱ πετραῖοι σχεδόν τι πάντες, οἷον κίχλη, φυκίς, κωβιός, ἐλεφιτίς· οἱ τοιοῦτοι τῶν ἰχθύων κουφότεροι τῶν πλανήτων· ἅτε γὰρ ἀτρεμίζοντες ἀραιὴν τὴν σάρκα ἔχουσιν καὶ κούφην. **2** Οἱ δὲ πλανῆται καὶ κυματοπλῆγες τεθραμμένοι τῷ πόνῳ στερεωτέρην καὶ βαρυτέρην τὴν σάρκα ἔχουσιν. Νάρκαι δὲ καὶ ῥίναι καὶ ψῆσσαι καὶ τὰ τοιαῦτα κοῦφα. Ὁκόσοι δὲ ἐν τοῖσι πηλώδεσι καὶ ὑδρηλοῖσι χωρίοισι τὰς τροφὰς ἔχουσιν, οἷον κέφαλοι, κεστρεῖς, ἐγχέλυες, οἱ τοιοῦτοι τῶν ἰχθύων βαρύτεροί εἰσι, διότι ἀπὸ τοῦ ὕδατος καὶ τοῦ πηλοῦ καὶ τῶν ἐν τούτοισι

2 οὐρεῖται M : οὐραίει **θ** ‖ ἐν οἵῳ **θ** : ὅτῳ M ‖ 3 τοιαύτη ὑγρασίη **θ** : -αῦται -ίαι M ‖ ξηρὰ εἶναι **θ**S : ξηραίνειν M ‖ ξηρότατον **θ** : -τερον M ‖ 4-5 πέρδικος, περιστερῆς **θ**S : περιστ-, περδ- M ‖ 6 ὁκόσα **θ** : ὅσα M ‖ ἑτέρων **θ**S : προτέρων M ‖ 7 ἕλεσι M : εαεσι **θ** ‖ διαιτῆται M : -ᾶται **θ** ‖ ὕδασι M : -τι **θ** ‖ 9 οἵδε **θ** : οὗτοι M ‖ 10 κόκκυξ **θ** : -υς M ‖ 12 ἐλεφιτὶς (-ητὶς) **θ** : ante κώβιος M ἀλφηστής Coraes ‖ τοιοῦτοι τῶν ἰχθύων **θ**S : τοιοῦτοί τε καὶ τοιοῦτοι τῶν ἰχθ- MH τοιοῦτοι δὲ (τε H²) καὶ οἱ προρρηθέντες H² recc. Littré ‖ 15 τεθραμμένοι τῷ πόνῳ K : τεθρυμμένοι τῷ π. M edd. τετρυμένων τῷ πιονι **θ** ‖ καὶ βαρυτέρην Jouanna : καὶ βαθυτέρην **θ**S om. M ‖ 17 κοῦφα **θ**M : κουφότατα HEKP'Q' ἐλαφρότερα recc. ‖ 18 ὑδρηλοῖσι M : ὑγροῖσι **θ** ‖ ἔχουσιν M : ἔχοντες **θ** ‖ 19 κεστρέες **θ** : κεστρῆες EP' Zwing.ᵐ κεστραῖοι edd. κεστραῖα MH ‖ εἰσι **θ**P' : om. M ‖ 20 pr. τοῦ om. **θ** ‖ alt. τοῦ recc. : om. **θ**MHEK, fortasse recte ‖ τούτοισι Joly : τουτέοισι M τούτοις **θ**.

pousse ; même l'air qui en vient, s'il s'introduit dans un homme, lui nuit et l'alourdit. **3** Les poissons de fleuves et de lacs sont encore plus lourds que les précédents. Les polypes, les sèches et les autres du même genre ne sont ni légers, à ce qu'il semble, ni laxatifs et ils affaiblissent la vue ; mais le bouillon fait avec ces poissons est laxatif. Les coquillages, par exemple les pinnes, les patelles, les pourpres, les buccins et les huîtres, ont la chair desséchante, mais leur bouillon est laxatif. Les moules, les pétoncles, les *tellines*[1] sont plus laxatifs que les précédents, mais surtout les orties de mer. Les poissons cartilagineux humectent et sont laxatifs. **4** Les œufs d'oursins et le jus du homard sont laxatifs et aussi l'*arcos*, le crabe, surtout ceux de rivières, mais aussi ceux de mer ; ils sont aussi diurétiques. Les poissons en saumure font maigrir et dessèchent ; les poissons gras sont suffisamment laxatifs ; parmi les poissons en saumure, ceux de mer sont les plus secs, en second lieu ceux de rivières ; les plus humides sont ceux des lacs ; plus le poisson est sec, plus il est sec aussi en saumure.

Autres détails sur les animaux.

XLIX. **1** Parmi les animaux domestiques, ceux qui paissent dans les bois et les champs sont plus secs que ceux qu'on élève sous abri, parce que l'exercice les dessèche, et le soleil et le froid, et qu'ils respirent un air plus sec. **2** Les animaux sauvages sont plus secs que les animaux domestiques ; ceux

riante de K seulement comme une conjecture heureuse. On pourrait lui opposer une objection apparemment décisive : selon la doctrine du *Régime*, les exercices, loin de nourrir, dépensent la nourriture. Seulement, τρέφω s'emploie parfaitement en grec au sens figuré ; l'auteur exprime ici l'idée courante que l'exercice fortifie et ne se met nullement en contradiction avec ses principes diététiques ; cf. Denys d'Halicarnasse, *Sur Démosthène*, 32 : ἐν ἡλίῳ καὶ πόνοις τεθραμμένα σώματα.

1. Nous laissons en italique certains noms de poissons mal identifiés.

**φυομένων τὰς τροφὰς ἔχουσιν, ἀφ' ὧν καὶ τὸ πνεῦμα ἐσιὸν
ἐς τὸν ἄνθρωπον βλάπτει | καὶ βαρύνει. 3 Οἱ δὲ ποτάμιοι** 550
καὶ λιμναῖοι ἔτι βαρύτεροι τούτων. Πολύποδες δὲ καὶ σηπίαι καὶ τὰ τοιαῦτα οὔτε κοῦφα, ὡς δοκεῖ, ἐστὶν οὔτε διαχωρητικά, τοὺς δ' ὀφθαλμοὺς ἀπαμβλύνουσιν· οἱ μέντοι χυλοὶ τούτων διαχωρέουσιν. Τὰ δὲ κογχύλια, οἷον πίνναι, λεπάδες, πορφύραι, κήρυκες, ὄστρεα, αὐτὴ μὲν ἡ σὰρξ ξηραίνει, οἱ δὲ χυλοὶ διαχωρητικοί· μύες δὲ καὶ κτένες καὶ τελλῖναι μᾶλλον τούτων διαχωρέουσιν· αἱ δὲ κνίδαι μάλιστα· καὶ τὰ σελάχεα ὑγραίνει καὶ διαχωρεῖ. 4 Ἐχίνων ὠὰ καὶ τὸ ὑγρὸν καράβων διαχωρεῖ, καὶ ἄρκοι, καὶ καρκίνοι, μᾶλλον μὲν οἱ ποτάμιοι, ἀτὰρ καὶ οἱ θαλάσσιοι, καὶ οὐρεῖται. Οἱ τάριχοι ἰσχναίνουσι καὶ ξηραίνουσι· τὰ δὲ πίονα διαχωρεῖ ἐπιεικέως· ξηρότατοι μὲν τῶν ταρίχων οἱ θαλάσσιοι, δεύτερον δὲ οἱ ποτάμιοι, ὑγρότατοι δὲ οἱ λιμναῖοι. Αὐτῶν δὲ τῶν ταρίχων, οἵπερ καὶ ἰχθύες ξηρότατοι, οὗτοι καὶ τάριχοι.

XLIX. **1 Τῶν δὲ ζῴων τῶν τιθασσῶν, τὰ ὑλόνομα καὶ ἀγρόνομα τῶν ἔνδον τρεφομένων ξηρότερα, ὅτι πονέοντα
ξηραίνεται καὶ ὑπὸ | τοῦ ἡλίου καὶ ὑπὸ τοῦ ψύχεος, καὶ** 552
τῷ πνεύματι ξηροτέρῳ χρῆται. 2 Τὰ δὲ ἄγρια τῶν ἡμέ-

1 ὧν **θ** : ὅτων M ‖ ἐσιὸν **θ** : εἰσιὼν M ‖ 5 ἀπαμβλύνουσι **θ**S : βαρύνουσι M ‖ 6 χυλοὶ M : χυμοὶ **θ** ‖ πίνναι edd. : πίναι M πειναί **θ** ‖ 7 λεπάδες : λοπ- **θ** post πορφύραι transtulit M ‖ 7-8 αὐτὴ — ξηραίνει **θ** : αὐτὰ μὲν ξηρὰ M ‖ 8 χυλοὶ **θ** : χυμοὶ M ‖ 10 alt. καὶ om. **θ** ‖ 11 καράβων **θ** : -βου μύες M ‖ καὶ ἄρκοι om. **θ** ‖ post tert. καὶ add. οἱ **θ** ‖ 12-13 καὶ οὐρεῖται **θ**S : καὶ διαχωρέει καὶ οὐρ- M ‖ 13 ἰσχναίνουσι καὶ ξηρ- **θ**S : ξηραίνουσι καὶ ἰσχν- M ‖ 14 πίονα **θ** : πλείονα καὶ M ‖ μὲν M : μὲν οὖν **θ** ‖ 15 δεύτερον **θ** : -ροι M ‖ alt. δὲ οἱ M : δ' **θ** ‖ 16 ταρίχων : θαλασσίων conj. Littré ‖ οἵπερ καὶ M : οἱ πέρκαι **θ** αἱ πέρκαι H οἱ λεγόμενοι πέρκαι H² recc. Littré (sed plane diffidens) ‖ 18 τιθάσσων M : πόλεων **θ** ‖ ὑλόνομα K² Zwing.ᵐ : ὑλίνομα **θ** ὑλήνομα MH ἑλόνομα H² recc. ‖ 19 ἀγρόνομα MH²S recc. : ὑγρόνομα **θ**M¹H ‖ πονέοντα Joly : -νοῦντα **θ**M ‖ 20 καὶ ὑπὸ τοῦ ἡλίου **θ**M : om. Littré ‖ 21 χρῆται **θ**S : τρέφεται M.

qui mangent peu, plus secs que ceux qui mangent beaucoup; ceux qui mangent du foin[1], plus que ceux qui mangent de l'herbe; ceux qui mangent des fruits, plus que ceux qui n'en mangent pas; ceux qui boivent peu, plus que ceux qui boivent beaucoup; ceux qui ont beaucoup de sang[2], plus que ceux qui n'en ont pas ou en ont peu; les adultes plus que les très vieux et les jeunes, les mâles plus que les femelles; ceux qui sont intacts plus que les châtrés, les noirs plus que les blancs et les velus plus que les glabres. Ceux qui ont les caractères opposés sont plus humides.

3 Si on considère les animaux en eux-mêmes, les chairs les plus fortes sont celles qui travaillent le plus, celles qui ont le plus de sang et sur lesquelles les animaux se couchent. Les plus légères sont celles qui travaillent le moins, qui ont le moins de sang, qui sont le plus à l'ombre ou qui se trouvent le plus à l'intérieur du corps. Parmi les parties dépourvues de sang, les plus fortes sont la cervelle et la moelle; les plus légères sont la tête, les pieds, le sexe et les tendons. Chez les poissons, les parties les plus sèches sont celles du dessus, les plus légères sont sous l'estomac; la tête est plus humide à cause de la graisse et de la cervelle.

Œufs.

L. **1** Les œufs des oiseaux sont forts, nourrissants et flatulents : forts, parce que c'est l'origine de l'animal; nourrissants, parce que c'est le lait pour le petit; flatulents, parce qu'à partir d'un petit volume, ils se développent beaucoup.

Fromage.

LI. **1** Le fromage est fort, très échauffant, nourrissant et resserrant : fort, parce qu'il est très près de la source de vie; nourrissant, parce que c'est le résidu so-

1. La logique de tout le passage veut qu'on adopte ici une variante donnée seulement par Zwingerus; Ermerins l'avait fait avant nous.

2. On est fort tenté de lire le contraire : τὰ ἄναιμα τῶν πολυαίμων, mais les données du ch. XLVI sont aussi embarrassantes; elles invitent à laisser le texte tel quel.

ρων ξηρότερα, καὶ τὰ ὀλιγοφάγα τῶν πολυφάγων, καὶ τὰ χορτοφάγα τῶν ποηφάγων, καὶ τὰ καρποφάγα τῶν μὴ καρποφάγων, καὶ τὰ ὀλιγόποτα τῶν πολυπότων, καὶ τὰ πολύαιμα τῶν ἀναίμων καὶ ὀλιγαίμων, καὶ τὰ ἀκμάζοντα μᾶλλον ἢ τὰ λίην παλαιὰ καὶ τὰ νέα, καὶ τὰ ἄρσενα τῶν θηλέων, καὶ τὰ ἔνορχα τῶν ἀνόρχων, καὶ τὰ μέλανα λευκῶν, καὶ τὰ δασέα ψιλῶν· τὰ δ' ἐναντία ὑγρότερα. **3** Αὐτῶν δὲ τῶν ζῴων ἰσχυρόταται μὲν αἱ σάρκες αἱ μάλιστα πονέουσαι καὶ ἐναιμόταται καὶ ἐν ᾗσι κατακλίνεται, κουφόταται δὲ τῶν σαρκῶν αἱ ἥκιστα πονέουσαι καὶ ὀλιγαιμόταται, καὶ ἐκ τῆς σκιῆς, καὶ ὅσαι ἐσώταται τοῦ ζῴου. Τῶν δὲ ἀναίμων ἐγκέφαλος καὶ μυελὸς ἰσχυρότατα· κουφότατα δὲ κεφαλαί, πόδες, κτένες καὶ μύες. Τῶν δὲ ἰχθύων ξηρότατά ἐστι τὰ ἄνω, κουφότατα δὲ τὰ ὑπογάστρια, καὶ κεφαλαὶ ὑγρότεραι διὰ τὴν πιμελὴν καὶ τὸν ἐγκέφαλον.

L. **1** Ὠιὰ δὲ ὀρνίθων ἰσχυρὸν καὶ τρόφιμον καὶ φυσῶδες· ἰσχυρὸν μέν, ὅτι γένεσίς ἐστι ζῴου, τρόφιμον δέ, | ὅτι 554
γάλα ἐστὶ τοῦτο τῷ νεοσσῷ, φυσῶδες δέ, ὅτι ἐκ μικροῦ ὄγκου ἐς πολὺ διαχεῖται.

LI. **1** Τυρὸς ἰσχυρὸν καὶ καυσῶδες καὶ τρόφιμον καὶ στάσιμον· ἰσχυρὸν μέν, ὅτι ἔγγιστα γενέσιός ἐστι, τρόφιμον δέ, ὅτι τοῦ γάλακτος τὸ σαρκῶδές ἐστιν ὑπόλοιπον, καυ-

1 post ξηρότερα add. καὶ τὰ ὠμοφάγα · καὶ τὰ ὑλοφάγα M ‖ 2 χορτοφάγα Zwing.ᵐ Erm. : χλωροφ- **θ** : καρποφ- M ‖ 6 ἔνορχα τῶν ἀνόρχων **θ** : ἔνερχα ἐνόρχων M (ἔνορχα M[1]) ἄνορχα ἐνόρχων recc. ‖ alt. τὰ om. **θ** ‖ 8 ἰσχυρόταται **θ**S : -τεραι M ‖ μάλιστα **θ**E : κάλλιστα M recc. ‖ 9 ᾗσι **θ** : οἷσι M ‖ κουφότατοι M ‖ 10 αἱ **θ** : καὶ αἱ M ‖ καὶ ὀλιγαιμόταται **θ**S : om. M ‖ 13 κεφαλαί **θ** : κεφάλαια M ‖ καὶ μύες **θ** : μύες ante κτένες transtulit M ‖ 14 τὰ ἄνω M : τὰ παλαιότατα καὶ **θ** ‖ δὲ τὰ om. **θ** ‖ 15 ὑγρότεραι M : ὑγρότατα **θ** ‖ 17 post ἰσχυρὸν add. μὲν MHE μέν τι ἔχουσι recc. ‖ ζῴου M : τοῦ ζ. **θ** ‖ 18 τοῦτο τῷ νεοσσῷ M : τοῦ ζῴου **θ** ‖ 20 τυρὸς MHEK : τ. δὲ **θ** ὁ τ. recc. ‖ καὶ στάσιμον **θ**S (*replet* !) : om. M ‖ 21 ἔστι om. M.

lide du lait ; très échauffant parce que gras, et resserrant parce qu'il prend grâce à du suc[1] et de la présure.

Boissons.

LII. **1** L'eau est froide et humide ; le vin est chaud et sec ; il tient aussi de la lie[2] quelque chose de laxatif. Les vins rouges et âpres sont plus secs ; ils ne sont pas laxatifs ni diurétiques et ne font pas cracher. Ils dessèchent par leur chaleur, en consumant l'humide du corps. Les vins mœlleux et rouges sont plus humides, plus flatulents et plus laxatifs. Les vins doux et rouges sont plus humides et plus faibles ; ils sont flatulents, car ils introduisent de l'humidité. **2** Les vins blancs et âpres échauffent sans dessécher ; ils sont plus diurétiques que laxatifs[3]. Les vins jeunes sont laxatifs, parce qu'ils sont plus proches du moût et plus nourrissants ; les vins qui ont du bouquet le sont plus que ceux du même âge qui n'en ont pas, parce qu'ils sont plus mûrs ; les vins épais le sont plus que les légers ; ces derniers sont plus diurétiques ; les vins blancs ou légers, quand ils sont doux, sont plus diurétiques que laxatifs ; ils refroidissent, amaigrissent et humectent le corps ; ils affaiblissent le sang, en développant ce qui s'y oppose dans le corps.

3 Le moût est flatulent, il trouble et vide le ventre. Il est flatulent parce qu'il échauffe ; il vide le corps en

1. Le suc de figuier probablement (Littré) ; cf. Aristote, *Gen. an.*, I, 20, 729 a 12 : « C'est comme dans la coagulation du lait : le lait est le corps, et le suc de figuier ou la présure (ὁ δ' ὀπὸς ἢ ἡ πυτία) fournit le principe coagulant... » (Trad. P. Louis.)

2. Ce sens de ὕλη, proposé par M. Jouanna, paraît s'imposer.

3. Pour l'auteur, seuls, les vins blancs sont diurétiques ; cf. *Recherches*, p. 111. L'auteur ne justifie pas cette affirmation, mais on comprend vite qu'une certaine analogie d'aspect est ici en cause. Exemple très clair de la valorisation de l'apparence sensible par la mentalité préscientifique.

σῶδες δέ, ὅτι λιπαρόν, στάσιμον δέ, ὅτι ὀπῷ καὶ πυτίῃ συνέστηκεν.

LII. **1** Ὕδωρ ψυχρὸν καὶ ὑγρόν· οἶνος θερμὸν καὶ ξηρόν· ἔχει δέ τι καὶ καθαρτικὸν ἀπὸ τῆς ὕλης. Τῶν δὲ οἴνων οἱ μέλανες καὶ αὐστηροὶ ξηρότεροι καὶ οὔτε διαχωρέονται οὔτε οὐρέονται οὔτε πτύονται· ξηραίνουσι δὲ τῇ θερμασίῃ, τὸ ὑγρὸν ἐκ τοῦ σώματος καταναλίσκοντες. Οἱ δὲ μαλακοὶ μέλανες ὑγρότεροι, καὶ φυσῶσι καὶ διαχωρέουσι μᾶλλον. Οἱ δὲ γλυκεῖς μέλανες ὑγρότεροι καὶ ἀσθενέστεροι, καὶ φυσῶσιν ὑγρασίην ἐμποιέοντες. **2** Οἱ δὲ λευκοὶ αὐστηροὶ θερμαίνουσι μέν, οὐ μὴν ξηραίνουσιν, οὐρέονται δὲ μᾶλλον ἢ διαχωρέουσιν. Οἱ νέοι μᾶλλον τῶν οἴνων διαχωρέουσι, διότι ἐγγυτέρω τοῦ γλεύκεός εἰσι καὶ τροφιμώτεροι, καὶ οἱ ὄζοντες τῶν ἀνόδμων τῆς αὐτῆς ἡλικίης, διότι πεπειρότεροί εἰσι, καὶ οἱ παχεῖς τῶν λεπτῶν. Οἱ δὲ λεπτοὶ οὐρέονται μᾶλλον· καὶ οἱ λευκοὶ καὶ οἱ λεπτοὶ γλυκεῖς οὐρέονται μᾶλλον ἢ διαχωρέουσι, καὶ ψύχουσι μὲν καὶ ἰσχναίνουσι καὶ ὑγραίνουσι τὸ σῶμα, καὶ τὸ αἷμα ἀσθενὲς ποιέουσιν, αὔξοντες τὸ ἀντίπαλον τῷ αἵματι ἐν τῷ σώματι. **3** Γλεῦ|κος φυσᾷ καὶ ἐκταράσσει καὶ τὴν κοιλίην ὑπά- 556 γει· φυσᾷ μέν, ὅτι θερμαίνει, ὑπάγει δὲ ἐκ τοῦ σώματος

3 ψυχρὸν καὶ ὑγρὸν **θ**S : ψυκτικὸν M ‖ 5 ξηρότεροι MS : -τατοι **θ** ‖ 6 οὔτε οὐρέονται M : om. **θ**S ‖ πτύονται **θ** : πτύουσι M ‖ 6 7 τῇ θερμασίῃ **θ** : καὶ τῇ ίῃ H[1]EK τὴν ίην M ‖ 9 10 καὶ ἀσθενέστεροι **θ** : θερμαίνουσι M ‖ 10 λευκοὶ : add. καὶ M ‖ 11 μέν, οὐ μὴν ξηρ **θ**S : om. M ‖ οὐρέονται Jones : -εῦνται M ουραιον **θ** ‖ 13 γλεύκεός FQ' : γλύκεός **θ**M recc. ‖ 13 14 τροφιμώτεροι **θ**S : τρόφιμοι M ‖ 14 ἀνόδμων **θ** : ἀνόσμων M ‖ 15 πεπειρότεροί **θ** : πεπέτεροί MH (pro πεπαίτεροί?) alii alia ‖ 15 18 οἱ δὲ λεπτοὶ — σῶμα **θ**S : οἱ δὲ λεπτοὶ γλυκέες οὐρέονται μᾶλλον καὶ διαχωρέουσι καὶ ὑγραίνουσι τὸ σῶμα M ‖ 19 αὔξοντες Jones : αὔξοντές τε MHK αὔξονταί τε **θ** αὔξοντες δὲ recc. ‖ τὸ ἀντίπαλον M : ἐς τὸ ἀντ **θ** add. δὴ Erm. ‖ τῷ αἵματι **θ** : τοῦ αἵματος Zwing. τοῦ σώματος τὸ αἷμα M ‖ 20 φυσᾷ — ὑπάγει **θ** : φυσᾷ καὶ ὑπάγει καὶ ἐκταράσσεται ζέον ἐν τῇ κοιλίῃ καὶ διαχωρέει M.

le purgeant ; il trouble parce qu'il fermente dans le ventre et passe[1] dans les selles. Les vins acides refroidissent, amaigrissent et humectent ; ils refroidissent et amaigrissent en vidant le corps de son humidité ; ils humectent en raison de l'eau absorbée avec le vin. **4** Le vinaigre refroidit, parce qu'il fond et consume l'humidité du corps ; il est plus resserrant que laxatif, parce qu'il n'est pas nourrissant, mais piquant. Le moût cuit échauffe, humecte et évacue ; il échauffe parce qu'il s'apparente au vin ; il humecte parce que nourrissant ; il évacue parce qu'il est doux et qu'en outre, il est cuit. La piquette de marc de raisin humecte, évacue et est flatulente, comme le moût.

Miel et vin doux (encore).

LIII. **1** Le miel pur échauffe et dessèche ; avec de l'eau, il humecte et est laxatif pour les bilieux, mais resserrant pour les flegmatiques. Le vin doux est laxatif plutôt pour les flegmatiques[2].

Légumes.

LIV. **1** Voici ce qui en est des légumes. L'ail est chaud, laxatif et diurétique, bon au corps, mauvais pour les yeux[3], car en imposant au corps une purge considérable, il affaiblit la vue. Il est laxatif et diurétique, vu son caractère purgatif. Il est plus faible bouilli que cru.

1. Nous accueillons avec plaisir la conjecture de M. Jouanna, car nous avions de toute façon opté pour le κάθαρσιν des meilleurs manuscrits. Mais, sans participe, le passage n'est pas satisfaisant ; cf. LIV, 1.

2. Ces mentions d'humeurs sont très rares dans le *Régime* ; elles ne réapparaissent qu'au livre IV, ch. LXXXIX et XCIII. Il nous semble qu'elles sont reprises trop machinalement aux sources que suit l'auteur ; un autre indice est la nouvelle mention du vin doux, qui dérange le plan du passage.

3. Conviction populaire ; cf. Aristophane, *Assemblée des femmes*, 404 ; *Ploutos*, 718.

κάθαρσιν ⟨ποιεόμενον⟩· ταράσσει δὲ ζέον ἐν τῇ κοιλίῃ καὶ διαχωρεῖ. Οἱ ὀξίναι οἶνοι ψύχουσι καὶ ἰσχναίνουσι καὶ ὑγραίνουσι· ψύχουσι μὲν καὶ ἰσχναίνουσι κένωσιν τοῦ ὑγροῦ ἐκ τοῦ σώματος ποιεύμενοι, ὑγραίνουσι δὲ ἀπὸ τοῦ ἐσιόντος ὕδατος σὺν τῷ οἴνῳ. **4** Ὄξος ψυκτικόν, διότι τῆκον τὸ ὑγρὸν τὸ ἐν τῷ σώματι καταναλίσκει, ἵστησι δὲ μᾶλλον ἢ διαχωρεῖ διότι οὐ τρόφιμον καὶ δριμύ. Ἕψημα θερμαίνει καὶ ὑγραίνει καὶ ὑπάγει· θερμαίνει μὲν ὅτι οἰνῶδες, ὑγραίνει δὲ ὅτι τρόφιμον, ὑπάγει δὲ ὅτι γλυκὺ καὶ πρός, καθηψημένον ἐστίν. Τρύγες στεμφυλίτιδες ὑγραίνουσι καὶ ὑπάγουσι καὶ φυσῶσι, ὅπερ καὶ τὸ γλεῦκος.

LIII. **1** Μέλι θερμαίνει καὶ ξηραίνει ἄκρητον, σὺν ὕδατι δὲ ὑγραίνει καὶ διαχωρεῖ τοῖσι χολώδεσι, τοῖσι δὲ φλεγματώδεσιν ἵστησιν. Ὁ δὲ γλυκὺς οἶνος διαχωρεῖ μᾶλλον τοῖσι φλεγματίῃσι.

LIV. **1** Περὶ δὲ λαχάνων ὧδε ἔχει. Σκόροδον θερμὸν καὶ διαχωρητικὸν καὶ οὐρεῖται, ἀγαθὸν τῷ σώματι, τοῖσι δ' ὀφθαλμοῖσι φλαῦρον· κάθαρσιν γὰρ ἐκ τοῦ σώματος πολλὴν ποιεύμενον, τὴν ὄψιν ἀπαμβλύνει· διαχωρεῖ δὲ καὶ οὐρεῖται, διὰ τὸ καθαρτικόν· ἑφθὸν ἀσθενέστερον ἢ ὠμόν·

1 κάθαρσιν **θ**M : ὅτι καθαίρει H recc. ‖ ποιεόμενον add. Jouanna ‖ 2 ὀξίναι **θ** : ὀξιναῖοι M ‖ 2-3 καὶ ὑγρ- καὶ ἰσχν- **θ** ‖ 3 ψύχουσι μὲν καὶ ἰσχν- M : om. **θ**S ‖ κένωσιν **θ** (-σι) recc. : — σει M ‖ 5 σὺν M : ἐν **θ** ‖ 6 pr. τὸ om. M ‖ 9 πρός, καθηψημένον Jones : καθάπερ ἡψημ. MH προσκαθημένον **θ** προσκαθεψημένον Littré προκαθ. Erm. om. recc. ‖ 10 τρύγες **θ** : αἱ τρ- M ‖ 11 ὅπερ καὶ τὸ γλεῦκος **θ** : διότι καὶ τὸ γλ- MH ὥσπερ καὶ τὸ γλ- Erm. διότι καὶ τὸ γλ- τὸ αὐτὸ ποιεῖ H² recc. ‖ 12 θερμαίνει καὶ ξηραίνει **θ** : θερμὸν καὶ ξηρὸν MS ‖ 13 ὑγραίνει καὶ διαχ- MS : ὑγραίνουσι καὶ οὐραίεται καὶ διαχωρέεται **θ** ‖ 14 γλυκὺς **θ** recc. : γλεῦκος MIJ ‖ 15 φλεγματίῃσι **θ**M : -τώδεσιν H recc. Littré ‖ 17 ἀγαθὸν om. M ‖ τῷ σώματι MHEK : τοῖσι σώμασι **θ** om. recc. ‖ τοῖσι δ' **θ** : καὶ τ. M ‖ 18 φλαῦρον **θ** : ἀγαθὸν M ‖ ἐκ τοῦ **θ** : τοῦ M.

Il est flatulent parce qu'il arrête l'air. L'oignon est bon pour la vue, mauvais pour le corps, parce qu'il est chaud, échauffant et qu'il n'est pas laxatif ; il n'apporte au corps ni aliment ni secours ; échauffant, il dessèche à cause de son jus. **2** Le poireau échauffe moins ; il est diurétique et laxatif ; il a aussi quelque chose de purgatif ; il humecte et fait cesser les aigreurs ; il faut le manger en dernier lieu. La rave humecte en dissolvant le flegme par son âpreté ; mais les feuilles le font moins. Pour l'arthrite, la racine est mauvaise : elle reste sur l'estomac et est indigeste. Le cresson échauffe et fond la chair ; il coagule le flegme blanc de façon à provoquer la strangurie[1]. **3** La moutarde est chaude ; elle est laxative, mais provoque la dysurie, elle aussi. La roquette a des effets analogues. La coriandre est chaude et resserrante ; elle fait cesser les aigreurs ; mangée en dernier lieu, elle fait aussi dormir. La laitue est plus froide avant d'avoir du jus et elle affaiblit parfois le corps. L'aneth est chaud et resserrant ; si on le flaire, il fait cesser l'éternuement. Le céleri[2] est plus diurétique que laxatif, mais les racines sont plus laxatives que la plante elle-même. **4** Le basilic est sec[3] et resserrant. La rue est plus diurétique que laxative ; elle a quelque chose de coagulant ; en boisson, elle est un remède préventif contre les poisons. L'asperge est sèche et resserrante. La sauge est sèche et astringente. La morelle refroidit et empêche les pollutions nocturnes. Le pourpier frais refroidit ; conservé,

1. A propos du flegme, cf. p. 51[1], n. 2. Que le cresson provoque la strangurie était une conviction populaire, puisque Aristophane y fait allusion : *Thesmophories*, 616 :

στραγγυριῶ γάρ· ἐχθὲς ἔφαγον κάρδαμα.

2. Sur l'identification de σέλινον, voir Andrews, in Classical Philology, 1949 p. 91-99.

3. Les éditeurs acceptent ici καὶ θερμὸν, addition des *recentiores*, contre **θ**M. Dans le cas de Jones, il s'agit plutôt d'une inadvertance que d'une volonté délibérée.

φῦσαν δὲ ἐμποιεῖ διὰ τοῦ πνεύματος τὴν ἐπίστασιν. Κρόμμυον τῇ μὲν ὄψει ἀγαθόν, τῷ δὲ σώματι κακόν, διότι θερμὸν καὶ καυσῶδές ἐστι καὶ οὐ διαχωρεῖ· τροφὴν μὲν γὰρ οὐ δίδωσι | τῷ σώματι οὐδὲ ὠφελίην· θερμαῖνον δὲ ξηραίνει 558
διὰ τὸν ὀπόν. **2** Πράσον θερμαίνει μὲν ἧσσον, οὐρεῖται δὲ καὶ διαχωρεῖ· ἔχει δέ τι καὶ καθαρτικόν· ὑγραίνει δὲ καὶ ὀξυρεγμίην παύει· ὕστατον δὲ ἐσθίειν. Ῥαφανὶς ὑγραίνει διαχέουσα τὸ φλέγμα τῇ δριμύτητι, τὰ δὲ φύλλα ἧσσον. Πρὸς τὰ ἀρθριτικὰ μοχθηρὸν ἡ ῥίζη, ἐπιπολάζον δὲ καὶ δύσπεπτον. Κάρδαμον θερμαντικὸν καὶ τὴν σάρκα τῆκον· συνίστησι δὲ φλέγμα λευκόν, ὥστε στραγγουρίην ἐμποιεῖν. **3** Νᾶπυ θερμόν· διαχωρεῖ, δυσουρεῖται δὲ καὶ τοῦτο· καὶ εὔζωμον παραπλήσια τούτοισι διαπρήσσεται. Κορίανον θερμὸν καὶ στατικόν, καὶ ὀξυρεγμίην παύει, ὕστατον δ' ἐπεσθιόμενον καὶ ὑπνοποιεῖ. Θρίδαξ ψυχρότερον πρὶν τὸν ὀπὸν ἔχειν· ἀσθενείην δ' ἐνίοτε ἐμποιεῖ τῷ σώματι. Ἄνηθον θερμὸν καὶ στατικὸν, καὶ πταρμὸν παύει ὀσφραινόμενον. Σέλινον οὐρεῖται μᾶλλον ἢ διαχωρεῖ, καὶ αἱ ῥίζαι μᾶλλον ἢ αὐτὸ διαχωρέουσιν. **4** Ὤκιμον ξηρὸν καὶ στάσιμον. Πήγανον οὐρεῖται μᾶλλον ἢ διαχωρεῖ, καὶ συστρεπτικόν τι ἔχει, καὶ πρὸς τὰ φάρμακα τὰ βλαβερὰ ὠφελεῖ προπινόμενον. Ἀσπάραγος ξηρὸν καὶ στάσιμον. Ἐλελίσφακον ξηρὸν καὶ στατικόν. Στρύχνος ψύχει καὶ ἐξονειρώσσειν οὐκ ἐᾷ. Ἀνδράχνη ψύχει ἡ ποταινίη, τεταριχευμένη

1 ἐπίστασιν M : ἐπίσπασι **θ** ‖ post κρόμμυον add. δὲ M ‖ 3 ἐστι H² recc. : om. **θ**MH ‖ pr. οὐ om. M ‖ 5 post πράσον add. δὲ **θ** ‖ 6 alt. καὶ om. M ‖ 8 δριμύτητι M : ἀγρότητι **θ** ‖ 10 θερμαντικὸν **θ** : θερμὸν M ‖ 11 συνίστησι δὲ Joly : σ. **θ** ἵστησι δὲ M ‖ 12 νᾶπυ **θ** : νάποι M ‖ διαχωρεῖ **θ** : -ρητικὸν δὲ M ‖ δυσουρεῖται δὲ **θ** : πλὴν δ. M ‖ 13 τούτοισι om. M ‖ 15 ἐπεσθιόμενον **θ** : ἐδεσθὲν M ‖ 16 ἔχειν M : ἴσχιν **θ** ‖ δ' ἐνίοτε **θ** : δέ τινα M ‖ ἐμποιεῖ **θ** : ποιέει ἐν M ‖ 17 θερμὸν M : ἧσσον θερ- **θ** ‖ 19 ξηρὸν **θ** : καὶ ξ. M add. καὶ θερμὸν recc. ‖ 20-21 συστρεπτικὸν **θ**M¹ (in margine) : ψυκτικὸν M ‖ 22 ξηρὸν καὶ στάσιμον M : -ὸς καὶ -ος **θ** ‖ 23 στρύχνος edd. : -ον **θ**M ‖ 24 ἀνδράχνη M : -χλη **θ** ‖ ποταινίη Foes : ποταμίη **θ**M.

il échauffe. L'ortie purge. Le calament échauffe et purge. La menthe échauffe, est diurétique, arrête les vomissements ; si on en prend souvent, elle fond le sperme de façon à provoquer des pertes séminales, empêche l'érection et affaiblit le corps[1]. **5** L'oseille, qui échauffe, est laxative. L'arroche est humide, mais non laxative. La blette est échauffante, non laxative. Le choux échauffe, est laxatif et évacue les matières bilieuses[2]. Le jus de bette est laxatif, mais la plante elle-même est resserrante ; les racines sont plus laxatives. La citrouille échauffe, humecte et est laxative, sans être diurétique. Le navet échauffe, humecte et trouble le corps ; il n'est toutefois pas laxatif et il provoque la dysurie. **6** Le pouliot échauffe et est laxatif. La marjolaine échauffe et évacue les humeurs bilieuses. La sarriette a des effets analogues. Le thym est chaud, laxatif et diurétique ; il évacue les humeurs flegmatiques. L'hysope échauffe et évacue les humeurs flegmatiques. **7** Parmi les légumes sauvages, ceux qui sont chauds à la bouche et ont un parfum agréable, échauffent et sont plus diurétiques que laxatifs. Ceux dont la nature est humide, froide, fade ou qui ont une odeur pénible, sont plus laxatifs que diurétiques ; ceux qui sont âcres ou astringents resserrent ; ceux qui sont piquants et ont bonne odeur sont diurétiques[3]. **8** Ceux qui sont piquants et secs à la bouche dessèchent. Ceux qui sont acides refroidissent aussi. Sont diurétiques les jus de la crête marine, du céleri, les infusions d'ail,

1. A propos de la menthe, comme plus haut du poireau, on devine une tendance à la polyvalence diététique, comparable, quoique beaucoup plus discrète, à la même tendance en pharmacie analysée par G. Bachelard pour les XVIe, XVIIe et XVIIIe siècles (*op. cit.*).

2. Ce jugement paraît plus favorable que le proverbe cité par Basile de Césarée, *Lettres*, CLXXXVII : Δὶς κράμβη θάνατος.

3. On notera la *valorisation* caractérisée du goût et de l'odorat qu'implique cette doctrine ; cf. Bachelard, *op. cit.*, p. 115 sq. Ces aberrations que doit étudier la psychanalyse sévissent notamment dans la médecine de Cnide ; cf. notre étude, *Le niveau de la science hippocratique*, p. 57-60 (Paris, Les Belles Lettres, 1966).

δὲ θερμαίνει. Κνίδη καθαίρει. Καλαμίνθη θερμαίνει καὶ κα-
θαίρει. Μίνθη | θερμαίνει καὶ οὐρεῖται καὶ ἐμέτους ἵστησι, 560
καὶ ἢν πολλάκις ἐσθίῃ τις, τὴν γονὴν τήκει ὥστε ῥεῖν, καὶ
ἐντείνειν κωλύει, καὶ τὸ σῶμα ἀσθενὲς ποιεῖ. **5** Λάπαθον
θερμαῖνον διαχωρεῖ. Ἀτράφαξυς ὑγρόν, οὐ μέντοι διαχω-
ρεῖ. Βλίτον θερμόν, οὐ διαχωρητικόν. Κράμβη θερμαίνει
καὶ διαχωρεῖ· χολώδεα δὲ ἄγει. Σεύτλου ὁ μὲν χυλὸς δια-
χωρεῖ, αὐτὸ δὲ ἵστησιν, αἱ δὲ ῥίζαι τῶν σεύτλων διαχω-
ρητικώτεραι. Κολοκύντη θερμαίνει καὶ ὑγραίνει καὶ δια-
χωρεῖ, οὐκ οὐρεῖται δέ. Γογγυλὶς καυσῶδες, ὑγραίνει δὲ
καὶ ταράσσει τὸ σῶμα, οὐ μέντοι διαχωρεῖ, δυσουρεῖται
δέ. **6** Γλήχων θερμαίνει καὶ διαχωρεῖ. Ὀρίγανον θερμαί-
νει, ὑπάγει δὲ χολώδεα. Θύμβρη παραπλήσια διαπρήσσε-
ται. Θύμον θερμόν, διαχωρεῖ καὶ οὐρεῖται, ἄγει δὲ φλεγ-
ματώδεα. Ὕσσωπος θερμαίνει καὶ ὑπάγει φλεγματώδεα.
7 Τῶν δὲ ἀγρίων λαχάνων ὅσα ἐν τῷ στόματι θερμαντικὰ
καὶ εὐώδεα, ταῦτα θερμαίνει καὶ οὐρεῖται μᾶλλον ἢ δια-
χωρεῖ· ὁκόσα δὲ ὑγρὴν φύσιν ἔχει καὶ ψυχρὴν καὶ μωρὴν
ἢ ὀδμὰς βαρείας, ὑποχωρεῖται μᾶλλον ἢ οὐρεῖται· ὁκόσα
δέ ἐστι στρυφνὰ ἢ αὐστηρά, στάσιμα· ὁκόσα δὲ δριμέα καὶ
εὐώδεα, διουρεῖται· **8** ὁκόσα δὲ δριμέα καὶ ξηρὰ ἐν τῷ
στόματι, ταῦτα ξηραίνει· ὁκόσα δὲ ὀξέα, καὶ ψυκτικά. Οἱ
δὲ χυμοὶ διουρη|τικοί, κρήθμου, σελίνου, σκορόδου ἀπο- 562

1 κνίδη **θ** : καὶ M ‖ καθαίρει. Μίνθη θερμαίνει καὶ om. **θ** ‖ 3 τις om. **θ** ‖ 5 Ἀτράφαξυς Erm. : ἀνδράφασις **θ**M ‖ 6 βλίτον — διαχωρητικόν om. **θ** ‖ 9 θερμαίνει **θ**MHFGI : ψύχει recc. Littré ‖ 10 οὐκ οὐρεῖται δὲ om. M ‖ γογγυλὶς M : -ὴ **θ** ‖ δὲ om. **θ** ‖ 15 ὕσωπος M ‖ ὑπάγει **θ** : om. M ἄγει H²EK ‖ 16 ὅσα MHEK : ὁκόσα **θ** recc. ‖ στόματι **θ**H recc. : σώματι MH²K ‖ 17 μᾶλλον post θερμαίνει transtulit **θ** ‖ 19 ὀδμὰς Joly : ὀσμὰς **θ**M ‖ 20 δέ M : δ' **θ** ‖ ἢ **θ** : καὶ M ‖ ὁκόσα M : ὅσα **θ** ‖ 21 διουρεῖται **θ** : οὐρέεται M ‖ 22 στόματι **θ** : σώματι M ‖ καὶ om. **θ** ‖ 23 κρήθμου **θ** : κρήμνου M.

de cytise, de fenouil, de poireau, d'adiante, de morelle ; refroidissent la scolopendre, la menthe, le *séséli*, la chicorée, la pimprenelle, l'*hypericum*, l'ortie. Sont laxatifs et purgatifs les jus de pois chiche, de lentille, d'orge, de bette, de chou, de mercuriale, de sureau, de carthame, de ⟨...⟩[1] ; ces plantes sont plus laxatives que diurétiques.

Fruits.

LV. **1** Voici ce qu'il en est des fruits. Les fruits mûrs sont plus laxatifs, les frais plus que les secs. On va dire (ici) leur qualité respective. La mûre échauffe, humecte, est laxative. Les poires mûres échauffent, humectent, sont laxatives ; dures, elles sont resserrantes. Les poires sauvages d'hiver, mûres, sont laxatives et purgent le ventre; vertes, elles sont resserrantes[2]. **2** Les pommes douces sont indigestes ; aigres et mûres, elles le sont moins. Les coings sont astringents et non laxatifs. Les jus de pommes[3] arrêtent les vomissements et sont diurétiques ; leur odeur arrête aussi les vomissements. Les pommes sauvages sont resserrantes ; cuites, elles sont plus laxatives ; les jus ou les pommes mêmes en boisson rendent des services contre l'asthme. **3** Les sorbes, les nèfles, les cornouilles et les fruits de ce genre sont resserrants et astringents. Les jus de gre-

1. Les manuscrits présentent ici un mot dissyllabique qui est apparemment fautif. Mais peut-être pourrait-on adopter la leçon de **θ**. M. Jouanna remarque en effet qu'en *Nature de l'homme*, ch. xx (= *Régime salutaire*, 5, LVI 78, 16) les manuscrits M et V ont κράμβη, alors que A lit ἅλμη ; il émet donc l'hypothèse que ἅλμη pourrait désigner le chou marin, appelé par Galien κράμβη θαλασσία (XII, 43 K.) et que ἀδμῆς atteste une mélecture d'onciale.

2. D'après Aristophane, *Assemblée des femmes*, 355 :

νῦν δέ μοι
ἀχράς τις ἐγκλείσασ' ἔχει τὰ σιτία,

la poire sauvage constipe. Le peuple ne devait pas entrer dans les nuances de notre auteur.

3. Sans vouloir tirer de conclusion d'un simple détail assez isolé,

βρέγματα, κυτίσου, μαράθρου, πράσου, ἀδιάντου, στρύχνου· καὶ ταῦτα ψύχει σκολοπένδριον, μίνθη, σέσελι, σέρις, καυκαλίδες, ὑπερικόν, κνίδαι· διαχωρητικοὶ δὲ καὶ καθαρτικοί, ἐρεβίνθων, φακέης, κριθῆς, σεύτλων, κράμβης, λινοζώστιος, ἀκτῆς, κνήκου⟨...⟩· ταῦτα μᾶλλον ὑποχωρεῖται ἢ διουρεῖται.

LV. **1** Περὶ δὲ ὀπώρης ὧδε ἔχει. Τὰ μὲν ἐγκάρπια διαχωρητικώτερα, τὰ δὲ χλωρὰ τῶν ξηρῶν. Ἡ δὲ δύναμις εἰρήσεται αὐτῶν. Μόρα θερμαίνει καὶ ὑγραίνει καὶ διαχωρεῖ. Ἄπιοι πέπειροι θερμαίνουσι καὶ ὑγραίνουσι καὶ διαχωρέουσιν· αἱ δὲ σκληραὶ στάσιμον· ἀχράδες δὲ χειμέριοι πέπειροι διαχωρέουσι καὶ τὴν κοιλίην καθαίρουσιν· αἱ δὲ ὠμαὶ στάσιμον. **2** Μῆλα γλυκέα δύσπεπτα, ὀξέα δὲ πέπονα ἧσσον· κυδώνια στυπτικὰ καὶ οὐ διαχωρεῖ· οἱ δὲ χυλοὶ τῶν μήλων πρὸς τοὺς ἐμέτους στατικοὶ καὶ οὐρητικοί· καὶ ὀδμαὶ πρὸς τοὺς ἐμέτους· τὰ δὲ ἄγρια μῆλα στατικά, ἑφθὰ δὲ μᾶλλον διαχωρεῖ· πρὸς δὲ τὴν ὀρθοπνοίην οἵ τε χυλοὶ καὶ αὐτὰ πινόμενα ὠφελεῖ. **3** Οὖα δὲ καὶ μέσπιλα καὶ κράνια καὶ ἡ τοιαύτη ὀπώρη στατικὴ καὶ στρυφνή.

1 μαράθρου edd. : μαράθου **θ**IJ μαράθρων E μαράθων MH || πράσου M : -ων **θ** || στρύχνου· καὶ ταῦτα ψύχει MHK : καὶ ψ. στυχνόν· καὶ τοῦτο ψύχει καὶ **θ** στρύχνου · ψύχει EFIJ || 2 σέσελι, σέρις Littré : σεσελισσερις **θ** σέσελι M || 3 δὲ om. M || 4 ἐρεβινθῶν, φακῆς (φακέης Joly) κριθῆς **θ** : -θοί, -ῆ, -αί M || σεύτλων, κράμβης **θ** : τεύτλων, κράμβη M || 5 ἀκτέης Joly : -τῆς **θ**M ἀκτή recc. || lacunam indicavi : αλμης **θ** ἁδμής MH || 7 ἐγκάρπια M : κάρπιμα **θ** || 8 δὲ om. **θ** || 9 εἰρήσεται **θ** : εἴρηται M || μόρα M : μωρὰ **θ** || 11 στάσιμον **θ** : -οι M || δὲ om. M || 12 τὴν κοιλίην καθαίρουσιν **θ**K : τὴν κ. καθαίρει MHE τῆς κοιλίης καθαρτικαὶ recc. Littré || δὲ **θ** : δ' M || 13-14 μῆλα — διαχωρεῖ M : μῆλα κυδώνια δύσπεπτα ὀξέα πέπονα ἧσσον· ἔχει δέ τι στυπτικὸν **θ** || 15 τῶν μήλων om. M, sed restituit in margine M[1] : om. **θ** || 16 ὀδμαὶ **θ** recc. : ὀσμαί MHEK || πρὸς τοὺς ἐμ- **θ** : πρὸ τῶν ἐμ- M || δὲ **θ** : δ' M || 17-18 οἵ τε χυλοὶ MH : post πινόμενα transtulit **θ** add. αὐτῶν H[2] recc. edd. || 18 οὖα M : in **θ** deletum σοῦρβα Zwing.[m].

nade douce sont laxatifs, avec quelque chose de fort échauffant ; les grenades vineuses sont flatulentes ; les aigres sont plus refroidissantes. Les grains de toutes sont resserrantes. Les concombres sont indigestes ; les melons sont diurétiques, laxatifs et flatulents. **4** Les raisins sont chauds, humides et laxatifs, surtout les blancs ; les raisins doux échauffent fortement, parce qu'ils ont déjà beaucoup de chaleur[1]. Les raisins verts échauffent moins ; en boisson, ils purgent. Les raisins secs sont fort échauffants, mais laxatifs. La figue verte humecte, est laxative et échauffe ; elle humecte parce qu'elle est juteuse ; elle échauffe et est laxative à cause de son jus sucré. Les premières figues sont les plus mauvaises, parce qu'elles ont le plus de jus ; les meilleures sont les dernières. Les figues sèches sont fort échauffantes, mais nourrissantes. **5** Les amandes sont fort échauffantes et nourrissantes : fort échauffantes par leur huile, nourrissantes pour leur chair. Les noix rondes sont analogues ; les noix plates, mûres, sont nourrissantes ; pelées, elles sont laxatives et causent de la flatulence ; les peaux sont resserrantes. Les fruits de l'ilex, les glands, et ceux du chêne esculus sont resserrants, crus ou grillés ; bouillis, ils le sont moins.

Qualités des aliments et leur préparation.

LVI. **1** Les viandes grasses sont fort échauffantes et laxatives ; les viandes conservées dans le vin dessèchent et nourrissent : elles dessèchent à cause du vin, elles nourrissent à cause de la chair. Conservées dans le vinaigre, elles échauffent moins, à cause du vinaigre, et nourrissent bien ; les

signalons cependant que, comme **θ**, M avait omis τῶν μήλων, mais que la même main a restitué ces deux mots dans la marge.

1. La liaison établie ici entre douceur et chaleur paraît toute naturelle à l'expérience courante ; il en est de même, dans la suite immédiate, entre une certaine amertume des raisins verts et la purgation.

Ῥοιῆς γλυκέης χυλὸς διαχωρεῖ, καυσῶδες δέ τι ἔχει· αἱ οἰνώδεις φυσώδεις· αἱ δὲ ὀξέαι ψυκτικώτεραι· οἱ δὲ πυρῆνες πασέων | στάσιμον. Σίκυοι ὠμοὶ δύσπεπτον· πέ- 564
πονες δὲ οὐρέονται καὶ διαχωρέουσι, φυσώδεες δέ. **4** Βότρυες θερμὸν καὶ ὑγρὸν καὶ διαχωρεῖ, μάλιστα μὲν οἱ λευκοί· οἱ μὲν οὖν γλυκεῖς θερμαίνουσιν ἰσχυρῶς, διότι πολὺ ἤδη τοῦ θερμοῦ ἔχουσιν· οἱ δὲ ὀμφακώδεις ἧσσον θερμαίνουσι, καθαίρουσι δὲ πινόμενοι· ἀσταφίδες δὲ καυσῶδες, διαχωρεῖ δέ. Σῦκον χλωρὸν ὑγραίνει καὶ διαχωρεῖ καὶ θερμαίνει· ὑγραίνει μὲν διὰ τὸ ἔγχυλον εἶναι, θερμαίνει δὲ διὰ τὸν γλυκὺν ὀπὸν καὶ διαχωρεῖ· τὰ πρῶτα τῶν σύκων κάκιστα, ὅτι ὀπωδέστατα, βέλτιστα δὲ τὰ ὕστατα· ξηρὰ σῦκα καυσώδεα μέν, διαχωρεῖ δέ. **5** Ἀμυγδάλαι καυσῶδες, τρόφιμον δέ· καυσῶδες μὲν διὰ τὸ λιπαρόν, τρόφιμον δὲ διὰ τὸ σαρκῶδες. Κάρυα στρογγύλα παραπλήσια· τὰ δὲ πλατέα πέπονα τρόφιμον, καὶ διαχωρεῖ καθαρὰ ἐόντα, καὶ φῦσαν ἐμποιεῖ· οἱ δὲ χιτῶνες αὐτῶν στάσιμον. Ἄκυλοι δὲ καὶ βάλανοι καὶ φηγοὶ στατικὰ ὠμὰ καὶ ὀπτά· ἑφθὰ δὲ ἧσσον.

LVI. **1** Τὰ πίονα τῶν κρεῶν καυσώδεα, διαχωρεῖ δέ. Κρέα ταριχηρὰ ἐν οἴνῳ μὲν ξηραίνει καὶ τρέφει, ξηραίνει μὲν διὰ τὸν οἶνον, τρέφει δὲ διὰ τὴν σάρκα· ἐν ὄξει δὲ τεταριχευμένα θερμαίνει μὲν ἧσσον διὰ τὸ ὄξος, τρέφει δὲ ἱκα-

1 χυλὸς **θ** : ὁ χ. M ‖ 2 αἱ οἰνώδεες M : ὁ οἰνώδης **θ** ‖ φυσώδεις Joly : φυσώδης **θ** ἧσσον καυσώδεες M ‖ 3 δύσπεπτον **θ** : ψυχροὶ καὶ δύσπεπτοι M ‖ 4 διαχωρέουσι **θ** (sed add. δὲ) : -ρεῦνται MHEK -ρέονται recc. ‖ 8 ἀσταφίδες **θ** : σῦκα καὶ ἀστ- M ‖ καυσῶδες **θ** : -ώδεες MH -ώδεα H² recc. ‖ 10 διὰ — εἶναι **θ** : διότι ἔγχυλόν ἐστι M ‖ 10-11 θερμαίνει — διαχωρεῖ **θ** : θερμαίνει μὲν διὰ τὸν ὀπόν διαχωρεῖ δὲ διὰ τὸν γλυκὺν ὀπόν M ‖ 13 μέν om. M ‖ ἀμυγδάλαι edd. : αἱ δὲ ἀμυγδ- M ἀμύγδαλα **θ** ‖ 13-14 καυσῶδες (bis) **θ** : -ώδεες M ‖ 15 κάρυα **θ** : καὶ κ. τὰ M ‖ 16 post πλατέα add. κάρεα **θ** ‖ πέπονα τρόφιμον MHK : τρόφιμα πέπονα **θ** ‖ 17 αὐτῶν στάσιμον **θ** : αὐτέων στάσιμοι M ‖ 18 δὲ καὶ **θ** : καὶ M ‖ καὶ φηγοὶ H² recc. Littré : καὶ φηγηι MH δρύινοι **θ** Jones ‖ καὶ ὀπτά M recc. : om. **θ** ‖ 19 δὲ om. **θ**.

viandes conservées dans le sel sont moins nourrissantes, car le sel les prive de l'humidité ; mais elles amaigrissent, dessèchent et sont suffisamment laxatives.

2 Voici comment on peut faire disparaître ou renforcer leurs qualités, vu qu'on sait que tout est formé de feu et d'eau[1], animaux et plantes, que tout croît par eux et se dissout en eux. En bouillant et en refroidissant à maintes reprises les aliments forts, on leur enlève leur qualité ; en grillant et rôtissant les aliments humides, on leur enlève leur humidité ; de même, pour les aliments secs, en les mouillant et les arrosant ; pour les aliments salés en les mouillant et les bouillant et les aliments amers et âcres, en les mélangeant avec des aliments doux, les aliments astringents, avec des aliments gras. Il faut juger de tout le reste par ce qui vient d'être dit.

3 Tout ce qui est grillé et rôti resserre plus que ce qui est cru, parce que le feu enlève l'humide, le jus, le gras. Quand donc un tel aliment arrive dans l'estomac, il attire l'humidité à lui, ferme[2] l'orifice des veines, séchant et échauffant de façon à boucher les passages du liquide.

4 Tout ce qui provient des régions arides, sèches, torrides, est plus sec et plus chaud et donne plus de forces au corps, parce que c'est plus lourd à volume égal, et plus dense et plus nourrissant que ce qui provient de régions humides, pluvieuses et froides, qui est plus humide, plus léger et plus froid. Il faut donc connaître

1. L'auteur, même dans ce catalogue plus ou moins empirique, ne perd pas de vue sa cosmologie philosophique ; il est intéressant de le voir ici relier l'un à l'autre.

2. Il faut de toute façon corriger un des manuscrits, mais l'idée de fermer l'orifice des veines (M) est bien plus vraisemblable, malgré le dernier éditeur, que celle de les brûler ; cf. § 7 de ce même chapitre, p. 58, où il est question d'ouvrir et de purger l'orifice des veines. La faute de θ remonte à une mélecture d'onciale.

νῶς· ἐν ἁλὶ δὲ κρέα ταριχηρὰ τρόφιμα μὲν ἧσσον, διὰ τὸ ἅλας τοῦ ὑγροῦ ἀπεστερημένα, ἰσχναί|νει δὲ καὶ ξηραίνει 566 καὶ διαχωρεῖ ἱκανῶς. **2** Τὰς δὲ δυνάμιας ἑκάστων ἀφαιρεῖν καὶ προστιθέναι ὧδε χρή, εἰδότα ὅτι πυρὶ καὶ ὕδατι πάντα συνίσταται καὶ ζῷα καὶ φυτά, καὶ ὑπὸ τούτων αὔξεται καὶ ἐς ταῦτα διακρίνεται. Τῶν μὲν οὖν ἰσχυρῶν σιτίων ἕψοντα πολλάκις καὶ διαψύχοντα τὴν δύναμιν ἀφαιρεῖν, τῶν δὲ ὑγρῶν πυροῦντα καὶ φώζοντα τὴν ὑγρασίην ἐξαιρεῖν, τῶν δὲ ξηρῶν βρέχοντα καὶ νοτίζοντα, τῶν δὲ ἁλμυρῶν βρέχοντα καὶ ἕψοντα, τῶν δὲ πικρῶν καὶ δριμέων τοῖσι γλυκέσι διακιρνῶντα, τῶν δὲ στρυφνῶν τοῖσι λιπαροῖσι· καὶ τῶν ἄλλων πάντων ἐκ τῶν προειρημένων χρὴ γινώσκειν. **3** Ὁκόσα πυρούμενα ἢ φωζόμενα στάσιμά ἐστι μᾶλλον τῶν ὠμῶν, διότι τὸ ὑγρὸν ὑπὸ τοῦ πυρὸς ἀφαιρεῖται καὶ τὸ ὀπῶδες καὶ τὸ λιπαρόν· ὅταν οὖν ἐς τὴν κοιλίην ἐμπέσῃ, ἕλκει τὸ ὑγρὸν ἐκ τῆς κοιλίης ἐφ' ἑωυτά, καὶ συγκλείει τὰ στόματα τῶν φλεβῶν, ξηραίνοντα καὶ θερμαίνοντα, ὥστε ἵστησι τὰς διεξόδους τοῦ ὑγροῦ. **4** Τὰ δὲ ἐκ τῶν ἀνύδρων καὶ ξηρῶν καὶ πνιγηρῶν χωρίων ἅπαντα ξηρότερα καὶ θερμότερα καὶ ἰσχὺν πλείω παρέχεται ἐς τὸ σῶμα, διότι ἐκ τοῦ ἴσου ὄγκου βαρύτερα καὶ πυκνότερα καὶ πολύνοστά ἐστιν ἢ τὰ ἐκ τῶν ὑγρῶν τε καὶ ἀρδομένων

1 ἁλὶ **θ** : ἁλσὶ M ‖ 1-2 τὸ ἅλας JK edd. : τὸ ἅλα **θ** τὸ ἅλες M ‖ 4 εἰδότα ὅτι **θ** : om. MS ($\overline{qm}$) ‖ 5 ter. καὶ M : ante αὔξεται **θ** ‖ τούτων **θ** : -έων M ‖ 6 ἐς ταῦτα M : ἐς τὰ ὕια **θ** ‖ 7 (et 10) ἕψοντα**θ** M : ἑψῶντα recc. edd. ‖ ἀφαιρεῖν **θ**S : add. καὶ προστιθέναι ὧδε χρή M ‖ 8-9 ἐξαιρεῖν **θ** : -έεσθαι M ‖ 9 post ξηρῶν add. καὶ M ‖ δὲ M : δ' **θ** ‖ 11 διακρινῶντα H² recc. edd. : om. **θ**MH ‖ στρυφνῶν **θ** : στριφ M ‖ post καὶ add. ἐπὶ M ‖ 13 ὁκόσα πυρούμενα E recc. : ὅκως ἀπυρ- MH ὅσα πυροῦται **θ** ‖ στάσιμά M : στατικά **θ** ‖ 14 ἀφαιρέεται **θ** : ἀφήρηται M ‖ 15 ὀπῶδες **θ**S : πυρῶδες M ‖ ὅταν **θ** : ὁκόταν M ‖ 16 ἐφ' ἑωυτὰ Jones : ἐφεωυτο **θ** ἐπ' αὐτὰ M ‖ καὶ συγκλείει Joly : συγκλείων MS καὶ συγκαίων **θ** συγκλείοντα Littré Erm. καὶ συγκαίει Jones ‖ 17 φλεβῶν **θ** : -βίων M ‖ 18 τοῦ ὑγροῦ M : τῶν ὑγρῶν **θ** ‖ 21 ὄγκου **θ** : ὄκου M ‖ 22 πολύνοστά M : -αστά **θ**.

non seulement la qualité propre des céréales, de la boisson, des viandes, mais encore leur lieu d'origine[1]. Si donc on veut procurer au corps une nourriture plus forte sans changer d'aliment, on recourra aux céréales, boissons, viandes provenant de régions arides ; si on veut une nourriture plus légère et plus humide[2], il faut recourir aux produits de régions pluvieuses.

5 Par nature, les substances douces, ou âcres, ou salées, ou amères, ou astringentes, ou charnues échauffent, qu'elles soient sèches ou humides ; mais tout ce qui a en soi une part prédominante de sec dessèche et échauffe ; et tout ce qui a une part prédominante d'humide échauffe, mais en humectant et en évacuant plus que ce qui est sec ; car en apportant plus de nourriture au corps, ce genre d'aliment provoque une révulsion vers le ventre et, en humectant, favorise les selles. **6** Tout ce qui, aliments ou boissons, échauffe et dessèche, ne provoquant ni crachats, ni urine, ni selles, dessèche pour les raisons suivantes : le corps, en s'échauffant, se vide d'humidité ; d'un côté à cause des aliments eux-mêmes ; d'un autre, l'humidité se consume en nourriture pour la chaleur de l'âme ; d'un autre encore, elle est chassée à travers la peau en s'échauffant et en devenant plus légère.

Les substances douces, grasses ou huileuses provoquent la plénitude parce qu'à partir d'un petit volume, elles se

1. Il faut se garder d'exagérer la valeur scientifique de telles remarques. Malgré une certaine apparence, il n'y a là que construction dogmatique intempérante. L'auteur postule toujours, entre un aliment et le milieu qui le produit, une osmose complète. La méthode expérimentale ou plus modestement l'observation consciencieuse est absente.

2. Tout exige ici l'accusatif dans cette subordonnée elliptique et parallèle à la précédente. Ce sont les datifs qui l'entourent qui ont entraîné cette faute ancienne. Nous nous sommes aperçu par la suite — et c'est une confirmation, malgré les audaces de cet auteur — qu'Ermerins avait déjà corrigé le texte dans ce sens.

καὶ ψυχρῶν· ταῦτα δὲ ὑγρότερα καὶ κουφότερα καὶ ψυχρότερα. Οὔκουν δεῖ τὴν δύναμιν αὐτοῦ μόνον γνῶναι τοῦ τε σίτου καὶ τοῦ πόματος καὶ τῶν ζῴων, ἀλλὰ καὶ τὰς πατρίδας ὁκόθεν εἰσίν. Ὅταν μὲν οὖν βούλωνται τροφὴν ἰσχυροτέρην τῷ σώματι προσενεγκεῖν ἀπὸ τῶν αὐτῶν σίτων, τοῖσιν ἐκ τῶν ἀν|ύδρων χωρίων χρηστέον καὶ σιτίοισι καὶ 568 **πόμασι καὶ ζῴοισιν· ὁκόταν δὲ κουφοτέρην τροφὴν καὶ ὑγροτέρην, τοῖσιν ἐκ τῶν ἀρδομένων χρηστέον. 5 Τὰ γλυκέα καὶ τὰ δριμέα καὶ τὰ ἁλυκὰ καὶ τὰ πικρὰ καὶ τὰ αὐστηρὰ καὶ τὰ σαρκώδεα θερμαίνειν πέφυκε, καὶ ὅσα ξηρά ἐστι καὶ ὅσα ὑγρά. Ὁκόσα μὲν οὖν ξηροῦ μέρος πλέον ἔχει ἐν αὐτοῖσι, ταῦτα μὲν ξηραίνει καὶ θερμαίνει· ὁκόσα δὲ ὑγροῦ μέρος ἔχει πλέον, ταῦτα πάντα θερμαίνοντα ὑγραίνει καὶ διαχωρεῖ μᾶλλον ἢ τὰ ξηρά· τροφὴν γὰρ μᾶλλον ἐς τὸ σῶμα διδόντα, ἀντίσπασιν ποιεῖται ἐς τὴν κοιλίην, καὶ ὑγραίνοντα διαχωρεῖ. 6 Ὅσα θερμαίνοντα ξηραίνει ἢ σῖτα ἢ ποτά, οὔτε πτύσιν οὔτε διούρησιν οὔτε διαχώρησιν ποιέοντα ξηραίνει τὸ σῶμα διὰ τάδε· θερμαινόμενον τὸ σῶμα κενοῦται τοῦ ὑγροῦ, τὸ μὲν ὑπ' αὐτῶν τῶν σιτίων, τὸ δὲ ἐς τὴν τροφὴν τῷ τῆς ψυχῆς θερμῷ καταναλίσκεται, τὸ δὲ διὰ τοῦ χρωτὸς ἐξωθεῖται θερμαινόμενον καὶ λεπτυνόμενον. Τὰ γλυκέα καὶ τὰ πίονα καὶ τὰ λιπαρὰ πληρωτικά ἐστι, διότι ἐξ ὀλίγου ὄγκου πολύχοά**

2 αὐτοῦ μόνον **θ** : μοῦνον αὐτέου M ‖ 3 τὰς πατρίδας **θ**S : τῆς πατρίδος M ‖ 4 ὁκόθεν **θ** : ὁπόθεν M ‖ ὅταν **θ** : ὁκόταν M ‖ 4-5 ἰσχυροτέρην **θ**S : ἰσχυρὰν M ‖ 5 προσενεγκεῖν **θ** : -έγκαι M ‖ ἀπὸ **θ**EP′ : καὶ ἀπὸ M recc. ‖ 6 τοῖσιν **θ** : τοῖς M ‖ σιτίοισι **θ** : σίτοισι M ‖ 7-8 κουφοτέρην τροφὴν καὶ ὑγροτέρην Joly κουφ- καὶ ὑγρ. Erm. : κουφοτέρῃ τροφῇ (τῇ τροφῇ M) καὶ ὑγροτέρῃ **θ**M edd. ‖ 8 τοῖσι(ν) M : τοῖς **θ** ‖ 11 ὑγρά M : πικρά **θ** ‖ μέρος **θ** : -ρους M ‖ 12 ἔχει ἐν αὐτοῖσι M : ἐν αὐτοῖς ἔχει **θ** ἐν αὐτοῖσι ἔχει Jones ‖ ξηραίνει καὶ θερμ. MS : θ. καὶ ξ. **θ** ‖ 13 μέρος **θ** : -ρους M ‖ πλέον M : -εῖον **θ** ‖ θερμαίνοντα MS : θερμὰ ὄντα **θ** ‖ 16 ὅσα θερμαίνοντα **θ** : ὁκόσα δὲ διαθερμ- M ‖ 17 διούρησιν **θ** : οὔρησιν M ‖ 18 ποιέοντα **θ** : -εῦντα M ‖ 19 αὐτῶν **θ** : -έων M ‖ 20 δὲ ἐς J edd. : δ' εἰς **θ** δὲ εἰς M ‖ τὴν om. M ‖ 23 πολύχοά MS : πουλυχθα **θ**.

dispersent fort. En s'échauffant et en se dispersant, elles comblent la chaleur du corps et la calment. **7** Les substances acides, âcres, astringentes, piquantes, grossières ou sèches ne remplissent pas, parce qu'elles ouvrent et purgent l'orifice des veines ; et les unes en desséchant, d'autres en mordant et en contractant, elles font s'agiter et se ramasser en un petit volume l'humidité de la chair ; si bien qu'il se fait un grand vide dans le corps[1]. Quand donc on veut remplir avec peu ou vider avec plus, il faut user de tels aliments.

8 Tous les aliments frais donnent plus de force que les autres, pour la raison qu'ils sont plus près du vivant. Les aliments vieux ou avancés sont plus laxatifs que les frais, parce qu'ils sont plus près de la corruption[2]. Les aliments crus donnent des coliques et des renvois, parce que le ventre doit réaliser ce que le feu aurait dû faire, tout en étant plus faible que les aliments absorbés. Les plats préparés à la sauce sont fort échauffants et humides, parce que s'y mêlent des ingrédients gras, ardents, chauds et de propriétés opposées. Les préparations à la saumure ou au vinaigre sont meilleures et n'échauffent pas à ce point.

Bains.

LVII. **1** Voici ce qui en est au sujet des bains. L'eau potable humecte et refroidit, car elle donne de l'humidité au corps. Le bain salé échauffe et dessèche, car ayant par nature la chaleur, il tire l'humidité du corps. Les

1. Notons ici une trace de la mentalité qui se fait jour si clairement dans la médecine cnidienne, mais aussi ailleurs : les faits biologiques sont réduits à de purs phénomènes physiques. Les phénomènes de la vie s'expliquent par des mouvements, des courants, des pressions d'humeur ; la biologie se réduit souvent à une *physique du récipient*.

2. Cette doctrine paraît claire et définitive... à une mentalité préscientifique qui valorise inconsciemment la notion de vie et aussi celle d'excrément ; cf. G. Bachelard, *op. cit.*, p. 149 sq. ; 178 sq.

ἐστι· θερμαινόμενα δὲ καὶ διαχεόμενα πληροῖ τὸ θερμὸν ἐν τῷ σώματι καὶ γαληνίζειν ποιεῖ. **7** Τὰ δὲ ὀξέα καὶ δριμέα καὶ αὐστηρὰ καὶ στρυφνὰ καὶ συγκομιστὰ καὶ ξηρὰ οὐ πληροῖ, διότι τὰ στόματα τῶν φλεβῶν ἀνέωξέ τε καὶ διεκάθηρε· καὶ τὰ μὲν ξηραίνοντα, τὰ δὲ δάκνοντα καὶ στύφοντα, φρῖξαι καὶ συστῆναι ἐς ὀλίγον ὄγκον ἐποίησε τὸ ὑγρὸν τὸ ἐν τῇ σαρκί· καὶ τὸ κενὸν πολὺ ἐγένετο ἐν τῷ σώματι. Ὅταν οὖν βούλῃ ἀπ' ὀλίγων πληρῶσαι ἢ ἀπὸ πλειόνων κενῶσαι, τοιούτοισι χρῆσθαι. **8** Τὰ πρόσφατα πάντα ἰσχὺν πλείω παρέχεται τῶν ἄλλων διὰ τόδε, ὅτι ἔγγιον τοῦ ζῶντός ἐστι· τὰ δὲ ἕωλα καὶ σαπρὰ διαχωρεῖ μᾶλλον τῶν προσφάτων, διότι ἔγγιον τῆς σηπεδόνος ἐστί. | 570
Τὰ δὲ ἔνωμα στροφώδεα καὶ ἐρευγματώδεα, διότι ἃ δεῖ τῷ πυρὶ κατεργασθῆναι, ταῦτα ἡ κοιλίη διαπρήσσεται ἀσθενεστέρη ἐοῦσα τῶν ἐσιόντων. Τὰ δὲ ἐν τοῖσιν ὑποτρίμμασιν ὄψα σκευαζόμενα καυσώδεα καὶ ὑγρά, ὅτι λιπαρὰ καὶ πυρώδεα καὶ θερμὰ καὶ ἀνομοίους τὰς δυνάμιας ἀλλήλοισιν ἔχοντα ἐν τῷ αὐτῷ ἵζει. Τὰ δὲ ἐν ἅλμῃ ἢ ὄξει βελτίω καὶ οὐ καυσώδεα.

LVII. **1** Περὶ δὲ λουτρῶν ὧδε ἔχει· ὕδωρ πότιμον ὑγραίνει καὶ ψύχει, δίδωσι γὰρ τῷ σώματι ὑγρασίην· τὸ δὲ ἁλμυρὸν λουτρὸν θερμαίνει καὶ ξηραίνει, φύσει γὰρ ἔχον τὸ θερμὸν ἕλκει ἀπὸ τοῦ σώματος τὸ ὑγρόν. Τὰ δὲ

2 γαληνίζειν **θ** : -νιάζειν M ‖ δὲ **θ** : δ' M ‖ 3 στρυφνὰ M : τρυφερὰ **θ** ‖ συγκόμιστα M : δυσκ- **θ** ‖ 4 διότι M : διὰ **θ** ‖ 5 alt. καὶ M : τὰ δὲ **θ** ‖ 6 συστῆναι **θ** : -σαι M ‖ ὄγκον ἐποίησε(ν) **θ** : ἐπ- ὄγ- M ‖ 7 κενὸν MS : ἐμὸν **θ** ‖ πολὺ **θ**E : πουλὺ M ‖ 8 ὅταν **θ** : ὁκόταν M ‖ 9 τοιούτοισι **θ** : τοῖσι τοιούτ- M ‖ 10 παρέχεται πλείω **θ** ‖ 11 δὲ **θ** : δ' M ‖ 13 στροφώδεα S : στροφοδεα **θ** τροφώδεα M ‖ ἐρευγματώδεα **θ** Ilberg : ἐρευγμώδεα ἐστὶ M ‖ ἃ om. M ‖ 14 κατεργασθῆναι M : -γάζεσθαι **θ** ‖ 14-15 ἀσθενεστέρη **θ** : -α M ‖ 15 δὲ recc. : δ' **θ**MHEK ‖ τοῖσιν M : τοῖς **θ** ‖ 17 ἀνομοίους E recc. : -ας MHIJK -α **θ** ‖ τὰς M : ἐς τὰς **θ** ‖ post ἀλλήλοισιν add. αὖτις **θ** ‖ 18 αὐτῷ **θ**EH : -έῳ M ‖ δὲ recc. : δ' **θ**MHEK ‖ ἢ ὄξει om. M ‖ 22 δὲ M : δ' **θ** ‖ 23 ἔχον τὸ θερμὸν **θ** : ἔχον θερμὸν MHEIJKQ' ἐὸν θερμὸν recc. θερμὸν Jones.

bains chauds, à jeun, amaigrissent et refroidissent, car par leur chaleur ils enlèvent au corps son humidité ; et la chair vidée de son humidité, le corps se refroidit ; après repas, ils échauffent et humectent, en dispersant en un plus grand volume l'humidité déjà présente dans le corps. **2** Les bains froids ont l'effet contraire[1] : au corps à jeun, ils donnent de la chaleur et de l'humidité ; après un repas, ils en enlèvent au corps qui est humide et, comme ils sont froids, ils le remplissent de la sécheresse qui est en eux. S'abstenir de bain dessèche, puisque l'humidité se consume ; de même, s'abstenir d'onctions[2].

Onction, soleil, froid, coït.

LVIII. **1** L'onction échauffe, humecte et amollit. Le soleil et le feu dessèchent ; voici pourquoi : étant chauds et secs, ils tirent l'humidité du corps. L'ombre et les froids modérés humectent, car ils donnent plus qu'ils ne prennent. Toutes les sueurs, en sortant, amaigrissent et dessèchent, car l'humidité quitte le corps. **2** Le coït amaigrit, humecte et échauffe ; il échauffe à cause de l'exercice et de la sécrétion d'humidité ; il amaigrit par l'évacuation et il humecte par ce qui reste dans le corps de la fonte[3] (des chairs) produite par l'exercice.

Vomissements provoqués.

LIX. **1** Les vomissements amaigrissent par l'évacuation de la nourriture, mais ils ne dessèchent pas, à moins que le lendemain on n'applique un traitement

1. Le texte des manuscrits est corrompu, mais il suffit d'une petite retouche pour retrouver la doctrine si claire de l'auteur ; Van der Linden et Ermerins l'ont bien vu.

2. On se demande comment les éditeurs ont pu imprimer le barbarisme ἀνηλειψίη, alors que les manuscrits donnent toujours ἀναλ- et que l'α est bref.

3. Cette notion est assez courante dans le *Corpus hippocratique* ; elle réapparaît ici même LX, 1 et au livre III ; cf. ch. LXXVIII, 2.

θερμὰ λουτρὰ νῆστιν μὲν ἰσχναίνει καὶ ψύχει· φέρει γὰρ ἀπὸ τοῦ σώματος τὸ ὑγρὸν τῇ θερμασίῃ· κενουμένης δὲ τῆς σαρκὸς τοῦ ὑγροῦ, ψύχεται τὸ σῶμα· βεβρωκότα δὲ θερμαίνει καὶ ὑγραίνει, διαχέοντα τὰ ὑπάρχοντα ἐν τῷ σώματι ὑγρὰ ἐς πλείονα ὄγκον. **2** Ψυχρὰ δὲ λουτρὰ τοὐναντίον· κενῷ μὲν τῷ σώματι δίδωσι θερμόν τι καὶ ὑγρόν· βεβρωκότος δὲ ἀφαιρεῖ ὑγροῦ ἐόντος, καὶ πληροῖ ψυχρὸν ἐὸν τοῦ ὑπάρχοντος ξηροῦ. Ἀλουσίη ξηραίνει καταναλισκομένου τοῦ ὑγροῦ, καὶ ἀναλειψίη ὡσαύτως.

LVIII. **1** Λίπος δὲ θερμαίνει καὶ ὑγραίνει καὶ μαλάσσει. Ἥλιος δὲ καὶ πῦρ ξηραίνει διὰ τάδε· θερμὰ ἐόντα καὶ ξηρὰ ἕλκει ἐκ τοῦ σώματος τὸ ὑγρόν. Σκιὴ δὲ καὶ ψύχεα τὰ μέτρια ὑγραίνει· δίδωσι γὰρ μᾶλλον ἢ λαμβάνει. Ἱδρῶτες πάντες ἀπιόντες καὶ ἰσχναίνουσι καὶ ξηραίνουσι | 572 ἐκλείποντος τοῦ ὑγροῦ ἐκ τοῦ σώματος. **2** Λαγνείη ἰσχναίνει καὶ ὑγραίνει καὶ θερμαίνει· θερμαίνει μὲν διὰ τὸν πόνον καὶ τὴν ἀπόκρισιν τοῦ ὑγροῦ, ἰσχναίνει δὲ διὰ τὴν κένωσιν, ὑγραίνει δὲ διὰ τὸ ὑπολειπόμενον ἐν τῷ σώματι τῆς συντήξιος τῆς ὑπὸ τοῦ πόνου.

LIX. **1** Ἔμετοι ἰσχναίνουσι διὰ τὴν κένωσιν τῆς τροφῆς, οὐ μέντοι ξηραίνουσιν, ἢν μή τις τῇ ὑστεραίῃ θερα-

1 (et 5) λουτρὰ M : λοετρὰ **θ** ‖ 2 δὲ M : γὰρ **θ** ‖ 4 τὰ om. **θ** ‖ ὑπάρχοντα **θ**S : ὑπερέχοντα M ‖ 6 *καὶ* ὑγρὸν Joly : *καὶ* ψυχρὸν EH²KL ὑγρὸν Lind. ψυχρὸν MS recc. ψυχρὸν ἐὸν **θ** ὑγρὰ ἐόντα Erm. ‖ 7 βεβρωκότος **θ** : -κότι M ‖ ἀφαιρεῖ **θ** : -έεται M ‖ ὑγροῦ M : θερμοῦ **θ**S ‖ 7-8 ψυχρὸν εον M : ψυχροῦ ἐόντος **θ** ‖ 9 ἀναλειψίη **θ** (-λιψίη) : ἀναληφίη MH ἀναλειφίη recc. ἀνηλειψίη edd. ‖ 10 λίπος **θ** : λίπει M ‖ δὲ om. **θ** ‖ 12 τὸ ὑγρόν M : τὰ ὑγρά **θ** ‖ σκιὴ **θ** : -ὰ M ‖ ψύχεα M : -χη **θ** ‖ 13 τὰ om. **θ** ‖ 14 ἰσχναίνουσι καὶ ξ. **θ**S : ξ. καὶ ἰσχν- M ‖ 16 ὑγραίνει καὶ θερμαίνει MS : θ. καὶ ὑ. **θ** ‖ 17 ὑγροῦ L Zwing.[m] Lind. edd. : ψυχροῦ **θ**M ‖ 18 ὑπολειπόμενον M : λειπ- **θ** ‖ 19 alt. τῆς om. M ‖ 20 post ἔμετοι add. δὲ **θ** ‖ 20-21 τροφῆς MS : σαρκὸς τρ- **θ** ‖ 21 θεραπεύῃ M : -σῃ θ.

approprié ; ils humectent plutôt à cause de la plénitude et de la fonte des chairs provoquée par l'effort. Mais si le lendemain on laisse se consumer ce liquide pour la nourriture de la chaleur et que l'on augmente peu à peu l'alimentation, ils dessèchent. **2** Le vomissement dégage le ventre constipé et resserre le ventre qui évacue plus[1] qu'il ne faut, humectant l'un, retenant l'autre. Si donc on veut resserrer, il faut vomir au plus vite après avoir mangé, avant que l'aliment, étant humide, ne soit emporté vers le bas, et recourir davantage à des aliments piquants et resserrants. Si on veut par contre dégager le ventre, il est utile de retenir la nourriture le plus longtemps possible (dans l'estomac) et de recourir à des aliments et boissons âcres, salés, gras et doux.

Sommeil, insomnie, inaction, activité, un seul repas.

LX. **1** Le sommeil, à jeun, s'il n'est pas long, amaigrit et refroidit, en vidant le corps de son humidité ; mais s'il est prolongé, en échauffant, il fond la chair, relâche le corps et l'affaiblit. Après repas, en échauffant, il humecte, répandant la nourriture dans le corps. C'est après les promenades du matin que le sommeil dessèche le plus. **2** L'insomnie pendant la digestion est nuisible, car elle empêche l'aliment de se fondre ; à jeun, elle provoque un certain amaigrissement, mais est moins nuisible. L'inaction humecte et affaiblit le corps, car l'âme, étant immobile, ne consume pas l'humidité du corps[2]. L'exer-

1. Les linguistes seraient-ils d'avis de maintenir διαχωροῦσαν, comme le font par inadvertance les éditeurs, au nom d'une certaine plasticité de la langue et de l'accord des manuscrits? Nous ne croyons pas que ce soit possible.

2. Ce passage est important en ce qui concerne la conception de l'âme chez notre auteur. Au livre IV, ch. LXXXVI, l'inaction du corps sera considérée au contraire du point de vue de l'âme elle-même.

πεύῃ ὀρθῶς, ἀλλ' ὑγραίνουσι μᾶλλον διὰ τὴν πλήρωσιν καὶ διὰ τὴν σύντηξιν τῆς σαρκὸς τὴν ὑπὸ τοῦ πόνου· ἢν δέ τις ἐάσῃ ταῦτα καταναλωθῆναι τῇ ὑστεραίῃ ἐς τὴν τροφὴν τῷ θερμῷ, καὶ τῇ διαίτῃ ἡσύχως προσαγάγῃ, ξηραίνουσιν. **2** Κοιλίην δὲ συνεστηκυῖαν διαλύει ἔμετος, καὶ διαχωρέουσαν μᾶλλον τοῦ καιροῦ ἵστησι, τὴν μὲν διυγραίνων, τὴν δὲ ἀντισπῶν· Ὁκόταν μὲν οὖν στῆσαι βούλῃ, τὴν ταχίστην φαγόντα χρὴ ἐμεῖν, πρὶν ἂν ὑγρὸν ἐὸν τὸ σιτίον καταβιβασθῇ κάτω, καὶ τοῖσι στρυφνοῖσι καὶ τοῖσιν αὐστηροῖσι σιτίοισι μᾶλλον χρῆσθαι· ὁκόταν δὲ λῦσαι τὴν κοιλίην βούλῃ, ἐνδιατρίβειν ἐν τοῖσι σιτίοισιν ὡς πλεῖστον χρόνον συμφέρει, καὶ τοῖσι δριμέσι καὶ ἁλμυροῖσι καὶ λιπαροῖσι καὶ γλυκέσι σιτίοισι καὶ πόμασι χρῆσθαι.

LX. **1** Ὕπνοι δὲ νῆστιν μὲν ἰσχναίνουσι καὶ ψύχουσιν, ἢν μὴ μακροὶ ἔωσι, κενοῦντες τοῦ ὑπάρχοντος ὑγροῦ· ἢν δὲ μακροὶ ἐῶσι μᾶλλον, ἐκθερμαίνοντες συντήκουσι τὴν σάρκα, καὶ διαλύουσι τὸ σῶμα, καὶ ἀσθενὲς ποιέουσι· βεβρωκότα δὲ θερμαίνοντες ὑγραίνουσι, τὴν τροφὴν ἐς τὸ | 574
σῶμα διαχέοντες· ἀπὸ δὲ τῶν ὀρθρίων περιπάτων ὕπνος μάλιστα ξηραίνει. **2** Ἀγρυπνίη δὲ ἐν μὲν τοῖσι σιτίοισι βλάπτει, οὐκ ἐῶσα τὸ σιτίον τήκεσθαι· ἀσίτῳ δὲ ἰσχνασίην μέν τινα δίδωσι, βλάπτει δὲ ἧσσον. Ῥᾳθυμίη ὑγραίνει καὶ ἀσθενὲς τὸ σῶμα ποιεῖ. Ἀτρεμίζουσα γὰρ ἡ ψυχὴ οὐκ ἀναλίσκει τὸ ὑγρὸν ἐκ τοῦ σώματος· πόνος δὲ ξηραίνει καὶ

1 ἀλλ' **θ** recc. : ἀλλὰ MHEK ‖ μᾶλλον **θ**S : om. M ‖ πλήρωσιν M : πίκρωσιν **θ** Erm. ‖ 3 καταναλωθῆναι M : ἀναλ- **θ** ‖ 4 προσαγάγῃ **θ** : προσάγει M ‖ 5 διαλύει **θ** : λύει M ‖ 6 διαχωρέουσαν **θ** : -οῦσαν M ‖ 7 ἀντισπῶν **θ**S : ξηραίνων H[2] recc. Littré (om. τὴν δὲ ἀντισπῶν MH) ‖ βούλῃ **θ** : βούληται M ‖ 8 ἐμεῖν **θ** : ἐξεμέειν M ‖ ἂν **θ** recc. : om. MHEK ‖ 8-9 ὑγρὸν ἐὸν τὸ σιτίον καταβιβασθῇ **θ** : διυγρανθῆναι τὸν σῖτον καὶ κατασπασθῆναι M ‖ 10 ὁκόταν M : ὅταν **θ** ‖ 11 βούλῃ **θ** : βούληται M ‖ 13 σιτίοισι **θ** : καὶ τοῖσι σιτ- M ‖ 14 καὶ ψύχουσιν MS : om. **θ** ‖ 15 μακροὶ ἐῶσι **θ**S : om. M ‖ 17 post σῶμα add. διαχέοντες M ‖ 21 ἀσίτῳ **θ** : ἀσίτοισι M ‖ 22 δίδωσι **θ** : παραδ- M.

cice dessèche et fortifie le corps. **3** Ne faire qu'un repas par jour amaigrit, dessèche et resserre le ventre, parce que l'humidité du ventre et de la chair est consumée par la chaleur de l'âme. Ajouter le déjeuner entraîne des effets opposés. L'eau bue chaude amaigrit en tout et l'eau froide aussi. Le froid excessif de l'air, des aliments et de la boisson solidifie l'humide dans le corps et resserre le ventre par refroidissement et solidification ; car il l'emporte sur l'humidité de l'âme. **4** Les excès de chaleur solidifient aussi de leur côté, au point qu'il n'y a plus dispersion de l'humide dans le corps. Tout ce qui échauffe sans nourrir et vide la chair de son humidité sans donner dans l'excès, produit en l'homme un refroidissement : en effet, au fur et à mesure que l'humidité existante s'épuise, le corps, se remplissant de l'air extérieur, se refroidit.

Exercices naturels.

LXI. **1** Quant aux exercices, voici comment il faut distinguer[1] leurs propriétés. Il y en a de naturels et d'autres violents. Les naturels sont l'exercice de la vue, de l'ouïe, de la voix, de la pensée[2]. Voici la propriété de la vue : en faisant attention à ce qu'elle voit, l'âme se meut et s'échauffe ; en s'échauffant, elle se dessèche, l'humidité s'épuisant. Par l'ouïe, quand un bruit lui arrive, l'âme s'agite et travaille. En travaillant, elle s'échauffe

1. Seuls les *deteriores* présentent la variante διηγήσομαι, admise par Littré et, ce qui est plus étonnant, par Jones. Ermerins, ici encore, a mieux choisi.

2. Le lecteur doit faire abstraction de toute conception spiritualiste s'il veut comprendre la « psychologie » de notre auteur, purement matérialiste. La théorie qui affleure dans le *Régime*, M. Jouanna y reviendra, est transposée par Platon dans le *Timée*.

τὸ σῶμα ἰσχυρὸν ποιεῖ. **3** Μονοσιτίη ἰσχναίνει καὶ ξηραίνει καὶ τὴν κοιλίην ἵστησι, διότι τῷ τῆς ψυχῆς θερμῷ τὸ ὑγρὸν ἐκ τῆς κοιλίης καὶ τῆς σαρκὸς καταναλίσκεται· ἄριστον δὲ τἀναντία διαπρήσσεται μονοσιτίῃ. Ὕδωρ πόμα θερμὸν ἰσχναίνει πάντα, καὶ ψυχρὸν ὡσαύτως. Τὸ δὲ ὑπερβάλλον ψυχρὸν καὶ πνεῦμα καὶ σιτίον καὶ ποτὸν πήγνυσι τὸ ὑγρὸν τὸ ἐν τῷ σώματι καὶ τὰς κοιλίας συνίστησι τῇ ψύξει καὶ πήξει· κρατεῖ γὰρ τοῦ τῆς ψυχῆς ὑγροῦ. **4** Καὶ τοῦ θερμοῦ δὲ αἱ ὑπερβολαὶ πηγνύουσι οὕτως ὥστε μὴ διάχυσιν ἔχειν. Ὅσα δὲ θερμαίνοντα τὸ σῶμα, τροφὴν μὴ διδόντα, κενοῖ τοῦ ὑγροῦ τὴν σάρκα μὴ ὑπερβολὴν ποιέοντα, πάντα ψύξιν τῷ ἀνθρώπῳ παραδίδωσι· κενουμένου γὰρ τοῦ ὑπάρχοντος ὑγροῦ, πνεύματος ἐπακτοῦ πληρούμενον ψύχεται.

LXI. **1** Περὶ δὲ τῶν πόνων ἥντινα ἔχουσι δύναμιν ὧδε χρὴ γινώσκειν. Εἰσὶ γὰρ οἱ μὲν κατὰ φύσιν, οἱ δὲ διὰ βίης· οἱ μὲν οὖν κατὰ φύσιν αὐτῶν εἰσιν ὄψιος πόνος, ἀκοῆς, φωνῆς, μερίμνης. Ὄψιος μὲν οὖν δύναμις τοιήδε· προσέχουσα ἡ ψυχὴ τῷ ὁρεομένῳ κινεῖται καὶ θερμαίνεται· θερμαινομένη δὲ ξηραίνεται, κενουμένου τοῦ ὑγροῦ. Διὰ δὲ τῆς ἀκοῆς ἐσπίπτοντος τοῦ ψόφου σείεται ἡ ψυχὴ καὶ

2 κοιλίην **θ** recc. : κ. δὲ MHK ‖ 3 καταναλίσκεται M : -κει **θ** ‖ 4 τἀναντία M : τὰ ἐν- **θ** ‖ μονοσιτίῃ **θ**MHK : τῇ μον- recc. ‖ πόμα M : πολὺ **θ** ‖ 5 post ἰσχναίνει add. δὲ M ‖ δὲ recc. : δ' **θ**MHEK ‖ 7 alt. τὸ FG edd. : τῷ **θ**M recc. ‖ 8 τῇ ψύξει καὶ πήξει MHEK**θ** (τῇ πήξει) : τῇ π. καὶ ψ. recc. ‖ 9 δὲ **θ**M : δὲ πάλιν recc. ‖ οὕτως ὥστε μὴ **θ**M recc. : καὶ τοσοῦτον ὡς μὴ FGIJ Littré καὶ οὕτως ὥστε μὴ Jones ‖ 10 ὅσα **θ** : ὁκόσα M ‖ μὴ **θ** : μὴ δ' M μήδ' Littré ‖ 12 πάντα om. M ‖ 12-13 κενουμένου **θ** : κιν- M ‖ 13-14 πληρούμενον M recc. Erm. : -εύμενον **θ** edd. ‖ 15 ἔχουσι **θ**K : ἔχωσι M ‖ 15-16 ὧδε χρὴ γινώσκειν **θ** (γιγν-) MHEKP'Q' Erm. : διηγήσομαι recc. ‖ 17 βίης M : -ας **θ** ‖ ὄψιος M : οἱ δὲ ὄψιος **θ** ‖ 18 τοιήδε **θ** : τοιαύτη M ‖ 19 ἡ ψυχὴ **θ** : ψυχῇ M ‖ ὁρεομένῳ M : ὁρατῷ **θ** ‖ 20 κενουμένου **θ**MHEK : κινουμένου J κενωμένου G κεκενωμένου recc. ‖ 21 ἐσπίπτοντος M : εἰσπ- **θ** ‖ σείεται M : εἴεται **θ**.

et se dessèche. **2** Toutes les pensées d'un homme agitent son âme, l'échauffent et la dessèchent ; en consumant l'humidité, elle travaille, vide les chairs et amaigrit le corps. Tous les exercices de la voix, discours, lecture ou chant, agitent l'âme, qui, par son agitation, s'échauffe, se dessèche et consume l'humidité.

Promenades.

LXII. **1** Les promenades sont naturelles et même beaucoup plus que les autres exercices qu'il nous reste à examiner, mais elles ont déjà quelque chose de violent. Voici les propriétés de chaque espèce de promenades. La promenade après dîner dessèche le ventre et le corps et ne laisse pas l'estomac s'engraisser[1], pour les raisons suivantes : l'homme se donnant du mouvement, les aliments et le corps s'échauffent ; la chair attire donc le liquide qu'elle empêche de s'accumuler autour du ventre ; le corps se remplit donc et le ventre maigrit. **2** Et voici pourquoi il y a dessiccation : comme le corps se meut et s'échauffe, ce qu'il y a de plus léger dans la nourriture se consume ; une part est consumée par la chaleur innée[2] ; une autre est chassée au dehors par l'air expiré, une autre passe dans l'urine ; il ne reste dans le corps que la part la plus sèche des aliments, si bien que le ventre et la chair se dessèchent. **3** Les promenades

1. La traduction latine rend cette idée d'une façon fort approximative : *neque permittit sanguinem increscere* (Rose, p. 156, 21), mais elle se situe nettement malgré tout du côté de **θ** contre M.

2. Cette notion, et l'expression elle-même, jouera un grand rôle dans la biologie d'Aristote. Cf. Fr. Solmsen, *The vital heat, the inborn pneuma and the aether*, The Journal of Hellenic Studies, t. 77, 1957, p. 119-123.

πονεῖ, | πονέουσα δὲ θερμαίνεται καὶ ξηραίνεται. **2** Ὅσα 576
μεριμνᾷ ἄνθρωπος, κινεῖται ἡ ψυχὴ ὑπὸ τούτων καὶ θερμαίνεται καὶ ξηραίνεται, καὶ τὸ ὑγρὸν καταναλίσκουσα πονεῖ, καὶ κενοῖ τὰς σάρκας, καὶ λεπτύνει τὸν ἄνθρωπον. Ὁκόσοι δὲ πόνοι φωνῆς, ἢ λέξιες ἢ ἀναγνώσιες ἢ ᾠδαί, πάντες οὗτοι κινέουσι τὴν ψυχήν· κινεομένη δὲ θερμαίνεται καὶ ξηραίνεται, καὶ τὸ ὑγρὸν καταναλίσκει.

LXII. **1** Οἱ δὲ περίπατοι κατὰ φύσιν μέν εἰσι, καὶ οὗτοι μάλιστα τῶν λοιπῶν, ἔχουσι δέ τι βίαιον. Δύναμις δὲ αὐτῶν ἑκάστων ἐστὶ ποιήδε· ὁ ἀπὸ δείπνου περίπατος ξηραίνει τήν τε κοιλίην καὶ τὸ σῶμα, καὶ τὴν γαστέρα οὐκ ἐᾷ πίειραν γίνεσθαι διὰ τάδε· κινευμένου τοῦ ἀνθρώπου, θερμαίνεται τὰ σιτία καὶ τὸ σῶμα· ἕλκει οὖν τὴν ἰκμάδα ἡ σάρξ, καὶ οὐκ ἐᾷ περὶ τὴν κοιλίην συνίστασθαι· τὸ μὲν οὖν σῶμα πληροῦται, ἡ δὲ κοιλίη λεπτύνεται. **2** Ξηραίνεται δὲ διὰ τάδε· κινευμένου τοῦ σώματος καὶ θερμαινομένου, τὸ λεπτότατον τῆς τροφῆς καταναλίσκεται, τὸ μὲν ὑπὸ τοῦ συμφύτου θερμοῦ, τὸ δὲ σὺν τῷ πνεύματι ἀποκρίνεται ἔξω, τὸ δὲ καὶ διουρεῖται· ὑπολείπεται δὲ τὸ ξηρότατον ἀπὸ τῶν σιτίων ἐν τῷ σώματι, ὥστε τὴν κοιλίην ἀποξηραίνεσθαι καὶ τὴν σάρκα. **3** Οἱ δὲ ὄρθριοι περίπατοι ἰσχ-

1 πονεῖ **θ** : ἀπονέει M ‖ 1-2 ὅσα — ψυχὴ **θ** (ὅσα δὲ) : ὁκόσα ἐν μερίμνῃ ἀνθρώποισι γίνεται ἡ ψυχὴ καὶ M ‖ 2 καὶ **θ** : ante ὑπὸ transtulit M ‖ 4 κενοῖ... λεπτύνει **θ**S : κ... λ. M ‖ 5 λέξιες — ᾠδαί **θ** : singulariter M ‖ 6 κινεομένη **θ** : -ουμένη M ‖ 6-7 θερμ· καὶ ξηρ· **θ**S : ξ. καὶ θ. M ‖ 7 καταναλίσκει M : ἀναλ- **θ** ‖ 9 alt. δὲ recc. : δ' **θ**MHEK ‖ 10 αὐτῶν **θ** : -έων M ‖ ἑκάστων **θ** : ἐστι M ‖ ὁ H² recc. : om. **θ**MH ‖ 11 τε M : γε **θ** ‖ 12 πίειραν **θ**(S?) : πιερὴν L Zwing.ᵐ πικρὴν M recc. ‖ τάδε M : τόδε **θ** ‖ κινευμένου **θ** : -ουμένου M ‖ 13 τὰ σιτία καὶ τὸ σῶμα **θ** : καὶ τὸ σῶμα καὶ τὰ σ. M ‖ 14 περὶ τὴν **θ** : πιερὴν LS Zwing.ᵐ πικρὴν M recc. ‖ συνίστασθαι **θ** : ξ. M ‖ 16 κινευμένου **θ** : -ουμένου M ‖ τοῦ om. **θ** ‖ 17 pr. τὸ **θ** : τὸ δὲ M ‖ ὑπὸ **θ** : ἀπὸ M ‖ 18 συμφύτου **θ** : ξ. M ‖ 19 διουρεῖται edd. : διουραίεται **θ** οὐρέεται M ‖ 20 ἐν τῷ σώματι **θ** : om. MS ‖ 21 καὶ om. M ‖ post σάρκα add. *extenuantur* (= ἰσχναίνεσθαι) S ‖ Οἱ δὲ **θ** Ilberg : Καὶ οἱ M.

matinales amaigrissent et rendent toute la région de la tête légère et alerte[1], l'ouïe fine, et dégagent le ventre. Elles amaigrissent parce que le corps qui se meut s'échauffe et que l'humidité diminue et s'évacue, une partie par la respiration, une autre quand on se mouche et quand on crache ; une autre encore est consumée comme nourriture pour la chaleur de l'âme. Elles dégagent le ventre parce que l'air froid pénètre d'en haut dans le ventre chaud et qu'alors, la chaleur cède devant le froid. **4** Elles allègent la région de la tête pour les raisons suivantes : quand il se vide, le ventre, parce qu'il est chaud, attire à lui l'humidité du corps et en particulier de la tête ; et la tête se vidant, la vue et l'ouïe se purifient et on devient alerte. — Les promenades après exercice purgent et amaigrissent le corps, car elles empêchent de se rassembler et de se durcir les chairs fondues par l'exercice, et les évacuent.

Courses.

LXIII. **1** Les courses de fond[2] augmentées peu à peu, peuvent, en échauffant la chair, la cuire et la dissoudre ; elles digèrent la force des aliments qui est dans la chair ; elles rendent le corps plus lent et plus fort que les courses simples. Elles sont plus utiles aux gros mangeurs, et en hiver plus qu'en été.

1. Nous adoptons εὐαγής dans le sens de « souple, agile », mais un autre εὐαγής, venant de ἄγος, signifie « pur », et non toujours dans un sens religieux : il pourrait peut-être convenir ici.

2. Ce paragraphe consacré aux courses est le plus difficile de ce catalogue. La terminologie utilisée n'a pas toujours de parallèles attestés et la tradition manuscrite est certainement fautive en plusieurs endroits. Nous croyons que les courses sont énumérées ici dans l'ordre de longueur décroissante ; cf. *Recherches*, p. 116 sq. Parmi tant d'études consacrées au sport grec et même en particulier aux courses, seul J. Juethner, *Philostratos. Ueber Gymnastik*, Leipzig-Berlin, 1909, s'occupe rapidement, p. 34, mais efficacement, de ce passage du *Régime*.

ναίνουσι, καὶ τὰ περὶ τὴν κεφαλὴν κοῦφά τε καὶ εὐαγέα καὶ εὐήκοα παρασκευάζουσι, καὶ τὴν κοιλίην λύουσιν· ἰσχναίνουσι μὲν ὅτι κινεύμενον τὸ σῶμα θερμαίνεται, καὶ τὸ ὑγρὸν λεπτύνεται καὶ καθαίρεται, τὸ μὲν ὑπὸ τοῦ πνεύματος, τὸ δὲ μύσσεται καὶ χρέμπτεται, τὸ δὲ ἐς τὴν τροφὴν τῷ τῆς ψυχῆς θερμῷ καταναλί|σκεται· τὴν δὲ κοιλίην 578 **λύουσι, διότι θερμῇ ἐούσῃ τοῦ ψυχροῦ πνεύματος ἐπεσπίπτοντος ἄνωθεν, ὑποχωρεῖ τὸ θερμὸν τῷ ψυχρῷ. 4 Κοῦφα δὲ τὰ περὶ τὴν κεφαλὴν ποιεῖ διὰ τάδε· ὅταν κενωθῇ ἡ κοιλίη, ἕλκει ἐς ἑωυτὴν ἔκ τε τοῦ ἄλλου σώματος καὶ ἐκ τῆς κεφαλῆς τὸ ὑγρὸν θερμὴ ἐοῦσα. Κενουμένης δὲ τῆς κεφαλῆς, ἀποκαθαίρεται ἥ τε ὄψις καὶ ἡ ἀκοή· καὶ γίνεται εὐαγής. Οἱ δὲ ἀπὸ τῶν γυμνασίων περίπατοι καθαρὰ τὰ σώματα παρασκευάζουσι καὶ ἰσχνά, οὐκ ἐῶντες τὴν σύντηξιν τῆς σαρκὸς τὴν ὑπὸ τοῦ πόνου συνίστασθαι, ἀλλ' ἀποκαθαίρουσι.**

LXIII. **1 Τῶν δὲ δρόμων δύνανται οἱ μὲν καμπτοὶ καὶ μακροί, ἐξ ὀλίγου προσαγόμενοι, θερμαίνοντες τὴν σάρκα συνέψειν καὶ διαχεῖν, καὶ τῶν σίτων τὴν δύναμιν τὴν ἐν τῇ σαρκὶ καταπέσσουσι, βραδύτερά τε καὶ παχύτερα τὰ σώματα παρασκευάζουσι τῶν τρόχων· τοῖσι δὲ πολλὰ ἐσθίουσι συμφορώτεροι, καὶ χειμῶνος μᾶλλον ἢ θέρεος.**

1 τε καὶ EFG : καὶ **θ**JK τὰ MHI ‖ εὐαγέα edd. : εὐπαγέα M εὐπαγῆ **θ** ‖ 3 ὅτι **θ** : διότι M ‖ κινεύμενον Jones : κεινούμενον **θ** κενούμενον M ‖ 5 μύσσεται **θ** : μυττ- M recc. βήττεται EKQ′ βύττεται Zwing.[m] ‖ δὲ **θ** : δ' M ‖ 7 θερμῇ ἐούσῃ Jones : θερμὴ ἐοῦσα **θ**M ‖ 7-8 ἐπεσπίπτοντος **θ** (ἐπισπ-) : ἐσπιπτ- M ‖ 9 ὅταν M : ὁκόταν **θ** ‖ 10 ἐς ἑωυτὴν M : ἐφ' ἑωυτῇ **θ** ‖ τε om. M ‖ ἐκ om. M ‖ 12-13 καὶ γίνεται εὐαγής **θ** : pluraliter M ‖ 13 δὲ **θ**FP′Q′ : δ' M recc. ‖ καθαρὰ M : καθαρώτατα **θ** ‖ 14 ἰσχνά **θ** : ἰσχναίνουσιν M ‖ 17 δύνανται **θ** : γίνονται M ‖ 17-18 καμπτοὶ καὶ μακροὶ **θ** : μ. καὶ κ. M (μὴ καμπτοὶ Zwing.[m] Jones ; ἄκαμπτοι Zwing.[m] Lind.) ‖ 19 post διαχεῖν add. δύνανται M ‖ 20 καταπέσσουσι M : -σσει **θ** ‖ παχύτερα M : βαθύτερα **θ** ‖ 21 τρόχων Jones : τροχῶν **θ**M (quod verbum ubique ita est restituendum) ‖ τοῖσι M : τοῖς **θ** ‖ πολλὰ **θ** : τὰ πολλὰ M.

2 Les courses où l'on garde ses vêtements[1] ont la même propriété, mais comme elles échauffent plus vite, elles rendent le corps plus humide, mais donnent moins de couleurs, car l'air pur qui frappe (le corps vêtu) ne le purifie pas : ce dernier reste dans le même air pendant l'exercice. Cette course convient aux personnes sèches, à celles qui, atteintes d'embonpoint, veulent perdre de la chair et à celles d'un certain âge, vu le refroidissement de leur corps.

3 Les diaules et les doubles diaules[2] dissolvent moins la chair et dessèchent davantage, parce que les mouvements, concernant les parties internes de l'âme, attirent par révulsion l'humidité hors de la chair, allègent et dessèchent le corps.

Les courses simples[3] dissolvent le moins la chair, mais dessèchent et contractent le plus la chair et le ventre, parce que, provoquant une respiration très rapide, elles attirent le plus vite à elles l'humidité.

Mouvements des bras ; variétés de lutte ; friction.

LXIV. **1** Balancer les bras en mouvement brusque ne vaut rien pour des personnes sèches ; cela provoque des ruptures et voici pourquoi : le corps étant échauffé, (cet exercice) amincit fortement la peau, resserre moins la chair que la course simple et la vide de son humidité. Les mouvements d'assouplissement et les élévations des bras[4] échauffent le moins la chair, mais stimulent à la fois le corps et l'âme et les vident de l'air. **2** La lutte et la friction

1. « Les courses en habit », dit Littré, mais la formule est aujourd'hui impossible.

2. Il nous paraît certain que M a gardé la meilleure trace du vrai texte : ἵπποι, puisque ἵππιοι désigne les doubles diaules courus à pied ; cf. Euripide, *Electre*, 825 :

δισσοὺς διαύλους ἱππίους διήνυσεν,

Platon, *Lois*, VIII, 833 b 1 ; d 1, et nos *Recherches*, p. 118 et n. 1 et 2.

3. Avec Jüthner, nous estimons que les τρόχοι sont ici l'équivalent des στάδια, courses simples du stade (cf. *Philostratos. Ueber Gymnastik*, Leipzig-Berlin, 1909, p. 34). Les manuscrits accentuent toujours τροχοί et Littré y voyait en conséquence des courses au cerceau, mais cela est fort peu défendable ; cf. *Recherches*, p. 116-117.

4. Cf. R. Flacelière, *La vie quotidienne en Grèce*, Paris, 1959 p. 137.

2 Οἱ δὲ ἐν τῷ ἱματίῳ δρόμοι τὴν μὲν δύναμιν τὴν αὐτὴν ἔχουσι, θᾶσσον δὲ διαθερμαίνοντες ὑγρότερα τὰ σώματα ποιέουσιν, ἀχροώτερα δέ, διότι οὐκ ἀποκαθαίρει προσπῖπτον τὸ πνεῦμα τὸ εἰλικρινές, ἀλλ' ἐν τῷ αὐτῷ ἐγγυμνάζεται πνεύματι· συμφέρει οὖν καὶ τοῖσι ξηροῖσι καὶ τοῖσι πολυσάρκοισιν, ὅστις καθελεῖν τὴν σάρκα βούλεται, καὶ τοῖσι πρεσβυτέροισι διὰ ψύξιν τοῦ σώματος. **3** Οἱ δὲ δίαυλοι καὶ οἵπερ ἵππιοι τὴν μὲν σάρκα ἧσσον διαχέουσιν, ἰσχναίνουσι δὲ μᾶλλον, διότι τοῖς ἔσω τῆς ψυχῆς μέρεσιν οἱ πόνοι ἐόντες ἀντισπῶσιν ἐκ τῆς σαρκὸς τὸ ὑγρὸν καὶ τὸ σῶμα λεπτύνουσι καὶ ξηραίνουσιν. Οἱ δὲ τρόχοι τὴν μὲν σάρκα ἥκιστα διαχέουσιν, ἰσχναί|νουσι δὲ καὶ προσ- 580
στέλλουσι τήν τε σάρκα καὶ τὴν κοιλίην μάλιστα, διότι ὀξυτάτῳ τῷ πνεύματι χρεώμενοι τάχιστα τὸ ὑγρὸν ἕλκουσιν ἐφ' ἑωυτούς.

LXIV. **1** Τὰ δὲ παρασείσματα ξηροῖσι μὲν καὶ ἐξαπίνης, ἀσύμφορα· σπάσματα γὰρ ἐμποιεῖ διὰ τόδε. Τεθερμασμένον τὸ σῶμα, τὸ μὲν δέρμα ἰσχυρῶς λεπτύνει, τὴν δὲ σάρκα ἧσσον συνίστησι τῶν τρόχων, κενοῖ δὲ τὴν σάρκα τοῦ ὑγροῦ. Τὰ δὲ ἀνακινήματα καὶ ἀνακουφίσματα τὴν μὲν σάρκα ἥκιστα διαθερμαίνει, παροξύνει δὲ καὶ τὸ σῶμα καὶ τὴν ψυχήν, καὶ τοῦ πνεύματος κενοῖ. **2** Πάλη δὲ καὶ

1 δὲ recc. : δ' **θ**MHEK ‖ 2 θᾶσσον **θ** : μᾶλλον M ‖ διαθερμαίνοντες **θ** : διαθερμαίνουσι καὶ M ‖ 3 ἀχροώτερα M : καὶ ἀχρ- **θ** ‖ 4-5 ἐγγυμνάζεται **θ** : γυμν- M ‖ 5 καὶ om. **θ** ‖ 7 διὰ ψύξιν **θ** : διαψύχειν M διὰ ψύχην Zwing.[m] ‖ 8 καὶ οἵπερ ἵππιοι Joly : καὶ ἤπειροι ἵπποι M καὶ ὑπηέριοι **θ** καὶ ὑπηέριοι ἵπποι Littré ‖ διαχέουσιν **θ** : -χέονται M ‖ 9 τοῖς **θ**M edd. ‖ ἔσω MH : εἴσω **θ** ἔξω H² recc. ‖ 10 ἐόντες Joly : ὄντες **θ**M edd. ‖ ἀντισπῶσιν M : ἀντισπῶντες **θ** ἀνασπῶσιν Zwing.[m] ‖ 12 δὲ **θ** recc. : τε MHEK ‖ 12-13 προσστέλλουσι **θ** : διαστ- M ‖ 14 χρεώμενοι Joly : χρώμενοι **θ**M edd. ‖ τάχιστα M : μάλιστα **θ** ‖ 14-15 ἕλκουσιν τὸ ὑγρὸν **θ** ‖ 16 ξηροῖσι μὲν καὶ **θ** : ξηραίνουσι μὲν M ‖ 16-17 post ἐξαπίνης add. οὐκ ἐπιτήδεια καὶ M ‖ 17 ἀσύμφορα **θ** : ἀξύμφ- M ‖ ἐμποιεῖ Jones : ἐνποιέει **θ** ἐμποιέεται M ‖ 17-18 τεθερμασμένον **θ** : διατεθ- M ‖ 21 διαθερμαίνει **θ** : -νουσι M ‖ καὶ om. M ‖ 22 κενοῖ **θ** : -νοῦσι M.

fournissent plus d'exercice aux parties extérieures du corps, échauffent la chair, la durcissent et la développent pour les raisons suivantes : par frottement, elles contractent les parties naturellement dures et développent celles qui sont creuses, comme les veines ; car les chairs échauffées et desséchées attirent à elles par les pores[1] la nourriture, puis se développent. **3** La lutte au sol a des effets analogues à ceux de la lutte ordinaire, mais dessèche plus à cause de la poussière et développe moins la chair. La lutte à la main[2] amaigrit et fait remonter les chairs ; la lutte au ballon[3] et les mouvements rythmés des bras ont des effets analogues. Retenir la respiration peut ouvrir les pores de force, amincir la peau et en faire sortir l'humidité.

Huile ou poussière ?

LXV. **1** Voici la différence entre les exercices faits dans la poussière et ceux faits le corps huilé. La poussière est froide, l'huile, chaude. En hiver, l'huile développe davantage, car elle empêche le froid de faire subir des pertes au corps ; mais en été, l'huile provoque un excès de chaleur et fond la chair échauffée aussi bien par la saison que par l'huile et l'exercice. **2** L'exercice dans la poussière développe davantage en été, car, en refroidissant le corps, il lui évite un échauffement excessif ; en hiver, par contre, il refroidit et glace. Rester peu

1. « Pores » doit être *lectio difficilior* par rapport à « veines » ; cf. I, XXXVI.

2. Forme de lutte où l'on combat avec le bout des doigts ; cf. DAREMBERG-SAGLIO, III, 2, v° *Lucta*, p. 1340² et 1341, n. 6.

3. Cf. DAREMBERG-SAGLIO, v° *Corycus* : « Sac de cuir, et plus particulièrement un sac rempli de graines, de farine ou de sable sur lequel on s'exerçait (κωρυκομαχία), soit à la manière des pancratiastes, en saisissant et en mettant peu à peu en mouvement cette masse suspendue, puis, quand elle se balançait, en employant toutes ses forces pour la pousser ou lui résister ; soit, comme les pugilistes, en la prenant pour plastron. Dans ce cas, le sac était plus petit et descendait moins bas. »

τρῖψις τοῖσι μὲν ἔξω τοῦ σώματος παρέχει τὸν πόνον μᾶλλον, θερμαίνει δὲ τὴν σάρκα καὶ στερεοῖ καὶ αὔξεσθαι ποιεῖ διὰ τάδε· τὰ μὲν στερεὰ φύσει τριβόμενα συνίστησι, τὰ δὲ κοῖλα αὔξεται, ὅσαι φλέβες εἰσί· θερμαινόμεναι γὰρ αἱ σάρκες καὶ ξηραινόμεναι ἕλκουσιν ἐφ' ἑωυτὰς τὴν τροφὴν διὰ τῶν πόρων, εἶτα αὔξονται. **3** Ἀλίνδησις παραπλήσια πάλῃ διαπρήσσεται, ξηραίνει δὲ μᾶλλον διὰ τὴν κόνιν καὶ σαρκοῖ ἧσσον. Ἀκροχειρισμὸς ἰσχναίνει καὶ τὰς σάρκας ἕλκει ἄνω, καὶ κωρυκομαχίη καὶ χειρονομίη παραπλήσια διαπρήσσεται. Πνεύματος δὲ κατάσχεσις τοὺς πόρους διαναγκάσαι καὶ τὸ δέρμα λεπτῦναι καὶ τὸ ὑγρὸν ἐκ τοῦ δέρματος ἐξῶσαι δύναται. | 582

LXV. **1** Τὰ ἐν κόνει καὶ τὰ ἐν ἐλαίῳ γυμνάσια διαφέρει τοσόνδε· κόνις μὲν ψυχρόν, ἔλαιον δὲ θερμόν· ἐν μὲν τῷ χειμῶνι τὸ ἔλαιον αὐξιμώτερον, διότι τὸ ψῦχος κωλύει φέρειν ἀπὸ τοῦ σώματος· ἐν δὲ τῷ θέρει τὸ ἔλαιον ὑπερβολὴν θερμασίης ποιέον τήκει τὴν σάρκα, ὅταν καὶ ὑπὸ τῆς ὥρης ἐκθερμαίνηται καὶ τοῦ ἐλαίου καὶ τοῦ πόνου. **2** Ἡ δὲ κόνις ἐγγυμνάζεσθαι ἐν τῷ θέρει αὐξιμώτερον· ψύχουσα γὰρ τὸ σῶμα οὐκ ἐᾷ ἐκθερμαίνεσθαι ἐς ὑπερβολήν· ἐν δὲ τῷ χειμῶνι διαψυκτικὸν καὶ κρυμνῶδες· ἐνδιατρίβειν δὲ ἐν

1 τρῖψις M : τρίψεις **θ** ‖ μὲν om. M ‖ 3 τάδε M : τόδε **θ** ‖ συνίστησι **θ** : ξ. M ‖ 4 αὔξεται **θ** recc. : add. τῆς γοῦν σαρκὸς τὸ μὲν πυκνὸν τριβόμενον ξυνίσταται· τὰ δὲ κοιλὰ αὔξεται MHQ' ‖ ὅσαι **θ** : καὶ ὁκόσαι M ‖ γὰρ M : δὲ **θ** ‖ 6 πόρων **θ** : φλεβῶν M ‖ 7 πάλη M : απαλη **θ** ‖ 8 ἀκροχειρισμὸς **θ** : ἀκροχεῖριξ M ἀκροχειρίη E² recc. (add. δ' MHK) ‖ 12 ἐκ τοῦ δέρματος **θ** : ὑπὸ τὸ δέρμα M ‖ 13 Τὰ — ἐλαίῳ **θ** : ἐν κονίῃ καὶ ἐν ἐλαίῳ M ‖ 15 ἀυξιμώτερον **θ** : αὐξημότερον M ‖ τὸ om. M ‖ 17 ποιέον Joly : ποιεῦν **θ** ποιεύμενον M ‖ ὅταν **θ** : ὁκόταν M ‖ καὶ om. **θ** ‖ 18 ἐκθερμαίνηται **θ** : θερμ- M ‖ 19 ἐγγυμνάζεσθαι **θ** : -εται M om. recc. Littré ‖ post ἐν add. δὲ M ‖ αὐξιμώτερον **θ**IP'Q' : -ος M recc. ‖ 20 ἐς ὑπερβ- ἐκθερμαίνεσθαι M ‖ 21 κρυμνῶδες **θ** : κρυμῶδες M ‖ ἐνδιατρίβειν **θ** : διατρ- M.

de temps dans la poussière après l'exercice est utile en été par le refroidissement ; mais si on y reste longtemps, cela dessèche à l'excès et rend le corps dur comme du bois. La friction à l'huile coupée d'eau amollit et empêche un échauffement considérable.

Courbatures.

LXVI. **1** Au sujet des courbatures qui se produisent dans le corps, voici ce qu'il en est. — Chez ceux qui ne s'exercent pas, les courbatures proviennent de n'importe quel exercice, car aucune partie du corps n'est entraînée à un exercice quelconque. Chez ceux qui s'exercent, les courbatures proviennent d'exercices inhabituels[1], mais aussi des exercices habituels, s'il y a eu excès. Telles sont donc les variétés des courbatures.

2 En voici maintenant les effets. Ceux qui ne s'exercent pas d'habitude ont la chair humide et, lorsqu'ils viennent à s'exercer, le corps s'échauffant, ils provoquent une fonte considérable de leur chair. Ce qui en est expulsé par la sueur ou évacué par la respiration ne cause de souffrance qu'à la partie du corps ainsi vidée insolitement. Par contre, ce qui reste de cette fonte cause de la souffrance, non seulement à la partie vidée insolitement, mais encore à celle qui a accueilli l'humeur en question ; car cette dernière n'est pas conforme, mais hostile au corps. Elle s'accumule, non pas tellement dans les parties du corps dépourvues de chairs, mais dans les parties charnues et y provoque de la douleur jusqu'à ce qu'elle en sorte. Comme elle ne circule pas, restant immobile, elle s'échauffe elle-même et ce qui vient s'y

1. La notion d'habitude joue un grand rôle dans la médecine grecque. Il est dangereux, enseigne longuement le traité du *Régime des maladies aiguës*, de modifier le régime habituel (xix sq.) ; l'*Ancienne médecine* (ch. x) est bien d'accord là-dessus. La médecine hippocratique valorise considérablement la notion d'habitude ; cf. notre analyse du *Régime des maladies aiguës* dans *Le niveau de la science hippocratique*, p. 150 sqq.

τῇ κόνει μετὰ τοὺς πόνους ἐν τῷ θέρει, ὀλίγον μὲν χρόνον ὠφελεῖ ψύχουσα, πολὺν δὲ ὑπερξηραίνει καὶ τὰ σώματα σκληρὰ καὶ ξυλώδεα ἀποδεικνύει. Τρῖψις ἐλαίου σὺν ὕδατι μαλάσσει καὶ οὐ δεινῶς ἐᾷ διαθερμαίνεσθαι.

LXVI. **1** Περὶ δὲ κόπων τῶν ἐν τοῖσι σώμασι γινομένων ὧδε ἔχει· οἱ μὲν ἀγύμναστοι τῶν ἀνθρώπων ἀπὸ παντὸς πόνου κοπιῶσιν· οὐδὲν γὰρ τοῦ σώματος διαπεπόνηται πρὸς οὐδένα πόνον· τὰ δὲ γεγυμνασμένα τῶν σωμάτων ὑπὸ τῶν ἀηθέων πόνων κοπιᾷ· τὰ δὲ καὶ ὑπὸ τῶν συνηθέων γυμνασίων κοπιᾷ, ὑπερβολῇ χρησάμενα. Τὰ μὲν οὖν εἴδεα τῶν κόπων ταῦτά ἐστιν· **2** ἡ δὲ δύναμις αὐτῶν ὧδε ἔχει· οἱ μὲν οὖν ἀγύμναστοι ὑγρὴν τὴν σάρκα ἔχοντες, ὅταν πονήσωσι, θερμαινομένου τοῦ σώματος, σύντηξιν πολλὴν ἀφιᾶσιν· ὅ τι μὲν οὖν ἂν ἐξιδρώσῃ ἢ καὶ σὺν πνεύματι ἀποκαθαρθῇ, οὐ παρέχει πόνον ἄλλον ἢ τῷ κενωθέντι τοῦ σώματος παρὰ τὸ ἔθος· ὅ τι δ' ἂν ἐμμείνῃ τῆς | συντήξιος, οὐ 584 μόνον τῷ κενωθέντι τοῦ σώματος παρὰ τὸ ἔθος παρέχει πόνον, ἀλλὰ καὶ τῷ δεξαμένῳ τὸ ὑγρόν· οὐ γάρ ἐστι σύντροφον τῷ σώματι, ἀλλὰ πολέμιον. Ἐς μὲν δὴ τὰ ἄσαρκα τῶν σωμάτων οὐ συνίσταται ὁμοίως, ἐς δὲ τὰ σαρκώδεα, ὥστε τούτοισι πόνον παρέχειν ἕως ἂν ἐξέλθῃ. Ἅτε δὴ οὐκ ἔχον περίοδον, ἀτρεμίζον ἐκθερμαίνεται αὐτό τε καὶ τὰ

1 ἐν M : ἐν δὲ **θ** ‖ 4 δεινῶς ἐᾷ M : ἐᾷ πολλὰ **θ** ‖ 5 γινομένων **θ** : ἐγγιν- M ‖ 6 ἀγύμναστοι M : -σιοι **θ** ‖ 7 κοπιῶσι M : κόπτωσιν **θ** ‖ 8 οὐδένα πόνον M : οὐδὲν ἄπονον **θ** ‖ ὑπὸ **θ**M : ἀπὸ Lind. ‖ 9 ἀηθέων Joly : ἀηθῶν **θ** ἀνεθίστων M ‖ ὑπὸ **θ** : ἀπὸ M ‖ συνηθέων Joly : συνήθων θM ‖ 10 εἴδεα M : ιδια **θ** ‖ 11 ταῦτά **θ** : τοιαῦτά M ‖ 12 οὖν om. M ‖ ὅταν **θ** : ὁκόταν M ‖ 12-13 πονήσωσι **θ** : πονῶσι M ‖ 14 ἂν ἐξιδρώσῃ **θ** : συνεξ- M ‖ πνεύματι **θ** : τῷ σώματι M ‖ 15 ἄλλον ἢ **θ** : μᾶλλον ἐν M ‖ 16 ἂν **θ** : ἣν M ‖ ἐμμείνῃ τῆς συντήξιος **θ** : ἐμμένῃ τῆς ἀποκρίσιος M ‖ 17 μόνον — ἔθος om. M ‖ 18 πόνον **θ** : τὸν π. M ‖ 18-19 σύντροφον **θ** : σύμφορον M ‖ 19 τὰ ἄσαρκα **θ** : τὰς σάρκας M ‖ 21 παρέχειν **θ** : -ει M ‖ 22 περίοδον M : πάροδον **θ** ‖ ἐκθερμαίνεται **θ** : θερμ- M.

joindre. **3** Si la sécrétion est abondante, elle domine même ce qui est sain, au point d'échauffer le corps entier et provoque une forte fièvre. Le sang s'échauffe et est attiré ; alors les éléments[1] du corps accélèrent leur révolution, le corps se purge par l'air et en particulier l'humeur accumulée, en s'échauffant, se résorbe et est chassée hors des chairs à l'extérieur, par la peau : c'est ce qu'on appelle sueur chaude. Cette sécrétion achevée, le sang revient à son mouvement normal, la fièvre tombe et la courbature cesse le plus souvent au troisième jour. **4** De telles courbatures doivent se traiter de cette façon : résorber l'humeur accumulée par des bains de vapeur et des bains chauds ; par des promenades calmes, pour faire la purgation ; en mangeant peu et en amaigrissant, raffermir les chairs vidées ; il est utile de se frotter d'huile, longtemps et doucement, pour éviter que les chairs ne s'échauffent avec violence ; de faire des onctions sudorifiques et émollientes[2] et de se coucher sur un lit souple.

5 A ceux qui s'exercent, la courbature provient d'exercices inaccoutumés pour les raisons suivantes. Quel que soit l'exercice inaccoutumé, il est fatal que la partie du corps non habituellement exercée ait une chair humide, comme est humide toute la chair de ceux qui ne s'exercent nullement. Nécessairement donc la chair

1. Le mot n'est pas dans le texte, mais la traduction s'en passe difficilement. Il en est de même, deux lignes plus bas, du mot « humeur ». L'auteur est très éloigné d'une doctrine ferme des quatre humeurs ; on en trouve une dans le traité de la *Nature de l'homme* (ch. v : le sang, le flegme, la bile jaune et la bile noire) et une autre en *Maladies IV* (ch. xxxii : le flegme, le sang, la bile et l'eau).

2. Nous suivons M, car c'est un défaut de θ d'omettre un mot de temps en temps. Mais on ne saurait atteindre la certitude en ces matières, car il arrive aussi que M incorpore des additions !

προσπίπτοντα· **3** ἢν μὲν οὖν πολὺ γένηται τὸ ἀποκριθέν, ἐκράτησε καὶ τοῦ ὑγιαίνοντος, ὥστε συνεκθερμανθῆναι ὅλον τὸ σῶμα, καὶ ἐνεποίησε πυρετὸν ἰσχυρόν. Θερμανθέντος γὰρ τοῦ αἵματος καὶ ἐπισπασθέντος, ταχέαν ἐποιήσατο τὴν περίοδον τὰ ἐν τῷ σώματι, καὶ τό τε ἄλλο σῶμα καθαίρεται ὑπὸ τοῦ πνεύματος, καὶ τὸ συνεστηκὸς θερμαινόμενον λεπτύνεταί τε καὶ ἐξωθεῖται ἐκ τῆς σαρκὸς ἔξω ὑπὸ τὸ δέρμα, ὅπερ ἱδρὼς καλεῖται θερμός. Τούτου δὲ ἀποκριθέντος, τό τε αἷμα καθίσταται ἐς τὴν κατὰ φύσιν κίνησιν, καὶ ὁ πυρετὸς ἀνίησι, καὶ ὁ κόπος παύεται μάλιστα τριταῖος. **4** Χρὴ δὲ τοὺς τοιούτους κόπους ὧδε θεραπεύειν· πυρίῃσι καὶ λουτροῖσι θερμοῖσι διαλύοντα τὸ συνεστηκός, περιπάτοισί τε μὴ βιαίοισιν, ὡς ἀποκαθαίρωνται, καὶ ὀλιγοσιτίῃσι καὶ ἰσχνασίῃσι συνιστάναι τῆς σαρκὸς τὴν κένωσιν, καὶ ἀλείφεσθαι τῷ ἐλαίῳ ἡσυχῇ πολὺν χρόνον, ὅκως μὴ βιαίως διαθερμαίνωνται, καὶ τοῖσι χρίσμασι τοῖσιν ἱδρωτικοῖσι καὶ τοῖσι μαλακτικοῖσι χρίεσθαι καὶ μαλακευνεῖν συμφέρει. **5** Τοῖσι δὲ γυμναζομένοισιν ἀπὸ τῶν ἀνεθίστων πόνων διὰ τάδε γίνεται ὁ κόπος· ὅ τι ἂν μὴ πεπονήκῃ τὸ σῶμα, ὑγρὴν ἀνάγκη τὴν σάρκα εἶναι πρὸς τοῦτον τὸν τόπον, πρὸς ὃν μὴ εἴθισται πονεῖν, ὥσπερ | ἀγυμνάστων πρὸς ἕκαστα· τὴν μὲν οὖν σάρκα 586

1 πολὺ M : πουλὺ θ ‖ 2 συνεκθερμανθῆναι θ : συνεκθερμᾶναι M ‖ 3 ὅλον τὸ M : τὸ πᾶν θ ‖ ἰσχυρόν om. θ ‖ 4 ταχείην M : -είαν θ ‖ 5 ἐποιήσατο θ : -ησε M ‖ τὰ M : τὴν θ ‖ 7 ἐξωθεῖται θ : συνεξ- M ‖ 8 δὲ θM : δ' FP'Q' ‖ 10 κίνησιν θ (κεινησι) : σύστασιν M ‖ 11 τοὺς τοιούτους κόπους θ : singulariter M ‖ 12 πυρίῃσι M : πυριήσει θ ‖ 13 τε μὴ om. M ‖ ἀποκαθαίρωνται θ : -θαίρων M ‖ 14 pr. καὶ θK^1 : τῇσι M ‖ 15 ἀλείφεσθαι θ : τρίβεσθαι M ‖ 16 διαθερμαίνωνται θ : ἀναθερμαίνεται M ‖ 17 χρίσμασι E^{1}G : χρίμασι θ χρέμασι καὶ M ‖ ἱδρωτικοῖσι M : ἰδιωτ- θ ‖ καὶ τοῖσι μαλακτικοῖσι om. θ ‖ 18 μαλακευνεῖν Littré : μαλακύνειν M μάλα κυνεῖν θ ‖ συμφέρει θ : ξ. M ‖ 19 πόνων θ : πόνον M ‖ ὁ κόπος om. M ‖ 20 ὅ τι ἂν edd. : ὅ τι ἢν θ ὁκόταν M ‖ 21 τόπον M : πόνον θ ‖ 22 ἀγυμνάστων θ : καὶ τῶν γυμνασίων M ‖ μὲν οὖν M : γοῦν θ ‖ post σάρκα add. πρὸς τοῦτον τὸν πόνον θ.

fond, se sépare et s'accumule comme dans le cas précédent. **6** Voici le traitement utile : recourir aux exercices ordinaires, pour que l'humeur amassée, en s'échauffant, se résorbe et se purge, et que le reste du corps ne s'humecte pas et ne reste pas inexercé. Il est utile que ce patient aussi recoure aux bains chauds et aux frictions tout comme le précédent. Il n'y a aucun besoin, par contre, de bains de vapeurs, car les exercices échauffent suffisamment pour résorber et purger l'amas.

7 Les courbatures causées par des exercices habituels se produisent de la façon suivante[1]. D'un exercice modéré ne provient aucune courbature. Mais si, dans l'exercice, on dépasse la juste mesure, on dessèche[2] trop la chair. Vidée de son humidité, elle s'échauffe, souffre, frissonne et tombe dans une fièvre prolongée, à moins d'un traitement approprié. Il faut tout d'abord faire prendre un bain ni trop abondant ni trop chaud ; ensuite, au sortir du bain, faire boire du vin doux et manger au dîner les aliments le plus abondants et le plus variés possible ; boire beaucoup de vin coupé et doux, puis garder ce repas dans l'estomac un temps assez considérable, jusqu'à ce que les veines, remplies, se gonflent. Et puis, on vomira et après avoir fait un tour, on se couchera un

1. Sur l'habitude, cf. p. 166, note. On comprend fort bien que « dépasser la juste mesure » ait à peu près les mêmes effets que le manque d'habitude, cette dernière notion comprenant quelque chose de normatif.

2. C'est l'absence de sujet exprimé pour les deux verbes de la phrase qui a provoqué les altérations de la tradition manuscrite ; θ se tient plus près que M du texte originel. — Cet emploi de l'aoriste pour affirmer une vérité d'expérience n'est pas isolé dans le *Régime* ni non plus dans le *Corpus hippocratique*.

συντήκεσθαι ἀνάγκη καὶ ἀποκρίνεσθαι καὶ συνίστασθαι ὥσπερ τῷ προτέρῳ. **6** Συμφέρει δὲ θεραπεύεσθαι ὧδε· τοῖσι μὲν γυμνασίοισι χρῆσθαι τοῖσι συνήθεσιν, ὡς τὸ συνεστηκὸς θερμαινόμενον λεπτύνηται καὶ ἀποκαθαίρηται, καὶ τὸ ἄλλο σῶμα μὴ ὑγραίνηται, μηδὲ ἀγύμναστον γίνηται. Τοῖσι δὲ λουτροῖσι θερμοῖσι συμφέρει καὶ τοῦτον χρῆσθαι, καὶ τῇ τρίψει ὁμοίως ὡς καὶ τὸν πρόσθεν. Τῆς δὲ πυριήσιος οὐδὲν δεῖται· οἱ πόνοι γὰρ ἱκανῶς διαθερμαίνοντες λεπτύνουσι καὶ ἀποκαθαίρουσι τὸ συστάν. **7** Οἱ δὲ ἀπὸ τῶν συνηθέων γυμνασίων κόποι τῷδε τῷ τρόπῳ γίνονται· ἀπὸ μὲν συμμέτρου πόνου κόπος οὐ γίνεται· ὅταν δὲ πλεῖον τοῦ καιροῦ πονήσῃ, ὑπερεξήρηνε τὴν σάρκα· κενωθεῖσα δὲ τοῦ ὑγροῦ, θερμαίνεταί τε καὶ ἀλγεῖ καὶ φρίσσει καὶ ἐς πυρετὸν μακρότερον καθίσταται, ἢν μή τις ἐκθεραπεύσῃ ὀρθῶς. Χρὴ δὲ πρῶτον μὲν αὐτὸν τῷ λουτρῷ μὴ σφόδρα πολλῷ μηδὲ θερμῷ ἄγαν λοῦσαι, εἶτα πίσαι αὐτὸν ἐκ τοῦ λουτροῦ μαλθακὸν οἶνον, καὶ δειπνεῖν ὡς πλεῖστα καὶ παντοδαπὰ σιτία, καὶ ποτῷ ὑδαρεῖ, μαλθακῷ δ' οἴνῳ χρῆσθαι καὶ πολλῷ, εἶτ' ἐνδιατρῖψαι πλέω χρόνον μέχρι αἱ φλέβες πληρωθεῖσαι ἀρθῶσιν· εἶτα ἐξεμείτω, καὶ ἐξαναστάντα ὀλίγον καθεύδειν μαλθακῶς· εἶτα προσάγειν ἡσυχῇ

1 συνίστασθαι **θ** : ξ. M ‖ 2 συμφέρει **θ** : ξ. M ‖ 3 χρῆσθαι M : ὧδε χρ- **θ** ‖ ὡς **θ** : ὅκως M ‖ 5 μηδὲ **θ** : μηδ' M ‖ 6 θερμοῖσι **θ** : τοῖσι θερμ- M ‖ συμφέρει καὶ τοῦτον M : καὶ τούτοισι συμφ- **θ** ‖ 7 ὁμοίως M : ὅμοια **θ** ‖ τὸν πρόσθεν M : τοὺς ἔμπροσθεν **θ** τοῖς ἔμπρ- Jones ‖ 8 δεῖται **θ** : δέεται M ‖ ἱκανῶς **θ** : ἱκανοὶ M ‖ διαθερμαίνοντες **θ** : θερμ- M ‖ 9 λεπτύνουσι καὶ ἀποκαθαίρουσι **θ** : -νειν καὶ -ρειν M ‖ 10 συνηθέων Joly : -ήθων **θ**M ‖ κόποι **θ** : πόνοι M ‖ γίνονται M : γίγν- **θ** ‖ 11 γίνεται : γίγν- **θ** κινέεται M ‖ ὅταν : ὅτ' ἂν **θ** ὁκόταν M ‖ 12 πονήσῃ **θ** : πόνος ᾖ M ‖ ὑπερεξήρηνε edd. : ὑπερεξηρῆναι **θ** ὑπερξηρῆναι M ‖ 14 καθίσταται μακρότερον M ‖ 15 αὐτὸν **θ** : αὐτῷ M αὐτὸ G ‖ 16 λοῦσαι εἶτα πεῖσαι **θ** : λούεσθαι εἶτα πίσας M ‖ 17 μαλθακὸν **θ** : μαλακὸν M ‖ 18 ποτῷ M : τῷ π. **θ** ‖ 18-19 μαλθακῷ — πολλῷ **θ** : οἴνῳ δὲ μαλακῷ χρέεσθαι πολλῷ M ‖ 19 ἐνδιατρῖψαι πλέω χρόνον **θ** : ἐντρῖψαι χρόνῳ πλείω M ‖ μέχρι MH : μέχρι ἢν **θ** μέχρις EK μέχρις ἂν recc. ‖ 20 εἶτα **θ** : εἶτ' M ‖ ἐξαναστάντα M : ἀναστὰς **θ** ‖ 21 μαλθακῶς **θ** : μαλακῶς M.

peu sur un lit souple. Ensuite, augmenter peu à peu les aliments et les exercices habituels en six jours ; alors, en revenir à l'habitude pour les aliments et la boisson[1].
8 Voici l'effet de ce traitement : il peut humecter sans excès un corps desséché à l'excès. S'il était possible, en sachant quel est l'excès de l'exercice, de remédier par une juste proportion d'aliments, tout irait bien. Mais si le premier point est impossible, le second, lui, est facile. Le corps desséché recevant des aliments variés, chaque partie du corps attire à elle ce qui lui est utile de chaque aliment ; et une fois rempli et humecté, et le ventre vidé par le vomissement, le corps rejette l'excès. Le ventre, étant vide, opère la révulsion. Donc la chair expulse l'humidité en excès, sans rejeter ce qui lui est proportionné si ce n'est par la force de médicaments[2] ou d'exercices ou de toute autre révulsion : graduellement, vous remettrez le corps peu à peu à son ancien régime.

1. Ces prescriptions sont comme le schéma de celle qui seront plus détaillées au livre III.

2. L'hostilité de l'auteur à l'égard des médicaments (cf. p. 82, n. 3 ; 86, n. 3, et 102, n. 1) vient de leur violence, qui perturbe l'ordre ou la réaction naturelle du corps.

τοῖσι σιτίοισι καὶ τοῖσι πόνοισι τοῖσι συνήθεσιν ἐς ἡμέρας ἕξ, ἐν ταύτῃσι δὲ καταστῆσαι ἐς τὸ σύνηθες καὶ σίτου καὶ ποτοῦ. 8 Δύναμιν δὲ ἔχει ἡ θεραπείη τοιήνδε· ἀνεξηρασμένον τὸ σῶμα ἐς ὑπερβολὴν ἐξυγρῆναι | δύναται ἄτερ 588 ὑπερβολῆς· εἰ μὲν οὖν δυνατὸν ἦν, τὴν ὑπερβολὴν τοῦ πόνου γνόντα ὁκόση τίς ἐστι, τοῦ σίτου τῇ συμμετρίῃ ἀκέσασθαι, εὖ ἂν εἶχεν οὕτω· νῦν δὲ τὸ μὲν ἀδύνατον, τὸ δὲ ῥηΐδιον· ἐξηρασμένον γὰρ τὸ σῶμα, σίτων ἐμπεσόντων παντοδαπῶν, ἕλκει τὸ σύμφορον αὐτὸ ἑωυτῷ ἕκαστον τοῦ σώματος ἑκάστου σίτου, πληρωθὲν δὲ καὶ ὑγρανθέν, κενωθείσης τῆς κοιλίης ὑπὸ τοῦ ἐμέτου, ἀφίησι πάλιν τὴν ὑπερβολήν· ἡ δὲ κοιλίη κενὴ ἐοῦσα ἀντισπᾷ. Τὸ μὲν οὖν ὑπερβάλλον ὑγρὸν ἐξερεύγεται ἡ σάρξ, τὸ δὲ σύμμετρον οὐκ ἀφίησιν, εἰ μὴ διὰ βίης ἢ φαρμάκων ἢ πόνων ἢ ἄλλης τινὸς ἀντισπάσιος. Τῇ δὲ προσαγωγῇ χρησάμενος καταστήσεις τὸ σῶμα ἐς τὴν ἀρχαίην δίαιταν ἡσυχῇ.

1 ἐς edd. : εἰς M om. θ ‖ 2 δὲ καταστῆσαι M : καταστήσεται θ ‖ 3 δὲ θ : δ' M ‖ θεραπείη θ : -ηΐη M ‖ 3-4 ἀνεξηρασμένον θ : ἐξηρασ- M ‖ 4-5 ἄτερ ὑπερβολῆς om. θ ‖ 5-6 τὴν ὑπερβολὴν τοῦ πόνου om. θ ‖ 6 συμμετρίῃ θ : ξ. M ‖ 7 post οὕτω add. ποιῆσαι θ ‖ 8 ῥηΐδιον Joly : ῥᾴδιον θM ‖ σίτων θ : τῶν M ‖ 9 ἕλκει τὸ σύμφορον θ : ἀφ' ὧν λαμβάνει τὸ ξυνφέρον M ‖ 14 εἰ θ : ἢν M ‖ πόνων... φαρμάκων M ‖ 15 καταστήσεις θ : κατέστησε M ‖ 16 ἐς τὴν ἀρχαίην θ : τὴν M.

DU RÉGIME III

Limites de la diététique ; découverte de l'auteur.

LXVII. **1** A propos du régime humain, comme je l'ai dit plus haut[1], il est impossible d'écrire en toute rigueur, de façon à établir la juste proportion des exercices par rapport à la quantité des aliments. Beaucoup de raisons, en effet, l'empêchent[2] : tout d'abord, la constitution des individus est différente ; les constitutions sèches sont plus ou moins sèches, aussi bien prises en elles-mêmes que comparées l'une à l'autre ; de même les constitutions humides et toutes les autres. **2** Ensuite, les âges n'ont pas les mêmes besoins ; il y a encore la situation des régions, les changements des vents, les variations des saisons et la constitution de l'année. Entre les aliments eux-mêmes, il y a beaucoup de différence. Le blé, qui diffère du blé, le vin du vin et de même tous les autres constituants de notre régime excluent la possibilité d'écrire en toute rigueur. **3** Mais j'ai découvert le diagnostic permettant de savoir ce qui l'emporte dans le corps, les exercices sur les aliments ou les aliments sur les exercices ; (j'ai découvert aussi) comment il faut guérir chaque cas, prémunir la santé et empêcher l'approche des maladies, à moins d'erreurs graves et fréquentes. Dans ce cas, il faut alors des médi-

1. Cf. ch. II, 3 sq.

2. Tout ce passage est une imitation de la phrase célèbre de Protagoras : περὶ μὲν θεῶν οὐκ ἔχω εἰδέναι, οὔθ' ὡς εἰσὶν οὔθ' ὡς οὐκ εἰσὶν οὔθ' ὁποῖοί τινες ἰδέαν· πολλὰ γὰρ τὰ κωλύοντα, ἥ τ' ἀδηλότης καὶ βραχὺς ὢν ὁ βίος τοῦ ἀνθρώπου (Diels-Kranz, *Vorsokratiker*[6], 80 B 4). « Au sujet des dieux, je ne puis savoir ni qu'ils existent, ni qu'ils n'existent pas, ni quelle forme ils ont. Il y a en effet beaucoup d'obstacles, notamment l'obscurité de la question et la brièveté de la vie humaine. »*

ΠΕΡΙ ΔΙΑΙΤΗΣ Γ

LXVII. **1** Περὶ διαίτης ἀνθρωπίνης, ὥσπερ μοι καὶ 592
πρόσθεν εἴρηται, συγγράψαι μὲν οὐχ οἷόν τε ἐς ἀκρίβειαν, ὥστε πρὸς τὸ πλῆθος τοῦ σίτου τὴν συμμετρίην τῶν πόνων ποιεῖσθαι· πολλὰ γὰρ τὰ κωλύοντα. Πρῶτον μὲν αἱ φύσιες τῶν ἀνθρώπων διάφοροι ἐοῦσαι· καὶ γὰρ αἱ ξηραὶ αὐταὶ ἑωυτῶν πρὸς ἑωυτὰς καὶ πρὸς ἀλλήλας μᾶλλον καὶ ἧσσον ξηραί, καὶ ⟨αἱ⟩ ὑγραὶ ὡσαύτως, καὶ αἱ ἄλλαι πᾶσαι· **2** ἔπειτα αἱ ἡλικίαι οὐ τῶν αὐτῶν δεόμεναι· ἔτι δὲ καὶ τῶν χωρίων αἱ θέσιες, καὶ τῶν πνευμάτων αἱ μεταβολαί, τῶν τε ὡρέων αἱ μεταστάσιες, καὶ τοῦ ἐνιαυτοῦ αἱ καταστάσιες. Αὐτῶν τε τῶν σίτων πολλὴ διαφορή· πυροί τε γὰρ πυρῶν καὶ οἶνος οἴνου καὶ τἆλλα ὅσα διαιτεόμεθα, πάντα διάφορα ἐόντα ἀποκωλύει μὴ δυνατὸν εἶναι ἐς ἀκρίβειαν συγγραφῆναι. **3** Ἀλλὰ γὰρ αἱ διαγνώσιες ἔμοιγε ἐξευρημέναι εἰσὶ τῶν ἐπικρατεόντων ἐν τῷ σώματι, ἤν τε οἱ πόνοι ἐπικρατέωσι τῶν σίτων, ἤν τε τὰ σῖτα τῶν πόνων, καὶ ὡς χρὴ ἕκαστα ἐξακεῖσθαι, προκαταλαμβάνειν τε ὑγιείην, ὥστε τὰς νούσους μὴ προσπελάζειν, εἰ μή τις πάνυ μεγάλα ἐξαμαρ-

2 πρόσθεν εἴρηται **θ** : πρότερον εἰρέαται M ‖ συγγράψαι **θ** : ξ. M ‖ οὐχ οἷόν τε M : ουχοιονται **θ** ‖ 3 συμμετρίην **θ** : ξ. M ‖ 5 αἱ om. **θ** ‖ 6 ἑωυτὰς M : αὑτὰς **θ** αὐτὰς Jones ‖ ἀλλήλας **θ** : ἄλλας M ἄλλα Littré ‖ 7 ξηραὶ recc. : om. **θ**M ‖ αἱ add. Erm. ‖ 8 οὐ **θ** : μὴ M ‖ 9 χωρέων Diels ‖ 11 πολλὴ διαφορὴ Joly : π. -ρά M -αὶ -αί **θ** Diels ‖ 12 ὅσα M : οἷς **θ** Diels ‖ 13 μὴ om. M ‖ συγγραφῆναι **θ** : ξ. M Diels ‖ 14 διαγνώσιες **θ** : προγν- M ‖ ἔμοιγε post ἐξευρ- transtulit M ‖ 15 εἰσὶ om. M, fortasse recte ‖ 15-16 ἐπικρατέωσι **θ** : κρατ- M ‖ σίτων **θ** : -ίων M ‖ 16 σῖτα **θ** : σιτία M ‖ 17 προκαταλαμβάνειν τε ὑγιείην **θ** : προκαταμανθάνειν τε ὑγιέας τὰς φύσεις M ‖ 17-18 ὥστε τὰς ν. (om. μὴ) προσπελάζειν **θ** : μὴ προσπ- τε τὰς ν. M ‖ 18 μεγάλα πάνυ M.

caments et il y a des cas où même les médicaments ne peuvent guérir. Ce qu'on pouvait découvrir, je l'ai découvert, aussi loin que possible, mais la rigueur absolue, personne ne l'a découverte.

Le régime annuel.

LXVIII. **1** Je vais tout d'abord écrire de quoi aider au mieux la grande masse des gens qui mangent et boivent au petit bonheur, sont obligés de travailler et de se déplacer, naviguent pour amasser de quoi vivre, exposés au soleil[1] et au froid contre toute utilité, avec, pour le reste, un régime irrégulier. Voici, pour ces gens, comment il est utile de vivre, compte tenu des circonstances[2].

2 Je divise l'année en quatre parties, division le plus souvent admise par la foule : l'hiver, le printemps, l'été, l'automne ; l'hiver va du coucher des Pléiades à l'équinoxe de printemps ; le printemps, de cette équinoxe au lever des Pléiades ; l'été, des Pléiades au lever d'Arcturus ; l'automne, d'Arcturus au coucher des Pléiades[3].

3 En hiver donc, il convient, pour s'opposer à une saison froide et dure, de recourir au régime suivant. Tout d'abord, il ne faut faire qu'un repas par jour, à

1. Ἡλιόω, rejeté ici par Littré et Jones, se trouve chez Platon et Xénophon, mais aussi en *Air, eaux, lieux*, III, fin.

2. Certains, sur la foi des lignes qui précèdent, ont attribué à l'auteur de remarquables préoccupations sociales. Malheureusement, le régime conseillé aux modestes travailleurs est loin de leur convenir. D'autre part, tout le monde, et non seulement les ouvriers, doit adapter son régime aux saisons de l'année (cf. ch. II). Il semble donc que l'auteur ait surtout voulu réserver à l'élite (ch. LXIX sq.) sa découverte personnelle (cf. *Recherches*, p. 132 sq.).

3. Ce calendrier astronomique est fort intéressant ; il donne parfois l'impression de ne pouvoir remonter à la date haute que nous proposons pour le *Régime*. C. Fredrich s'est préoccupé du problème et n'y voit pas de difficulté. La question mériterait un nouvel examen*.

τάνοι καὶ πολλάκις· ταῦτα δὲ φαρμάκων δεῖται ἤδη, ἔστι δὲ ἅσσα οὐδὲ ὑπὸ τῶν φαρμάκων δύναται ὑγιάζε|σθαι. 594
Ὡς μὲν οὖν δυνατὸν εὑρεθῆναι, ἔγγιστα τοῦ ὅρου ἐμοὶ εὕρηται, τὸ δὲ ἀκριβὲς οὐδενί.

LXVIII. **1** Πρῶτον μὲν οὖν τοῖσι πολλοῖσι τῶν ἀνθρώπων συγγράψω ἐξ ὧν μάλιστ' ἂν ὠφελέοιντο οἵτινες σίτοισί τε καὶ πόμασι τοῖσι προστυχοῦσι χρέωνται, πόνοισί τε τοῖσιν ἀναγκαίοισιν, ὁδοιπορίῃσί τε τῇσι πρὸς ἀνάγκας, θαλασσουργίῃσί τε τῇσι πρὸς συλλογὴν τοῦ βίου, ἡλιούμενοί τε παρὰ τὸ συμφέρον, ψυχόμενοί τε παρὰ τὸ ὠφέλιμον, τῇ τε ἄλλῃ διαίτῃ ἀκαταστάτῳ χρεώμενοι. Τούτοισι δὴ συμφέρει ἐκ τῶν ὑπαρχόντων ὧδε διαιτῆσθαι· **2** τὸν μὲν οὖν ἐνιαυτὸν ἐς τέσσερα μέρεα διαιρέω, ἅπερ μάλιστα γινώσκουσιν οἱ πολλοί, χειμῶνα, ἦρ, θέρος, φθινόπωρον· χειμῶνα μὲν ἀπὸ πλειάδων δύσιος ἄχρι ἰσημερίης ἠαρινῆς, ἦρ δὲ ἀπὸ ἰσημερίης μέχρι πλειάδων ἐπιτολῆς, θέρος δὲ ἀπὸ πλειάδων μέχρι ἀρκτούρου ἐπιτολῆς, φθινόπωρον δὲ ἀπὸ ἀρκτούρου μέχρι πλειάδων δύσιος. **3** Ἐν μὲν οὖν τῷ χειμῶνι συμφέρει πρὸς τὴν ὥρην, ψυχρήν τε καὶ συνεστηκυῖαν, ὑπεναντιούμενον τοῖσι διαιτήμασιν ὧδε χρῆσθαι. Πρῶτον μὲν μονοσιτίῃ χρὴ διάγειν, ἢν μὴ

1 δὲ M : δ' **θ** ‖ 2 οὐδὲ **θ** : οὐδ' M ‖ 3 ἔγγιστα M : εἴ τις τὰ **θ** ‖ ὅρου M Zwing.[m] : ὀρθοῦ **θ** ἔργου Zwing.[m] Ald. καιροῦ Coray ‖ 6 συγγράψω M : ξ. **θ** ‖ ὠφελέοιντο Joly : -λοῖντο **θ**M edd. ‖ 7 σίτοισί **θ** : σιτίοισι M ‖ τε καὶ πόμασι om. M ‖ χρέωνται Joly : χρέονται M χρῶνται **θ** ‖ 8 τοῖσιν om. **θ** ‖ τε om. **θ** ‖ 9 ἀνάγκας **θ** : -κῃσι M ‖ post πρὸς add. τὴν M ‖ 10 ἡλιούμενοι **θ** Erm. : θαλπόμενοι M edd. ‖ συμφέρον **θ** : σύμφορον M ‖ 11 ἄλλῃ M : ἄλλῳ **θ** ‖ χρεώμενοι **θ** : χρεόμενοι M ‖ 12 διαιτῆσθαι EKP'H[2] : -εῖσθαι MH -ᾶσθαι **θ** ‖ 13 μὲν οὖν **θ** : μὲν M ‖ τέσσερα **θ** : -αρα M ‖ διαιρέω Mack : διαιρέωι ἐς **θ** διαιρέωσιν M ‖ 14 χειμῶνα, ἦρ M : χειμών, ἀὴρ **θ** ‖ 16 ἠαρινῆς M : ἐαρ- **θ** ‖ ἰσημερινης **θ** ‖ 16-17 ἐπιτολῆς M : ὑπερβολῆς **θ** ‖ 17 δὲ **θ**J : om. M recc. ‖ 19 συμφέρει **θ** : ξ. M ‖ 20 συνεστηκυῖαν **θ** : -υίην M ‖ 21 μονοσιτίῃ **θ** MHIJK : -τίῃσι recc.

moins qu'on ait le ventre très sec — dans ce cas, déjeuner légèrement — ; user d'aliments desséchants, astringents, échauffants, variés[1] et purs, manger plutôt du pain, des mets plutôt rôtis que bouillis, prendre du vin rouge, moins coupé et en moindre quantité ; le moins possible de légumes, si ce n'est ceux qui sont échauffants et secs ; le moins possible de bouillons, de potages. **4** Beaucoup d'exercices de toutes sortes : courses de fond, en les augmentant progressivement, longues luttes, le corps huilé, à quoi on s'obligera après des exercices légers ; promenades rapides après les exercices, lentes et au soleil après dîner, beaucoup de promenades le matin : les commencer lentement, progresser jusqu'à un rythme vif et les terminer doucement. Il est utile d'avoir un lit dur, de se promener et de courir la nuit — tout cela amaigrit et échauffe — et de faire des onctions plus fréquentes[2]. Quand on veut prendre un bain, si c'est après les exercices de la palestre, on le prendra froid ; si c'est après tout autre exercice, le bain chaud est préférable. **5** Pratiquer plus souvent le coït en cette saison, et les personnes d'un certain âge plus que les jeunes ; recourir aux vomissements, les personnes plus humides, trois fois par mois, les personnes sèches deux fois, avec des aliments variés ; après vomissements, revenir graduellement en trois jours à la nourriture habituelle et pendant ce temps faire moins d'exercices et plus légers. Vomir après avoir absorbé des viandes

1. Συγκόμιστος, précédant ici ἄκρητος, ne peut pas signifier « grossier », comme plus haut, à propos de pain (XLII, 1). — A la ligne suivante, Jones maintient encore une brève addition des *recentiores* ; le manuscrit H suit M, mais a été « corrigé » plus tard d'après l'un de ces manuscrits tardifs : le cas est très fréquent.

2. Ces prescriptions ne conviennent manifestement pas à des besogneux ! Qui plus est, « se promener et courir la nuit » n'apparaît qu'ici, alors que l'élite oisive pouvait s'y résigner bien plus facilement.

πάνυ ξηρήν τις τὴν κοιλίην ἔχῃ· εἰ δὲ μή, μικρὸν ἀριστῆν· τοῖσι δὲ διαιτήμασι χρῆσθαι τοῖσι ξηροῖσι καὶ αὐστηροῖσι καὶ θερμαντικοῖσι καὶ συγκομιστοῖσι καὶ ἀκρήτοισιν, ἀρτοσιτίῃ τε μᾶλλον, καὶ τοῖσιν ὀπτοῖσι μᾶλλον ἢ ἑφθοῖσι, καὶ τοῖσι πόμασι μέλασιν ἀκρητεστέροισι καὶ ἐλάσσοσι· λαχάνοισιν ὡς ἥκιστα χρή, πλὴν τοῖσι θερμαντικοῖσι καὶ ξηροῖσι, καὶ χυλοῖσι καὶ ῥυφήμασιν ὡς ἥκιστα· **4** τοῖσι δὲ πόνοισι πολλοῖσιν ἅπασι, τοῖσί τε δρόμοισι καμπτοῖσιν ἐξ ὀλίγου προσά|γοντα, καὶ τῇ πάλῃ ἐν ἐλαίῳ μακρῇ, ἀπὸ 596
κούφων προσαναγκάζοντα· τοῖσί τε περιπάτοισιν ἀπὸ τῶν γυμνασίων ὀξέσιν, ἀπὸ δὲ τοῦ δείπνου βραδέσιν ἐν ἀλέῃ, ὀρθρίοισί τε πολλοῖσιν ἐξ ὀλίγου ἀρχόμενον, προσάγοντα ἐς τὸ σφοδρόν, ἀποπαύοντά τε ἡσυχῇ· καὶ σκληροκοιτίῃσι καὶ νυκτοβατίῃσι καὶ νυκτοδρομίῃσι χρῆσθαι συμφέρει· πάντα γὰρ ταῦτα ἰσχναίνει καὶ θερμαίνει· χρίεσθαί τε πλείω. Ὁκόταν δὲ ἐθέλῃ λούεσθαι, ἢν μὲν ἐκπονήσῃ ἐν παλαίστρῃ, ψυχρῷ λουέσθω· ἢν δὲ ἄλλῳ τινὶ πόνῳ χρήσηται, τὸ θερμὸν συμφορώτερον. **5** Χρῆσθαι δὲ καὶ λαγνείῃ πλέον ἐς ταύτην τὴν ὥρην, καὶ τοὺς πρεσβυτέρους μᾶλλον ἢ τοὺς νεωτέρους. Χρῆσθαι δὲ καὶ τοῖσιν ἐμέτοισι, τοὺς μὲν ὑγροτέρους τρὶς τοῦ μηνός, τοὺς δὲ ξηροτέρους δὶς ἀπὸ σίτων παντοδαπῶν, ἐκ δὲ τῶν ἐμέτων προσάγειν ἡσυχῇ πρὸς τὸ εἰθισμένον σιτίον ἐς ἡμέρας τρεῖς, καὶ τοῖσι πόνοισι κουφοτέροισι καὶ ἐλάσσοσι τοῦτον τὸν χρόνον· ἀπὸ

1 ξηρήν **θ** : -άν M ‖ εἰ M : ἢν **θ** ‖ 2 ξηροῖσι καὶ αὐστηροῖσι M : ξηραντικοῖσι **θ** ‖ 3-4 ἀρτοσιτίῃ **θ** : -τέειν M ‖ 4 ὀπτοῖσι **θ**MH : ὀπτοῖσι τῶν ὄψων H² recc. ‖ 6 χρή om. M ‖ 7 ῥυφήμασιν Erm. : ῥοφ- **θ**M ‖ 8 τε M : δὲ **θ** ‖ 10 τε **θ** : om. MH μὲν H² recc. ‖ 12 ὀρθρίοισί **θ** : ὀρθοῖσί M ‖ 12-13 προσάγοντα ἐς τὸ edd. : προσάγοντα M πρὸς ἅπαντα ἐς τὸ **θ** ‖ 13 σκληροκοιτίῃσι M : σκληρευνίῃσι **θ** ‖ 14 νυκτοβατίῃσι M : -βαδίῃσι **θ** ‖ νυκτοδρομίῃσι **θ** : κοινοβατίῃσι καὶ κυνοδρομίῃσι M ‖ συμφέρει **θ** : ξ. M ‖ 15 χρίεσθαί **θ** : χρέεσθαί M ‖ 16 πλείω M : τὰ πλ- **θ** ‖ 17 λουέσθω **θ** : λούσθω M ‖ 18 συμφορώτερον **θ** : ξ. M ‖ 18-20 χρῆσθαι — νεωτέρους om. M ‖ 22 σίτων **θ** : -ίων M ‖ προσάγειν **θ** : -ει M.

de bœuf, de porc ou toute autre provoquant un excès de plénitude ; il est utile aussi de vomir après s'être gorgé de fromages, de substances douces et grasses inaccoutumées ; il est encore meilleur de vomir après ivresse, après changement de nourriture ou de résidence[1]. **6** S'abandonner au froid avec courage, non pas après un repas ou des exercices, mais lors des promenades matinales, quand le corps commence à s'échauffer, à la fois pendant les courses et en dehors des courses, en se gardant de l'excès. C'est qu'il n'est pas bon pour le corps de ne pas s'exposer aux rigueurs de l'hiver : même les arbres, s'ils ne s'y sont pas exposés, ne peuvent porter de fruits ou être vigoureux[2]. Recourir à tous les exercices divers en cette saison, car il n'y a point d'excès, à moins que des courbatures ne se produisent. **7** Voilà les indications que je donne au profane et je vais en dire la raison. La saison étant froide et dure, les êtres vivants aussi deviennent à peu près tels. Il est donc fatal que le corps ne s'échauffe que lentement par l'exercice et qu'une petite partie seulement de l'humidité existante soit évacuée. Ensuite, le temps qui revient aux exercices est court, celui qui revient au repos est long, puisque le jour est court et la nuit longue. C'est pourquoi la durée de l'exercice, ni l'exercice lui-même ne sauraient être excessifs. Il faut donc pendant cette saison suivre

1. Ici encore, l'auteur est très loin de songer qu'il s'adresse à des gens qui sont obligés de travailler pour vivre.

2. Cette doctrine horticole est peut-être populaire, mais elle n'a guère de fondement. La comparaison est souvent conçue à l'époque comme un véritable raisonnement par analogie qui aurait force concluante ; cf. *Recherches*, p. 130-131. La meilleur étude à ce sujet est celle de O. Regenbogen, *Eine Forschungsmethode antiker Naturwissenschaft*, Studien zur Geschichte der Mathematik, 1930, p. 130-182. Nous y faisons quelques réserves in *Le niveau de la science hippocratique*, p. 73 sq.

δὲ βοείων καὶ χοιρείων κρεῶν ἢ τῶν ἄλλων ὅ τι ἂν ὑπερβάλλῃ πλησμονῇ, ἐμεῖν, καὶ ἀπὸ τυρωδέων καὶ γλυκέων καὶ λιπαρῶν ἀνεθίστων πλησμονῆς ἐμεῖν συμφέρει· καὶ ἀπὸ μέθης καὶ σίτων μεταβολῆς καὶ χωρίων μεταλλαγῆς ἐμεῖν βέλτιον. **6** Διδόναι δὲ καὶ τῷ ψύχει ἑωυτὸν θαρσέων, πλὴν ἀπὸ σίτων καὶ γυμνασίων, ἀλλ' ἔν τε τοῖσιν ὀρθρίοισι περιπάτοισιν, ὅταν ἄρχηται τὸ σῶμα διαθερμαίνεσθαι, καὶ ἐν τοῖσι | δρόμοισι καὶ ἐν τῷ ἄλλῳ χρόνῳ, ὑπερβολὴν 598
φυλασσόμενος· οὐκ ἀγαθὸν γὰρ τῷ σώματι μὴ χειμάζεσθαι ἐν τῇ ὥρῃ· οὐδὲ γὰρ τὰ δένδρεα μὴ χειμασθέντα ἐν τῇ ὥρῃ δύναται καρποφορεῖν, οὐδ' αὐτὰ ἐρρῶσθαι. Χρῆσθαι δὲ καὶ τοῖσι πόνοισι πολλοῖσι ταύτην τὴν ὥρην ἅπασιν· ὑπερβολὴν γὰρ οὐκ ἔχει, ἢν μὴ οἱ κόποι ἐγγίνωνται· **7** τοῦτο τὸ τεκμήριον διδάσκω τοὺς ἰδιώτας. Διότι δὲ οὕτως ἔχει φράσω· τῆς ὥρης ψυχρῆς ἐούσης καὶ συνεστηκυίης, παραπλήσια πέπονθε καὶ τὰ ζῷα· βραδέως οὖν διαθερμαίνεσθαι ἀνάγκη τὰ σώματα ὑπὸ τοῦ πόνου, καὶ τοῦ ὑγροῦ μικρόν τι μέρος ἀποκρίνεσθαι τοῦ ὑπάρχοντος· εἶτα τοῦ χρόνου ὅντινα μὲν πονεῖν ἀποδέδοται, ὀλίγος· ὅντινα δὲ ἀναπαύεσθαι, πολύς· ἡ μὲν γὰρ ἡμέρη βραχέα, ἡ δὲ εὐφρόνη μακρή· διὰ ταῦτα οὐκ ἔχει ὑπερβολὴν ὁ χρόνος καὶ ὁ πόνος. Χρὴ οὖν ταύτην τὴν ὥρην οὕτω διαιτῆσθαι,

1 καὶ M : ἢ **θ** ‖ ἂν M : ἢν **θ** ‖ ὑπερβάλλῃ **θ** : -βάλῃ M ‖ 2 πλησμονῇ **θ** : πλησσόμενον M ‖ post ἐμεῖν add. συμφέρει **θ** ‖ 4 μέθης καὶ om. **θ** ‖ 5 βέλτιον om. M ‖ ἑωυτὸν θαρσέων **θ** : καθαρῶν ἑωυτὸν M ‖ 6 σίτων **θ** : τῶν σιτίων M ‖ 7 ὅταν **θ** : ὁκόταν M ‖ ἄρχηται **θ**MHEK : ἄρξηται recc. ‖ 8 pr. ἐν om. M ‖ 9 οὐκ om. M ‖ μὴ om. M ‖ post χειμάζεσθαι add. ἢ γυμνάζεσθαι M ‖ 10 δένδρεα **θ** : -δρη HE -δρα M recc. ‖ 11 καρποφορεῖν **θ** : καρπὸν φέρειν M ‖ 13 ὑπερβολὴν — ἔχει **θ** : ὑπερβολὴν M ‖ οἱ om. **θ**E ‖ ἐγγίνωνται M : -νονται **θ** ‖ 14 τοῦτο — ἰδιώτας del. Erm. ‖ τὸ om. M ‖ δὲ **θ** : τὰ δὲ M ‖ 15 ψυχρῆς ἐούσης **θ** : οὔσης ψ. M ‖ 16-17 διαθερμαίνεσθαι ἀνάγκη **θ** : ἀν- διαθερμαίνεται M ‖ 19 πονεῖν **θ** : πονέει M ‖ ὀλίγος M : ὁ λόγος **θ** ‖ 20 ἀναπαύεσθαι **θ** : -εται M ‖ 21 εὐφρόνη Jones : συφρόνη **θ** νὺξ M ‖ post ταῦτα add. οὖν M ‖ 22 post χρὴ οὖν add. διὰ ταῦτα M ‖ τὴν ὥρην ταύτην M ‖ διαιτῆσθαι M : -ᾶσθαι **θ**.

ce régime, depuis le coucher des Pléiades jusqu'au solstice, soit quarante-quatre jours. Vers le solstice, il faut être sur ses gardes le plus possible et conserver le même régime autant de jours encore.

8 Après cela, c'est alors le moment où souffle le zéphyre et la saison est plus douce : il faut certes adapter le régime à la saison pendant quinze jours. C'est ensuite le lever d'Arcturus et le moment où l'hirondelle apparaît : vivre pendant la période qui suit d'une façon plus variée jusqu'à l'équinoxe, soit trente-deux jours. Il faut donc suivre la saison avec le régime, en le variant par des aliments et boissons plus émollients et plus légers, graduellement au fur et à mesure que le printemps arrive.

9 Quand l'équinoxe est là, les jours sont alors plus doux et plus longs, les nuits plus courtes ; la saison qui arrive est chaude et sèche, la saison présente est nourrissante et tempérée. En cette saison, les arbres, sans avoir d'intelligence, se préparent à eux-mêmes le développement et l'ombre qui leur seront utiles en été : l'homme doit faire de même[1]. Puisqu'il a l'intelligence, il doit se préparer un salutaire développement des chairs. Mais pour ne pas changer brusquement le régime, il faut diviser ce temps en six périodes de huit jours[2]. **10** Dans la première, il faut supprimer des exercices et faire plus

1. C'est la seconde fois dans ce même développement que revient la comparaison de l'homme à l'arbre. Cette méthode de raisonnement est très appuyée dans le traité *De la génération*, *Nature de l'enfant*, *Maladies IV* ; elle est fréquente chez les Présocratiques ; cf. W. Kranz, in Hermes, 1938, p. 99-122, et *supra*, p. 73, n. 2.

2. La nécessité d'une progression lente — corollaire de la doctrine de l'habitude — revient fréquemment dans ce livre III. Elle est courante dans le *Corpus* ; cf. par exemple : *Affections*, 44 ; *Nature de l'homme*, 9 ; *Aphorismes*, II, 51 ; *Régime des maladies aiguës*, 9.

ἀπὸ πλειάδων δύσιος μέχρι ἡλίου τροπῶν ἡμέρας τεσσεράκοντα τέσσερας· περὶ δὲ τὴν τροπὴν ἐν φυλακῇ ὡς μάλιστα εἶναι, καὶ ἀπὸ τροπῆς ἡλίου ἄλλας τοσαύτας ἡμέρας τῇ αὐτῇ διαίτῃ χρῆσθαι. **8** Μετὰ δὲ ταῦτα ὥρη ἤδη ζέφυρον πνεῖν, καὶ μαλακωτέρη ἡ ὥρη· χρὴ δὴ καὶ τῇ διαίτῃ μετὰ τῆς ὥρης ἐφέπεσθαι ἡμέρας πεντεκαίδεκα. Εἶτα δὲ ἀρκτούρου ἐπιτολή, καὶ χελιδόνα ὥρη ἤδη φαίνεσθαι, τὸν ἐχόμενον δὲ χρόνον ποικιλώτερον ἤδη ἄγειν μέχρι ἰσημερίης ἡμέρας τριήκοντα δύο. Δεῖ οὖν καὶ | 600 τοῖσι διαιτήμασιν ἕπεσθαι τῇ ὥρῃ διαποικίλλοντα μαλακωτέροισι καὶ κουφοτέροισι, τοῖσί τε σιτίοισι καὶ τοῖσι πόνοισι, προσάγοντα ἡσυχῇ πρὸς τὸ ἦρ. **9** Ὁκόταν δὲ ἰσημερίη γένηται, ἤδη μαλακώτεραι αἱ ἡμέραι καὶ μακρότεραι, αἱ νύκτες δὲ βραχύτεραι, καὶ ἡ ὥρη ἡ ἐπιοῦσα θερμή τε καὶ ξηρή, ἡ δὲ παρεοῦσα τρόφιμός τε καὶ εὔκρητος. Δεῖ οὖν, ὥσπερ καὶ τὰ δένδρεα παρασκευάζεται ἐν ταύτῃ τῇ ὥρῃ αὐτὰ ἑωυτοῖς ὠφελίην ἐς τὸ θέρος, οὐκ ἔχοντα γνώμην, αὔξησίν τε καὶ σκιήν, οὕτω καὶ τὸν ἄνθρωπον· ἐπεί γε γνώμην ἔχει, τῆς σαρκὸς τὴν αὔξησιν δεῖ ὑγιηρὴν παρασκευάζειν. Χρὴ οὖν, ὡς μὴ ἐξαπίνης τὴν δίαιταν μεταβάλῃ, διελεῖν τὸν χρόνον ἐς μέρεα ἓξ κατὰ ὀκτὼ ἡμέρας. **10** Ἐν μὲν οὖν τῇ πρώτῃ μοίρῃ χρὴ τῶν τε πόνων ἀφαιρεῖν καὶ

1 μέχρι MH : -ις **θ** recc. ‖ 1-2 τεσσεράκοντα τέσσερες **θ** : -αράκοντα -αρες M ‖ 2-3 μάλιστα edd. : -στ' **θ**M ‖ 3-4 ἡμέρας τοσαύτας **θ** ‖ 5 πνεῖν om. M ‖ post ὥρη add. ἤδη M ‖ χρὴ δὴ **θ** : δεῖ οὖν M ‖ 6 ἐφέπεσθαι **θ** : ἕπεσθαι M ‖ 7 εἶτα δὲ **θ** : εἴτε δ' M ὅτε δ' HEK ‖ ὥρη om. M ‖ 7-8 φαίνεσθαι **θ** : φέρεσθαι M ‖ 9 μέχρι **θ**MH : μέχρις recc. ‖ τριήκοντα **θ** : -άκοντα M ‖ 10 ἕπεσθαι **θ** : χρέεσθαι M ‖ 12 ἦρ **θ** : ἔαρ M ‖ 13 μαλακώτεραι **θ** : -τέρη καὶ αἱ M secl. Erm. ‖ καὶ om. M (ἤδη μακρότεραι μὲν αἱ ἡμέραι Erm.) ‖ 14 βραχύτεραι **θ** : -τέρη M ‖ ἡ ἐπιοῦσα **θ** : ἐπ- M ‖ 15 παρεοῦσα M : -ροῦσα **θ** ‖ 17 αὐτὰ ἑωυτοῖς Erm. : αὐτὰ αὑτοῖς **θ** αὐτοῖσι M recc. αὐτὰ αὑτοῖσιν Littré ‖ ὠφελείην secl. Erm. ‖ 18 ἐπεί γε Joly : ἐπί γε **θ** ἐπεί τε MH ἐπεί τε γὰρ K ἐπεὶ γὰρ H[2] recc. edd ‖ 19-20 παρασκευάζειν : -άζεσθαι Erm. ‖ 21 ἐς M : εἰς **θ** ‖ 22 μὲν οὖν **θ**K : οὖν MHEI γοῦν recc.

doucement ceux que l'on maintient, user d'aliments plus émollients et plus purs, de boissons plus coupées et plus blanches, et de lutte, le corps huilé, au soleil. En chaque saison[1], il faut modifier peu à peu chaque constituant du régime ; parmi les promenades, il faut en supprimer davantage après dîner et moins le matin ; recourir au pain d'orge au lieu de pain de blé, ajouter des légumes bouillis, manger autant de mets bouillis que de rôtis, prendre des bains, déjeuner quelque peu ; moins de rapports sexuels et moins de vomissements ; tout d'abord, deux au lieu de trois, puis à plus long intervalle : de cette façon, le corps sera bien pourvu d'une chair pure et le régime sera émollient pendant cette période jusqu'au lever des Pléiades.

11 A ce moment, c'est l'été et il faut alors y adapter le régime. Il faut donc, une fois les Pléiades levées, user d'aliments plus émollients, plus purs, en moindre quantité, puis de pain d'orge plus que de pain de blé, bien pétri et de farine plus grossière[2] ; de boissons émollientes, blanches, coupées ; déjeuner peu, dormir peu après le déjeuner ; se remplir le moins possible d'aliments et boire suffisamment en mangeant ; entre les repas, boire le moins possible, à moins que le corps n'éprouve quelque dessiccation impérieuse ; manger des légumes bouillis, sauf ceux qui échauffent fort ou sont secs, et aussi des légumes crus, sauf ceux qui échauffent ou sont secs.

1. Cette minutie dans la gradation du régime conviendrait encore parfaitement à des riches oisifs, mais non à d'autres. « L'artisan n'a pas le temps... », comme dit Platon en un passage très réactionnaire de la *République* (III, 406 d-e).

2. 'Ατριπτοτέρη est un hapax ; pour l'idée, cf. *Recherches*, p. 129. Le pain d'orge conseillé pour la période de transition qui précède doit être — d'après le ch. XL — de farine grossière, mais ses propriétés conviennent encore mieux en été.

τοῖσι λοιποῖσιν ἠπιωτέροισι χρῆσθαι, τοῖσί τε σιτίοισι μαλακωτέροισι καὶ καθαρωτέροισι, τοῖσί τε πόμασιν ὑδαρεστέροισι καὶ λευκοτέροισι, καὶ τῇ πάλῃ σὺν τῷ ἐλαίῳ ἐν τῷ ἡλίῳ χρῆσθαι· ἐν ἑκάστῃ δὲ ὥρῃ ἕκαστα τῶν διαιτημάτων μεθιστάναι κατὰ μικρόν· καὶ τῶν περιπάτων ἀφαιρεῖν, τῶν ἀπὸ μὲν τοῦ δείπνου πλέους, τῶν δὲ ὀρθρίων ἐλάσσους· καὶ τῆς μάζης ἀντὶ τῶν ἄρτων προστίθεσθαι, καὶ τῶν λαχάνων τῶν ἑψανῶν προσάγειν, καὶ τὰ ὄψα ἀνισάζειν τὰ ἑφθὰ τοῖσιν ὀπτοῖσι, λουτροῖσί τε χρῆσθαι, καί τι καὶ ἐναριστῆν μικρόν, ἀφροδισίοισι δὲ ἐλάσσοσι, καὶ τοῖσιν ἐμέτοισι, τὸ μὲν πρῶτον ἐκ τῶν τριῶν δύο ποιεῖσθαι, εἶτα διὰ πλείονος χρόνου, ὅκως ἂν καταστήσῃ τὸ σῶμα σεσαρκωμένον καθαρῇ σαρκί, καὶ τὴν δίαιταν μαλακὴν ἐν
τούτῳ τῷ χρόνῳ μέχρι πλειάδων ἐπι|τολῆς. **11** Ἐν τούτῳ 602
θέρος, καὶ τὴν δίαιταν ἤδη χρὴ πρὸς τοῦτο ποιεῖσθαι· χρὴ οὖν, ἐπειδὰν πλειὰς ἐπιτείλῃ, τοῖσί τε σίτοισι μαλακωτέροισι καὶ καθαρωτέροισι καὶ ἐλάσσοσι χρῆσθαι, ἔπειτα τῇ μάζῃ πλεῖον ἢ τῷ ἄρτῳ, ταύτῃ δὲ προφυρητῇ ἀτριπτοτέρῃ, τοῖσι δὲ πόμασι μαλακοῖσι, λευκοῖσιν, ὑδαρέσιν, ἀρίστῳ δὲ ὀλίγῳ, καὶ ὕπνοισιν ἀπὸ τοῦ ἀρίστου βραχέσι, καὶ πλησμονῇσιν ὡς ἥκιστα τῶν σιτίων, καὶ τῷ ποτῷ ἱκανῶς ἐπὶ τῷ σίτῳ χρῆσθαι· δι' ἡμέρης δὲ ὡς ἥκιστα πίνειν, ἢν μὴ ἀναγκαίῃ τινὶ ξηρασίῃ τὸ σῶμα χρήσηται· χρῆσθαι δὲ τοῖσι λαχάνοισι τοῖσιν ἑφθοῖσι, πλὴν τῶν καυσωδέων καὶ ξηρῶν,

1 ἠπιωτέροισι **θ** : ὀξυτέροισι M ‖ 2 καὶ καθαρωτέροισι, τοῖσι om. M ‖ 4 ὥρῃ **θ**IJ : τῇ ὥρῃ M recc. ‖ 6 μὲν om. M ‖ πλέους **θ** : τοὺς πλείους M ‖ δὲ ὀρθρίων : δ' ὀρθρίων M δοροριων **θ** ‖ 7 ἐλάσσους **θ** : τοὺς ἐλ- H²EKQ' ἐλάττους M ‖ 9 λουτροῖσί τε χρῆσθαι om. **θ** ‖ 10 τι καὶ om. M ‖ ἐλάσσοσι **θ** : -ττοσι M ‖ 11 τριῶν om. M ‖ 12 ὅκως **θ**M recc. : ὅπως IJ Jones ‖ ἂν : ἢν **θ**MH ‖ post καταστήσῃ add. τε M ‖ 13 μαλακὴν M : μαλθ- **θ** ‖ 14 τούτῳ **θ** : -έῳ M ‖ 15 ἤδη ante θέρος transtulit Erm. ‖ χρὴ M : δεῖ **θ** ‖ 16 σίτοισι **θ** : -ίοισι M ‖ 17 καὶ καθαρωτέροισι om. M ‖ ἐλάσσοσι **θ** : -ττοσι M ‖ ἔπειτα **θ** Ilberg : εἶτα M ‖ 18 πλεῖον M : πλείονι **θ** ‖ προφυρητῇ **θ** : -αιτῇ M ‖ 21 τῷ ποτῷ ἱκανῶς Joly : τῷ π. ἱκανῷ **θ** τῶν ποτῶν ἱκανῶς M ‖ 24 καὶ ξηρῶν om. **θ**.

Ne pas recourir aux vomissements, à moins que ne survienne quelque plénitude ; user le moins possible de rapports sexuels, recourir aux bains tièdes. Les fruits de la saison sont trop forts pour la constitution de l'homme[1] ; il vaut donc mieux s'en abstenir. Si on en mangeait, ce devrait être aux repas, pour que l'erreur soit la moindre. **12** Quant aux exercices, il faut faire des courses simples, peu de diaules et pendant peu de temps, des promenades à l'ombre, de la lutte au sol pour éviter le plus possible l'échauffement. En effet, la lutte au sol est préférable aux courses simples, car ces dernières dessèchent le corps en le vidant de son humidité. Il ne faut pas faire de promenades après dîner, si ce n'est juste de quoi se dégourdir les jambes ; le matin, il importe de se promener, de se garder des ardeurs du soleil, des fraîcheurs du matin et du soir exhalées par les fleuves, les lacs ou les neiges. **13** On continuera ce régime jusqu'au solstice, de façon à supprimer pendant cette période tout ce qui est sec, chaud, noir[2], non coupé, de même que le pain, si ce n'est un peu, pour le plaisir[3]. Pendant la période qui suit, on se nourrira de substances émollientes, humides, refroidissantes, blanches et pures, jusqu'au lever d'Arcturus et l'équinoxe, soit quatre-vingt-treize jours.

14 A partir de l'équinoxe, il faut user du régime suivant, en ménageant pendant l'automne une gradation vers l'hiver et en se gardant des variations du froid et

1. Cette opinion, étonnante pour nous, semble être populaire ; cf. un fragment des *Bucoliques* (éd. Legrand, II, p. 217) :

οὐκ ἐθέλω φθινόπωρον, ἐπεὶ νόσον ὥρια τίκτει.

2. « Noir » vise le vin ; quand l'adjectif accompagne le mot οἶνος nous traduisons par « rouge ».

3. Indulgence que nous avons déjà constatée ; cf. p. 34, n. 1.

χρῆσθαι δὲ καὶ τοῖσιν ὠμοῖσι, πλὴν τῶν θερμαντικῶν καὶ ξηρῶν· ἐμέτοισι δὲ μὴ χρῆσθαι, ἢν μή τις πλησμονὴ ἐγγένηται· τοῖσι δὲ ἀφροδισίοισιν ὡς ἥκιστα· λουτροῖσι δὲ χλιεροῖσι χρῆσθαι. Ἡ δὲ ὀπώρη ἰσχυρότερον τῆς ἀνθρωπίνης φύσιος· βέλτιον οὖν ἀπέχεσθαι· εἰ δὲ χρῷτό τις, μετὰ τῶν σίτων χρεώμενος ἥκιστ' ἂν ἐξαμαρτάνοι. **12** Τοῖσί τε πόνοισι τοῖσι τρόχοισι χρὴ γυμνάζεσθαι καὶ διαύλοισιν ὀλίγοισι μὴ πολὺν χρόνον, καὶ τοῖσι περιπάτοισιν ἐν σκιῇ, τῇ τε πάλῃ ἐν κόνει, ὅκως ἥκιστα ἐκθερμαίνηται· ἡ γὰρ ἀλίνδησις βέλτιον ἢ οἱ τρόχοι· ξηραίνουσι γὰρ τὸ σῶμα κενοῦντες τοῦ ὑγροῦ· ἀπὸ δείπνου δὲ μὴ περιπατεῖν, ἀλλ' ἢ ὅσον ἐξαναστῆναι· πρωῒ δὲ χρῆσθαι τοῖσι περιπάτοισιν· ἡλίους δὲ φυλάσσεσθαι καὶ τὰ ψύχεα τὰ πρώϊα καὶ τὰ ἐς τὴν ἑσπέρην, | ὅσα ποταμοὶ ἢ λίμναι ἢ χιόνες 604 ἀποπνέουσιν. **13** Ταύτῃ δὲ τῇ διαίτῃ προσανεχέτω μέχρι ἡλίου τροπέων, ὅκως ἐν τούτῳ τῷ χρόνῳ ἀφαιρήσει πάντα ὅσα ξηρὰ καὶ θερμὰ καὶ μέλανα καὶ ἄκρητα, καὶ τοὺς ἄρτους, πλὴν εἴ τι σμικρὸν ἡδονῆς εἵνεκα. Τὸν ἐχόμενον δὲ χρόνον διαιτήσεται τοῖσι μαλακοῖσι καὶ ὑγροῖσι καὶ ψυκτικοῖσι, λευκοῖσι καὶ καθαροῖσι, μέχρι ἀρκτούρου ἐπιτολῆς καὶ ἰσημερίης ἡμέρας ἐνενήκοντα τρεῖς. **14** Ἀπὸ δὲ ἰσημερίης ὧδε χρὴ διαιτῆσθαι, προσάγοντα πρὸς τὸν χειμῶνα ἐν τῷ φθινοπώρῳ, φυλασσόμενον τὰς μεταβολὰς

1 post θερμαντικῶν add. καὶ τῶν ξηραντικῶν **θ** ‖ 2 μὴ χρῆσθαι **θ** : post ἐγγένηται transtulit M ‖ 4 ἰσχυρότερον M : -τέρη **θ** ‖ 5 φύσιος **θ** : φύσεως M ‖ 6 χρεώμενος Joly : χρεόμενος M χρώμενος **θ** ‖ 8 μὴ πολὺν Littré (πουλὺν) : πολὺν (vel πουλὺν) codd. ‖ 9 σκιῇ **θ** : -ᾷ M ‖ ἐκθερμαίνηται M : -νοιτο **θ** ‖ 10 ἢ οἱ τρόχοι M : καὶ οἱ τρ. δὲ βέλτιον **θ** ‖ ξηραίνουσι Calvi codd. edd. : ψύχουσι **θ**M ‖ 11 δὲ **θ**MHEK : τε recc. Littré ‖ 13 φυλάσσεσθαι **θ** : -σσειν M ‖ ψύχεα M : -η **θ** ‖ τὰ πρώϊα **θ** : πρωῒ M ‖ 14 : ὅσα **θ** ὁκόσα M ‖ 15-16 μέχρι MH : μέχρις **θ** recc. ‖ 16 τούτῳ **θ** : -έῳ M ‖ 17 ὅσα **θ** : ὁκόσα M ‖ 18 σμικρὸν **θ** : μικρὸν M ‖ 19 τοῖσι **θ** : τοῖς M ‖ μαλακοῖσι M : μαλθ- **θ** ‖ 20 λευκοῖσι **θ** : καὶ λ. M ‖ καὶ καθαροῖσι om. M ‖ μέχρι MH : -ις **θ** recc. ‖ 22 διαιτῆσθαι M : -ᾶσθαι **θ** ‖ 23 τῷ φθινοπώρῳ M : τῇ -πωρινῇ **θ**.

du chaud par un vêtement épais. Pendant cette période, après des exercices préliminaires que l'on fera vêtu, recourir à la friction et à la lutte, le corps huilé, en procédant graduellement ; faire les promenades au soleil, prendre des bains chauds, supprimer le sommeil pendant le jour, user d'aliments plus chauds, moins humides, purs ; de boissons plus sombres, émollientes et non coupées, de légumes secs, en quantité moindre, et avancer ainsi en supprimant, dans tout le reste du régime, ce qu'on doit prendre en été ; user de ce qu'on doit prendre en hiver, mais non pleinement, de façon à arriver le plus près possible du régime d'hiver en quarante-huit jours, de l'équinoxe jusqu'au coucher des Pléiades[1].

La découverte de l'auteur est dédiée à une élite.

LXIX. **1** Voilà ce que je conseille à la grande masse des hommes qui, par nécessité, doivent vivre au petit bonheur, sans pouvoir négliger tout le reste pour s'occuper de leur santé. Mais pour ceux qui en ont les moyens et qui ont reconnu que les richesses ni rien d'autre n'ont d'utilité sans la santé[2], j'ai découvert un régime qui s'avance le plus près possible de la vérité absolue : je vais l'exposer dans la suite de ce discours. Cette découverte est belle pour

1. Dans tout ce chapitre, la subdivision de l'année est assez ferme et précise ; cf. p. 71, n. 3. Fredrich (*Hippokr. Unters.*, p. 224-227) montre par des rapprochements suffisants qu'il n'est pas en contradiction avec la date traditionnelle du *Régime.* D'ailleurs, W. Jaeger, qui fait flèche de tout bois en faveur d'une date plus tardive, ne mentionne pas du tout cet élément du problème*.

2. La primauté de la santé est lieu commun à l'époque (περὶ παθῶν, 1 ; *Recherches*, p. 138, n. 1), mais ici l'idée ne cadre pas bien avec le contexte ; il nous semble que l'auteur fait allusion au poème d'Ariphron, *A Santé*, dont la publication pouvait être récente aux environs de 400. Après avoir énuméré une série de valeurs — en commençant par la richesse — qui assurent le bonheur :

μετὰ σεῖο, μάκαιρ' Ὑγίεια,

Ariphon conclut, vers 9 :

σέθεν δὲ χωρὶς ὄυτις εὐδαίμων.

τῶν ψυχέων καὶ τῆς ἀλέης ἐσθῆτι παχέῃ· χρῆσθαι δὲ ἐν τούτῳ τῷ χρόνῳ ἐν ἱματίῳ προκινήσαντα τῇ τε τρίψει καὶ τῇ πάλῃ τῇ ἐν ἐλαίῳ, ἡσυχῇ προσάγοντα· καὶ τοὺς περιπάτους ποιεῖσθαι ἐν ἀλέῃ· θερμολουσίῃσί τε χρῆσθαι, καὶ τοὺς ὕπνους ἡμερινοὺς ἀφαιρεῖν, καὶ τοῖσι σίτοισι θερμοτέροισι καὶ ἧσσον ὑγροῖσι καὶ καθαροῖσι, καὶ τοῖσι πόμασι μελαντέροισι, μαλακοῖσι δὲ καὶ μὴ ὑδαρέσι, τοῖσί τε λαχάνοισι ξηροῖσιν ἧσσόν τι, τῇ τε ἄλλῃ διαίτῃ προσάγειν πάσῃ, τῶν θερινῶν ὑφαιρέοντα, τοῖσι δὲ χειμερινοῖσι χρῆσθαι μὴ ἐς ἄκρον, ὅκως καταστήσει ὡς ἔγγιστα τῆς χειμερινῆς διαίτης, ἐν ἡμέραιν δυοῖν δεούσαιν πεντήκοντα μέχρι πλειάδων δύσιος ἀπὸ ἰσημερίης.

LXIX. **1** Ταῦτα μὲν παραινέω τῷ πλήθει τῶν ἀνθρώπων, ὁκόσοισιν ἐξ ἀνάγκης εἰκῇ τὸν βίον διατελεῖν ἐστι, μηδ' ὑπάρχει αὐτοῖσι τῶν ἄλλων ἀμελήσασι τῆς ὑγιείης ἐπιμελεῖσθαι· οἷσι δὲ τοῦτο παρεσκεύασται καὶ διέγνωσται, ὅτι οὐδὲν ὄφελός ἐστιν οὔτε χρημάτων οὔτε τῶν ἄλλων οὐδενὸς ἄτερ τῆς ὑγιείης, πρὸς τούτοις | ἐστί μοι δίαιτα 606 ἐξευρημένη ὡς ἀνυστὸν πρὸς τὸ ἀληθέστατον τῶν δυνατῶν προσηγμένη. Ταύτην μὲν οὖν προϊόντος τοῦ λόγου δη-

1 τῶν ψυχέων M : τοῦ ψυχέος **θ** ‖ δὲ M : δ' **θ** ‖ 2 τούτῳ **θ** : -έῳ M ‖ 3 τῇ om. M ‖ 4 θερμολουσίῃσί MHEFJK : -λουσι **θ** -λουσίῃ recc. ‖ 5 σίτοισι **θ** : -ίοισι M ‖ 6-7 πόμασί M : πώμασι **θ** ‖ 7 μελαντέροισι **θ**: -νωτέροισι M ‖ μαλακοῖσι M : μαλθ- **θ** ‖ καὶ H² recc. : om. **θ**MH ‖ 8 ξηροῖσιν om. M ‖ τι Erm. : τε **θ** om. M ‖ 9 τῶν M : τῶν δὲ **θ** ‖ ὑφαιρέοντα **θ** : ἀφαιρεῦνται M ‖ τοῖσι δὲ **θ** : τοῖσι M ‖ χειμερινοῖσι **θ**MH : -ρίοισι recc. ‖ 10 ὅκως M : ὅπως **θ** ‖ καταστήσει M : -σῃ **θ** ‖ ἔγγιστα M : εἴ τις τὰ **θ** ‖ 11 ἡμέραιν recc. : -ραις **θ**E -ρῃι M ‖ δεούσαιν M recc. : -σαις **θ**E ‖ πεντήκοντα **θ** : ἢ π. M ‖ 12 δύσιος M : λύσιος **θ** ‖ 13 Ταῦτα **θ**M : καὶ ταῦτα Galenus, XVI, 76 K ‖ 15 ὑπάρχει **θ** : -ειν M ‖ αὐτοῖσι **θ** : -έοισι M ‖ ἀμελήσασι **θ** : -σαντα M -σαντας recc. ‖ 16 ἐπιμελεῖσθαι M : -λέσθαι **θ** ‖ οἷσι M : ὅτω **θ** ‖ 17 post χρημάτων add. οὔτε σώματος M ‖ 18 ὑγιείης **θ** : ὑγείης M ‖ τούτοις **θ** : τουτέους M ‖ 20 προσηγμένη **θ** : -ην M ‖ προϊόντος τοῦ λόγου **θ** : προϊόντι τῷ χρόνῳ MHKQ' Zwing.^{m} πρ- τῷ λόγῳ E recc.

moi qui l'ai faite, et utile à ceux qui en ont pris connaissance ; aucun de mes prédécesseurs n'avait même entrepris d'y réfléchir et pourtant, j'estime qu'à lui seul ce sujet, par rapport à tout le reste, a une grande importance.

2 Il s'agit d'un pronostic avant la maladie et d'un diagnostic de ce qui arrive au corps, pour saisir si c'est la nourriture qui l'emporte sur les exercices ou les exercices sur la nourriture, ou s'il y a équilibre entre eux. Car les maladies proviennent de la prédominance de l'un de ces facteurs, quel qu'il soit, et la santé provient de l'équilibre entre eux[1]. Je vais exposer les différents cas, montrant leur nature et leur genèse chez des gens qui paraissent se bien porter, mangent avec appétit, sont capables de s'exercer et ont le corps et le teint satisfaisants.

Prédominance des aliments : 1er cas.

LXX. **1** Les narines se bouchent sans cause apparente après le dîner et le sommeil ; elles semblent être pleines, mais on n'a pas à se moucher ; seulement, quand on se met à se promener le matin et à s'exercer, alors on se mouche et on crache. Avec le temps, on a les paupières lourdes et une sorte de démangeaison atteint le front ; on a moins d'appétit, on ne peut pas boire autant (que d'habitude) ; le teint perd ses couleurs et des ca-

1. Nous avons déjà signalé dans l'*Introduction* l'importance, sans doute exagérée, attribuée au régime comme cause des maladies. Mais notre auteur, plus diététicien que médecin, en fait la seule cause des maladies. Ce radicalisme reste exceptionnel dans le *Corpus* hippocratique ; cf. *Nature de l'homme*, 9 ; *Ancienne médecine*, 22 ; *Humeurs*, 12 ; *Affections*, 1 ; *Maladies*, I, 2 ; IV, 50 ; *Art*, 5-6 ; *Lieux dans l'homme*, 42. Cf. aussi *infra*, p. 103, n. 3.

λώσω. Τόδε δὲ τὸ ἐξεύρημα καλὸν μὲν ἐμοὶ τῷ εὑρόντι, ὠφέλιμον δὲ τοῖσι μαθοῦσιν, οὐδεὶς δέ πω τῶν πρότερον οὐδὲ ἐπεχείρησε συνεῖναι, πρὸς ἅπαντα δὲ τὰ ἄλλα κρίνω αὐτὸ εἶναι πολλοῦ ἄξιον· **2** ἔστι δὲ προδιάγνωσις μὲν πρὸ τοῦ κάμνειν, διάγνωσις δὲ τῶν σωμάτων τί πέπονθε, πότερον τὸ σιτίον κρατεῖ τοὺς πόνους, ἢ οἱ πόνοι τὰ σιτία, ἢ μετρίως ἔχει πρὸς ἄλληλα· ἀπὸ μὲν γὰρ τοῦ κρατεῖσθαι ὁκοτερονοῦν νοῦσοι ἐγγίνονται· ἀπὸ δὲ τοῦ ἰσάζειν πρὸς ἄλληλα ὑγιείη πρόσεστιν. Ἐπὶ ταῦτα δὴ τὰ εἴδεα ἐπέξειμι, καὶ δείξω οἷά ἐστι καὶ γίνεται τοῖσιν ἀνθρώποισιν ὑγιαίνειν δοκέουσι καὶ ἐσθίουσιν ἡδέως πονεῖν τε δυναμένοισι καὶ σώματος καὶ χρώματος ἱκανῶς ἔχουσιν.

LXX. **1** Αἱ ῥῖνες ἄτερ προφάσιος φανερῆς ἐμπλάσσονται ἀπό τε τοῦ δείπνου καὶ τοῦ ὕπνου, καὶ δοκέουσι μὲν πλήρεις εἶναι, μύσσονται δὲ οὐδέν· ὅταν δὲ περιπατεῖν ἄρξωνται τοῦ ὄρθρου καὶ γυμνάζεσθαι, τότε μύσσονται καὶ πτύουσι, προϊόντος δὲ τοῦ χρόνου καὶ τὰ βλέφαρα βαρέα ἴσχουσι, καὶ τὸ μέτωπον ὥσπερ ξυσμὸς λαμβάνει, τῶν τε σίτων ἧσσον ἅπτονται, πίνειν τε ἧσσον δύνανται, ἄχροιαί τε τούτοισιν ὑπογίνονται, καὶ ἢ κατάρροοι κινέονται ἢ πυ-

1 τόδε δὲ τὸ M : τόδε **θ** ‖ 2 τοῖσι M : τοῖς **θ** ‖ πω **θ** : κω M ‖ 3 οὐδὲ M : οὐδ' **θ**HEK ‖ ἐπεχείρησε(ν) M : -ησαι **θ** ‖ συνεῖναι **θ** : ξυνθεῖναι M ‖ δὲ Jones : δὴ **θ**MHEK om. recc. ‖ τὰ ἄλλα recc. : τἄλλα **θ**MHEK ‖ 4 αὐτὸ om. M ‖ πολλοῦ **θ**M : ante κρίνω transtulerunt recc. edd. ‖ προδιάγνωσις M : -σεις **θ** ‖ 5 πρὸ τοῦ κάμνειν M : πρὸς τὸ κ. **θ** ‖ διάγνωσις M : -σεις **θ** ‖ 6 πότερον **θ** : πρότ- M ‖ 8 ὁκοτερονοῦν M : ὁποτ- **θ** ‖ 9 ὑγιείη **θ**E : ὑγείη M recc. ‖ 10 οἷά ἐστι καὶ γίνεται **θ** : ὁκοῖα γίγνεται M ‖ 11 δοκέουσι M : -οῦσι **θ** ‖ post ἐσθίουσιν add. τε M ‖ 12 χρώματος καὶ σώματος **θ** ‖ 13 ἐμπλάσσονται (ἐνπλ-) **θ** : ἐμπλήσσ- M ‖ 14 τε om. M ‖ καὶ τοῦ ὕπνου om. M ‖ 15 πλήρεις **θ** : -ρεες M ‖ ὅταν **θ** : ὁκόταν M ‖ 17 προϊόντος δὲ **θ** : καὶ πρ- M ‖ βλεφαρεα **θ** ‖ 18 ὥσπερ ξυσμὸς **θ** : ξυσμὴ M ‖ 19 ἧσσον ἅπτονται **θ** : ἀπέχονται M ‖ 19-20 ἄχροιαί τε : ἄχροιαι **θ** ἀχροίη τε M ‖ 20 τούτοισιν **θ** : -έοισιν M ‖ ὑπογίνονται **θ** : -νεται M ‖ καὶ ἢ F recc. : ἢ οὖν **θ**MHEKQ' ‖ κατάρροοι M : καταρροϊ **θ**.

tarrhes surviennent ou des fièvres avec frisson, selon l'endroit où se porte la plénitude survenue. Ce que l'on se trouve faire à ce moment précis est mis en cause par le patient, sans être la cause réelle. Ce sont les aliments qui chez lui l'emportent sur les exercices et la plénitude, accumulée peu à peu, l'a conduit à la maladie.

2 Mais il ne faut pas se laisser aller jusque-là[1]. Quand on a constaté les premiers de ces signes, il faut savoir que les aliments l'emportent sur les exercices et que la plénitude s'accumule peu à peu ; car la morve et la salive sont la crise de la plénitude ; comme le corps se tient tranquille, elles bouchent les passages de la respiration, la plénitude étant considérable. Mais, échauffée par l'exercice, l'humeur diminue et se sépare.

3 Il faut soigner un tel patient de la façon suivante. Pratiquer les exercices habituels, en évitant la courbature ; prendre un bain chaud et vomir immédiatement après avoir absorbé des aliments de toutes sortes ; après vomissement, rincer la bouche et la gorge avec un vin astringent, pour que les orifices des veines se ferment et que rien n'y soit attiré de ce qui provient des vomissements. Ensuite, on se lèvera et on fera une petite promenade au soleil ; **4** le lendemain, on fera les mêmes promenades, mais moins d'exercices et plus légers qu'auparavant[2]. On restera sans déjeuner, si c'est l'été ; sinon, on mangera un peu. Au dîner, on supprimera la moitié

1. Cette formule, comme celle du ch. LXXII, 2, reviendra dans la suite. Nous avons essayé de montrer que, plus généralement, la description des quinze cas est fidèle à un schéma cnidien de description nosologique ; cf. *Recherches*, p. 194 sq. Si les symptômes décrits paraissent assez originaux — selon l'auteur, ils sont inédits — la manière de passer des symptômes au traitement et l'allure générale de ce traitement se retrouvent clairement en *Maladies II* et en *Affections internes*.

2. Si globalement, comme l'affirme bien l'auteur en LXX, 5, il faut soigner la pléthore d'aliments par « moins de nourriture et plus d'exercices », au début du traitement une diète sévère entraîne une diminution provisoire des exercices. Il n'y a là aucune incohérence doctrinale.

ρετοὶ φρικώδεις, καθ' ὅ τι ἂν τύχῃ τοῦ τόπου ἡ πλησμονὴ κινηθεῖσα. Ὅ τι δ' ἂν τύχῃ ποιήσας κατὰ τοῦτον τὸν καιρόν, τοῦτο αἰτιῆται οὐκ αἴτιον ἐόν· τούτῳ γὰρ κρατεῖ τὰ σιτία τούς πόνους ⟨καὶ⟩ κατὰ | μικρὰ συλλεγομένη 608
ἡ πλησμονὴ ἐς νοῦσον προήγαγεν. **2** Ἀλλὰ οὐ χρὴ προϊέσθαι μέχρι τούτου, ἀλλ' ὅταν γνῷ τὰ πρῶτα τῶν τεκμηρίων, εἰδέναι ὅτι κρατεῖ τὰ σιτία τοὺς πόνους ⟨καὶ⟩ κατὰ μικρὰ συλλεγομένη ἡ πλησμονή ἐστι. Μύξα γὰρ καὶ σίαλον πλησμονῆς ἐστι κρίσις· ἀτρεμίζοντος μὲν δὴ τοῦ σώματος, φράσσουσι τοὺς πόρους τοῦ πνεύματος, πολλῆς ἐνεούσης τῆς πλησμονῆς· θερμαινόμενον δὲ ἀπὸ τοῦ πόνου, ἀποκρίνεται λεπτυνόμενον. **3** Χρὴ δὲ τὸν τοιοῦτον ἐκθεραπευθῆναι ὧδε· ἐκπονῆσαι ἐν τοῖσι γυμνασίοισι τοῖσιν εἰθισμένοισιν ἀκόπως, θερμῷ λουσάμενον ἐξεμέσαι εὐθὺς σίτοισι χρησάμενον παντοδαποῖσιν, ἐκ δὲ τοῦ ἐμέτου κλύσαι τὸ στόμα καὶ τὴν φάρυγγα οἴνῳ αὐστηρῷ, ὅκως ἂν στύψῃ τὰ στόματα τῶν φλεβῶν καὶ μηδὲν ἐπικατασπασθῇ, ὁκοῖα γίνεται ἀπὸ ἐμέτων· εἶτα ἐξαναστὰς περιπατησάτω ἐν ἀλέῃ ὀλίγα· **4** τῇ δὲ ὑστεραίῃ τοῖσι μὲν περιπάτοισιν τοῖσιν αὐτοῖσι χρησάσθω, τοῖσι δὲ γυμνασίοισιν ἐλάσσοσι καὶ κουφοτέροισιν ἢ πρόσθεν· καὶ ἀνάριστος διαγέτω, ἢν θέρος ᾖ· ἢν δὲ μὴ θέρος ᾖ, μικρὸν ἐπιφαγέτω·

1 ἂν recc. : ἢν θMHEK : τόπου θ : χρόνου M τοῦ τόπου secl. Erm. ‖ 3 αἰτιῆται M : -ᾶται θ ‖ τούτῳ θ : -έῳ M ‖ κρατεῖ Joly : κρατευτα θ κρατεῦντα M κρατεύντων (τῶν σιτίων) Erm. ‖ 4 καὶ add. Joly ‖ μικρὰ θ : σμικρὸν M ‖ 5 προήγαγεν θ : ἤγαγεν M ‖ 5 ἀλλὰ θMHEK : ἀλλ' recc. ‖ 6 τούτου θ : -έου M ‖ ὅταν θ : ὁκόταν M ‖ 7 καὶ add. Erm. ‖ 8 μικρὰ θMH : σμικρὰ EK μικρὸν recc. Littré σμικρὸν Jones ‖ συλλεγομένη Erm. : -γόμενα θ M ‖ 8-9 μύξα... σίαλον θ : pluraliter M ‖ 10 φράσσουσι M : φραγνύουσι θ Jones ‖ πνεύματος θM recc. : σώματος P'Q' Zwing.[m] ‖ 11 ἀπὸ θ : ὑπὸ M ‖ 13 ἐκπονῆσαι θ : διαπονήσαντα M ‖ 14-15 ἐξεμέσαι (-εῦσαι θ) — χρησάμενον om. M ‖ 17 στύψῃ θ : στυφῇ K συστυφῇ M recc. ‖ 18 ἐξαναστὰς θ : ἀνασ- M ‖ 19 τῇ δ' ὑστεραίῃ θ : ἐς δὲ τὴν ὑστ- M ‖ 20 τοῖσιν αὐτοῖσι Jones : αὐτοῖσι θ om. M ‖ χρησάσθω θ : χρέεσθαι M ‖ 21 πρόσθεν θ : -θε M ‖ 22 ἢν θέρος ᾖ· ἢν δὲ om. θ.

de ce qu'on mange d'habitude ; le troisième jour, on reprendra tous les exercices habituels et les promenades, et on augmentera peu à peu les aliments de façon à revenir, le cinquième jour après le vomissement, à la quantité habituelle. **5** Si, après cela, l'état est satisfaisant, on se soignera dans la suite en prenant moins de nourriture et plus d'exercices. Mais si les signes de plénitude ne s'atténuent pas, on attendra deux jours après avoir repris la nourriture (habituelle), puis on vomira de nouveau et on continuera le traitement selon les mêmes indications ; et s'il le faut, on vomira une troisième fois, jusqu'à ce qu'on soit débarrassé de la plénitude.

2e cas.

LXXI. **1** Il y a des gens qui, lorsque les exercices sont dominés par les aliments, éprouvent aussi les symptômes suivants : au début de la plénitude, des sommeils prolongés et agréables leur surviennent et ils s'endorment aussi un certain temps pendant la journée. Le sommeil provient de la chair humectée, le sang se répand[1] et le souffle, dispersé, se calme. **2** Mais lorsque le corps n'arrive plus à contenir la plénitude, il provoque une sécrétion interne grâce à la force du circuit, laquelle, s'opposant à la nourriture qui vient des aliments, trouble l'âme. A ce moment, les sommeils ne sont plus agréables ; au contraire, il est fatal que le patient soit troublé et s'imagine combattre. En effet, telles sont les sensations du corps, et telles sont les visions de l'âme, sans que la vue fonctionne[2].

3 Quand donc le patient en est arrivé là[3], il est bien

1. On voit par ce détail à quel point l'auteur ignore le vrai mécanisme de la circulation du sang.

2. Il est important pour l'unité du *Régime* de constater que cette phrase formule clairement le principe même qui se trouve à la base du livre IV, l'appendice sur les rêves.

3. Si cette formule de transition ne se retrouve pas telle quelle dans d'autres œuvres, il en est une en *Maladies II* qui lui ressemble fort et qui y revient une vingtaine de fois : ὅταν οὕτως ἔχῃ...

καὶ τοῦ δείπνου ἀφελεῖν τὸ ἥμισυ οὗ εἴωθε δειπνεῖν· τῇ δὲ τρίτῃ τοὺς μὲν πόνους ἀποδότω τοὺς εἰθισμένους πάντας καὶ τοὺς περιπάτους, τοῖσι δὲ σιτίοισι προσαγέτω ἡσυχῇ, ὅκως τῇ πέμπτῃ ἀπὸ τοῦ ἐμέτου κομιεῖται τὸ σιτίον τὸ εἰθισμένον. 5 Ἢν μὲν οὖν ἀπὸ τούτου ἱκανῶς ἔχῃ, θεραπευέσθω τὰ ἐπίλοιπα τοῖσι μὲν σιτίοισιν ἐλάσσοσι, τοῖσι δὲ πόνοισι πλείοσιν· ἢν δὲ μὴ καθεστήκῃ τὰ τεκμήρια τῆς πλησμονῆς, διαλιπὼν δύο ἡμέρας ἀφ' ἧς ἐκομίσατο τὰ σιτία, ἐμεσάτω πάλιν καὶ προσαγέτω κατὰ τὰ αὐτά· ἢν δὲ καὶ ἐκ τρίτου, μέχρι ἀπαλλαγῇ τῆς πλησμονῆς. | 610

LXXI. **1 Εἰσὶ δέ τινες τῶν ἀνθρώπων οἵτινες, ὅταν κρατέωνται οἱ πόνοι ὑπὸ τῶν σίτων, καὶ τοιάδε πάσχουσιν· ἀρχομένης μὲν τῆς πλησμονῆς ὕπνοι μακροὶ καὶ ἡδεῖς αὐτοῖσιν ἐπιγίνονται, καί τι τῆς ἡμέρης ἐπικοιμῶνται· ὁ δὲ ὕπνος γίνεται τῆς σαρκὸς ὑγρανθείσης, καὶ χεῖται τὸ αἷμα, καὶ γαληνίζεται διαχεόμενον τὸ πνεῦμα. 2 Ὁκόταν δὲ μὴ δέχηται ἔτι τὸ σῶμα τὴν πλησμονήν, ἀπόκρισιν ἤδη ἀφίησιν εἴσω ὑπὸ βίης τῆς περιόδου, ἥτις ὑπεναντιουμένη τῇ τροφῇ τῇ ἀπὸ τῶν σίτων ταράσσει τὴν ψυχήν. Οὐκ ἔτι δὴ κατὰ τοῦτον τὸν χρόνον ἡδεῖς οἱ ὕπνοι, ἀλλ' ἀνάγκη ταράσσεσθαι τὸν ἄνθρωπον, καὶ δοκεῖν μάχεσθαι· ὁκοῖα γάρ τινα πάσχει τὸ σῶμα, τοιαῦτα ὁρῇ ἡ ψυχή, κρυπτομένης τῆς ὄψιος. 3 Ὁκόταν οὖν ἐς τοῦτο ἥκῃ**

4 ὅκως M : ὅπως **θ** ‖ 5 ἢν μὲν οὖν ἀπὸ τούτου **θ** : κἢν μὲν ἀπὸ τουτέου M ‖ 6 ἐλάσσοσι **θ** : -ττοσι M ‖ 10 τὰ αὐτά : ταῦτα M τωυτο **θ** ‖ ἢν δὲ **θ** Jones : ἢν δὲ μὴ M recc. Littré ‖ μέχρι ἀπαλλαγῇ **θ** : μέχρις ἀπ- M ‖ 12 ὅταν **θ** : ὁκόταν M ‖ 13 ὑπὸ M : ἀπὸ **θ** ‖ σίτων **θ** : -ίων M ‖ καὶ τοίαδε **θ** : τοιάδε M ‖ 14 μὲν **θ** Ilberg : om. M ‖ 15 αὐτοῖσιν **θ** : αὐτοῖς M ‖ ἐπιγίνονται M : ἐνγίνονται **θ** ‖ τι τῆς **θ** : ἐπὶ τῆς M ‖ 16 ὑγρανθείσης E¹P'Q' : om. **θ**M recc. ‖ 17 γαληνίζεται **θ** : -ίζει M ‖ 20 σίτων **θ** : -ίων M ‖ ἀλλ' **θ** recc. : ἀλλὰ MHEK ‖ 22 δοκεῖν **θ** : δοκέει M recc. ‖ 24 ἐς **θ** : εἰς M.

près d'être malade; mais quelle sera la maladie? La chose est obscure, car sa nature dépend du genre de sécrétion survenue et de l'endroit où elle l'emporte. L'homme raisonnable ne laisse pas les choses en arriver là, mais dès qu'il remarque les premiers symptômes, il doit s'appliquer les mêmes traitements que le précédent; mais il lui faut plus de temps et une diète plus sévère[1].

3e cas.

LXXII. **1** Voici encore des symptômes de plénitude. Le corps souffre, chez les uns tout entier, chez d'autres, à un endroit quelconque, et la douleur ressemble à une courbature. Se figurant qu'on est atteint de courbature, on se soigne par le repos et la plénitude, jusqu'au moment où la fièvre survient. Mais on ne s'en aperçoit même pas, et, par les bains et les aliments qu'on prend, on change sa maladie en pneumonie et on en arrive à toute extrémité.

2 Il faut au contraire prendre des précautions avant d'en arriver à ces maladies et se soigner de cette façon. Prendre de préférence des bains de vapeur[2] doux, sinon, un bain chaud et abondant, détendre le corps le plus possible; prendre tout d'abord des aliments âcres en très grande quantité, ensuite les autres; vomir comme il le faut, se lever et faire une courte promenade au soleil; ensuite s'endormir. Le matin, faire beaucoup de pro-

1. Le régime à suivre ici est le même que dans le premier cas, mais, d'après les deux dernières indications, on peut conclure que la pléthore dont il s'agit est plus grave.

2. L'auteur a oublié, à la fin du livre II, de consacrer un paragraphe aux πυρίαι. De même, dans le catalogue des fruits, il n'a pas mentionné l'olive, mais on a pu penser qu'il vivait dans une région de la Grèce où on ne cultive pas l'olivier.

ὤνθρωπος, ἐγγὺς ἤδη τοῦ κάμνειν ἐστίν· ὅ τι δὲ ἥξει νόσημα, ἄδηλον· ὁκοίη γὰρ ἂν ἔλθῃ ἀπόκρισις καὶ ὅτου ἂν κρατήσῃ, τοῦτο ἐνοσοποίησεν. Ἀλλ' οὐ χρὴ προέσθαι τὸν φρονέοντα, ἀλλ' ὁκόταν ἐπιγνῷ τῶν τεκμηρίων τὰ πρῶτα, τῇσι θεραπείῃσιν ὥσπερ τὸν πρότερον ἐκθεραπευθῆναι, πλείονος δὲ χρόνου καὶ λιμοκτονίης δεῖται.

LXXII. 1 Ἔστι δὲ καὶ τὰ τοιάδε τεκμήρια πλησμονῆς· ἀλγεῖ τὸ σῶμα οἷσι μὲν ἅπαν, οἷσι δὲ μέρος τι τοῦ σώματος ὅ τι ἂν τύχῃ· τὸ δὲ ἄλγος ἐστὶν οἱονεὶ κόπος· δοκέοντες οὖν κοπιῆν, ῥᾳθυμίῃσί τε καὶ πλησμονῇσι θεραπεύονται, μέχρι ἐς πυρετὸν ἀφικνέωνται· καὶ οὐδέπω οὐδὲ τοῦτο γινώσκουσιν, ἀλλὰ λουτροῖσί τε καὶ σίτοισι χρη|- 612
σάμενοι ἐς περιπλευμονίην κατέστησαν τὸ νόσημα, καὶ ἐς κίνδυνον τὸν ἔσχατον ἀφικνέονται. 2 Ἀλλὰ χρὴ προμηθεῖσθαι πρὶν ἐς τὰς νούσους ἀφίκηται, καὶ θεραπεύεσθαι τῷδε τῷ τρόπῳ· μάλιστα μὲν πυριηθέντα μαλακῇσι πυριῇσι, εἰ δὲ μή, λουσάμενον ὕδατι πολλῷ καὶ θερμῷ, διαλύσαντα τὸ σῶμα ὡς μάλιστα, χρησάμενον τῶν σιτίων πρῶτον μὲν τοῖσι δριμέσι καὶ πλείστοισιν, εἶτα τοῖσιν ἄλλοισιν, ἐξεμέσαι εὖ, καὶ ἐξαναστάντα περιπατῆσαι ὀλίγον χρόνον ἐν ἀλέῃ, ἔπειτα καταδαρθεῖν· πρωῒ δὲ τοῖσι περιπάτοισι πολ-

1 ὤνθρωπος Littré : ὤνθρ- θMHE ὁ ἄνθρ- recc. || δὲ om. θ || 2 ἄδηλον θ : μάλα δῆλον M || ὁκοίη θ : -α M ὅκῃ Heidel || post ἔλθῃ add. ἢ Heidel || ὅτου M : ὅκου θ || ἂν θ : ἣν M || κρατήσῃ θ : -ῆσαι M || 3 ἐνοσοποίησεν θ : ἐνόσησεν M || προέσθαι M : προείεσθαι θ || 4 φρονέοντα θ : ἀφρον- M εὐφρονέοντα E || 4 ὁκόταν M : ὅταν θ || τῶν τεκμηρίων om. θ || 5 τῇσι θεραπείῃσιν θ : τῆς θ. ἔχεσθαι M || 6 δεῖται θ : δέεται M || 7 τὰ τοιάδε θ : τοιάδε M || 8 οἷσι (bis) θ : οἷς M || 8-9 τοῦ σώματος — τύχῃ om. θ || 9 οἱονεὶ θ : ὁκοῖον M || δοκέοντες οὖν θ : καὶ δοκοῦντες M || 11 μέχρι M : μ. ἣν θ μ. ἂν Jones || ἀφικνέωνται Jones : -νῶνται θM || οὐδέπω θ : -κω M || 15 ἀφίκηται θ : ἀφικνέεσθαι MH ἀφικνέωνται H² recc. edd. || 17 ὕδατι θ MHEK : om. recc. edd. || 18 τῶν σιτίων θ : τοῖσι σιτίοισι M Littré || 19 τοῖσιν ἄλλοισιν θM (-σι) : τοῖσιν ἁλυκοῖσιν H² recc. Littré || 21 ἔπειτα καταδαρθεῖν (-δραθεῖν MHEIJ) : om. θ || πολλοῖσιν om. M.

menades, en les augmentant graduellement ; faire des exercices légers avec la même progression que dans le cas précédent. **3** Un tel patient a besoin d'un amaigrissement très considérable et de promenades. Si on contracte la fièvre faute de soins préventifs, ne prendre que de l'eau pendant trois jours[1] ; si la fièvre cesse en ce laps de temps, c'est bien ; sinon, soigner à l'eau d'orge : on en sortira en quatre ou en sept jours, avec une suée. Il est bon aussi de recourir à des onguents sudorifiques au temps des crises ; car ils forcent la sueur à sortir.

4e cas.

LXXIII. **1** Certaines gens qui souffrent d'une plénitude éprouvent aussi les symptômes suivants. La tête est douloureuse et lourde ; les paupières leur tombent au sortir du dîner, leurs sommeils sont troublés et ils semblent avoir de la fièvre ; parfois, le ventre se constipe. Après des rapports sexuels, on semble, sur le moment, être plus léger, mais par la suite, on s'alourdit davantage[2]. Chez ces gens, la tête attirant la plénitude par révulsion, constipe le ventre et s'alourdit elle-même. De graves dangers menacent et la plénitude infecte l'endroit où elle éclate.

2 Il faut prendre les précautions suivantes. Si on veut recourir à un traitement rapide[3] : après des bains de vapeur, se purger à l'ellébore ; ensuite, prendre graduellement en dix jours des aliments émollients et tendres, et des mets laxatifs, pour que le bas-ventre

1. Le principe du traitement est bien le même que précédemment : diminution des aliments et augmentation graduelle des exercices. L'aggravation supposée ici éclaire particulièrement le premier point.

2. La lourdeur joue aussi un rôle dans le premier cas. Ces quatre premiers cas présentent une certaine parenté, sans être aussi bien liés que les suivants.

3. Chaque fois que l'auteur préconise l'ellébore pour un traitement rapide, il a soin de donner aussi un second traitement plus lent, mais plus naturel, auquel vont ses préférences.

λοῖσιν ἐξ ὀλίγου προσάγοντα χρῆσθαι καὶ τοῖσι γυμνασίοισι κούφοισι καὶ τῇσι προσαγωγῇσι καθάπερ καὶ τὸ πρότερον· 3 ἰσχνασίης δὲ οὗτος πλείστης δεῖται καὶ περιπάτων. Ἢν δὲ μὴ προνοηθεὶς ἐς πυρετὸν ἀφίκηται, προσφέρειν μηδὲν ἄλλο ἢ ὕδωρ ἡμερέων τριῶν· ἢν μὲν οὖν ἐν ταύτῃσι παύσηται· εἰ δὲ μή, πτισάνης χυλῷ θεραπεύεσθαι· ἢ γὰρ τεταρταίοις ἢ ἑβδομαίοις ἐκστήσεται καὶ ἐξιδρώσει· ἀγαθὸν δὲ τοῖσι χρίσμασι χρῆσθαι τοῖσιν ἱδρωτικοῖσιν ὑπὸ τὰς κρίσιας· ἐξαναγκάζουσι γάρ.

LXXIII. **1 Πάσχουσι δέ τινες καὶ τοιάδε ἀπὸ πλησμονῆς· τὴν κεφαλὴν ἀλγέουσι καὶ βαρύνονται, καὶ τὰ βλέφαρα πίπτει αὐτοῖσιν ἀπὸ τοῦ δείπνου, ἔν τε τοῖσιν ὕπνοισι ταράσσονται, καὶ δοκεῖ θέρμη ἐνεῖναι, ἥ τε κοιλίη ἐφίσταται ἐνίοτε· ὁκόταν δὲ ἀφροδισιάσῃ, δοκεῖ κουφότερος εἶναι ἐς τὸ παραυτίκα, ἐξ ὑστέρου δὲ μᾶλλον βαρύνεται· τούτοισιν ἡ κεφαλὴ τὴν πλησμονὴν ἀντισπῶσα τήν τε κοιλίην ἐφίστησι, καὶ αὐτὴ βαρύνεται· κίνδυνοί τε ἐπίκεινται κακοί, καὶ ὅκῃ ἂν ῥαγῇ ἡ πλησμονή, τοῦτο διαφθείρει. 2 Ἀλλὰ χρὴ προμηθεῖσθαι | ὧδε· ἢν μὲν βούληται** 614 **τὴν θεραπείην ποιεῖσθαι ταχυτέρην, προπυριηθέντα ἐλλεβόρῳ καθαρθῆναι, εἶτα προσάγειν τοῖσι σιτίοισι κούφοισι καὶ μαλακοῖσιν ἐφ' ἡμέρας δέκα· τοῖσι δὲ ὄψοισι**

2 τὸ om. **θ** ‖ 3 δὲ : γὰρ Erm. ‖ οὗτος **θ** : τοῦτο M ‖ δεῖται **θ** : δέεται M ‖ 4 ἀφικ ἐς πυρετὸν **θ** ‖ 5 ἄλλο ἢ **θ** : ἀλλ' ἢ M ‖ 6 ταύτῃσι **θ** : -τῇ M ‖ εἰ M : ἢν **θ** Jones ‖ 7 ἢ γὰρ **θ** (ἡ) : ἢ M ‖ τεταρταίοις ἢ ἑβδομαίοις M : -ταῖος ἢ -αῖος **θ** ‖ καὶ **θ** : ἢ M ‖ 8 τοῖσιν ἱδρ- χρῆσθαι **θ** ‖ 11 ἀλγέουσι καὶ βαρύνονται **θ** : singulariter M ‖ 12 αὐτοῖσι **θ** : -έοισιν M ‖ 12-13 τοῖσιν ὕπνοισι Mack : τοῖς ὕπνοις **θ**M edd. ‖ 13 καὶ M : τε καὶ **θ** ‖ ἐνεῖναι M : εἶναι **θ** ‖ 14 δὲ M : δ' **θ** ‖ 17 ἐφίστησι **θ** recc. : ἐπιστησι M ‖ τε **θ** : δὲ M ‖ 17-18 ἐπίκεινται **θ** : ὑπόκειται M ὑπόκεινται recc. ‖ 18 κακοί, καὶ M ‖ ὅκῃ M : ὅκου **θ** Jones ‖ ἂν recc. : ἢν **θ**M ‖ 19 μὲν om. M ‖ 20 ποιεῖσθαι ταχυτέρην **θ** : ταχείην π. M ‖ προπυριηθέντα om. M ‖ 22 μαλακοῖσι M : μαλθ- **θ** ‖ ἐφ' **θ** : εἰς M ‖ ὄψοισι **θ** : σιτίοισι M.

triomphe de la tête grâce à une révulsion par en bas; des courses lentes[1] et des promenades du matin suffisantes, de la lutte, le corps huilé. Qu'on prenne le déjeuner suivi d'une courte sieste[2]; après dîner, juste un petit tour est suffisant; se baigner, se frictionner — les bains à l'eau tiède —; s'abstenir de rapports sexuels. Voilà le traitement le plus rapide.

3 Mais si on refuse de boire des drogues, prendre un bain chaud, vomir après avoir absorbé des aliments âcres, humides, doux et salés; après vomissement, juste un petit tour le matin, faire des promenades calmes en les augmentant progressivement et les exercices indiqués pendant six jours. Le septième, se remplir d'aliments analogues, vomir et suivre la même progression; continuer ce régime pendant quatre semaines, car c'est surtout en un tel laps de temps que l'on se rétablit. Ensuite, augmenter aliments et exercices, faire les vomissements à plus grand intervalle et augmenter les aliments en moins de temps, pour que le corps refasse ses réserves, et rétablir peu à peu le régime habituel.

5e cas.

LXXIV. **1** Voici encore des symptômes provenant d'une plénitude. Quand le ventre digère les aliments, mais que les chairs ne les accueillent pas, la nourriture, bloquée, provoque la flatulence. Après le déjeuner, il

1. L'auteur, au ch. LXIII, n'a pas traité des courses lentes; il ne s'agit probablement pas d'une catégorie nouvelle de course, mais de toute espèce de courses, qu'il faut seulement ralentir.

2. La sieste est conseillée ici pour son caractère humectant, mais elle ne peut se prolonger parce que, dans ce cas, elle échaufferait (ch. LX), ce qui est contre-indiqué dans un cas de fièvre.

διαχωρητικοῖσιν, ὅκως κρατήσει ἡ κάτω κοιλίη τὴν κεφαλὴν τῇ κάτω ἀντισπάσει· καὶ τοῖσι δρόμοισι βραδέσι καὶ τοῖσιν ὀρθρίοισι περιπάτοισιν ἱκανοῖσι, τῇ τε πάλῃ ἐν ἐλαίῳ· ἀρίστῳ τε χρήσθω καὶ ὕπνῳ ἀπὸ τοῦ ἀρίστου μὴ μακρῷ· ἀπὸ τοῦ δείπνου δὲ ὅσον ἐξαναστῆναι ἱκανόν· καὶ τὸ μὲν λούεσθαι, τὸ δὲ χρίεσθαι, λούεσθαι δὲ χλιερῷ, λαγνείης δὲ ἀπέχεσθαι. Αὕτη μὲν ἡ ταχυτέρη θεραπείη· **3** εἰ δὲ μὴ βούλοιτο φαρμακοποτεῖν, λουσάμενον θερμῷ, ἐμέσαι σιτίοισι χρησάμενον τοῖσι δριμέσιν, ὑγροῖσι καὶ γλυκέσι καὶ ἁλμυροῖσιν, ἐξ ἐμέτου δὲ ὅσον ἐξαναστῆναι· πρωῒ δὲ τοῖσι περιπάτοισι πρᾳέσι προσάγειν καὶ τοῖσι γυμνασίοισι τοῖσι γεγραμμένοισιν ἐς ἡμέρας ἕξ· τῇ δὲ ἑβδόμῃ πλησμονὴν προσθέντα ἔμετον ποιήσασθαι ἀπὸ τῶν ὁμοίων σιτίων, καὶ προσάγειν κατὰ τωὐτό· χρῆσθαι δὲ τούτοισιν ἐπὶ τέσσερας ἑβδομάδας, μάλιστα γὰρ ἐν τοσούτῳ χρόνῳ καθίσταται· εἶτα προσάγειν τοῖσί τε σίτοισι καὶ τοῖσι πόνοισι, τούς τε ἐμέτους σὺν πλείονι χρόνῳ ποιεῖσθαι, τά τε σιτία ἐν ἐλάσσονι προσάγειν, ὅκως τὸ σῶμα ἀνακομίσηται, καθιστάναι τε τὴν δίαιταν ἐς τὸ σύνηθες κατὰ μικρόν.

LXXIV. **1** Γίνεται δὲ καὶ τοιάδε ἀπὸ πλησμονῆς· ὁκόσοισιν ἡ μὲν κοιλίη καταπέσσει τὸ σιτίον, αἱ δὲ σάρκες μὴ δέχονται, ἐμμένουσα ἡ τροφὴ φῦσαν ἐμποιεῖ· ὅταν δὲ ἀριστήσῃ, καθίσταται· ὑπὸ γὰρ τοῦ ἰσχυροτέρου τὸ κουφότε-

1 κρατήσει **θ** : -σῃ M ‖ 2 τῇ κάτω ἀντισπάσει **θ** : τὴν κ. ἀντισπάσαι M ‖ 3 post ὀρθρίοισι add. καὶ τοῖσι M ‖ 4 χρήσθω **θ** : χρέεσθαι M ‖ 5 ὅσον **θ** : ὁκόσον M ‖ 6 λούεσθαι M : λοῦσθαι **θ** ‖ 7 ταχυτέρη M : -τάτη **θ** παχυτέρη E ‖ 8 φαρμακοπωτεῖν **θ** ‖ θερμῷ **θ** : πολλῷ M ‖ 9-10 σιτίοισι — ἁλμυροῖσιν **θ** : σ. καὶ γλυκέσι καὶ ἁλμ- M ‖ 10 ὅσον **θ** : ὁκόσον M ‖ 11 πρᾳέσι om. M ‖ 12 δὲ M : δ' **θ** ‖ 13 ποιήσασθαι M : -ῆσαι **θ** ‖ 15 τέσσερας **θ** : -αρας M ‖ τοσούτῳ **θ** : τοι- M ‖ 16-18 τοῖσί τε — προσάγειν om. M ‖ 17 σὺν : ἐν Erm. ‖ ποιεῖσθαι : ποιεῖν Erm. ‖ 18 ἀνακομίσηται **θ** : κομισ- M ‖ 19 τε **θ** : δὲ M ‖ δίαιταν **θ** : διαίτην L αἰτίην M recc. ‖ 21 μὲν ἡ M ‖ 22 post ἐμμένουσα add. δὲ **θ** ‖ ὅταν **θ** : ὁκόταν M.

y a rémission, car le plus léger est évacué par le plus fort et les patients semblent être quittes, mais cela[1] réapparaît le lendemain, beaucoup plus fort. Augmentant chaque jour, la nourriture bloquée prend de la force, l'emporte sur les aliments absorbés, échauffe, trouble le corps et provoque la diarrhée. **2** C'est le mot employé quand on n'évacue que de la nourriture corrompue. Mais lorsque, avec l'échauffement du corps, la purgation devient âcre, l'intestin est raclé ; il s'y produit des lésions et les selles contiennent du sang. Cela s'appelle la dysenterie, maladie pénible et dangereuse.

3 Il faut prendre des précautions, supprimer le déjeuner et le tiers du dîner ; faire plus d'exercices, de la lutte, des courses et des promenades, après les exercices et le matin. Après dix jours, reprendre la moitié des aliments retranchés, vomir et augmenter la nourriture pendant quatre jours. Après un nouvel intervalle de dix jours, reprendre le reste des aliments, vomir. En augmentant la nourriture, vous le rendrez à la santé en ce laps de temps. N'ayez pas peur[2] de faire maigrir un tel patient par les exercices[3].

6e cas.

LXXV. **1** Voici encore d'autres symptômes. Le lendemain, on vomit la nourriture non digérée, sans aigreurs ; le ventre évacue, moins qu'on attendrait d'après les aliments, mais suffisamment toutefois ; aucun malaise

1. « Cela » désigne la nourriture digérée, mais non assimilée ; la phrase suivante exige le même sujet, mais le français veut plus de précision. Ce n'est pas seulement, selon nous, la flatulence qui réapparaît ; la suite immédiate, au paragraphe 2, met en cause la nourriture dont il s'agit ici, mais qui s'est corrompue avec le temps.

2. Nous suivons **θ**, en corrigeant l'atticisme et l'accentuation : θαρρεῖ.

3. Tel nous paraît être ici le sens de πιέζω, presser, accabler.

ρον ἐξελαύνεται, καὶ δοκέουσιν ἀπηλλά|χθαι· τὸ δὲ πολὺ 616
πλέον ἐς τὴν ὑστεραίην παραγίνεται. Ὅταν δὲ καθ' ἡμέρην ἑκάστην αὐξανόμενον ἰσχυρὸν γένηται, ἐκράτησε τὸ ὑπάρχον τῶν ἐπεσενεχθέντων, καὶ ἐξεθέρμηνε, καὶ ἐτάραξεν ἅπαν τὸ σῶμα, καὶ ἐποίησε διάρροιαν· **2** τοῦτο γὰρ ὀνομάζεται, ἕως ἂν αὐτὴ μούνη σαπεῖσα ἡ τροφὴ ὑποχωρῇ. Ὁκόταν δὲ θερμαινομένου τοῦ σώματος κάθαρσις δριμέα γένηται, τό τε ἔντερον ξύεται καὶ ἑλκοῦται καὶ διαχωρεῖται αἱματώδεα, τοῦτο δὲ δυσεντερίη καλεῖται, νοῦσος χαλεπὴ καὶ ἐπικίνδυνος. **3** Ἀλλὰ χρὴ προμηθεῖσθαι καὶ τὸ ἄριστον ἀφαιρεῖσθαι καὶ τοῦ δείπνου τὸ τρίτον μέρος· τοῖσι δὲ πόνοισι πλείοσι, τῇσι πάλῃσι καὶ τοῖσι δρόμοισι καὶ περιπάτοισι χρῆσθαι, ἀπό τε τῶν γυμνασίων καὶ ὄρθρου· ὅταν δ' ἡμέραι δέκα γένωνται, προσθέσθαι τοῦ σίτου τὸ ἥμισυ τοῦ ἀφαιρεθέντος, καὶ ἔμετον ποιήσασθαι, καὶ προσαγαγεῖν ἐς ἡμέρας τέσσερας· ὁκόταν δὲ ἄλλη δεκὰς γένηται, τόν τε σῖτον τὸν λοιπὸν προσθέσθαι, καὶ ἔμετον ποιήσασθαι, καὶ προσάγων πρὸς τὸν σῖτον ὑγιέα ποιήσεις ἐν τούτῳ τῷ χρόνῳ· τοῖσι δὲ πόνοισι θάρσει τὸν τοιοῦτον πιέζων.

LXXV. **1** Γίνεται δὲ καὶ τοιάδε· ἐς τὴν ὑστεραίην τὸν σῖτον ἐρυγγάνεται ὠμὸν ἄτερ ὀξυρεγμίης, ἡ δὲ κοιλίη διαχωρεῖ, ἐλάσσω μὲν ἢ πρὸς τὰ σῖτα, ὅμως δὲ ἱκανῶς, πόνος

2 πλέον **θ** recc. : πλεῖον MHEK ‖ ὅταν **θ** : ὁκόταν M ‖ 4 ἐπεσενεχθέντων Joly : ἐπισ- **θ** ἐπεισ- recc. ἐπεισενεχόντων M ‖ ἅπαν **θ** : [..] αν M ‖ 5 διάρροιαν **θ** : -ρροίην M ‖ 6 ἂν recc. : ἣν **θ**M ‖ ὑποχωρῇ (-έῃ) H²EIJK : -ρέει MH χωρέει **θ** ‖ 7 δριμια **θ** ‖ 8 καὶ **θ**ME : τε καὶ recc. ‖ 10 post ἐπικίνδυνος add. μάλιστα ἀπὸ μελαίνης χολῆς **θ** ‖ 12 πόνοισι **θ** : δρόμοισι M ‖ δρόμοισι καὶ om. M ‖ 13 ὅταν **θ** : ὁκόταν M ‖ 14 δ' ἡμέραι **θ** : δή περ αἱ M ‖ προσθέσθαι **θ** : προσθῆναι M προσθεῖναι Erm. ‖ 15-16 προσαγαγεῖν M : προσάγειν **θ** ‖ 16 τέσσερας **θ** : -αρας M ‖ 17 τόν τε M : τό τε **θ** ‖ 17-18 ποιήσασθαι **θ**H² recc. : ποιῆσαι MH ‖ 18 ὑγιέα M : ὑγιᾶ **θ** ‖ 19 θάρσει Joly : θαρρεῖ **θ** θαρρεῖν M θαρρῶν (... πιέζειν) Erm. ‖ 20 ὑστεραίην M : ὑστέραν ἣν **θ** ‖ 21 ἐρυγγάνει Erm. ‖ ἡ δὲ κοιλίη διαχωρεῖ **θ** : ἣν δὲ ἡ κοιλίη -έῃ M ‖ 22 σῖτα **θ** : σιτία M.

n'apparaît[1]. Chez ces personnes, le ventre, étant froid, ne peut digérer la nourriture pendant la nuit ; quand donc il est mis en mouvement, il vomit la nourriture non digérée. Il faut donc pour ce patient fournir de la chaleur au ventre, par le régime et les exercices. **2** Tout d'abord, il faut manger du pain chaud et fermenté, trempé en morceaux dans du vin rouge ou dans du bouillon de porc ; des poissons bouillis dans une saumure âcre ; manger aussi de la viande, par exemple des pieds de porc bouillis, du porc gras rôti, mais pas beaucoup de viande de cochon de lait, de chien ou de chevreau. Comme légumes, des poireaux, de l'ail bouilli ou cru, de la bette bouillie, de la citrouille. Des boissons moins coupées, des sommeils prolongés[2] et au début, un seul repas. **3** Dormir après les exercices ; des courses de fond, en les augmentant graduellement, de la lutte douce, le corps huilé, peu de bains, mais plus d'onctions, énormément de promenades le matin, peu après dîner. Aux repas, la figue est bonne, avec là-dessus, du vin non coupé. Au sortir de ce traitement, on se remet, les uns plus vite, les autres plus lentement.

7e cas.

LXXVI. **1** D'autres éprouvent les symptômes suivants[3] : ils perdent leurs couleurs et, quand ils ont mangé, ils vomissent, peu après, des matières acides qui leur

1. Dans le cas précédent, la nourriture était digérée, mais non assimilée ; ici, elle n'est plus digérée et est vomie le lendemain : il y a un rapport visible entre les deux cas.

2. Nous donnons raison à M contre θ, malgré Jones ; en effet, le sommeil prolongé échauffe, ce qui convient très bien ici (cf. LX, début). D'autre part, le mot ὕπνοισι étant répété tout de suite après, l'omission de θ se comprend paléographiquement.

3. Les symptômes de ce septième cas marquent une gradation nette sur le précédent, auquel il se lie ainsi fortement. L'expression ἄτερ ὀξυρεγμίης, en LXXV, annonçait le cas présent, qui doit bien appartenir au même groupe.

δὲ οὐδεὶς ἐγγίνεται· τούτοισιν ἡ κοιλίη ψυχρὴ ἐοῦσα οὐ δύναται καταπέσσειν τὸν σῖτον ἐν τῇ νυκτί· ὁκόταν οὖν κινηθῇ, ἐρυγγάνεται τὸν σῖτον ὠμόν. Δεῖ οὖν τούτῳ παρασκευάσαι τῇ κοιλίῃ θερμασίην ἀπό τε τῆς διαίτης καὶ τῶν πόνων· **2** πρῶτον μὲν οὖν χρὴ ἄρτῳ θερμῷ χρῆ|σθαι 618 ζυμίτῃ, διαθρύπτοντα ἐς οἶνον μέλανα ἢ ἐς ζωμὸν ὕειον· τοῖσί τε ἰχθύσιν ἑφθοῖσιν ἐν ἅλμῃ δριμέῃ· χρῆσθαι δὲ καὶ τοῖσι σαρκώδεσιν, οἷον ἀκροκωλίοισί τε διέφθοισι τοῖσιν ὑείοισι, τοῖσί τε πίοσιν ὑείοισιν ὀπτοῖσι, τοῖσι δὲ χοιρείοισι μὴ πολλοῖσι, καὶ σκυλάκων μηδὲ ἐρίφων· λαχάνοισι δὲ πράσοισί τε καὶ σκορόδοισιν ἑφθοῖσι καὶ ὠμοῖσι, βλίτῳ τε ἑφθῷ τῇσί τε κολοκύντῃσι· πόμασί τε ἀκρητεστέροισιν, ὕπνοισί τε μακροῖσι, ἀναριστίῃσί τε τὴν πρώτην. **3** Ὕπνοισί τε ἀπὸ τῶν γυμνασίων, τοῖσί τε δρόμοισι καμπτοῖσιν, ἐξ ὀλίγου προσάγων, πάλῃ τε μαλακῇ ἐν ἐλαίῳ, λουτροῖσί τε ὀλίγοισι, χρίσμασι πλείοσι, τοῖσί τε πρωῒ περιπάτοισι πλείστοισιν, ἀπὸ δείπνου τε ὀλίγοισι· καὶ τὸ σῦκον μετὰ τῶν σίτων ἀγαθόν, ἄκρητός τε ἐπ' αὐτῷ. Ἐκ δὲ ταύτης τῆς θεραπείης καθίσταται τοῖσι μὲν θᾶσσον, τοῖσι δὲ βραδύτερον.

LXXVI. **1** Ἄλλοι δέ τινες τοιάδε πάσχουσιν· ἀχροέουσι, καὶ ὅταν φάγωσιν, ἐρυγγάνουσιν ὀλίγον ὕστε-

1 τούτοισιν **θ** : -έοισιν M ‖ 2 τὸν σῖτον **θ** : τὰ σιτία M ‖ 4 καὶ **θ** : καὶ ἀπό τε M ‖ 5 θερμῷ **θ** : συγκομιστῷ M ‖ 6 post διαθρύπτοντα add. δὲ (δ') M recc. ‖ pr. ἐς **θ** : δ' ἐς M ‖ ὕειον **θ** : ὑόν M ‖ 7 τε **θ** : δὲ M ‖ 8-9 ἀκροκωλίοισί — ὑείοισι M : ἄκροις διέφθοις τοῖς ὑείοις **θ** ‖ 9 τοῖσί τε — τοῖσι δὲ **θ** : καὶ τοῖσι πλείοσι ὕοισι ἑφθοῖσι· τοῖσί τε M ‖ 10 μηδὲ **θ** : καὶ M ‖ 11 δὲ recc. : τε **θ**MH ‖ πράσοισι **θ** : πρασσ- M ‖ 12 pr. τε M : δὲ **θ** ‖ τῇσί τε κολοκύντῃσι Joly, suadente Jones : τῆς τε -ης **θ**M ‖ 12-13 πόμασί — πρώτην M edd. (ἀναριστησίῃσί M) : ποτοῖσί τε ἀκρήτοισιν ἀναριστῆν τε τὴν πρώτην **θ** Jones ‖ 14 γυμνασίων M : ὑγμασίων **θ** ‖ 15 πάλῃ τε μαλακῇ **θ** : -ην τε -ὴν M ‖ 16 alt. τε om. **θ** ‖ 17 τε om. **θ** ‖ 18 σίτων **θ** : -ίων M ‖ ἄκρητός **θ** : -ήτῳ M ἄκρατόν recc. ‖ αὐτῷ **θ** : -έῳ M ‖ 20 βραδύτερον M : βραδεῖον **θ** ‖ 22 ἀχροέουσι Joly : -οῦσι **θ**M ‖ ὅταν **θ** : ὁκόταν M.

montent jusqu'au nez. Chez ces personnes, le corps n'est pas pur[1] et[2] la chair fondue par l'exercice est plus considérable que ce que le circuit élimine. Cette (humeur) bloquée s'oppose à la nourriture, lui fait violence et la rend acide. La nourriture est donc vomie et cette humeur est chassée sous la peau, provoquant chez le patient la pâleur et des maladies du genre de l'hydropisie.

2 Il faut donc prendre les précautions suivantes. Le traitement le plus rapide consiste à faire boire de l'ellébore et à mener graduellement la cure comme je l'ai indiquée précédemment. Mais le traitement le plus sûr viendra du régime suivant[3]. Tout d'abord, après un bain chaud, faire vomir ; ensuite, rendre progressivement en sept jours la nourriture habituelle. Le dixième jour après le vomissement, on vomira de nouveau et on reprendra la même progression. On fera de même une troisième fois. **3** Il faudra des courses simples, peu nombreuses et vives, des mouvements des bras, de la friction, un long séjour au gymnase, de la lutte au sol ; beaucoup de promenades après les exercices ; on en fera aussi après dîner, mais surtout le matin. On se frictionnera couvert de poussière. Si on veut prendre un bain, il sera chaud ; pendant cette période, on ne déjeunera pas. Si on est rétabli en un mois, on se soignera par la suite avec ce qui convient[4] ; s'il reste quelque symptôme, on continuera le traitement.

8e cas.

LXXVII. **1** Il y a des gens qui, le lendemain, ont des aigreurs. C'est qu'une sécrétion s'est formée la nuit

1. La « pureté » du corps est fonction de l'équilibre des humeurs, au sens très général du terme. Cf. *Aphorismes*, II, 10 : τὰ μὴ καθαρὰ τῶν σωμάτων, ὁκόσον ἂν θρέψῃς, μᾶλλον βλάψεις.

2. Le γὰρ qu'on lit ici par une erreur traditionnelle est responsable de l'interprétation qui fait commencer avec le ch. LXXVI le second groupe où dominent les exercices ; cf. *Recherches*, p. 148 sq.

3. Cf. p. 82, n. 3.

4. Jones s'étonne qu'on doive se soigner même après complet rétablissement. Mais pour l'auteur du *Régime*, il faut toujours se soigner, selon le climat, la saison, le « tempérament » individuel, etc...

ρον ὀξέα, καὶ ἐς τὰς ῥῖνας ἀνέρπει τὸ ὀξύ. Τούτοισι τὰ σώματα οὐ καθαρά ἐστιν, ὑπό τε τοῦ πόνου πλεῖον τὸ συντηκόμενον τῆς σαρκὸς ἢ τὸ ἀποκαθαιρόμενον ὑπὸ τῆς περιόδου· ἐμμένον δὴ τοῦτο ἐναντιοῦται τῇ τροφῇ, καὶ βιάζεται, καὶ ἀποξύνει. Ἡ μὲν οὖν τροφὴ ἐρυγγάνεται, αὐτὸ δὲ ὑπὸ τὸ δέρμα ἐξωθεῖται, καὶ τῷ ἀνθρώπῳ ἄχροιαν ἐμποιεῖ, καὶ νούσους ὑδρωποειδέας. **2** Ἀλλὰ χρὴ προμηθεῖσθαι ὧδε· | ἡ μὲν ταχυτέρη θεραπείη, ἐλλέβορον πίσαντα 620
προσάγειν, ὥσπερ μοι πρότερον γέγραπται· ἡ δὲ ἀσφαλεστέρη ὑπὸ τῆς διαιτήσιος ὧδε· πρῶτον μὲν λουσάμενον θερμῷ ἔμετον ποιήσασθαι, εἶτα προσάγειν ἐς ἡμέρας ἑπτὰ τὸ σιτίον τὸ εἰθισμένον. Δεκάτῃ δὲ ἡμέρῃ ἀπὸ τοῦ ἐμέτου αὖτις ἐμείτω, καὶ προσαγέτω κατὰ τωὐτό· Καὶ τὸ τρίτον ὡσαύτως ποιησάτω· **3** τοῖσι δὲ τρόχοισιν ὀλίγοισι καὶ ὀξέσι καὶ ἀνακινήμασι καὶ τρίψει, καὶ διατριβῇ πολλῇ χρήσθω ἐν τῷ γυμνασίῳ, καὶ ἀλινδήσει χρήσθω· τοῖσί τε περιπάτοισι πολλοῖσιν ἀπὸ τῶν γυμνασίων, χρῆσθαι δὲ καὶ ἀπὸ δείπνου, πλείστοισι δὲ τοῖσιν ὀρθρίοισιν· ἐγκονιόμενος δὲ χριέσθω· ὅταν δὲ λούεσθαι θέλῃ, θερμῷ λουέσθω· ἀνάριστος δὲ διατελείτω τοῦτον τὸν χρόνον. Καὶ ἢν μὲν ἐν μηνὶ καθιστῆται, θεραπευέσθω τὸ λοιπὸν τοῖσι προσήκουσιν· ἢν δέ τι ὑπόλοιπον ᾖ, χρήσθω τῇ θεραπείῃ.

LXXVII. **1** Εἰσὶ δέ τινες οἷσιν ἐς τὴν ὑστεραίην ὀξυ-

1 ὀξέα M : ὀξύ **θ** ‖ 2 τε M recc. : γὰρ **θ** τε γὰρ P′Q′ ‖ 2-3 πλεῖον τὸ συντ- M : πλείονος ἐόντος συντηκομένης **θ** ‖ 3 ἢ om. **θ** ‖ 6 post δὲ add. τὸ **θ** ‖ τὸ δέρμα **θ** : τοῦ δέρματος M ‖ ἄχροιαν **θ**H² recc. : -οίην MH ‖ 7 ὑδρωποειδέας MH : -σιδέας **θ** ‖ 9 μοι πρότερον γέγρ- **θ** : γεγρ- μοι M ‖ ἀσφαλεστέρη M : βραδυτέρη **θ** ‖ 10 διαιτήσιος **θ** : διαίτης M ‖ 11 ἐς om. M ‖ 13 αὖτις M : αὖθις **θ** ‖ 15 ἀνακινήμασι Zwing.ᵐ : ἐνκιν- **θ**M ‖ τρίψει **θ** : ἐντρίψει M ‖ διατριβῇ **θ** : ἐν δ. M ‖ 16 ἐν τῷ — χρήσθω om. **θ** ‖ τε om. M ‖ 17 ἀπὸ **θ** : ἀπό τε M ‖ 18-19 ἐγκονιόμενος δὲ **θ** : ἐκκονίων ἰωμένοις M ‖ 19 ὅταν **θ** : ὁκόταν M ‖ 20-21 ἐν μηνὶ καθιστῆται **θ** : ἐν ἑνὶ μηνὶ καθιστῶνται M.

à partir de la plénitude. Quand donc au sortir du sommeil, le corps est mis en mouvement par une respiration plus fréquente, quelque chose de chaud et d'acide est expulsé avec l'air. De cet état proviennent des maladies, si on n'est pas vigilant. Il est utile à ces personnes de se soigner comme dans le cas précédent, mais elles doivent faire plus d'exercices[1].

9e cas.

LXXVIII. **1** A certains surviennent encore les symptômes suivants. Chez les gens qui ont la chair ferme, lorsque les aliments s'échauffent et se dissolvent sous l'effet du premier sommeil, la chair s'échauffe à la fois à cause des aliments et du sommeil, et de la chair, qui est humide, naît une sécrétion abondante[2]. Ensuite, la chair, comme elle est ferme, n'accueille pas la nourriture, et l'humeur sécrétée, s'opposant à la nourriture et poussée dehors, étouffe le patient et l'échauffe jusqu'à ce qu'il ait vomi ; ensuite, il est plus léger. **2** Aucune douleur n'est manifeste dans le corps, mais bien de la pâleur. Avec le temps, les douleurs arrivent et les maladies. Éprouvent aussi[3] des symptômes analogues tous ceux qui, ayant fait brusquement des exercices sans en avoir l'habitude, ont provoqué en eux-mêmes une fonte violente et abondante de la chair.

3 Il faut traiter ainsi de tels patients. Supprimer le tiers des aliments ; user d'aliments âcres, secs, astringents, odorants et diurétiques ; le plus possible de courses

1. Cette prescription indique bien que nous avons toujours affaire au groupe où les aliments dominent les exercices.

2. C'est bien ici aussi l'étiologie fondamentale des cas précédents. Comment pourrait-on attribuer ce cas à la prédominance des exercices, alors que la sécrétion y est clairement provoquée par les aliments et le sommeil?

3. Ce καὶ est d'une importance extrême ; il prouve que cette phrase ne définit pas le cas traité en ce ch. LXXVIII, mais en rapproche incidemment et par comparaison une catégorie tout autre. Négligeant ce monosyllabe, nos prédécesseurs ont cru trouver dans cette phrase une preuve décisive qu'on se trouve déjà ici dans le second groupe de symptômes, où dominent les exercices.

ρεγμίαι γίνονται· τούτοισιν ἐν τῇ νυκτὶ ἀπόκρισις ἀπὸ πλησμονῆς γίνεται· ὁκόταν οὖν κινηθῇ ἐκ τοῦ ὕπνου τὸ σῶμα, πυκνοτέρῳ τῷ πνεύματι χρησάμενον, βιάζεται ἔξω σὺν τῷ πνεύματι θερμόν τε καὶ ὀξύ· ἐκ τούτου νοῦσοι γίνονται ἢν μή τις προμηθείῃ χρήσηται. Συμφέρει δὲ καὶ τούτοισιν ὥσπερ καὶ τὸν πρότερον θεραπευθῆναι· τοῖσι δὲ πόνοισι πλείοσι τούτους χρῆσθαι.

LXXVIII. **1** Γίνεται δέ τισι καὶ τοιάδε· ἐν τοῖσι πυκνοσάρκοισι τῶν | σωμάτων, ὅταν τὰ σιτία διαθερμαίνηται 622
καὶ διαχέηται ἀπὸ πρώτου ὕπνου, θερμαινομένης τῆς σαρκὸς ὑπό τε τῶν σιτίων διά τε τὸν ὕπνον, ἀπόκρισις γίνεται ἀπὸ τῆς σαρκὸς πολλὴ ὑγρῆς ἐούσης· εἶτα τὴν μὲν τροφὴν ἡ σὰρξ οὐ δέχεται πυκνὴ ἐοῦσα, τὸ δὲ ἀπὸ τῆς σαρκὸς ἀποκριθὲν ἐναντιούμενον τῇ τροφῇ καὶ βιαζόμενον ἔξω πνίγει τὸν ἄνθρωπον καὶ θερμαίνει, μέχρι ἐξεμέσῃ· ἔπειτα κουφότερος ἐγένετο· **2** πόνος δὲ οὐδεὶς ἐν τῷ σώματι φανερός· ἄχροια δὲ ἔνεστι· προϊόντος δὲ τοῦ χρόνου πόνοι τε γίνονται καὶ νοῦσοι. Πάσχουσι δὲ τούτοισι παραπλήσια καὶ ὁκόσοι ἀγύμναστοι ἐόντες, ἐξαπίνης πονήσαντες, σύντηξιν τῆς σαρκὸς βιαίην καὶ πολλὴν ἐποιήσαντο. **3** Χρὴ δὲ τοὺς τοιούτους ὧδε θεραπεύειν· ἀφελεῖν τῶν σίτων τὸ τρίτον μέρος· τοῖσι δὲ σίτοισι χρῆσθαι τοῖσι δριμέσι καὶ

1 τούτοισιν **θ** : -τοις M ‖ ἀπόκρισις : ἡ ἀπ- M ἀποκρίσεις **θ** ‖ ἀπὸ **θ**P′Q′ : ὑπὸ M recc. ‖ 2 πλησμονῆς **θ** : τῆς πλ- M ‖ 4 νοῦσοι **θ** : νόσοι M ‖ 5 χρήσηται **θ** : χρέηται M ‖ συμφέρει **θ** : ξ. M ‖ 6 ὥσπερ **θ**E Zwing.[m] : ὡς M recc. ‖ τὸν πρότερον **θ**MHEP′ : τῷ προτέρῳ KFGIJQ′ edd. ‖ 7 τούτους M Littré : τοῦτον **θ** Jones ‖ 9 διαθερμαίνηται M : θερμ- **θ** ‖ 11 τε om. M ‖ 12 πολλὴ ὑγρῆς ἐούσης edd. : πολλῆς ὑ. ἐ. **θ** πολλὴ ὑγρασίη M recc. πολλῆς -ίης K′ ‖ 13 πυκνὴ M : -ῆς **θ** ‖ 14 ἐναντιούμενον M : ὑπεναντιοῦται ενον **θ** ‖ ἔξω M : εἴσω **θ** ‖ 15 μέχρι **θ**MH : -ς ἂν H[1] recc. Littré ‖ ἔπειτα M recc. : add. δὲ **θ**K′ ‖ 16 οὐδεὶς **θ** : οὐδὲ εἷς M ‖ 17 ἄχροια **θ**MH : -οίη H[2] recc. ‖ δὲ M : δ' **θ** ‖ προϊόντος **θ** : προϊὸν M ‖ 19 ἐόντες **θ** : ὄντες M ‖ 20 βιαίην Joly : βιαίαν H[2] recc. Littré om. M **θ** ‖ καὶ om. **θ** ‖ ἐποιήσαντο **θ** : ἐποίησαν M.

de fond que l'on fera vêtu, des diaules et des courses simples que l'on fera nu ; des frictions, un peu de lutte et de la lutte à la main (cette dernière et la lutte au ballon sont plus utiles) ; beaucoup de promenades après les exercices, le matin et après dîner. L'exercice de la voix convient aussi, car, évacuant l'humide, il allège la chair. Il est utile de ne pas déjeuner. **4** Suivre ce traitement dix jours ; ensuite, reprendre la moitié de la nourriture supprimée, en six jours, et vomir ; après vomissement, reprendre la nourriture en quatre jours. Dix jours après le vomissement, on reprendra toute la nourriture supprimée. En s'adonnant aux exercices et aux promenades, on retrouvera la santé. Une telle constitution demande plus d'exercices que d'aliments[1].

Prédominance des exercices. 1er cas.

LXXIX. **1** Certains éprouvent aussi les symptômes suivants[2]. Chez eux, la nourriture est évacuée humide, sans être digérée, mais non à la suite d'une maladie comme la lienterie ; cet état ne provoque pas non plus de souffrance. Cela arrive surtout aux ventres froids et humides ; à cause du froid, il ne digère pas ; à cause de l'humidité, il évacue. Le corps se consume, puisqu'il ne

1. Conclusion très importante encore, qui clôt, à notre sens, le premier groupe de symptômes. Le traitement de ce neuvième cas est en accord parfait avec notre interprétation : la diète est sévère alors que tous les exercices sont recommandés avec insistance. Il n'y a de réserve que pour la lutte : on peut le comprendre d'après le ch. xxxv, 3, où il est dit que la lutte peut engendrer la plénitude.

2. Il est fort regrettable que l'auteur n'ait pas explicitement indiqué qu'ici commence le second groupe de cas ; la formule qu'il utilise est banale (cf. ch. lxxiii). Cette négligence est responsable du fait que ce livre III a été très peu compris au cours des siècles. Mais l'analyse patiente du texte peut, nous l'espérons, lui rendre sa clarté.

ξηροῖσι καὶ αὐστηροῖσι καὶ εὐώδεσι καὶ οὐρητικοῖσι, τοῖσι δὲ δρόμοισι τοῖσι μὲν πλείστοισι καμπτοῖσιν ἐν ἱματίῳ, γυμνὸς δὲ καὶ τοῖσι διαύλοισι καὶ τοῖσι τρόχοισι, τρίψεσι δὲ καὶ πάλῃ ὀλίγῃ, ἀκροχειρισμοῖσιν (ἀκροχείρισις καὶ κωρυκομαχίη συμφορώτερον)· τοῖσι δὲ περιπάτοισιν ἀπὸ τῶν γυμνασίων πολλοῖσι καὶ τοῖσιν ὀρθρίοισι καὶ ἀπὸ δείπνου· φωνῆς δὲ πόνος ἐπιτήδειον· κένωσιν γὰρ τοῦ ὑγροῦ ποιεύμενος ἀραιοῖ τὴν σάρκα· συμφέρει δὲ ἀνάριστον διάγειν· **4** χρῆσθαι δὲ τοῖσι τοιούτοισιν ἐν ἡμέρῃσι δέκα· εἶτα προσθέσθαι τὸ ἥμισυ τοῦ σίτου τοῦ ἀφαιρεθέντος ἐς ἡμέρας ἕξ, καὶ ἔμετον ποιήσασθαι, ἐκ | δὲ τοῦ ἐμέ- 624
του προσάγειν ἐς ἡμέρας τέσσερας τὸν σῖτον· ὅταν δὲ ἡμέραι δέκα γένωνται ἀπὸ τοῦ ἐμέτου, κομισάσθω τὸ σιτίον τὸ ἀφαιρεθὲν ἅπαν· τοῖσι δὲ πόνοισι καὶ τοῖσι περιπάτοισι προσεχέτω καὶ ὑγιὴς ἔσται. Ἡ δὲ τοιαύτη φύσις πόνου πλείονος δεῖται ἢ σίτου.

LXXIX. **1** Πάσχουσι δέ τινες καὶ τοιάδε· διαχωρεῖ αὐτοῖσι τὸ σιτίον ὑγρὸν ἄπεπτον οὐ διὰ νόσημα, οἷον λειεντερίην, οὐδὲ πόνον οὐδένα παρέχει· πάσχουσι δὲ τοῦτο μάλιστα αἱ κοιλίαι ὅσαι ψυχραὶ καὶ ὑγραί εἰσι· διὰ μὲν οὖν ψυχρότητα οὐ συνέψει, διὰ δὲ ὑγρότητα διαχωρεῖ· τὸ οὖν σῶμα τρύχεται τροφὴν οὐ λαμβάνον τὴν προσήκουσαν, αἵ

1 alt. καὶ om. **θ** ‖ 2-3 ἐν ἱματίῳ, γυμνὸς edd. : ἐν ἱματίοισι γυμνὸς **θ** ἐν ἱματίῳ, γυμνοῖσι M ‖ 4 ὀλίγῃ M : απαλη **θ** ‖ ἀκροχειρισμοῖσιν del. Erm. ‖ ἀκροχείρισις FJ : -ριξις MH fortasse recte -ρησις recc. om. **θ** ‖ 7 δὲ φωνῆς M ‖ ἐπιτήδειον **θ** : -ος M ‖ 8 ποιεύμενος **θ**E : -εύμενος M recc. ‖ συμφέρει **θ** : ξ. M ‖ 9 τοιούτοισιν **θ** : σιτίοισι M ‖ ἐν ἡμέρῃσι : ἐς -ας Erm. ‖ 10 τοῦ σίτου om. M ‖ 11 ἐκ δὲ τοῦ **θ** : ἑκάστου M ‖ 12 ἐς **θ** : εἰς M ‖ τέσσερας **θ** : -αρας M recc. ‖ τὸν σῖτον **θ** : τὸ σιτίον M ‖ δὲ recc. : δ' **θ**M ‖ 13-14 τὸ σιτίον τὸ ἀφ- MHEK : τὸ ἀφ- σ. recc. edd. ἀπὸ τοῦ σίτου τὸ ἀφ- **θ** ‖ 17 αὐτοῖσι **θ** : -έοισι M ‖ 18 οὐ διὰ νόσημα **θ** Galenus (*Comm. in Aphor.*, VI, 1) : om. M ‖ λειεντερίην **θ**M Galenus (-αν) : -ης H ἐκ -ης recc. Littré ‖ 20 ὑγραὶ καὶ ψυχραί M ‖ μὲν οὖν **θ** : μὲν M ‖ 21 συνέψει **θ** (-εῖ) : ξυνεψοῖ M ‖ 22 τρύχεται **θ** : -ει M.

reçoit pas la nourriture convenable, et le ventre se corrompt et est atteint de maladies[1].

2 Il faut prendre des précautions. Il est utile à ce patient de supprimer le tiers de la nourriture[2]. Cette dernière consistera en pains de farine non blutée, sans levure, cuits au four de campagne ou sous la cendre, chauds et trempés dans du vin astringent ; quant aux poissons, on prendra la région du dos et de la queue — la tête et le ventre sont trop humides —, bouillis dans la saumure ou rôtis au vinaigre ; des viandes conservées dans le sel ou le vinaigre et de la viande de chien rôtie ; de ramier et de volatiles du même genre, bouillie ou rôtie ; le moins de légumes possible ; du vin rouge moins coupé et astringent. **3** Beaucoup de promenades après dîner et le matin ; on se couchera après les promenades ; des courses de fond, faites graduellement. Qu'il y ait aussi beaucoup de frictions, de courtes luttes, le corps huilé, mais aussi au sol, de façon à ce que la chair échauffée se dessèche et fasse la révulsion de l'humidité provenant du ventre. L'onction est préférable au bain ; on restera sans déjeuner. Après sept jours, on reprendra la moitié de la nourriture supprimée et on vomira. Puis on augmentera la nourriture en quatre jours. Une semaine après, on la reprendra toute, et après avoir vomi de nouveau, on refera la même progression*.

2e cas.

LXXX. **1** Certains éprouvent les symptômes suivants : les selles passent non digérées et le corps se consume,

1. On voit d'emblée qu'avec ce chapitre apparaissent des symptômes très différents de ceux qui précèdent. Il n'y a ici aucune assimilation de la nourriture ; il faut donc bien que les exercices dominent — quoique l'auteur ne le précise pas explicitement. Ce ch. LXXIX nous paraît suivi de très près par *Régime salutaire*, VII ; cf. *Recherches*, p. 188 sq.

2. Le traitement débute par une diète assez légère ; nous avons vu plus haut que, parallèlement, il fallait au début supprimer une partie des exercices dans les cas où cependant ils sont déficients ; cf. p. 79, n. 2.

τε κοιλίαι διαφθείρονται, ἐς νούσους τε ἐμπίπτουσιν. **2** Ἀλλὰ χρὴ προμηθεῖσθαι· συμφέρει δὲ τούτῳ τῶν μὲν σίτων ἀφελεῖν τὸ τρίτον μέρος· ἔστω δὲ τὰ σῖτα ἄρτοι συγκομιστοὶ ἄζυμοι, κλιβανῖται, ἢ ἐγκρυφίαι, θερμοὶ ἐς οἶνον αὐστηρὸν ἐμβαπτόμενοι, καὶ τῶν ἰχθύων τὰ νωτιαῖα καὶ οὐραῖα, τὰ δὲ κεφάλαια καὶ ὑπογάστρια ὑγρότερα· καὶ τοὺς μὲν ἑφθοὺς ἐν ἅλμῃ, τοὺς δὲ ὀπτοὺς ἐν ὄξει· καὶ τοῖσι κρέασι ταριχευμένοισιν ἐν ἁλσὶ καὶ ὄξει· καὶ τοῖσι κυνείοισιν ὀπτοῖσι· καὶ φάσσης καὶ τῶν τοιούτων ὀρνίθων, ἑφθοῖσι καὶ ὀπτοῖσι. Λαχάνοισι δὲ ὡς ἥκιστα· οἴνῳ δὲ μέλανι ἀκρητεστέρῳ αὐστηρῷ· **3** καὶ τοῖσι περιπάτοισιν ἀπό τε τοῦ δείπνου πολλοῖσι καὶ τοῖσιν ὀρθρίοισι, καὶ ἐκ τοῦ περιπάτου κοιμάσθω· δρόμοισι δὲ καμπτοῖσιν ἐκ προσαγωγῆς· ἔστω δὲ καὶ τρῖψις πολλή· καὶ πάλη βραχέα καὶ ἐν τῷ ἐλαίῳ καὶ ἐν τῇ κόνει, ὅκως διαθερμαινομένη ἡ σὰρξ ἀποξηραίνηταί τε καὶ τὸ ὑγρὸν ἐκ τῆς | κοιλίης 626 ἀντισπᾷ· ἀλείφεσθαι δὲ συμφέρει μᾶλλον ἢ λούεσθαι· ἀνάριστος δὲ διαγέτω· ὅταν δὲ γένωνται ἡμέραι ἑπτά, προσθέσθω τὸ ἥμισυ τοῦ σίτου τοῦ ἀφαιρεθέντος, καὶ ἔμετον ποιησάσθω, καὶ προσαγέτω ἐς τέσσερας ἡμέρας τὸ σιτίον· τῇ δὲ ἄλλῃ ἑβδόμῃ κομισάσθω ἅπαν· καὶ ἔμετον πάλιν ποιησάμενος προσαγέτω κατὰ τωὐτό.

LXXX. **1** Ἄλλοισι δέ τισι γίνεται τοιάδε· τὸ διαχώ-

2 συμφέρει θ : ξ. M || 3 σίτων θ : -ίων M || σῖτα θ : -ία M || 4 ἄζυμοι συγκομιστοὶ M || ἐγκρυφίαι θ recc. : -ίας ME || 5 αὐστηρὸν M : θερμὸν θ || ἐμβαπτόμενοι H² recc. : -άπτων MH -άπτοντα θ || 6 ὑπογάστρια θMH : add. ἐὰν ὡς recc. || 8 ἁλσὶ M : αλει θ || 9 ὀπτοῖσι M : ἑφθοῖσι θ || φάσσης θ : φάττης M || τοιούτων θMH : λοιπῶν H¹ EIK λ. τ. recc. || 10 alt. δὲ om. M || 11 ἀκρητεστέρῳ αὐστηρῷ om. M || 12 τε θ : δὲ M || [πο]λλοῖσι M || 13 κοιμάσθω θ : -ᾶσθαι M || 14 βραχείῃ θ : βραδείῃ M || 15 ὅκως θ : ὅπως M || 17 συμφέρει θ : ξ. M || 19-20 τοῦ ἀφαιρεθέντος — ποιησάσθω θMH Littré : om. recc. add. τὸ ἥμισυ τοῦ σίτου θMH || 20 τέσσερας θ : -αρας M || τὸ σιτίον θ : τὸν σῖτον M add. καὶ ἐμεέτω P′ Mack forsitan recte || 21 post ἅπαν add. τὸ σιτίον M.

puisqu'il ne profite pas des aliments. De telles gens, avec le temps, tombent malades. Ils ont le ventre froid et sec et ressentent ces symptômes quand ils ont recours à des aliments ou à des exercices qui ne leur conviennent pas. Il est utile à un tel patient de manger du pain de farine pur, cuit au four ; du poisson bouilli à la sauce, de la viande de porc bouillie et des pieds de porc bien bouillis, de la viande grasse rôtie, des aliments humectants parmi ceux qui sont âcres et salés, de la saumure ; des vins rouges et doux, du raisin et des figues aux repas. Il faut aussi manger un peu au déjeuner[1]. **2** Faire moins d'exercices[2] ; des courses de fond en gradation ; pour finir, des courses simples ; de la lutte après la course, le corps huilé ; pas beaucoup de promenades après les exercices ; après dîner, juste un tour, mais le matin davantage ; des bains chauds et des onctions. On prescrira un sommeil prolongé sur un lit souple. Il faut aussi quelques rapports sexuels ; retrancher le tiers des aliments et, en douze jours, ramener le patient à la nourriture habituelle.

3e cas.

LXXXI. **1** Il est des gens dont les selles passent humides et corrompues, eux qui par ailleurs se portent bien et s'exercent sans éprouver de douleur ; d'autres, par

1. Les symptômes de ce cas montrent clairement que le régime devra être composé d'aliments chauds et humides ou astringents : tel est bien le cas en effet. Ne faire qu'un repas dessèche et resserre : si l'auteur prescrit ici un second repas (d'ailleurs léger), c'est que l'humidité est l'essentiel à ses yeux.

2. Accepter le πλείοσι des manuscrits revient à accuser l'auteur d'une contradiction flagrante. Aussi bien, les notations qui suivent indiquent une modération très nette des exercices : *en gradation*, *en dernier lieu*, jusqu'aux promenades, qui sont sévèrement diminuées, ce qui est rare (cf. ch. LXXXV). Nous préférons μείοσι, pour d'évidentes raisons paléographiques, à ἐλάσσοσι, pourtant toujours employé au livre III dans les cas semblables.

ρημα ἄσηπτον διαχωρεῖ, καὶ τὸ σῶμα τρύχεται τῶν σίτων οὐκ ἐπαυρισκόμενον· οὗτοι δὲ προϊόντος τοῦ χρόνου ἐμπίπτουσιν ἐς νούσους· τούτοισιν αἱ κοιλίαι ψυχραὶ καὶ ξηραί· ὁκόταν οὖν μήτε σίτοισι προσήκουσι χρέωνται μήτε γυμνασίοισι, πάσχουσι ταῦτα. Συμφέρει δὴ τούτῳ ἄρτοισί τε καθαροῖσιν ἰπνίτῃσι χρῆσθαι, καὶ τοῖσιν ἰχθύσιν ἑφθοῖσιν ἐν ὑποτρίμμασι, καὶ κρέασιν ἑφθοῖσιν ὑείοισι, καὶ τοῖσιν ἀκροκωλίοισι διέφθοισι, καὶ τοῖσι πίοσιν ὀπτοῖσι, καὶ τῶν δριμέων καὶ τῶν ἁλυκῶν τοῖσιν ὑγραίνουσι, καὶ τοῖσιν ἁλμυροῖσιν· οἴνοισι δὲ μέλασι μαλακοῖσι· καὶ τῶν βοτρύων καὶ τῶν σύκων ἐν τοῖσι σίτοισι· χρὴ δὲ καὶ ἐναριστῆν μικρόν· 2 τοῖσι δὲ γυμνασίοισι μείοσι χρῆσθαι, δρόμοισι καμπτοῖσιν ἐκ προσαγωγῆς, ὑστάτοισί τε τρόχοισι, πάλῃ δὲ μετὰ τὸν δρόμον ἐν ἐλαίῳ· περιπάτοισι δὲ μὴ πολλοῖσιν ἀπὸ τῶν γυμνασίων· ἀπὸ δείπνου δὲ ὅσον ἐξαναστῆναι· ὄρθρου δὲ πλείοσι περιπάτοισι χρῆσθαι· λουέσθω δὲ θερμῷ· χρήσθω δὲ καὶ χρίσμασιν· ὕπνον τε | πλείονα διδότω καὶ 628
μαλακευνείτω· χρὴ δὲ καὶ ἀφροδισιάσαι τι· τῶν δὲ σίτων ἀφελεῖν τὸ τρίτον μέρος· ἐν ἡμέρῃσι δὲ δέκα δύο προσάγειν αὐτὸν πρὸς τὰ σιτία.

LXXXI. 1 Εἰσὶ δέ τινες οἷσι τὸ διαχώρημα ὑγρὸν καὶ σεσηπός διαχωρεῖ, τοῖσιν ἄλλως ὑγιαίνουσι καὶ γυμναζο-

2 οὐκ ἐπαυρισκόμενον M : ἐπαυρίσκεται **θ** ‖ 3 νούσους **θ** : τὰς ν. M ‖ 5 γυμνασίοισι **θ** : -ίοις M ‖ συμφέρει **θ** : ξ. M ‖ δὴ τούτῳ **θ** : δὲ τῷ τοιούτῳ M ‖ 6 τε M recc. : om. **θ**GIJK ‖ ἰπνίτῃσι M : -ταισι **θ** ‖ 7 ἐν **θ** : σὺν K′ om. M ‖ 7-8 καὶ τοῖσιν ἀκροκωλ- — καὶ τοῖσι M : καὶ τοῖσι μὲν ἄκροις διέφθοις, τοῖς δὲ **θ** ‖ 8 πίοσιν ὀπτοῖσι edd. : πίοσιν ἑφθοῖσι **θ** πλείστοισι ὀπτοῖσι M ‖ 11 ἐν τοῖσι σίτοισι **θ** : τοῖσι δὲ σιτίοισι M ‖ 12 μείοσι Joly : πλείοσι **θ**M ‖ δρόμοισι **θ** : -οις MHE ‖ 13 τε **θ** : δὲ M ‖ 13-14 πάλῃ — ἐλαίῳ **θ** : πάλῃ τε μετὰ τὸν δρ- σὺν τῷ ἐλαίῳ MHE ‖ 15 δὲ recc. : δ' **θ**ME ‖ 16 λουέσθω **θ** : -εσθαι M ‖ 17 post χρήσθω δὲ add. πόνον M πόνοισι recc. ‖ ὕπνον τε **θ**MHE : ὕ. δὲ recc. edd. ὕπνῳ δὲ Erm. ‖ 18 μαλακευνείτω **θ** Zwing.[m] : μαλακινεέτω M ‖ ἀφροδιασαι **θ** ‖ 19 τρίτον **θ** : τέταρτον M ‖ δὲ δέκα δύο **θ** : δέκα M ‖ 21 οἷς **θ** ‖ 22 τοῖσιν **θ** : τοῖσι δ' M.

contre, n'ont plus de goût pour leurs affaires. Avec le temps, le ventre, par sa chaleur, attire les chairs et fait souffrir. Ils perdent l'appétit, le ventre s'ulcère et il devient difficile alors de le resserrer. Il faut auparavant prendre des précautions, sachant que le ventre est anormalement chaud et humide et qu'il se produit un excès d'exercices nuisibles. Il faut donc refroidir et dessécher par le régime[1].

2 Il faut tout d'abord supprimer la moitié des exercices et le tiers des aliments, prendre du pain d'orge pétri d'avance, de farine grossière[2], du poisson très sec bouilli, ni gras ni salé ; on le prendra aussi rôti. Pour ce qui est des volatiles, la viande de ramier et de pigeon sera bouillie, celle de perdrix et de poule, rôtie, sans condiments ; le lièvre sera bouilli à l'eau ; parmi les légumes sauvages, tous ceux qui refroidissent, et de la bette bouillie et vinaigrée. Du vin rouge astringent. **3** Parmi les exercices, des courses simples rapides ; pas beaucoup de friction, peu, au contraire ; pas de lutte. La lutte à la main, les mouvements des bras, la lutte au ballon et la lutte au sol conviennent, mais il n'en faut pas beaucoup. On fera des promenades après l'exercice, en rapport avec la fatigue, mais après dîner, le plus possible, en rapport avec la nourriture prise ; le matin, proportionnées à l'état où on se trouve. On prendra un bain

1. Cette déclaration explicite vaut la peine d'être soulignée : les précisions de ce genre sont, hélas ! trop rares dans tout ce livre III.

2. Nous corrigeons τριπτῇ en ἀτρίπτῳ au nom de la doctrine très consciente du ch. XL. Le pain d'orge de farine pure, pétrie d'avance, « nourrit moins, donne des selles plus abondantes » (§ 4), ce qui ne convient pas du tout ici. Par contre, l'auteur insiste vivement sur les caractères du même pain d'orge, mais de farine grossière et donné immédiatement après qu'il est pétri : ce sont les caractères qui con-

μένοισι, καὶ πόνον οὐ παρέχει· οἱ δέ τινες ἀποκλείονται τῶν προσηκόντων· προϊόντος δὲ τοῦ χρόνου, καὶ τὰς σάρκας ἐπισπᾶται τῇ θερμασίῃ ἡ κοιλίη, πόνον τε παρέχει, τῶν τε σίτων ἀποκλείονται, ἥ τε κοιλίη ἐξελκοῦται, στῆσαι δὲ χαλεπὸν ἤδη γίνεται αὐτήν. Ἀλλὰ χρὴ πρότερον προμηθεῖσθαι γνόντα τὴν κοιλίην θερμὴν καὶ ὑγρὴν παρὰ τὸ προσῆκον, πόνων τε ὑπερβολὴν ἀσυμφόρων ἐγγενομένην. Τῇ οὖν διαίτῃ δεῖ ψῦξαι καὶ ξηρῆναι. **2** Καὶ πρῶτον μὲν χρὴ τὰ γυμνάσια τὰ ἡμίσεα ἀφελεῖν, τῶν τε σίτων τὸ τρίτον μέρος· χρῆσθαι δὲ μάζῃ προφυρητῇ ἀτρίπτῳ, καὶ τοῖσιν ἰχθύσι τοῖσι ξηροτάτοισιν ἑφθοῖσι, μήτε λιπαροῖσι μήτε ἁλμυροῖσι· χρήσθω δὲ καὶ ὀπτοῖσι· κρέασι δὲ τοῖσιν ὀρνιθίοισιν, ἑφθοῖσι μὲν φάσσης, περιστερῆς, περδίκων δὲ καὶ ἀλεκτορίδων ὀπτοῖσιν ἀνηδύντοισι, λαγῴοισι δὲ ἑφθοῖσιν ἐν ὕδατι, καὶ τοῖσιν ἀγρίοισι λαχάνοισιν ὅσα ψυκτικά, τοῖσι σεύτλοισι καθέφθοισιν ὀξηροῖσι· οἴνῳ δὲ μέλανι αὐστηρῷ· **3** γυμνασίοισι δὲ τρόχοισιν ὀξέσι· τρῖψις δὲ μὴ πολλὴ προσέστω, ἀλλ' ὀλίγη, μηδὲ πάλη· ἀκροχειρισμὸς δὲ καὶ χειρονομίη καὶ κωρυκο|μαχίη καὶ ἀλίνδησις ἐπιτη- 630
δείη μὴ πολλή· τοῖσι δὲ περιπάτοισι καὶ ἀπὸ τοῦ γυμνασίου χρήσθω πρὸς τὸν πόνον ἱκανοῖσι, καὶ ἀπὸ δείπνου πρὸς τὰ σιτία πλείστοισι, καὶ πρωῒ πρὸς τὴν ἕξιν συμ-

1 καὶ : om. M ‖ 3 τῇ θερμασίῃ **θ** : τὴν ·ίην M διὰ τὴν θερμασίην Erm. ‖ 4 τῶν τε **θ** : καὶ τῶν M ‖ 7 ἀσυμφ- **θ** : ἀξυμφ- M ‖ ἐγγενομένην Joly : -μένων **θ**M ‖ 8 δεῖ om. M ‖ καὶ M : om. **θ** ‖ χρὴ **θ**MHE : om. recc. ‖ 9 τὰ γυμνάσια τὰ ἡμίσεα **θ** : τὰ ἡμ- γυμν- M ‖ τῶν τε **θ** : καὶ τῶν M ‖ 10 μάζῃ προφυρητῇ M : μάζῃσι -ῇσι **θ** ‖ ἀτρίπτῳ Joly : τριπτῇ M τριπτῇσι **θ** ‖ 12 alt. δὲ om. M ‖ 13 δὲ **θ**H² recc. : τε MH ‖ 14 ἀλεκτορίδων **θ** : ἀλεκτρυόνων M ‖ ἀνηδύντοισι M : ἡδυντοισι **θ** ‖ λαγῴοισι δὲ M : λαγίοισιν **θ** ‖ 15 καὶ τοῖσιν ἀγρίοισι secl. Erm. ‖ 16 σεύτλοισι M : τεύτλοισι **θ** ‖ post ὀξηροῖσι add. καὶ τοῖσι ἀγρίοισι ἅπασι Erm. ‖ 17 pr. δὲ M : τε **θ** ‖ alt. δὲ MHE : om. **θ** ἀλλὰ recc. Littré ‖ 18 προσέστω **θ** : προσαγέσθω M ‖ ἀκροχειρισμὸς δὲ **θ** : ἀκροχείρησις M ‖ 19 ἐπιτηδείη **θ** : -τηδεία M ‖ 20 μὴ πολλή **θ** : ἀλλὰ μὴ π. M ‖ 21 δείπνου **θ** : τοῦ δ. M ‖ 22 πλείστοισι **θ** : πλείοσι M.

tiède, calmement[1]. **4** Après dix jours de ce régime, on reprendra la moitié des aliments et le tiers des exercices supprimés. On vomira après avoir pris des aliments secs et astringents, sans les garder longtemps dans l'estomac : on vomira le plus vite possible. Après vomissement, on augmentera régulièrement en quatre jours aliments, boissons et exercices. Après dix jours, on reprendra le reste des aliments, en demeurant plus réservé du côté des exercices[2]. Après un (nouveau) vomissement, on fera la progression comme il a été indiqué. Pendant cette période, il est utile de ne faire qu'un repas jusqu'au rétablissement.

4e cas.

LXXXII. **1** Chez d'autres, les selles deviennent sèches et brûlées, la bouche sèche. Avec le temps, elle devient amère, le ventre se resserre et l'urine s'arrête. En effet, lorsque l'intestin n'a pas d'humidité, il se gonfle autour des excréments, bouche les issues et cause de la douleur. La fièvre saisit le patient, qui vomit tout ce qu'il mange ou boit. Pour finir, il vomit même des matières fécales. Quand on en arrive là, on ne saurait survivre.

2 Il faut auparavant prendre des précautions, sachant que le patient est dominé par une chaleur desséchante. Il doit alors se nourrir de pain d'orge pétri

viennent ici. L'idée lui paraît capitale et on peut difficilement admettre qu'il se contredirait par la suite à ce sujet ; cf. *Recherches*, p. 160-161.

1. Les exercices sont, comme on doit logiquement s'y attendre, fortement diminués. Ceux qui sont maintenus se justifient aussi fort bien : la course simple resserre le ventre (cf. ch. LXIII, 3) et la promenade après dîner dessèche (cf. ch. LXII, 1). Le début du § 4 est très révélateur aussi de la pensée de l'auteur.

2. Le texte des manuscrits est corrompu, mais l'idée est claire et importante : il reste à modérer les exercices. En suivant **θ**, il nous a semblé qu'il manquait un verbe (ἐχέτω), dont la chute s'expliquerait peut-être par la ressemblance avec le mot qui suit, ἔμετον.

μέτρως· λουέσθω δὲ χλιερῷ ἀτρέμας· **4** οὕτω δὲ διαιτηθεὶς ἡμέρας δέκα προσθέσθω τοῦ τε σίτου τὸ ἥμισυ καὶ τῶν πόνων τὸ τρίτον μέρος· καὶ ἔμετον ποιησάσθω ἀπὸ τῶν ξηρῶν καὶ στρυφνῶν, καὶ μὴ διατριβέτω ἐν τῷ σιτίῳ, ἀλλὰ ἐμείτω τὴν ταχίστην· ἐκ δὲ τοῦ ἐμέτου προσαγέτω ἐς ἡμέρας τέσσερας τὸν σῖτον καὶ τὸ ποτὸν καὶ τὸν πόνον μερίζων· ὅταν δὲ δεκὰς γένηται, προσθέσθω τὸν σῖτον τὸν λοιπὸν καὶ [τῶν σίτων] πρὸς τὸν πόνον ἐνδεεστέρως ⟨ἐχέτω⟩ καὶ ἔμετον ποιησάμενος προσαγέτω, καθάπερ γέγραπται· μονοσιτεῖν δὲ τοῦτον τὸν χρόνον συμφέρει μέχρι ἂν καταστῇ.

LXXXII. **1** Ἄλλοισι δέ τισι ξηρὸν καὶ συγκεκαυμένον τὸ διαχώρημα γίνεται, καὶ τὸ στόμα ξηρόν, προϊόντος δὲ τοῦ χρόνου καὶ πικρὸν γίνεται, καὶ ἡ κοιλίη ἵσταται καὶ οὔρησις· ὅταν γὰρ μὴ ἔχῃ τὸ ἔντερον ὑγρασίην, περὶ τὸν ἀπόπατον περιοιδῆσαν ἀποφράσσει τὰς διεξόδους, καὶ ὀδύνην τε παρέχει καὶ θέρμη λαμβάνει, καὶ ὅ τι ἂν φάγῃ ἢ πίῃ ἐξεμεῖ· τελευτῶν δὲ καὶ κόπρον ἐμεῖ· οὗτος οὐ βιώσιμος, ὅταν ἐς τοῦτο ἔλθῃ. **2** Ἀλλὰ χρὴ πρότερον προμηθεῖσθαι γινώσκοντα ὅτι ξηρασίῃ θερμῇ κρατεῖται ὥνθρωπος. Διαιτῆσθαι οὖν χρὴ αὐτὸν τῇ τε μάζῃ προφυρητῇ

1 λουέσθω M : λούσθω **θ** ‖ ἀτρέμας **θ** : καὶ ἀτρ- M ‖ οὕτω M : οὕτως **θ** ‖ δὲ om. M ‖ 3 ἔμετον **θ** : -έτῳ M ‖ 4 διατριβέτω M : διάτριβε **θ** ‖ σιτίῳ **θ** : σίτῳ M ‖ 5 ἀλλὰ **θ** : ἀλλ' MHE ‖ 6 ἐς **θ**E : εἰς M recc. ‖ τέσσερας Joly : τέσσαρας M om. **θ** ‖ τὸν σῖτον **θ** : τὸ σιτίον M ‖ καὶ τὸ ποτὸν om. M ‖ 7 alt. τὸν om. M ‖ 8 τῶν σίτων (**θ**M) delevi (τῶν οἴνων recc.) ‖ πρὸς **θ** : τὸ πότιμον M ‖ ἐνδεεστέρως **θ** : -έστερον M ‖ 9 ἐχέτω addidi ; qui locus desperatus eo modo legi potest ; nam haec verba ab edd. accepta πλὴν τῶν πόνων ἐνδεέστερον nullum mihi videntur sensum praebere ‖ 11 καταστῇ **θ** : -στήσῃ M ‖ 13 post γίνεται add. καὶ ξηρὸν **θ** ‖ 15 ὅταν M : ὁκόταν **θ** ‖ 16 περιοιδῆσαν **θ**FP'Q' : -δήσαντι M recc. ‖ 17-18 πίῃ ἢ φάγῃ M ‖ 18 τελευτῶν — ἐμεῖ om. **θ** ‖ 19 ὅταν M : ὁκόταν **θ** ‖ 20 ξηρασίῃ θερμῇ **θ** : ξηρὴ η θέρμη M ‖ 20-21 ὥνθρωπος **θ** : ὁ ἀνθ- M ‖ 21 διαιτῆσθαι M : -ᾶσθαι **θ**.

d'avance et bien humecté, de pain de sarrasin, fermenté à l'eau de son, de légumes bouillis, hormis ceux qui sont âcres et secs ; de poissons les plus légers, bouillis, de têtes de poissons et de crabes, de moules, oursins et écrevisses, de bouillons de coquillages et de coquillages mêmes, pris parmi les plus humides, de pieds de devant de porc, bouillis, de viande de chevreau, d'agneau et de petit chien[1]. Du vin doux, coupé. **3** Pas beaucoup d'exercices, ni rapides, mais tous modérés[2]. On fera des promenades le matin, en rapport avec l'état où on se trouve ; après les exercices, en rapport avec la fatigue ; après dîner, on ne se promènera pas. On prendra des bains, on dormira doucement, on déjeunera ; après le déjeuner, une petite sieste. On prendra des fruits humectants aux repas, des pois chiches, verts ou secs, mais ces derniers trempés dans l'eau. **4** Ce patient supprimera lui aussi dès le début la moitié des exercices qu'il faisait auparavant. Il vomira après avoir absorbé des aliments doux, gras, salés, huileux, qu'il gardera le plus longtemps possible dans l'estomac en vue du vomissement. Ensuite, il augmentera les aliments pendant trois jours et ne restera pas sans déjeuner. Après dix jours, il reprendra

1. Les manuscrits ajoutent : « parmi les poissons, ceux de rivière et d'étang, bouillis ». Mais c'est la seconde fois que l'auteur mentionnerait les poissons et pour comble, ceux de rivière et d'étang sont les plus lourds (ch. XLVIII), alors qu'il vient de recommander les plus légers ! Il faut supprimer ces mots comme glose aberrante insérée dans le texte. Ermerins, si prompt à rejeter des mots du texte, ne dit rien de ce problème. Le régime présente ici une seconde anomalie : les légumes ont été mentionnés tout de suite après le pain, alors que d'ordinaire ils sont mentionnés après les viandes, juste à l'endroit où nous supprimons une petite ligne. Nous ne proposons cependant pas de transposition : le cas étudié ici a un besoin criant d'humidité et il est plausible que l'auteur y ait accordé une priorité aux légumes.

2. Ceci est bien conforme à la doctrine générale du *Régime*.

ῥαντῇ καὶ ἄρτῳ σιτανίων πυρῶν τῷ τε χυλῷ | τῶν πιτύρων 632 ἐζυμωμένῳ, λαχάνοισί τε χρῆσθαι πλὴν τῶν δριμέων καὶ ξηρῶν [καὶ] ἑψανοῖσι· καὶ τῶν ἰχθύων τοῖσι κουφοτάτοισιν ἑφθοῖσι· καὶ τοῖσι κεφαλαίοισι τῶν ἰχθύων καὶ καράβων· μυσὶ καὶ ἐχίνοισι καὶ τοῖσι καρκίνοισι, καὶ τῶν κογχυλίων τοῖσι χυλοῖσι καὶ αὐτοῖσι τοιούτοισιν ὑγροτάτοισι· κρέασι δὲ τοῖσιν ὑείοισιν ἀκροκωλίοισιν ἐμπροσθίοισιν ἑφθοῖσι καὶ ἐρίφων καὶ ἀρνῶν καὶ σκυλάκων ἑφθοῖσιν· [ἰχθύων δὲ τοῖσι ποταμίοισι καὶ λιμναίοισιν ἑφθοῖσιν·] οἴνῳ μαλακῷ ὑδαρεῖ· **3** τοῖσι δὲ πόνοισι μὴ πολλοῖσι μηδὲ ταχέσιν, ἀλλ' ἡσύχοισιν ἅπασι· τοῖσι δὲ περιπάτοισι πρωῒ μὲν χρήσθω, πρὸς τὴν ἕξιν ἱκανοῖσι καὶ ἀπὸ γυμνασίου πρὸς τὸν πόνον συμμέτροισιν· ἀπὸ δείπνου δὲ μὴ περιπατείτω· λουτροῖσι δὲ χρήσθω καὶ ὕπνοισι μαλακοῖσι καὶ ἀρίστῳ· ὕπνῳ τε μετὰ τὸ ἄριστον μὴ μακρῷ· ὀπώρῃ τε τῇ ὑγραινούσῃ μετὰ τῶν σιτίων χρήσθω· καὶ τοῖσιν ἐρεβίνθοισι τοῖσι χλωροῖσι, καὶ ξηροὺς δὲ βρέξας ἐν ὕδατι· **4** ἀφελέσθω δὲ τῶν πόνων καὶ οὗτος ἐξ ἀρχῆς τοὺς ἡμίσεας τῶν πρόσθεν. Καὶ ποιησάσθω ἔμετον ἀπὸ γλυκέων καὶ λιπαρῶν καὶ ἁλμυρῶν καὶ πιόνων, ἐνδιατριβέτω δὲ ὡς πλεῖστον χρόνον ἐν τοῖσι σιτίοισι πρὸς τοὺς ἐμέτους· εἶτα προσαγέτω τὸ σιτίον ἐς ἡμέρας τρεῖς, μηδ' ἀνάριστος ἔστω· ὅταν δὲ ἡμέραι δέκα γένωνται, τῶν πόνων προσαγέτω πλείονας· ἢν μὲν οὖν ἢ

1 ἄρτῳ **θ** : -ων M ‖ χυλῷ M : χυμῷ **θ** Jones ‖ 3 καὶ suadente Jouanna delevi ‖ 5 καρκίνοισι **θ** recc. : σαρκ- MGIJ ‖ κογχυλίων **θ**K : κογχύλων M recc. ‖ 6 χυλοῖσι M : χυμοῖσι **θ** Jones ‖ τοιούτοισιν **θ** τοῖσιν HEGIJK forsitan recte om. M recc. Erm. ‖ 7 τοῖσιν recc. : τοῖς **θ**M ‖ ἐμπροσθίοισιν M : ἐμπροσθιδίοισιν **θ** ‖ 8 ἰχθύων δὲ — ἑφθοῖσιν delevi (καὶ ἐρίφων — λιμναίοισιν ἑφθοῖσιν om. Z recc.) ‖ 10-11 ἡσύχοισι(ν) M recc. : ἡσυχίοισιν **θ** ‖ 11 ἅπασι **θ** : πᾶσι M ‖ 12 πρὸς τὸν πόνον **θ** : πόνον M ‖ 14 μαλακοῖσι M : -κοῖς **θ** ‖ 15 τῇ om. **θ** ‖ 16 σιτίων M : λοιπῶν **θ** ‖ 17 ξηροὺς δὲ **θ** : ξηροῖσι M ‖ 18 πρόσθεν **θ** : -ε M ‖ 18-19 ποιησάσθω M : -σάτω **θ** ‖ 20 πιόνων **θ** : πλειόνων M ‖ δὲ ὡς **θ** : τέως M δὲ τέως H recc. ‖ 21 ἐς **θ**E : εἰς M recc. ‖ 22 ὅταν **θ** : ὁκόταν M ‖ 23 προσαγέτω M : -γέσθω **θ** ‖ πλείονας **θ** : -α M.

graduellement la majorité des exercices. S'il y a plénitude d'aliments ou dérangement du ventre, on vomira ; sinon, on suivra ce traitement le reste du temps.

5e cas.

LXXXIII. **1** Ces symptômes-ci aussi se produisent. Il survient des frissons après les promenades du matin et on a la tête d'autant plus lourde que les promenades dépassent davantage la juste mesure. Le corps et la tête en se vidant de l'humidité ont des frissons et des lourdeurs. Avec le temps on tombe dans la fièvre avec frisson. Il ne faut pas se laisser aller jusque-là, mais se soigner auparavant de la façon suivante.

2 Aussitôt qu'apparaît le moindre de ces symptômes, on fera quelques onctions et un peu de friction, on déjeunera plus que d'habitude, on boira assez de vin doux et après le déjeuner, on dormira suffisamment. Vers le soir, après des exercices légers et un bain chaud, on dînera à l'habitude. Pas de promenades après dîner, mais simplement passer le temps. **3** Le lendemain, on supprimera le tiers de tous les exercices et des promenades, mais on mangera comme d'habitude[1]. On prendra un bain tiède et, encore dans l'eau, on fera des onctions à l'huile. On dormira sur un lit souple et en cinq jours on augmentera peu à peu les exercices.

6e cas.

LXXXIV. **1** Il y en a qui ont des frissons[2] à cause des exercices, depuis le moment où ils sont dévêtus

1. A partir de ce chapitre, l'auteur ne donne plus autant de détails, mais la doctrine reste aussi claire.

2. Ces deux derniers cas sont nettement apparentés ; il s'y agit de frissons, ce qui est plus directement en rapport avec la prédominance des exercices que les symptômes des quatre cas précédents.

πλησμονὴ ἐνῇ ἀπὸ τοῦ σίτου ἢ τῆς κοιλίης πλημμέλεια, ἐμεσάτω· ἢν δὲ μή, οὕτω θεραπευέσθω τὸν ἐπίλοιπον χρόνον.

LXXXIII. **1** Γίνεται δὲ καὶ τοιάδε· φρῖκαι ἀπὸ τῶν περιπάτων ἐγγίνον|ται τῶν ὄρθρου, καὶ τὴν κεφαλὴν βα- 634
ρύνονται τοσούτῳ ὁκόσῳ πλείονες οἱ περίπατοι τῆς συμμετρίης· κενούμενον δὲ τὸ σῶμα καὶ ἡ κεφαλὴ τοῦ ὑγροῦ φρίσσει τε καὶ βαρύνεται· προϊόντος δὲ τοῦ χρόνου ἐς πυρετὸν ἀφικνεῖται φρικώδεα. Ἀλλ' οὐ χρὴ προΐεσθαι ἐς τοῦτο, ἀλλ' ἐκθεραπεύεσθαι πρότερον ὧδε· **2** ὅταν γένηται τάχιστα τῶν τεκμηρίων τι, χρισάμενον καὶ ἀνατριψάμενον ὀλίγα, ἄριστον ποιήσασθαι πλέον τοῦ εἰθισμένου, καὶ πιεῖν ἱκανὸν οἶνον μαλακόν, εἶτα ὕπνῳ χρήσασθαι ἀπὸ τοῦ ἀρίστου ἱκανῷ· ἐς τὴν ἑσπέρην δὲ κούφοισι χρησάμενον γυμνασίοισι θερμῷ τε λουσάμενον δειπνῆσαι τὸ εἰθισμένον· περιπάτῳ δὲ μὴ χρῆσθαι ἀπὸ δείπνου, διατρίβειν δὲ χρόνον· **3** τῇ δὲ ὑστεραίῃ ἀφελέσθω τῶν γυμνασίων πάντων καὶ τῶν περιπάτων τὸ τρίτον μέρος, τοῖσι δὲ σίτοισι χρησάσθω ὥσπερ εἴθιστο· λουέσθω δὲ χλιερῷ, καὶ τῷ ἐλαίῳ ἀλειφέσθω ἐν τῷ ὕδατι· ὕπνοισί τε μαλακοῖσι διαγέτω, ἐν ἡμέρῃσι δὲ πέντε τοὺς πόνους προσαγέτω κατὰ μικρόν.

LXXXIV. **1** Εἰσὶ δέ τινες οἳ φρίσσουσιν ἐκ τῶν γυμ-

5 ἐγγίνονται **θ** : -ωνται M ‖ ὄρθρου M : ὀρθρίων **θ** ‖ βαρύνονται **θ** : -εται M ‖ 6 τοσούτῳ ὁκόσῳ **θ** : τούτῳ M ‖ συμμετρίης **θ**HE : -ιας M recc. ‖ 7 κενούμενον **θ**M : -εόμενον Jones ‖ δὲ **θ** : δὴ M ‖ 8 τε καὶ **θ** : καὶ M ‖ 9 ἀλλ' M : ἀλλὰ **θ** ‖ 12 πλέον **θ** : πλεῖον M ‖ 13 χρήσασθαι M : χρῆσθαι **θ** ‖ 14 ἱκανῷ **θ** : -ῶς M ‖ 15 θερμῷ τε FGIK Littré : θερμῷ **θ** θερμῶς M ‖ 16 περιπάτῳ **θ** : -άτοισι M fortasse recte ‖ δείπνου M : τοῦ δ. **θ** ‖ 17 δὲ M : δ' **θ** ‖ 17-20 τῶν γυμνασίων — ἀλειφέσθω **θ** : om. M recc. ‖ 19 χλιερῷ Erm. : -αρῷ **θ** edd. ‖ 20 τε M : δὲ **θ** ‖ 21 ἐν om. M ‖ πόνους om. M ‖ προσαγέτω **θ** : -έσθω M.

jusqu'à l'engagement. Et lorsqu'on se refroidit, on frissonne de nouveau et les dents claquent. On est somnolent et, au réveil, on bâille souvent. Après le sommeil, les paupières sont lourdes. Avec le temps, de fortes fièvres se déclarent et on délire. Il faut prendre des précautions et ne pas se laisser aller jusque-là, mais bien se soigner de la façon suivante.

2 Tout d'abord, on supprimera la totalité ou la moitié des exercices ; tous les aliments que l'on prendra seront plus humides et plus froids, les boissons plus douces et plus coupées. Après quatre jours, on refera le tiers des exercices supprimés, les aliments restant les mêmes. Après cinq autres jours, on refera la moitié des exercices restants ; et de nouveau quatre jours après, on refera tous les exercices, mais plus légers et moins prolongés, de peur qu'un nouvel excès ne survienne[1].

Conclusion pour les six derniers cas.

LXXXV. **1** Chez ceux qui éprouvent ces symptômes, les exercices l'emportent sur les aliments ; il faut donc rétablir l'équilibre. Certains n'éprouvent pas tous ces symptômes, mais seulement quelques-uns sans les autres. Pour tous ces symptômes, les exercices l'emportent sur les aliments et le traitement est le même[2]. **2** Il importe à ces personnes de prendre

1. Ce cas est une aggravation du précédent et on le voit bien aussi au traitement prescrit. Mais ici les aliments sont plus froids, alors qu'au ch. LXXXIII, ils étaient échauffants. Il y a peut-être là aussi une alternance du chaud et du froid, laquelle était plus explicite dans les cas précédents.

2. Sur ce chapitre, cf. *Recherches*, p. 164-165. Il s'agit bien d'une conclusion, mais elle est maladroite à cause de quelques détails nouveaux, et elle ne vise que le deuxième groupe de symptômes, où les exercices dominent les aliments. Même si on suivait θ contre M pour le début de ce paragraphe, la phrase Πάντων δὲ τούτων... imposerait encore l'idée d'une conclusion portant sur toute la dernière section du livre III.

νασίων, καὶ ἐπειδὰν ἐκδύσωνται μέχρι διαπονήσωσιν· ὅταν δὲ ψύχηται, πάλιν φρίσσει, βρυγμός τε τὸ σῶμα ἔχει, ὑπνώσσει τε· ὅταν δὲ ἐξέγρηται, χασμᾶται πολλάκις· ἐκ δὲ τοῦ ὕπνου τὰ βλέφαρα βαρέα· προϊόντος δὲ τοῦ χρόνου καὶ πυρετοὶ ἐπιγίνονται ἰσχυροί, καὶ φλυαρεῖ. Φυλάσσεσθαι οὖν χρὴ καὶ μὴ προΐεσθαι ἐς τοῦτο, ἀλλὰ ἐκδιαιτῆσθαι ὧδε· **2** πρῶτον μὲν τῶν γυμνασίων ἀφελέσθω πάντα ἢ τὰ ἡμίσεα· τοῖσι δὲ σίτοισι πᾶσι χρήσθω ὑγροτέροισί τε καὶ ψυχρο|τέροισι, καὶ τοῖσι πόμασι μαλακωτέροισι καὶ 636
ὑδαρεστέροισιν· ὅταν δὲ παρέλθωσιν ἡμέραι πέντε, τῶν πόνων προσθέσθω τὸ τρίτον μέρος τῶν ἀφαιρεθέντων· τοῖσι δὲ σίτοισι χρήσθω τοῖσιν αὐτοῖσι· πέμπτῃ δὲ ἄλλῃ ἡμέρῃ τοὺς ἡμίσεας τῶν λοιπῶν πόνων προσθέσθω· αὖτις δὲ πέμπτῃ μετὰ τοῦτο ἀπόδος τοὺς πόνους πάντας κουφοτέρους τε καὶ ἐλάσσονας, ὡς μὴ πάλιν ὑπερβολὴ γένηται.

LXXXV. **1** Τοῖσι γὰρ ταῦτα πάσχουσι τὰ τεκμήρια οἱ πόνοι κρέσσους εἰσὶ τῶν σιτίων· ἀνισάζειν οὖν χρή. Ἔνιοι δὲ οὐ ταῦτα πάντα πάσχουσιν, ἀλλὰ τὰ μέν, τὰ δ' οὔ. Πάντων δὲ τούτων τῶν τεκμηρίων οἱ πόνοι κρατέουσι τῶν σίτων, καὶ ἡ θεραπείη ἡ αὐτή. **2** Συμφέρει δὲ τού-

1 ἐκδύσωνται **θ** : -δύηται M ‖ 2 τὸ σῶμα **θ**M : secl. Erm. τὸ στόμα dubitans proponit Jones ‖ 3 δὲ M : δ' **θ** ‖ 4 ὕπνου **θ** : δείπνου M ‖ 5 ἰσχυροί **θ** : φαῦλοι M ‖ καὶ φλυαρεῖ om. M ‖ 6 καὶ μὴ **θ** : μὴ M ‖ προΐεσθαι H[2] recc. : προσίεσθαι **θ** προέσθαι MH ‖ ἀλλὰ M : ἀλλ' **θ** ‖ ἐκδιαιτῆσθαι M : -τήσασθαι **θ** ‖ 7 πάντα ἢ **θ** : πάντων M ‖ 8 σίτοισι πᾶσι **θ** : σιτίοισι ἅπασι M ‖ 8-9 τε καὶ EFGP'Q' : δὲ καὶ **θ**MHIJK ‖ 10 ὅταν M : ὁκόταν **θ** ‖ 10-11 προσθέσθω τῶν πόνων **θ** ‖ 12 σίτοισι **θ** : -ίοισι M ‖ ἡμέρῃ ἄλλῃ M ‖ 13 τοὺς M : τῶν **θ** ‖ αὖτις Joly : -θις **θ**M ‖ 14 ἀπόδος M : ἀποδοὺς **θ** ‖ 14-15 κουφοτέρους τε καὶ Joly : καὶ κουφ- τε καὶ M κουφ- δὲ καὶ **θ** ‖ 17-18 Τοῖσι γὰρ — εἰσί om. **θ** ‖ ταῦτα πάσχουσι MH : π. τ. recc. edd. ‖ τὰ τεκμήρια et 20 τῶν τεκμηρίων secl. Erm. ‖ 19 πάντα om. M ‖ 20 τούτων **θ** : -έων M ‖ 21 pr. ἡ om. **θ** Jones ‖ 21 Συμφέρει **θ** : ξ. M.

des bains chauds, d'avoir un lit souple, de s'enivrer une fois ou deux, sans excès, d'avoir des rapports sexuels après avoir bu modérément ; de relâcher les exercices, sauf les promenades.

τοισι θερμολουτεῖν, μαλακευνεῖν, μεθυσθῆναι ἅπαξ ἢ δίς, μὴ ἐς ὑπερβολήν· ἀφροδισιάσαι τε ὅταν ὑποπίῃ· ῥᾳθυμῆσαι πρὸς τοὺς πόνους, πλὴν τῶν περιπάτων.

1 μαλακευνεῖν θM : μαλακῶς εὐνάζεσθαι recc. ‖ 2 τε om. θ ‖ ὑποπίῃ M : ὑποπτῆι θ ἐπιγένηται recc. ‖ 3 τῶν om. M.

DU RÉGIME IV

OU

DES RÊVES

L'âme et le rêve. LXXXVI. **1** Celui qui a une connaissance exacte des signes qui se produisent dans le sommeil trouvera qu'ils ont un grand poids à tous égards. C'est que l'âme, quand elle est au service du corps éveillé, se partage entre beaucoup de tâches ; elle n'est pas à elle-même, mais se donne partiellement à chaque faculté du corps, à l'ouïe, à la vue, au toucher, à la marche, aux activités du corps entier : l'intelligence ne s'appartient pas. **2** Mais quand le corps se tient tranquille, l'âme, mise en mouvement et éveillée, administre son domaine[1] propre et accomplit toute seule toutes les actions du corps : car ce dernier dort et ne sent rien, tandis que l'âme éveillée connaît tout, voit ce qui est visible, entend ce qui est audible, marche, touche, s'afflige, réfléchit, dans l'espace étroit où elle se tient[2] ; toutes les fonctions du corps ou de l'âme, dans le sommeil, l'âme les accomplit toutes. Celui donc qui sait juger cela correctement connaît une bonne part de la science*.

1. A Palm a montré que la doctrine de l'activité de l'âme pendant le sommeil est d'origine orphico-pythagoricienne. On peut ajouter à sa démonstration que le mot οἶκος a une résonance mystique de la même qualité, comme le prouve *Phédon*, 67 c, Lucien, *Le Songe*, 17, et l'Aristote perdu (cf. Cicéron, *De divin.*, I, xxv, 52-53, et Augustin, *De trinitate*, XIV, 19,26). J. Brunschvicg, *Aristote et les pirates tyrrhéniens*, in Revue philosophique, 1963, p. 182-183, n'exploite malheureusement pas ce passage du *Régime*.

2. Il faut suivre les manuscrits, surtout θ, et non Mack, comme le fait Jones. Cette leçon condamne d'autre part la variante de M dans la phrase précédente : ἐπεξέρπουσα κ. τ. λ. M. Detienne (*La notion de* δαίμων *dans le pythagorisme ancien*, Les Belles Lettres, 1963, p. 71 sq.) rapproche brillamment cette page de textes du *Phédon* (67 c, 67 e, 70 a, 80 e, 81 b-c, 83 a) et établit définitivement l'origine pythagoricienne.

ΠΕΡΙ ΔΙΑΙΤΗΣ Δ

Η

ΠΕΡΙ ΕΝΥΠΝΙΩΝ

LXXXVI. **1** **Περὶ δὲ τῶν τεκμηρίων τῶν ἐν τοῖσιν ὕπνοισιν ὅστις ὀρθῶς ἔγνωκε, μεγάλην ἔχοντα δύναμιν εὑρήσει πρὸς ἅπαντα. Ἡ γὰρ ψυχὴ ἐγρηγορότι μὲν τῷ σώματι ὑπηρετέουσα, ἐπὶ πολλὰ μεριζομένη, οὐ γίνεται αὐτὴ ἑωυτῆς, ἀλλ᾽ ἀποδίδωσί τι μέρος ἑκάστῳ τοῦ σώματος, ἀκοῇ, ὄψει, ψαύσει, ὁδοιπορίῃ, πρήξεσι παντὸς τοῦ σώματος· αὐτὴ δὲ ἑωυτῆς ἡ διάνοια οὐ γίνεται. 2 Ὅταν δὲ τὸ σῶμα ἡσυχάσῃ, ἡ ψυχὴ κινεομένη καὶ ἐγρηγορέουσα διοικεῖ τὸν ἑωυτῆς οἶκον, καὶ τὰς τοῦ σώματος πρήξιας ἁπάσας αὐτὴ διαπρήσσεται. Τὸ μὲν γὰρ σῶμα καθεῦδον οὐκ αἰσθάνεται, ἡ δὲ ἐγρηγορέουσα γινώσκει πάντα, καὶ ὁρῇ τε τὰ ὁρατὰ καὶ ἀκούει τὰ ἀκουστά, βαδίζει, ψαύει, λυπεῖται, ἐνθυμεῖται, ἐν ὀλίγῳ ἐοῦσα· ὁκόσαι τοῦ σώματος ὑπηρεσίαι ἢ τῆς ψυχῆς, πάντα ταῦτα ἡ ψυχὴ ἐν τῷ ὕπνῳ διαπρήσσεται. Ὅστις οὖν ἐπίσταται κρίνειν ταῦτα ὀρθῶς μέγα μέρος ἐπίσταται σοφίης.** 640

Nullus titulus, nullum intervallum in θM, sed in margine θ alia manu praebet « περὶ ἐνυπνίων incipit » ‖ 2 ἔγνωκε θ : γινώσκει M ‖ 3 ἐγρηγορότι θ : ἐγρήγορε ὅτι M ‖ 4 ὑπηρετέουσα M : -τοῦσα θ ‖ ἑωυτῆς θ : ἑαυτῆς M ‖ 5 τι M : τὸ θ ‖ 6 πρήξεσι — σώματος θ : πρήξει· πάντηι τοῦ σώματος διανοίη M (πρήξεσι πάσῃσι suspicatur Diels) ‖ 7 δὲ θM : δ᾽ Diels ‖ ἑωυτῆς edd. : post διάνοια transtulit θ αὑτῆς M ‖ διάνοια θM : διανοίη Diels ‖ ὅταν θ ὁκόταν M ‖ 8 ἐγρηγορέουσα θ Diels Jones : add. τὰ πρήγματα θ ἐπεξέρπουσα τὰ σώματα M ‖ 9 ἑωυτῆς θ : ἑαυτῆς M ‖ 11 δὲ ἐγρηγορέουσα θ : δ᾽ ἐγρ- Diels δὲ γρηγοροῦσα M ‖ πάντα om. M ‖ καὶ ὁρῇ θ : καθορῇ M ‖ ὁρατὰ M : ὁρητὰ θ ‖ 12 ἀκούει θ : διακούει M ‖ 13 ἐν ὀλίγῳ ἐοῦσα θ Diels : ἐν ὀλίγῳ M ἐνὶ λόγῳ Mack Erm. Jones ‖ ὁκόσαι M : -σα θ ‖ 14 ταῦτα πάντα M ‖ 16 σοφίης M : om. θ τῆς σ. Erm.

Deux catégories de rêves.

LXXXVII. **1** Pour les songes qui sont divins et annoncent, pour les cités ou les individus, des maux ou des biens, il existe des interprètes qui possèdent l'art d'en juger. Mais les rêves par lesquels l'âme annonce les affections du corps, excès de plénitude ou d'évacuation des substances naturelles ou évolution vers un état insolite, ils les jugent aussi, **2** mais tantôt ils tombent juste, tantôt ils se trompent[1] et dans les deux cas, ils ignorent la raison du fait, aussi bien quand ils tombent juste que quand ils se trompent : ils se bornent à recommander des précautions pour éviter quelque mal. Mais ils n'enseignent pas comment il faut prendre ces précautions : ils invitent seulement à prier les dieux. Prier est une bonne chose, mais, tout en invoquant les dieux, il faut s'aider soi-même[2].

Les rêves et l'activité du jour.

LXXXVIII. **1** Voici ce qui en est à ce sujet. Tous les rêves qui répètent pendant la nuit les actions ou les intentions du sujet, tout à fait comme elles ont été faites ou pensées pendant le jour, à propos d'une affaire convenable[3], tous ces rêves sont bons pour le sujet. Ils indiquent en effet la santé, puisque l'âme persiste dans les projets du jour, sans être

1. C'est la même conception précise de la τέχνη, telle qu'elle apparaît au livre I (ch. XII, fin) et dans d'autres textes du temps. Heinimann, qui vient d'étudier *Eine Vorplatonische Theorie der* τέχνη (Museum Helveticum, 1961, p. 105-130), n'aborde malheureusement aucun texte du *Régime*, alors que sa thèse s'en serait trouvée renforcée.

2. Réflexion savoureuse.

3. Ce sens de δίκαιος est bien attesté et paraît meilleur ici que le sens strict de « juste ».

LXXXVII. **1** Ὁκόσα μὲν οὖν τῶν ἐνυπνίων θεῖά ἐστι καὶ προσημαίνει ἢ πολέσι ἢ ἰδιώτῃσι ἢ κακὰ ἢ ἀγαθὰ [μὴ | δι' αὐτῶν ἁμαρτίην,] εἰσὶν οἳ κρίνουσι περὶ τῶν τοιού- 642
των τέχνην ἔχοντες· ὁκόσα δὲ ἡ ψυχὴ τοῦ σώματος παθήματα προσημαίνει, πλησμονῆς ἢ κενώσιος ὑπερβολὴν τῶν συμφύτων, ἢ μεταβολὴν τῶν ἀηθέων, κρίνουσι μὲν καὶ ταῦτα· **2** καὶ τὰ μὲν τυγχάνουσι, τὰ δὲ ἁμαρτάνουσι, καὶ οὐδέτερα τούτων γινώσκουσι δι' ὅ τι γίνεται, οὔθ' ὅ τι ἂν ἐπιτύχωσιν οὔθ' ὅ τι ἂν ἁμάρτωσι, φυλάσσεσθαι [δὲ] παραινέοντες μή τι κακὸν λάβῃ. Οἱ δ' οὖν οὐ διδάσκουσιν ὡς χρὴ φυλάσσεσθαι, ἀλλὰ θεοῖσιν εὔχεσθαι κελεύουσι· καὶ τὸ μὲν εὔχεσθαι ἀγαθόν· δεῖ δὲ καὶ αὐτὸν συλλαμβάνοντα τοὺς θεοὺς ἐπικαλεῖσθαι.

LXXXVIII. **1** Ἔχει δὲ περὶ τούτων ὧδε· ὁκόσα τῶν ἐνυπνίων τὰς ἡμερινὰς πρήξιας τοῦ ἀνθρώπου ἢ διανοίας ἐς τὴν εὐφρόνην ἀποδίδωσι κατὰ τρόπον γινομένας ὥσπερ τῆς ἡμέρης ἐπρήχθη ἢ ἐβουλεύθη ἐπὶ δικαίῳ πρήγματι, ταῦτα τῷ ἀνθρώπῳ ἀγαθά· ὑγιείην γὰρ σημαίνει, διότι ἡ ψυχὴ παραμένει τοῖσιν ἡμερινοῖσι βουλεύμασιν, οὔτε

2-5 ἢ πόλεσι — προσημαίνει om. **θ** ‖ 3 μὴ δι' αὐτῶν ἁμαρτίην secl. Diels ‖ 5 κενώσιος **θ** : -σεως M ‖ πλησμονῆς ἢ κένωσιος secl. Diels ‖ ὑπερβολὴν H[2] recc. : ἢ ὑπερβ- **θ** Diels ὑπερβολὴ MH ‖ 6 συμφύτων **θ** : ξ. M ‖ ἀηθέων M : ἀήθων **θ** συνηθέων K' Zwing.[m] ‖ 7 δὲ M : δ' **θ** ‖ ἁμαρτάνουσι, καὶ om. **θ** ‖ 8 δι' ὅ τι Jones : διότι H διότι οὖν **θ**M recc. ‖ 8-9 οὔθ' M : οὐδ' **θ** ‖ δὲ seclusi ‖ παραινέοντες **θ** : -νεῦντες M ‖ 10 οὖν M : ὧν **θ** ‖ 11 φυλάσσεσθαι… εὔχεσθαι **θ** : -ξασθαι… -ξασθαι M Diels ‖ 12 ἀγαθόν **θ** : δεῖ καὶ ἀγ- M πρέπον καὶ λίην ἀγαθόν ἐστι H ‖ συλλαμβάνοντα **θ** : ξ. M ‖ 14 ὧδε **θ** : add. Ἱπποκράτους διαιτητικὸς Γ Ἱπποκράτους π[ε] ἐνυπνίων $\overline{\text{ΚΓ}}$ M ‖ 15 ἡμερινὰς M : ἑσπερινὰς **θ** ‖ ἢ διανοίας **θ** : ἡ διάνοια M ‖ 16 εὐφρόνην M : εὖ φρονεῖν **θ** sed add. ἐνυπνιάζεται ἑσπέρην M ‖ γινομένας **θ** : γενόμενα M τὰ γ. Erm. ‖ ὥσπερ M : ὅπερ **θ** ‖ 17 τῆς ἡμέρης **θ** : τῇσι ἡμέρῃσι M τῆς ἡμέρας Jones ‖ ἐπρήχθη **θ** : -άχθη M ‖ ἐβουλεύθη M : ἐπεβ- **θ** ‖ ἐπὶ **θ** : ἐν M ‖ 18 ὑγιείην **θ** : ὑγείην M.

dominée par une plénitude, une évacuation ou quelque autre facteur externe. **2** Lorsque les rêves s'opposent aux actions du jour et qu'il s'y produit un combat ou des disputes, cela indique un trouble dans le corps; si le combat est violent, un trouble violent; s'il est modéré, un trouble plus faible. Je ne juge pas ici s'il faut détourner ou non de l'action elle-même[1], mais je conseille de soigner le corps. En effet, à partir d'une plénitude, une sécrétion s'est produite et a troublé l'âme. **3** Si ce qui s'oppose est violent, il faut recourir au vomissement, augmenter peu à peu en cinq jours les aliments qui seront légers, faire graduellement le matin des promenades nombreuses et rapides, et des exercices en rapport avec l'augmentation de la nourriture. Si ce qui s'oppose est plus faible, on supprimera le vomissement et un tiers de la nourriture, que l'on augmentera[2] aussi peu à peu en cinq jours. Faire maigrir par les promenades, recourir aux exercices de voix et prier les dieux[3] : le trouble se calmera.

Les signes célestes et la santé.

LXXXIX. **1** Voir le soleil, la lune, le ciel ou les astres purs et lumineux, chacun selon leur apparence ordinaire, est bon; tous ces

1. On voit à quel point l'auteur a une claire conscience des limites de sa science psychosomatique. On l'a accusé bien à tort de faire régresser la médecine jusqu'à la magie primitive.

2. Nous préférons l'aoriste des bons manuscrits, mais nous rectifions la forme; cet aoriste moyen est bien attesté à l'époque; cf. Hérodote, IV, 161 : ἀγαγέσθαι; IX, 108 : ἠγάγετο; Thucydide, VI, 54, 3 : προσαγάγηται; Aristophane, *Oiseaux*, 141 : προσηγάγου, et *supra*, XXXVIII, 6.

3. Voilà la première mention des prières aux dieux dans ce livre IV : à notre avis, l'auteur les reprend complaisamment à la source qu'il transpose.

πλησμονῇ κρατηθεῖσα οὔτε κενώσει οὔτε ἄλλῳ οὐδενὶ ἔξωθεν προσπεσόντι. **2** Ὅταν δὲ πρὸς τὰς ἡμερινὰς πρήξιας ὑπεναντιῶται τὰ ἐνύπνια καὶ ἐγγίνηται περὶ αὐτῶν ἢ μάχη ἢ νείκεα, σημαίνει τάραχον ἐν τῷ σώματι· καὶ ἢν μὲν ἰσχυρὴ ᾖ, ἰσχυρὸν τὸ κακόν, ἢν δὲ φαύλη, ἀσθενέστερον. Περὶ μὲν οὖν τῆς πρήξιος εἴτ' ἀποτρέπειν ⟨δεῖ⟩ εἴτε μή, οὐ κρίνω· | τὸ δὲ σῶμα θεραπεύεσθαι συμβουλεύω· 644
πλησμονῆς γάρ τινος ἐγγενομένης ἀπόκρισίς τις γενομένη ἐτάραξε τὴν ψυχήν. **3** Ἢν μὲν οὖν ἰσχυρὸν ᾖ τὸ ἐναντιωθέν, ἔμετόν τε συμφέρει ποιήσασθαι καὶ τοῖσι σίτοισι κούφοισι προσάγειν ἐς ἡμέρας πέντε, καὶ τοῖσι περιπάτοισιν ὀρθρίοισι πολλοῖσι καὶ ὀξέσιν ἐκ προσαγωγῆς χρῆσθαι, καὶ τοῖσι γυμνασίοισιν ἐπιγυμνάζεσθαι συμμέτροισι πρὸς τὴν προσαγωγὴν τῶν σίτων· ἢν δὲ ἀσθενέστερον τὸ ὑπεναντιωθὲν γένηται, ἀφελὼν τὸν ἔμετον τὸ τρίτον μέρος ἄφελε τῶν σίτων, καὶ τοῦτο ἡσυχῇ προσαγαγέο πάλιν ἐπὶ πέντε ἡμέρας· καὶ τοῖσι περιπάτοισι πιέζειν καὶ τοῖσι τῆς φωνῆς πόνοισι χρῆσθαι, καὶ τοῖσι θεοῖσιν εὔχεσθαι καὶ καταστήσεται ἡ ταραχή.

LXXXIX. **1** Ἥλιον καὶ σελήνην καὶ οὐρανὸν καὶ ἄστρα

2 ὅταν M : ὁκόταν **θ** ‖ πρήξιας **θ** : πράξ- M ‖ 3 ἐγγίνηται M : -εται **θ** ‖ αὐτῶν **θ** : -έων M ‖ 4 pr. ἢ Diels : ἡ **θ**M ‖ ἢ νείκεα Heidel, Eitrem (*Symbol. Oslo.*, XXIII, 1944, p. 106) : ἢ νίκη **θ** Diels ἡνίκα ἂν M secl. Erm. ‖ τάραχον **θ** : ταραχὴν M ‖ 5 ἰσχυρὴ ᾖ M : ἰσχυρᾶ **θ** ἰσχυρή, ἰσχυρόν Diels ‖ τὸ κακόν del. Diels ‖ 6 πρήξιος **θ**EK : πράξιος M recc. ‖ δεῖ Diels : post μὴ transtulit E recc. om. **θ**MH δεῖ εἴτε μὴ δεῖ Littré ‖ 7 συμβουλεύω **θ** : ξ. M ‖ 8 ἐγγενομένης **θ** : ἐγγιν- M ‖ γενομένηι **θ** : γέγονέν τις M ἐγένετό τις ἥτις Diels ‖ 10 συμφέρει **θ** : ξ. M ‖ σίτοισι **θ** : -ιοισι M ‖ 11 κούφοισι M : τοῖσι κ. **θ** ‖ 13 ἐπιγυμνάζεσθαι M : ὅστις ἔτι γυμνάζεται **θ** ὅστις ἐπιγυμνάζεται Diels ‖ 14 προσαγωγὴν M : ἀγωγὴν **θ** ‖ σίτων **θ** : -ίων M ‖ 15 ὑπεναντιωθὲν M : ὑπεναντίον **θ** Diels ‖ 16 τῶν σίτων **θ** : τοῦ σιτίου M ‖ τοῦτο **θ** : τὸ M ‖ προσαγαγέο Joly : προσαγάγου **θ**MHE προσάγου recc. πρόσαγε Erm. ‖ 17 πέντε recc. : πενθ' **θ**MHE ‖ 18 χρῆσθαι **θ** : -ήσθω M Erm. ‖ καὶ τοῖσι θεοῖσιν εὔχεσθαι Joly : καὶ τ. θ. εὐχέσθω H[2] recc. Littré Erm. post ταραχὴ transtulit **θ** (τõ θεõ) MH secl. Diels ‖ 20 ἥλιος, σελήνη, οὐρανὸς Erm. ‖ pr. καὶ **θ** : δὲ καὶ M ‖ ἄστρα **θ** : ἀστέρας M.

signes[1] indiquent la santé pour le corps ; seulement, il faut conserver cet état par le régime du moment. Mais voir le contraire sur un de ces points, indique une maladie pour le corps, violente si le signe est violent, plus légère s'il est plus faible.

2 Les astres ont l'orbite extérieure, le soleil, celle du milieu, la lune, celle qui est située près de la concavité (de la sphère intérieure). Si l'un des astres paraît atteint ou caché dans sa révolution, soit par un brouillard ou par un nuage, le signe est faible ; si c'est par l'eau ou la grêle, le signe est fort. Cela signifie la formation d'une sécrétion interne, humide et flegmatique, qui a fait irruption dans le circuit extérieur[2]. **3** Il est utile à ce patient de faire beaucoup de courses en gardant ses vêtements, de les augmenter graduellement, pour se faire transpirer le plus possible, et de faire beaucoup de promenades après les exercices ; il faudra rester sans déjeuner. Après suppression du tiers des aliments, on les reprendra en cinq jours. Si le signe paraît plus violent, on fera aussi des bains de vapeur. En effet, il importe de se purger par la peau, puisque le mal réside dans le circuit extérieur. On usera des aliments secs, âcres, astringents, purs et des exercices qui dessèchent le plus[3].

1. Pour le sens très particulier ici de τὰ ὑπάρχοντα, voyez *infra*, § 7.

2. Ici réapparaît la même doctrine micro-macrocosmique qu'au livre I. Notons qu'au début de ce paragraphe, le circuit intermédiaire est explicitement celui du soleil, alors qu'au ch. x, le texte des manuscrits ne l'indique pas. L'addition de Diels, acceptée par nous en partie, trouve ici son point d'appui. La mention du flegme, comme plus loin de la bile, est exceptionnelle dans le *Régime*.

3. Ce régime convient bien pour résorber une plénitude. Cette dernière notion n'apparaît pas ici, mais celle de sécrétion (§ 2) l'accompagne toujours au livre III.

καθαρὰ καὶ εὐαγέα, κατὰ τρόπον ὁρεόμενα ἕκαστα, ἀγαθά· ὑγιείην γὰρ τῷ σώματι σημαίνει ἀπὸ πάντων τῶν ὑπαρχόντων· ἀλλὰ χρὴ διαφυλάσσειν ταύτην τὴν ἕξιν τῇ παρεούσῃ διαίτῃ· Εἰ δέ τι τούτων ὑπεναντίον γένοιτο, νοῦσόν τινα τῷ σώματι σημαίνει, ἀπὸ μὲν τῶν ἰσχυροτέρων ἰσχυροτέρην, ἀπὸ δὲ τῶν ἀσθενεστέρων κουφοτέρην. **2** Ἄστρων μὲν οὖν ἡ ἔξω περίοδος, ἡλίου δὲ ἡ μέση, σελήνης δὲ ἡ πρὸς τὰ κοῖλα. Ὅ τι μὲν οὖν δοκέοι τῶν ἄστρων βλάπτεσθαι ἢ ἀφανίζεσθαι ἢ ἐπίσχεσθαι τῆς περιόδου, ἢν μὲν ὑπ' ἠέρος ἢ νεφέλης, ἀσθενέστερον· εἰ δὲ καὶ ὑπὸ ὕδατος ἢ χαλάζης, ἰσχυρότερον· σημαίνει | 646 δὲ ἀπόκρισιν ἐν τῷ σώματι ὑγρὴν καὶ φλεγματώδεα γενομένην ἐς τὴν ἔξω περιφορὴν ἐσπεπτωκέναι. **3** Συμφέρει δὲ τούτῳ τοῖσί τε δρόμοισιν ἐν τοῖσιν ἱματίοισι χρῆσθαι πολλοῖσιν, ἐξ ὀλίγου προσάγοντα, ὅκως ἐξιδρώσῃ ὡς μάλιστα, καὶ τοῖσι περιπάτοισιν ἀπὸ τοῦ γυμνασίου πολλοῖσι, καὶ ἀνάριστον διάγειν· τῶν τε σίτων ἀφελόμενον τὸ τρίτον μέρος προσάγειν ἐς πέντε ἡμέρας· εἰ δὲ δοκέοι ἰσχυρότερον εἶναι καὶ πυρίῃσι χρῆσθαι· τὴν γὰρ κάθαρσιν διὰ τοῦ χρωτὸς συμφέρει ποιεῖσθαι, διότι ἐν τῇ ἔξω περιφορῇ ἐστὶ τὸ βλάβος· τοῖσι δὲ σίτοισι χρῆσθαι ξηροῖσι, δριμέσιν, αὐστηροῖσιν, ἀκρήτοισι, καὶ τοῖσι πόνοισι τοῖσι ξηραίνουσι μάλιστα.

1 ἦν ante καθαρά add. Diels ‖ εὐαγέα H² recc. : -γῆ **θ**MH ‖ ὁρεόμενα edd. : ὁραιόμενα **θ** ὁρώμ- M ὁρέωμεν Diels ‖ 2 ὑγιείην **θ**G : ὑγείην M ‖ 3 τὴν om. **θ** ‖ παρεούσῃ **θ** : -ρούσῃ M ‖ 5 ἰσχυροτέρων **θ** : ἰσχυρῶν M ‖ 8 δοκέοι **θ** : δοκοίη M ‖ 9 ἐπίσχεσθαι MHEKR' : ἐπίχεσθαι **θ** ἐπέχ- H² recc. ‖ 10 ὑπ' **θ**MHEK : ὑπὸ recc. ‖ ἠέρος **θ** : ἀέρος M ‖ καὶ ὑπὸ Joly : καὶ **θ**M ὑπὸ recc. ‖ 12 ὑγρὴν **θ** : -ὰν M ‖ 13 ἔξω **θ** : ἔσω M ‖ ἐσπεπτωκέναι **θ** : ἐμπ. M ‖ 13 συμφέρει **θ** : ξ. M ‖ 15 ὅκως M : ὅπως **θ** Diels ‖ ἐξιδρώσῃ **θ**M : -σει recc. ‖ 16-17 ἀνάριστον διάγειν **θ** : ἀναρίστοισι διάγειν M ἀναρίστοισι χρῆσθαι recc. ‖ 17 τε M : δὲ **θ** ‖ ἀφελόμενον **θ** : -ος M ‖ 18 πέντε M : πενθ' **θ** ‖ δοκέοι Joly : -κοίη **θ**M edd. ‖ ἰσχυρότερον **θ** : ἰσχυρὸν M ‖ 19 πυρίῃσι χρῆσθαι Joly : πυρίῃ χρ- M Jones πυριήσει χρ- **θ** πυριῆσαι recc. ‖ χρωτὸς **θ** : χρώματος M ‖ 20-21 συμφέρει **θ** : ξ. M ‖ 21 σίτοισι **θ** : -ίοισι M.

4 Si c'est la lune qui est ainsi affectée, il est utile de faire la révulsion vers l'intérieur, de vomir[1] après avoir absorbé des aliments âcres, salés, émollients, de faire des courses rapides et des promenades[2], des exercices de voix, de ne pas déjeuner, de supprimer les aliments et de les reprendre de même graduellement. Il faut faire la révulsion vers l'intérieur, puisque le mal est apparu près des régions creuses du corps.

5 Si c'est le soleil qui est ainsi affecté, le mal est dès lors plus violent et plus difficile à éliminer. Il faut faire la révulsion dans les deux sens, faire des courses de fond et des courses simples, des promenades et tous les autres exercices, supprimer les aliments et les reprendre de même, graduellement. Ensuite, après vomissement, augmenter de nouveau en cinq jours.

6 Si par un ciel serein, les astres sont comprimés, et paraissent faibles, c'est que le patient est dominé par la sécheresse du circuit et cela indique un danger de tomber malade. Il faut alors supprimer des exercices et user d'un régime plus humide et émollient, prendre des bains, se reposer davantage et dormir beaucoup jusqu'à ce qu'on se remette.

7 Si ce qui s'oppose paraît être igné et chaud, cela indique une sécrétion bilieuse. Si cette force domine, cela indique une maladie ; si les astres dominés dispa-

1. Une révulsion vers l'intérieur amène des humeurs dans « le ventre » ; il faut alors les évacuer par vomissement. La révulsion vers l'intérieur s'explique dans ce cas par le fait que c'est à la lune qu'appartient la révolution πρὸς τὰ κοῖλα.

2. Littré supprime la mention des exercices parce qu'une révulsion vers l'intérieur ne pourrait s'accommoder d'une activité dirigée *vers* l'extérieur. Mais il est question, au ch. XXXII, 4, d'exercices qui concernent l'intérieur du corps (cf. p. 27, n. 2). La question reste fort obscure.

4 Εἰ δέ τι τούτων ἡ σελήνη πάσχοι, εἴσω τὴν ἀντίσπασιν ποιεῖσθαι συμφέρει, ἐμέτῳ ⟨τε⟩ χρῆσθαι ἀπὸ τῶν δριμέων καὶ ἁλμυρῶν καὶ μαλακῶν σίτων· τοῖσί τε τρόχοισιν ὀξέσι καὶ τοῖσι περιπάτοισι· τοῖσί τε τῆς φωνῆς πόνοισι, καὶ ἀναριστίῃσι, τοῦ τε σίτου τῇ ἀφαιρέσει καὶ προσαγωγῇ ὡσαύτως. Διὰ τοῦτο δὲ εἴσω ἀντισπαστέον, διότι πρὸς τὰ κοῖλα τοῦ σώματος τὸ βλαβερὸν ἐφάνη. **5** Εἰ δὲ ὁ ἥλιος τοιοῦτό τι πάσχοι, ἰσχυρότερον τοῦτο ἤδη καὶ δυσεξαγωγότερον· δεῖ δὲ ἀμφοτέρως τὰς ἀντισπάσιας ποιεῖσθαι, καὶ τοῖσι δρόμοισι τοῖσί τε καμπτοῖσι καὶ τοῖσι τρόχοισι χρῆσθαι καὶ τοῖσι περιπάτοισι καὶ τοῖσιν ἄλλοισι πόνοισι πᾶσι, τῶν τε σίτων τῇ ἀφαιρέσει καὶ τῇ προσαγωγῇ ὡσαύτως. Ἔπειτα ἐξεμέσαντα αὖτις προσάγειν πρὸς τὰς πέντε· **6** εἰ δὲ αἰθρίης ἐούσης θλίβεται, καὶ ἀσθενέα δοκεῖ εἶναι ὑπὸ τῆς ξηρασίης τῆς περιόδου κρατεῖται καὶ σημαίνει κίνδυνον ἐς | νοῦσον ἐμπεσεῖν. Ἀλλὰ χρὴ τῶν πόνων 648
ἀφαιρεῖν, τῇ τε διαίτῃ τῇ ὑγροτέρῃ καὶ μαλακῇ χρῆσθαι, τοῖσί τε λουτροῖσι καὶ ῥᾳθυμίῃ πλείονι, καὶ ὕπνῳ πολλῷ, μέχρι καταστῇ. **7** Εἰ δὲ πυροειδὲς τὸ ὑπεναντιούμενον δοκέοι εἶναι καὶ θερμόν, χολῆς ἀπόκρισιν σημαίνει· εἰ μὲν οὖν κρατέοι τὰ ὑπάρχοντα, νοῦσον σημαίνει· εἰ δὲ καὶ

1 δέ τι **θ** : τι δὲ M ‖ 2 συμφέρει **θ** : ξ. M ‖ τε add. Jones ‖ χρῆσθαι **θ** : χρησάμενον M ‖ 3 καὶ μαλακῶν secl. Erm. ‖ τροχοῖσι M : πόνοισι **θ** ‖ 4 post περιπάτοισι add. ὀξέσι M (τοῖσι δὲ τρόχοισι — περιπάτοισι secl. Littré) ‖ 5 ἀναριστίῃσι M : -τίῃ **θ** ‖ τοῦ τε σίτου Diels : τοῦ σ. M τουτέοισι **θ** ‖ 7 τὸ om. M ‖ 8 τοιοῦτόν Diels ‖ τι om. **θ** ‖ 10 καὶ τοῖσι **θ**K′ : om. M ‖ 14 αἰθρίης H recc. : θρίης **θ**M ‖ ἐούσης **θ** : οὔσης M ‖ θλίβεται M : -ηται **θ** ‖ ἀσθενέα M : ἀσθένεια **θ** ‖ δοκεῖ M : -ῇ **θ** ‖ εἶναι **θ**M Erm. : add. καὶ Zwing.[m] edd. ‖ 15 κρατεῖται καὶ Erm. : κρατεῖσθαι **θ**M ‖ 16 ἐμπεσεῖν **θ** : πεσεῖν M ‖ 17 ὑγροτέρῃ καὶ μαλακῇ H recc. Littré : ὑγροτάτῃ **θ** om. καὶ M ‖ χρῆσθαι **θ**H[2] recc. : om. MH ‖ 18 τοῖσί τε om. M ‖ ὕπνῳ πολλῷ M : ὕπνοισι **θ** ‖ 19 καταστῇ **θ** : -ήσῃ M ‖ ὑπεναντιούμενον H[1]E : -ιώμενον **θ**MH ἐναντιούμενον recc. Littré ‖ 20 δοκέοι Joly : -κοίη **θ**M ‖ 20-21 εἰ μὲν — σημαίνει om. M ‖ 21 οὖν Erm. : οὐ **θ** ‖ κρατέοι Joly : -τοίη **θ**.

raissent, il y a danger que cette maladie conduise à la mort. Si cette force paraît mise en fuite, et fuir rapidement, poursuivie par les astres, il y a danger de délire pour le patient, s'il n'est pas soigné. **8** Le plus utile, dans tous ces cas, est de se purger à l'ellébore avant de suivre le régime. Sinon[1], il importe de suivre un régime aqueux, de ne pas boire de vin, si ce n'est du vin blanc, léger, doux et coupé ; de s'abstenir de substances chaudes, âcres, desséchantes et salées. On fera le plus possible d'exercices naturels et de courses, en conservant ses vêtements[2]. On ne fera pas de frictions, de lutte ni de lutte au sol. On dormira souvent et sur un lit souple. On se reposera, mis à part les exercices naturels ; on se promènera après dîner. Il est bon aussi de prendre des bains de vapeur[3] et de vomir ensuite. Pendant trente jours, on évitera de se rassasier ; quand on le fera, on vomira trois fois par mois, après avoir absorbé des aliments doux, aqueux et légers.

9 Si un astre erre çà et là, sans nécessité, cela indique un trouble de l'âme provenant des soucis. Il est utile au patient de se reposer, de se tourner l'âme vers des spectacles surtout comiques ; sinon, vers les spectacles qui le réjouiront le plus[4], pendant deux ou trois jours, et il se remettra. Sinon, il y a danger de tomber malade.

1. Même dans ce cas exceptionnel, où l'ellébore lui paraît utile, l'auteur envisage encore un moyen de s'en passer.

2. De telles courses « conviennent aux personnes sèches » (LXIII, 3) ; elles vont donc bien de pair avec le régime aqueux conseillé ici.

3. Les promenades après dîner dessèchent, de même que les bains de vapeur, ce qui ne semble pas convenir ici. Mais rappelons-nous qu'une sécrétion a toujours été l'indice d'une plénitude, qu'il s'agit donc de combattre aussi.

4. Nous voici, et de façon savoureuse, en pleine psychopathologie et psychothérapie.

ἀφανίζοιτο τὰ κρατεύμενα, κίνδυνος ἐς θάνατον ἐκ τῆς νούσου ἐλθεῖν. Εἰ δὲ τρεφθῆναι δοκέοι ἐς φυγὴν τὸ ὑπάρχον, φεύγειν δὲ ταχέως, τοὺς δὲ διώκειν, κίνδυνος μανῆναι τὸν ἄνθρωπον, ἢν μὴ θεραπευθῇ. **8** Συμφέρει δὲ τούτοισι πᾶσι μάλιστα μὲν ἐλλεβόρῳ καθαρθέντας ἐκδιαιτῆσθαι· εἰ δὲ μή, τῇ πρὸς ὕδατος διαίτῃ συμφέρει χρῆσθαι, οἶνον δὲ μὴ πίνειν, εἰ δὲ μὴ λευκόν, λεπτόν, μαλακόν, ὑδαρέα· ἀπέχεσθαι δὲ θερμῶν, δριμέων, ξηραντικῶν, ἁλμυρῶν· πόνοισι δὲ τοῖσι κατὰ φύσιν πλείστοισι χρήσθω καὶ δρόμοισιν ἐν ἱματίῳ πλείστοισι· τρῖψις δὲ μὴ ἔστω, μηδὲ πάλη, μηδὲ ἀλίνδησις· ὕπνοισι πολλοῖσι μαλακευνείτω· ῥᾳθυμείτω πλὴν τῶν κατὰ φύσιν πόνων· ἀπὸ δείπνου περιπατείτω· ἀγαθὸν δὲ καὶ πυριῆσθαι· καὶ ἐμεῖν ἐκ τῆς πυριῆς· τριήκοντα δὲ ἡμερέων μὴ πληρωθῇ· ὅταν δὲ πληρωθῇ, τρὶς ἐν τῷ μηνὶ ἐμεσάτω ἀπὸ τῶν γλυκέων καὶ ὑδαρέων καὶ κούφων. **9** Ὁκόσα δὲ τούτων πλανᾶται ἄλλοτε ἄλλῃ μὴ ὑπὸ ἀνάγκης, ψυχῆς τινα τάραξιν σημαίνει ὑπὸ μερίμνης· συμφέρει δὲ τούτῳ ῥᾳθυμῆσαι· | τὴν ψυχὴν τραπέσθαι πρὸς 650 θεωρίας, μάλιστα μὲν πρὸς τὰς γελοίας, εἰ δὲ μή, ὅ τι μάλιστα ἡσθήσεται θεησάμενος, ἡμέρας δύο ἢ τρεῖς, καὶ καταστήσεται· εἰ δὲ μή, κίνδυνος ἐς νοῦσον πίπτειν.

1 κρατεύμενα **θ** : τὰ κρατ- Erm. -ούμενα M ‖ 2 τρεφθῆναι **θ** : θρεφθῆναι M secl. Erm. ‖ δοκέοι **θ** : -κοίη τραφῆναι M ‖ τὸ ὑπάρχον secl. Erm. ‖ 4 συμφέρει **θ** : ξ. M ‖ 5 καθαρθέντας **θ** : κρατηθέντας M ‖ ἐκδιαιτῆσθαι **θ**MHEK : διαιτ- H[2] recc. ‖ 7 εἰ δὲ μὴ MHEK : εἰ μὴ **θ** εἰ δ' οὖν recc. Littré ‖ ὑδαρέα **θ** : -ρῆ M ‖ 9 καὶ **θ** : δὲ κ. M ‖ 10 τρῖψις M : τρίψεις **θ** ‖ 11 πολλοῖσι om. M ‖ μαλακευνείτω **θ** : μαλακυνεύτω M ‖ 11-12 ῥαθυμήτω MI ‖ 12 post πλὴν add. ἐκ **θ** ‖ 13 πυριῆσθαι M : -ᾶσθαι **θ** ‖ ἐκ **θ** : δ' ἐκ M ‖ 14 τριήκοντα **θ** : -άκοντα M ‖ pr. δὲ **θ** recc. : δ' MHEK ‖ pr. πληρωθῇ : -θῆναι Erm. ‖ ὅταν M : ὁκόταν **θ** ‖ τρὶς **θ**MH : δὶς recc. Littré ‖ 16 ἄλλοτε ἄλλῃ M : ἄλλοις ἄλλως **θ** ‖ 16-17 μὴ ὑπὸ ἀνάγκης om. **θ** ‖ 17 τάραξίν τινα **θ** ‖ 18 συμφέρει **θ** : ξ. M ‖ δὲ M : δὴ **θ** ‖ τραπέσθαι **θ** : τραπῆναι καὶ MH ‖ 19 γελοίας M : -ους **θ** ‖ ὅτι M : ἄλλας τινὰς ὅτι **θ** ἄλλας τινὰς ἃς ὅτι Jones ‖ 20 θεησάμενος **θ** : θεασ- M ‖ 21 νοῦσον **θ** : νόσον M.

10 Si des astres semblent tomber hors de leur orbite, quand ils sont purs, brillants et se portent vers l'est, c'est un signe de santé. Si quelque chose de pur dans le corps est sécrété naturellement hors du circuit d'ouest à est, tout va bien, car tout ce qui est secrété dans le ventre ou répandu dans la chair tombe hors du circuit. Mais si (l'astre en question) est noir ou obscur et semble se porter vers l'ouest ou vers la mer ou vers la terre ou encore plus vers le haut, tout cela indique une maladie : **11** les astres qui se portent vers le haut indiquent des flux de la tête[1] ; ceux qui se portent vers la mer, des maladies du ventre ; ceux qui se portent vers la terre indiquent surtout des tumeurs qui croissent dans la chair. A ces patients, il est utile de supprimer le tiers de la nourriture, et, après avoir vomi, de l'augmenter graduellement en cinq jours et en cinq autres jours, de reprendre toute la nourriture habituelle. Et après un nouveau vomissement, de refaire la même progression.

12 Tout corps céleste qui paraît se poser sur vous, pur et humide, indique la santé, parce qu'une substance qui vient de l'air et pénètre[2] dans l'homme, est pure et que l'âme la voit telle qu'elle est entrée. Mais si le corps céleste est noir, impur et opaque, il indique une maladie non par plénitude ni évacuation, mais par intervention extérieure[3]. Il est utile au patient de faire des courses simples, rapides, pour que la consomption du corps soit la moindre possible et qu'en respirant le plus fréquem-

1. Le haut correspond ici à la tête, ce qui suppose une doctrine micro-macrocosmique différente de celle du livre I et même du ch. LXXXIX ; cf. *Recherches*, p. 42. Sur l'analogie Ciel-Tête, on peut voir H. Hommel, *Mikrokosmos*, Philologus, 1943, p. 59 sq. ; Platon, *Timée*, 90 a ; Kern, *Orphicorum Fragmenta*, 168, 13 sq.

2. Nous acceptons ici une conjecture très satisfaisante de Eitrem ; elle normalise la phrase grecque et s'explique fort bien paléographiquement.

3. Cf. LXXXVIII, 1. Πλησμονή désigne fort bien la prédominance

10 Ὅ τι δ' ἂν ἐκ τῆς περιφορῆς ἐκπίπτειν δοκῇ τῶν ἄστρων, ὁκόσα μὲν καθαρὰ καὶ λαμπρὰ καὶ πρὸς ἠῶ φέρεται, ὑγιείην σημαίνει· ὅ τι δ' ἂν ἐν τῷ σώματι καθαρὸν ἐὸν ἐκκρίνηται ἐκ τῆς περιόδου κατὰ φύσιν ἀφ' ἑσπέρης πρὸς ἠῶ, ὀρθῶς ἔχει· καὶ γὰρ τὰ ἐς τὴν κοιλίην ἀποκρινόμενα καὶ τὰ ἐς τὴν σάρκα ἀπερευγόμενα πάντα ἐκ τῆς περιόδου ἐκπίπτει. Ὅ τι δ' ἂν τούτων μέλαν καὶ ἀμυδρὸν καὶ πρὸς ἑσπέρην δοκῇ φέρεσθαι, ἢ ἐς θάλασσαν ἢ ἐς τὴν γῆν ἢ ἄνω, ταῦτα σημαίνει τὰς νούσους· **11** τὰ μὲν ἄνω φερόμενα κεφαλῆς ῥεύματα· ὅσα δὲ ἐς θάλασσαν, κοιλίης νοσήματα· ὅσα δὲ ἐς γῆν, φύματα μάλιστα σημαίνει τὰ ἐν τῇ σαρκὶ φυόμενα. Τούτοισι συμφέρει τὸ τρίτον μέρος τοῦ σίτου ἀφελέσθαι, ἐμέσαντας δὲ προσάγειν ἐς ἡμέρας πέντε, ἐν ἄλλῃσι δὲ πέντε κομίσασθαι τὸ σιτίον ἅπαν· καὶ ἐμέσας πάλιν προσαγέσθω κατὰ τὸ αὐτό. **12** Ὅ τι δ' ἂν τῶν οὐρανίων δόξῃ σοι ἐφέζεσθαι καθαρὸν μὲν καὶ ὑγρὸν ἐὸν ὑγιαίνειν σημαίνει, διότι ἐκ τοῦ αἰθέρος τὸ ⟨ἐσιὸν⟩ ἐς τὸν ἄνθρωπον καθαρόν ἐστι, τοιοῦτον δὲ καὶ ἡ | ψυχὴ ὁρῇ οἷόν περ ἐσῆλ- 652
θεν· ὅ τι δ' ἂν μέλαν ᾖ καὶ μὴ καθαρὸν μηδὲ διαφανές, νοῦσον σημαίνει, οὔτε διὰ πλησμονὴν οὔτε διὰ κένωσιν, ἀλλ' ἔξωθεν ἐπαγωγῇ. Συμφέρει δὲ τούτῳ τρόχοισιν ὀξέσι χρῆσθαι, ὅκως σύντηξις μὲν ὡς ἐλαχίστη τοῦ σώματος γένηται, πνεύματι δὲ ὡς πυκνοτάτῳ χρησάμενος ἐκκρίνῃ τὸ παρελ-

1 περιφορῆς M : -ᾶς **θ** ‖ 2 πρὸς ἠῶ Joly : προσεω **θ** προσω M πρὸς ἕω edd. ‖ 3 ὑγιείην Joly : ὑγείην **θ** καὶ ὑγείην M ‖ δ' ἂν **θ** : γὰρ M ‖ 4 ἐὸν M : ἐνεὸν **θ** ‖ ἑσπέρης Joly : -ρας **θ**M ‖ 5 πρὸς ἠῶ **θ** recc. : προσηι MH ‖ ἐς τὴν κοιλίην **θ** : ἐν τῇ -ίῃ M ‖ 8 ἐς θάλασσαν **θ** : ἐς τὴν θάλατταν M ‖ 9 ἢ om. **θ** ‖ post ἄνω add. μᾶλλον M ‖ 10 (et 11) ὅσα δὲ Jones : ὅσα δ' **θ** ὁκόσα δὲ M ‖ 11 φύματα **θ**J : ἐς φ. MHEGIK' ἐκφ- recc. ‖ 12 συμφέρει **θ** : ξ. M ‖ 14 ἅπαν om. **θ** ‖ 15 τὸ αὐτὸ **θ** : τὸν αὐτὸν M ‖ 15 ἂν **θ** : ἢν M ‖ 15-16 τῶν οὐρανίων **θ** : τούτων οὐρ- M ‖ σοι ἐφέζεσθαι M : διεφίζ- **θ** ‖ 16 μὲν om. M ‖ 17 αἰθέρος **θ** : ἐθέρος M ‖ τὸ om. M ‖ ἐσιὸν add. Eitrem (*Symbol. Osl.*, XXIII, 1944, p. 106) ‖ 18 ὁρῇ EP'Q' : ὁρᾷ **θ**M recc. ‖ 18-19 ἐσῆλθεν **θ** : -έλθῃ M ‖ 19 ἂν **θ** : ἢν M ‖ 21 ἐπαγωγῇ **θ** : -ῆς M ‖ συμφέρει **θ** : ξ. M ‖ 22 ὅκως M : ὅπως **θ** ‖ σύντηξις μὲν **θ** : σύντηξιν M.

ment possible il expulse l'agent étranger. Après les courses, des promenades rapides ; on recourra à un régime émollient et léger pendant quatre jours.

13 Tout ce qu'on paraît recevoir pur d'un dieu pur est bon pour la santé ; cela signifie que ce qui entre dans le corps est pur. Si on paraît voir le contraire, ce n'est pas bon ; cela signifie que quelque chose de malsain est entré dans le corps. Ce patient doit être soigné comme le précédent. Si on a l'impression d'une pluie douce par beau temps, sans forte averse ni gros orage, cela est bon : cela signifie que le souffle venu de l'air est proportionné et pur ; mais le contraire, pluie violente, orage, tempête, pluie sale, indique une maladie venant du souffle respiré. Ce patient aussi doit suivre le même régime ; mais il prendra très peu d'aliments.

14 C'est donc avec ces connaissances sur les signes célestes qu'il faut prendre des précautions et suivre un régime ; et prier les dieux ; pour les bons signes : le Soleil, Zeus céleste, Zeus protecteur de foyer, Athéna[1] protectrice du foyer, Hermès, Apollon ; pour les signes contraires, les dieux qui écartent les maux, Terre et les Héros, pour que tous les maux soient écartés.

des aliments, κένωσις, la prédominance des exercices. L'auteur emploie beaucoup moins ce dernier terme que le premier (cf. LXXVIII, 3). Quant à la cause extérieure, elle n'apparaît qu'en ce livre IV, où l'auteur suit sans doute une source particulière. Cf. p. 78, n. 1.

1. A. Palm (*Studien zur hippokratischen Schrift* περὶ διαίτης, Tübingen, 1933, p. 79) maintiendrait 'Αθηνᾷ parce que la source de notre auteur pourrait être attique ; Ζεὺς κτήσιος est bien attesté en attique. Cette solution s'imposerait si les manuscrits ne contenaient que très peu d'atticismes manifestement aberrants. Mais, dans l'état d'atticisation prononcée où nous les trouvons, il est beaucoup plus vraisemblable d'attribuer une forme attique à la tradition qu'aux sources mêmes de l'auteur.

θόν· ἀπὸ δὲ τῶν τρόχων περιπάτοισιν ὀξέσιν. Ἡ δὲ δίαιτα μαλακὴ καὶ κούφη προσαχθήτω ἐς ἡμέρας τέσσερας. 13 Ὅ τι δ' ἂν παρὰ θεοῦ δοκῇ λαμβάνειν καθαροῦ καθαρόν, ἀγαθὸν πρὸς ὑγιείην· σημαίνει γὰρ τὰ ἐς τὸ σῶμα ἐσιόντα εἶναι καθαρά. Ὅ τι δ' ἂν τούτου ἐναντίον δοκῇ ὁρῆν, οὐκ ἀγαθόν· νοσηρὸν γάρ τι σημαίνει ἐς τὸ σῶμα ἐσεληλυθέναι· χρὴ οὖν ὥσπερ τὸν πρότερον ἐκθεραπευθῆναι καὶ τοῦτον. Εἰ δὲ δοκέοι ὕεσθαι ὕδατι μαλακῷ ἐν εὐδίῃ, καὶ μὴ σφόδρα βρέχεσθαι μηδὲ δεινῶς χειμάζειν, ἀγαθόν· σημαίνει γὰρ σύμμετρον καὶ καθαρὸν τὸ πνεῦμα ἐκ τοῦ ἠέρος ἐληλυθέναι. Εἰ δὲ τούτων τἀναντία, σφόδρα ὕεσθαι καὶ χειμῶνα καὶ ζάλην εἶναι, ὕδατί τε μὴ καθαρῷ, νοῦσον σημαίνει ἀπὸ τοῦ πνεύματος τοῦ ἐπακτοῦ· ἀλλὰ χρὴ καὶ τοῦτον ὡσαύτως διαιτηθῆναι, σιτίοισι δὲ ὀλίγοισι παντελῶς τοῦτον. 14 Περὶ μὲν οὖν τῶν οὐρανίων σημείων οὕτω γινώσκοντα χρὴ προμηθεῖσθαι καὶ ἐκδιαιτῆσθαι καὶ τοῖσι θεοῖσιν εὔχεσθαι, ἐπὶ μὲν τοῖσιν ἀγαθοῖσι Ἡλίῳ, Διὶ οὐρανίῳ, Διὶ κτησίῳ, Ἀθηναίῃ κτησίῃ, Ἑρμῇ, Ἀπόλλωνι, ἐπὶ δὲ τοῖσιν ἐναντίοισιν τοῖσιν ἀποτροπαίοισι, καὶ Γῇ καὶ ἥρωσιν, ἀποτρόπαια τὰ χαλεπὰ εἶναι πάντα.

1-2 ἡ δὲ δίαιτα — κούφη H^2 recc. : τῇ διαίτῃ μαλακῇ καὶ κούφῃ **θ**M ‖ 2 τέσσερας **θ** : -αρας **θ**M ‖ 3 ἂν **θ** : ἢν M ‖ 4 ὑγιείην : ὑγείην **θ**M ‖ 4-5 ἐς τὸ σῶμα ἐσιόντα **θ** : ἐσιόντα ἐς τὸ σ. M ‖ 5 ἂν **θ** : ἢν M ‖ 6 ὁρῆν **θ** (ante δοκῇ) E : ὁρᾶν M ‖ νοσηρὸν γάρ τι **θ** : νόσον γὰρ M ‖ ἐς τὸ σῶμα σημαίνει M ‖ 7 ὥσπερ **θ** : post πρότερον M ‖ 7-8 ἐκθεραπευθῆναι **θ**MHEK : θεραπ- recc. ‖ 8 δοκέοι Joly : -οίη **θ**M ‖ 11 ἐληλυθέναι **θ** : εἰσελ- M ‖ τἀναντία M : τὰ ἐν- **θ** ‖ 13 νοῦσον **θ** : νόσον M ‖ 14-15 σιτίοισι δὲ ὀλ- παντελῶς τοῦτον **θ** : σιτίοισί τε ὀλ- πάντας τούτους M ‖ 15-16 post σημείων add. ἄστρων M ‖ 16-17 ἐκδιαιτῆσθαι M : ἐνδ- **θ** ‖ 18 Ἀθηναίῃ EKQ' : Ἀθηνᾷ MH Diels Jones -νῇ H^2 recc. (locus in **θ** a christiano lectore erasus : θεο(ισιν) et ab Ἡλίῳ usque ad Ἀπόλλωνι) ‖ Ἑρμῇ post Γῇ poni malit Diels ‖ 19-20 ἀποτροπαίοισι **θ** Zwing.^{m} : -πίοισι M (τοῖσιν ἀποτρ- secl. Diels) ‖ 20 alt. καὶ om. **θ** ‖ ἀποτρόπαια **θ** : -πεα M ‖ εἶναι **θ** : post ἀποτρόπαια transtulerunt MHE γενέσθαι recc. Littré.

Les signes terrestres. XC. **1** Ces signes aussi annoncent la santé : voir et entendre clairement ce qui est sur la terre[1], marcher fermement, courir fermement et vite, sans crainte ; voir la terre lisse et bien travaillée, les arbres florissants, avec beaucoup de fruits, cultivés, des fleuves qui suivent normalement leur cours, avec de l'eau pure, ni plus, ni moins qu'il ne convient, les sources et les puits de même. Tout cela indique que l'homme est en santé, que le corps, tous les circuits, les apports et les sécrétions sont normaux[2]. **2** Mais voir quelque chose de contraire indique quelque dommage pour le corps. Si la vue et l'ouïe sont affectées, cela indique une maladie du côté de la tête ; il faut faire plus de promenades le matin et après dîner, en sus du régime précédent. Si ce sont les jambes qui sont affectées, il faut faire la révulsion avec des vomissements et faire plus de lutte, en sus du régime précédent[3]. **3** Une terre raboteuse indique une chair impure : il faut faire plus de promenades après les exercices. Des arbres sans fruits indiquent la corruption du sperme humain : si les arbres ont des feuilles, le dommage vient de l'humide et du froid ; s'ils poussent bien, mais n'ont pas de fruits, il vient du chaud et du sec ; là, il faut donc réchauffer et dessécher par le régime ; ici refroidir et humecter.

1. Ermerins lit audacieusement : ... καὶ τόδε ὑγίειαν ὀξὺ ὁρῆν κ. τ. λ.

2. Comme à la fin du livre III, l'auteur semble ici pressé d'en finir : il se fait avare de détails dans la description du régime ; il multiplie les rêves, mais abrège son commentaire sur chacun d'eux.

3. Le vomissement, mouvement de bas en haut, est censé bénéfique pour une affection des jambes ; le cas précédent est inverse et complémentaire : l'agitation des jambes dans une promenade opérera pour une affection de la tête une révulsion vers le bas.

XC. **1** Προσημαίνει δὲ καὶ τάδε ἐς ὑγιείην· τῶν ἐπὶ γῆς ὀξὺ ὁρῆν | καὶ ὀξὺ ἀκούειν, ὁδοιπορεῖν τε ἀσφαλῶς καὶ 654 τρέχειν ἀσφαλῶς καὶ ταχὺ ἄτερ φόβου, καὶ τὴν γῆν ὁρῆν λείην καὶ καλῶς εἰργασμένην, καὶ τὰ δένδρεα θαλέοντα καὶ πολύκαρπα καὶ ἥμερα, καὶ ποταμοὺς ῥέοντας κατὰ τρόπον καὶ ὕδατι καθαρῷ μήτε πλέονι μήτε ἐλάσσονι τοῦ προσήκοντος, τάς τε κρήνας καὶ τὰ φρέατα ὡσαύτως. Ταῦτα πάντα σημαίνει ὑγιείην τῷ ἀνθρώπῳ, καὶ τὸ σῶμα κατὰ τρόπον πάσας τε τὰς περιόδους καὶ τὰς προσαγωγὰς καὶ τὰς ἀποκρίσιας εἶναι. **2** Εἰ δέ τι τούτων ὑπεναντίον ὁρῷτο, βλάβος σημαίνει τι ἐν τῷ σώματι· ὄψιος μὲν καὶ ἀκοῆς βλαπτομένων, περὶ τὴν κεφαλὴν νοῦσον σημαίνει· τοῖσιν οὖν ὀρθρίοισι περιπάτοισι καὶ τοῖσιν ἀπὸ δείπνου πλείοσι χρηστέον πρὸς τῇ προτέρῃ διαίτῃ. Τῶν σκελέων δὲ βλαπτομένων, ἐμέτοισιν ἀντισπαστέον, καὶ τῇ πάλῃ πλείονι χρηστέον πρὸς τῇ προτέρῃ διαίτῃ. **3** Γῆ δὲ τραχέα οὐ καθαρὴν τὴν σάρκα σημαίνει· τοῖσιν οὖν ἀπὸ τῶν γυμνασίων περιπάτοισι πλείοσι χρηστέον. Δενδρέων ἀκαρπίη σπέρματος τοῦ ἀνθρωπίνου διαφθορὴν δηλοῖ· ἢν μὲν οὖν φυλλορροέοντα ᾖ τὰ δένδρεα, ὑπὸ τῶν ὑγρῶν καὶ ψυχρῶν βλάπτεται· ἢν δὲ τεθήλῃ μέν, ἄκαρπα δὲ ᾖ, ὑπὸ τῶν θερμῶν καὶ ξηρῶν· τὰ μὲν οὖν θερμαίνειν καὶ ξηραίνειν τοῖσι διαιτήμασι χρή, τὰ δὲ ψύχειν τε καὶ ὑγραί-

1 ὑγίειην : ὑγείην **θ**M ‖ ἐπὶ γῆς **θ** recc. : ἐπίσης MIJK ‖ 2 ὀξὺ om. M ‖ 3 ταχὺ om. M ‖ 4 δένδρεα **θ** : -δρα M ‖ θαλέοντα M : θαλέθοντα **θ** ‖ 6 πλέονι **θ** : πλείονι M ‖ 7 τάς τε M : καὶ τὰς **θ** ‖ 8 ὑγιείην : ὑγείην **θ**M ‖ 10 ἀποκρίσιας Joly : -σεις **θ**M edd. ‖ 11 ὄψιος **θ** : ὄψεως M ‖ 13 τοῖσιν : τοῖσι M τοῖς **θ** ‖ 14 πλείοσι **θ** : πλέοσι M ‖ 14-16 τῶν σκελέων — διαίτῃ M recc. : om. **θ**G ‖ 16 γῆ recc. : τῆ **θ**MHEGIJ ‖ 17 τραχέα Jouanna : τραχείη M ταχεια **θ** ‖ καθαρὴν M : -ρὰν **θ** ‖ 18 χρηστέον **θ** : πονητέον M ‖ 18-19 δενδρέων Joly : δένδρων **θ**M ‖ 19 ἀκαρπίη Joly : -ία **θ** καὶ -ίας M ‖ 20 φυλλορροέοντα Joly : -ορροοῦντα **θ** -οροοῦντα M ‖ δένδρεα Joly : δένδρα **θ**M ‖ 21 τεθήλῃ μὲν **θ** : τεθηλημένα M ‖ 22-23 ξηραίνειν καὶ θερμαίνειν M ‖ 23 τε καὶ **θ** : καὶ M.

4 Des fleuves qui ne coulent pas à l'habitude, s'ils ont trop d'eau, indiquent un excès de la révolution[1] du sang ; s'ils ont trop peu d'eau, un défaut ; il faut donc par le régime augmenter dans un cas, diminuer dans l'autre. S'ils ne coulent pas purs, ils indiquent un trouble ; la purification se fait par des courses simples et des promenades, grâce à l'agitation d'une respiration rapide.

5 Les sources et les puits indiquent un trouble de la vessie ; il faut purger avec des diurétiques. Une mer troublée indique une maladie du ventre[2] : il faut purger avec des laxatifs légers et doux. La terre ou une maison qui tremblent indiquent la maladie pour celui qui se porte bien et pour le malade la santé et changement de l'état présent. Il est donc utile à celui qui se porte bien de changer de régime. Qu'il commence par vomir, pour reprendre ensuite la nourriture peu à peu ; car c'est la nourriture présente qui agite tout le corps. En revanche, il est utile au malade de conserver le même régime ; car déjà le corps évolue à partir de l'état présent.

6 Voir la terre inondée par l'eau ou la mer indique une maladie qui provient d'une abondante humidité dans le corps ; il faut user de vomissements, supprimer le déjeuner, faire des exercices et suivre un régime sec ; ensuite, augmenter la nourriture à partir de peu et insensiblement. Voir la terre noire ou brûlée n'est pas bon, il y a danger, au contraire, de tomber dans une maladie violente et mortelle ; car cela indique un excès de sécheresse dans la chair ; **7** il faut supprimer les exer-

1. Περίοδον, donné par les manuscrits, ne nous semble pas satisfaisant pour plusieurs raisons. Tout d'abord, αἵματος περίοδον ne saurait désigner une anomalie ; ensuite, les μὲν-δὲ indiquent bien que l'auteur n'envisage que deux cas. Le génitif περιόδου, complément de ὑπερβολήν et de ἔλλειψιν, aura été « corrigé » comme complément de σημαίνουσι ; cf. *Recherches*, p. 176. « Révolution » est préféré ici par analogie avec la doctrine du ch. XXXV ; de plus, le mot « circulation » pourrait conduire à une valorisation déplacée.

2. Cf. I, X : θαλάσσης δύναμιν.

νειν. **4** Ποταμοὶ δὲ μὴ κατὰ τρόπον γινόμενοι αἵματος περιόδου σημαίνουσι, πλέον μὲν ῥέοντες ὑπερβολήν, ἔλασσον δὲ ῥέοντες ἔλλειψιν· δεῖ δὲ τῇ διαίτῃ τὸ μὲν αὐξῆσαι, τὸ δὲ μειῶσαι. Μὴ καθαροὶ δὲ ῥέοντες ταραχὴν σημαίνουσι· καθαίρεται δὲ ὑπὸ τῶν τρόχων καὶ τῶν περιπάτων πνεύ|- 656
ματι πυκνῷ διακινεόμενα. **5** Κρῆναι καὶ φρέατα περὶ τὴν κύστιν τι σημαίνει· ἀλλὰ χρὴ τοῖσιν οὐρητικοῖσιν ἐκκαθαίρειν. Θάλασσα δὲ ταρασσομένη κοιλίης νοῦσον σημαίνει· ἀλλὰ χρὴ τοῖσι διαχωρητικοῖσι καὶ κούφοισι καὶ μαλακοῖσιν ἐκκαθαίρειν. Γῆ κινευμένη ἢ οἰκίη ὑγιαίνοντι μὲν ἀσθενείην σημαίνει, νοσέοντι δὲ ὑγιείην καὶ μετακίνησιν τοῦ ὑπάρχοντος. Τῷ μὲν οὖν ὑγιαίνοντι μεταστῆσαι τὴν δίαιταν συμφέρει· ἐμεσάτω δὲ πρῶτον, ἵνα προσδέξηται αὖτις κατὰ μικρόν· ἀπὸ γὰρ τῆς ὑπαρχούσης κινεῖται ἅπαν τὸ σῶμα. Τῷ δὲ ἀσθενέοντι συμφέρει χρῆσθαι τῇ αὐτῇ διαίτῃ· μεθίσταται γὰρ ἤδη τὸ σῶμα ἐκ τοῦ παρεόντος. **6** Κατακλυζομένην γῆν ἀπὸ ὕδατος ἢ θαλάσσης ὁρῆν νοῦσον σημαίνει, ὑγρασίης πολλῆς ἐνεούσης ἐν τῷ σώματι· ἀλλὰ χρὴ τοῖσιν ἐμέτοισι καὶ τῇ ἀναριστήσει καὶ τοῖσι πόνοισι καὶ τοῖσι διαιτήμασι ξηροῖσι χρῆσθαι· ἔπειτα προσάγειν ἐξ ὀλίγων καὶ ὀλίγοισιν. Οὐδὲ μέλαιναν ὁρῆν τὴν γῆν οὐδὲ κατακεκαυμένην ἀγαθόν, ἀλλὰ κίνδυνος ἰσχυροῦ νοσήματος ἀντιτυχεῖν καὶ θανασίμου· ξηρασίης γὰρ ὑπερβολὴν σημαίνει ἐν τῇ σαρκί· **7** ἀλλὰ χρὴ τούς τε

1 μὴ M : post τρόπον transtulit **θ** ‖ 2 περιόδου Joly : περίοδον **θ**M ‖ πλέον recc. : πλεῖον **θ**MHEK ‖ ἔλασσον **θ** : -ττον M ‖ 3 ἔλλειψιν M : ἔλληψι **θ** ‖ 4 καθαροὶ M : -ρῷ **θ** Jones ‖ σημαίνουσι M : -νει **θ** ‖ 5 καθαίρεται **θ**H² : -ηται MH -ρονται recc. ‖ 5-6 πνεύματι M : τῷ πν- **θ** ‖ 6 διακινεόμενα Jones : -ούμενα **θ** ἀνακινεύμενα M ‖ post φρέατα add. πνεύματα M ‖ 8 δὲ om. M ‖ 10 γῆ κινευμένη M : κεινουμένη γῆ **θ** ‖ ἢ οἰκίη M : οἰκεία **θ** ‖ 11 νοσέοντι **θ** : -σεῦντι M ‖ 12 οὖν M : νῦν **θ** ‖ 13 συμφέρει **θ** : ξ. M ‖ δὲ om. M ‖ ἵνα **θ** : ἵ M εἰ recc. ‖ 14-15 κινεῖται ἅπαν M : κρίνεται πᾶν **θ** ‖ 15 ἀσθενέοντι **θ** : -οῦντι M ‖ 16 ἤδη **θ** : δὴ M ‖ 19 τῇ ἀναριστήσει M : τῇισιν ἀναριστηισιν **θ** ‖ 20 ξηροῖσι διαιτήμασι M ‖ χρῆσθαι H² recc. : om. **θ**MH Jones ‖ 21 καὶ ὀλίγοισι(ν) M : om. **θ**.

cices[1] et, de la nourriture, tout ce qui est sec, chaud, âcre et diurétique. On prendra de l'eau d'orge bien bouillie et tous les aliments émollients et légers, en petite quantité ; plus de vin blanc, coupé, beaucoup de bains. On ne prendra pas de bain sans avoir mangé[2], on aura un lit souple, on se reposera, on se gardera du froid et du soleil. On priera la Terre, Hermès et les Héros. Si on semble plonger dans un lac, la mer ou des fleuves, ce n'est pas bon ; cela indique un excès d'humidité. Il est utile au patient de dessécher par le régime et par un accroissement des exercices. Pour quelqu'un qui a la fièvre, ce rêve est bon : car la chaleur s'éteint par l'humidité.

Vêtements, chaussures.

XCI. **1** Si on voit quelque chose s'ajuster normalement à sa taille, sans être ni trop grand ni trop petit, cela est un bon signe pour la santé ; voir un vêtement blanc que l'on porte et ses plus belles chaussures est bon. **2** Ce qui est plus grand que les membres ou plus petit, n'est pas bon ; il faut dans un cas augmenter par le régime, dans l'autre diminuer. Les vêtements[3] noirs sont plus néfastes et plus dangereux : il faut amollir et humecter. Les vêtements nouveaux indiquent un changement.

Les morts.

XCII. **1** Voir les morts propres, en vêtements blancs est bon ; recevoir d'eux quelque chose de pur indique la

1. Parce qu'en général les exercices dessèchent (cf. LX, 2).

2. D'après le ch. LVII, seuls les bains chauds conviendraient ici, parce que, après repas, ils humectent.

3. Vêtements et chaussures, mais non, plus généralement, des « objets », comme traduit Littré.

πόνους ἀφελεῖν, τοῦ τε σίτου ὅσα τε ξηρὰ καὶ θερμὰ καὶ δριμέα καὶ οὐρητικά· διαιτῆσθαί τε τῆς τε πτισάνης καθέφθῳ τῷ χυλῷ, καὶ πᾶσι τοῖσι μαλακοῖσι καὶ κούφοισιν ὀλίγοισι, ποτῷ δὲ πλέονι ὑδαρεῖ λευκῷ, λουτροῖσι πολλοῖσι· μὴ ἄσιτος λουέσθω, μαλακευνείτω, ῥᾳθυμείτω, ψῦχος καὶ ἥλιον φυλασσέσθω· εὔχεσθαι δὲ Γῇ καὶ | Ἑρμῇ καὶ 658
ἥρωσιν. Εἰ δὲ κολυμβῆν ἐν λίμνῃ ἢ ἐν θαλάσσῃ ἢ ἐν ποταμοῖσι δοκεῖ, οὐκ ἀγαθόν· ὑπερβολὴν γὰρ ὑγρασίης σημαίνει· συμφέρει δὲ καὶ τούτῳ ξηραίνειν τῇ διαίτῃ, τοῖσί τε πόνοισι πλείοσι· πυρέσσοντι δὲ ἀγαθόν· σβέννυται γὰρ τὸ θερμὸν ὑπὸ τῶν ὑγρῶν.

XCI. **1 Ὅ τι δ' ἂν τις περὶ αὐτοῦ ὁρῇ κατὰ τρόπον γινόμενον πρὸς τὴν φύσιν τὴν ἑωυτοῦ μήτε μέζον μήτε ἔλασσον, ἀγαθὸν πρὸς ὑγιείην σημαίνει· καὶ ἐσθῆτα λευκὴν τὴν ὑπάρχουσαν καὶ ὑπόδεσιν τὴν καλλίστην, ἀγαθόν. 2 Ὅ τι δ' ἂν ᾖ μέζον τῶν μελέων ἢ ἔλασσον, οὐκ ἀγαθόν· ἀλλὰ χρὴ τὸ μὲν αὔξειν τῇ διαίτῃ, τὸ δὲ μειοῦν. Τὰ δὲ μέλανα νοσερώτερά τε καὶ ἐπικινδυνώτερα· ἀλλὰ χρὴ μαλάσσειν καὶ ὑγραίνειν. Καὶ τὰ καινὰ μεταλλαγὴν σημαίνει.**

XCII. **1 Τοὺς δὲ ἀποθανόντας ὁρῆν καθαροὺς ἐν ἱματίοισι λευκοῖσιν ἀγαθόν, καὶ λαμβάνειν τι παρ' αὐτῶν κα-**

1 ὅσα **θ** : ὁκόσα M ‖ θερμὰ καὶ om. **θ** ‖ 3 πᾶσι τοῖσι μαλακοῖσι καὶ M : σίτοισι **θ** Jones ‖ 4 δὲ om. M ‖ πλέονι MH : πλείονι **θ**EK ‖ 5 λουέσθω **θ** recc. : λούσθω MEK ‖ 6-7 Γῇ — ἥρωσιν verba in **θ** erasa ‖ 7 ἥρωσι(ν) MHEK : τοῖσιν ἥρ- recc. Littré (certo **θ** τοῖσιν numquam praebuit) ‖ κολυμβῆν M : -ᾶν **θ** ‖ 8 δοκεῖ H recc. : δοκέειν M δοκοίη **θ** ‖ 9 συμφέρει **θ** : ξ. M ‖ ξηραίνειν **θ**EIJK : σημαίνειν M om. recc. ‖ 10 πυρέσσοντι **θ** : -ττοντι M ‖ 12 ὁρῇ K : ὁρέῃ **θ** ὁρᾷ M recc. ‖ 13-14 μέζον... ἔλασσον Erm. : -ω... -ω **θ**M ‖ 14 ὑγιείην **θ** : ὑγείην M ‖ 16 ἂν **θ** : ἢν M ‖ μέζον Joly : μεῖζον M μείζων **θ** ‖ τῶν μελέων secl. Erm. ‖ 17 τὸ μὲν... τὸ δὲ M : τὰ μὲν... τὰ δὲ **θ** ‖ 18 τε καὶ ἐπικινδυνώτερα Littré : τε καὶ ἐπικίνδυνα M καὶ ἐπικινδυνώτερα **θ** ‖ 21 δὲ om. M ‖ ὁρῆν M : ὁρη **θ**.

santé des corps et (la qualité) de ce qu'on y introduit. Car c'est des morts que proviennent les nourritures, les accroissements et les semences[1]. Quand cela entre pur dans le corps, c'est signe de santé. **2** Mais si on voit les morts nus ou vêtus de noir ou malpropres ou recevant quelque chose ou emportant quelque chose de la maison, ce n'est pas favorable, car cela indique une maladie ; c'est que ce qui entre dans le corps est nuisible. Il faut s'en débarrasser par les courses simples et les promenades et, après vomissement, augmenter la nourriture graduellement avec un régime émollient et léger.

Visions étranges, aliments, actions diverses. Conclusion.

XCIII. **1** Les corps de forme étrange qui apparaissent dans les rêves et effraient l'homme indiquent une plénitude d'aliments inhabituels, une sécrétion, un flux bilieux et une maladie dangereuse. Il faut vomir et accroître en cinq jours des aliments les plus légers possible, mais non en grande quantité, ni âcres, ni secs, ni chauds ; parmi les exercices, surtout ceux qui sont naturels, sauf les promenades après dîner. User aussi de bains chauds et de repos. On se gardera du soleil et du froid.

2 Si on paraît manger ou boire en rêve des aliments ou des boissons habituels, cela indique défaut de nourriture et désir de l'âme[2]. (Manger en rêve) les viandes les plus fortes indique un excès très important ; plus faibles, un excès moindre. Car ce qui est bon à manger est bon aussi quand on rêve qu'on le mange. Il est donc utile de supprimer des aliments, puisque cela indique un excès

1. Cette croyance religieuse frappe par son archaïsme ; cf. M. Delcourt, *Delphes*, p. 141 ; L. Gernet et A. Boulanger, *Le génie grec dans la religion*, Paris, 1932, p. 62 ; M. Detienne, *La notion de δαίμων...*, p. 36.

2. Tout ce passage a été violemment corrigé par Littré et est considéré comme désespéré par Jones. Il nous paraît acceptable moyennant deux légères corrections.

θαρὸν ὑγιείην σημαίνει καὶ τῶν σωμάτων καὶ τῶν ἐσιόντων· ἀπὸ γὰρ τῶν ἀποθανόντων αἱ τροφαὶ καὶ αὐξήσιες καὶ σπέρματα γίνεται· ταῦτα δὲ καθαρὰ ἐσέρπειν ἐς τὸ σῶμα ὑγιείην σημαίνει· **2** Εἰ δὲ τοὐναντίον τις ὁρῴη γυμνοὺς ἢ μελανοείμονας ἢ μὴ καθαροὺς ἢ λαμβάνοντάς τι ἢ φέροντας ἐκ τῆς οἰκίης, οὐκ ἐπιτήδειον· σημαίνει γὰρ νοῦσον· τὰ γὰρ ἐσιόντα ἐς τὸ σῶμα βλαβερά· ἀλλὰ χρὴ τοῖσι τρόχοισι καὶ τοῖσι περιπάτοισιν ἀποκαθαίρεσθαι, καὶ τῇ τροφῇ τῇ μαλακῇ καὶ κούφῃ προσάγειν ἐμέσαντα.

XCIII. **1** Ὅσα δὲ ἀλλόμορφα σώματα φαίνεται ἐν τοῖ- 660
σιν ὕπνοισι καὶ φοβεῖ τὸν ἄνθρωπον, σιτίων ἀσυνηθέων σημαίνει πλησμονὴν καὶ ἀπόκρισιν καὶ χολέρην καὶ νοῦσον κινδυνώδεα· ἀλλὰ χρὴ ἔμετον ποιήσασθαι καὶ προσάγειν ἐς ἡμέρας πέντε σίτοισιν ὡς κουφοτάτοισι, μὴ πολλοῖσι μηδὲ δριμέσι, μήτε τοῖσι ξηροῖσι μήτε τοῖσι θερμοῖσι, καὶ τῶν πόνων τοῖσι κατὰ φύσιν μάλιστα, πλὴν τῶν ἀπὸ δείπνου περιπάτων· χρῆσθαι δὲ καὶ θερμολουσίῃ καὶ ῥαθυμίῃσιν· ἥλιον δὲ καὶ ψῦχος φυλασσέσθω. **2** Ὁκόταν δὲ ἐν τῷ ὕπνῳ ἐσθίειν δοκῇ ἢ πίνειν τῶν συνηθέων ποτῶν ἢ σιτίων, ἔνδειαν σημαίνει τροφῆς καὶ ψυχῆς ἐπιθυμίην· κρέα δὲ τὰ μὲν ἰσχυρότατα, μεγίστην ὑπερβολήν, τὰ δὲ ἀσθενέστερα ἧσσον· ὥσπερ γὰρ ἐσθιόμενον ἀγαθόν, οὕτω καὶ ὁρεόμενον· ἀφαιρεῖν οὖν τῶν σιτίων συμφέρει·

1 ὑγιείην **θ** : ὑγείην M ‖ 2 ἀποθανόντων M : θανόντων **θ** ‖ 4 ὑγιείην : ὑγείην **θ**M ‖ 5 μελανοείμονας M : μελανίμονας **θ** ‖ 6 γὰρ H² recc. : τε **θ**MH ‖ 8 alt. καὶ om. MH ‖ 9 καὶ M**θ** : τε καὶ recc. ‖ 10 Ὅσα **θ** : ὁκόσα M ‖ ἐν M : ἐπὶ **θ** ‖ 11 ἀσυνηθέων Joly : -ήθων **θ**M ‖ 12 χολέρην Joly : -ραν **θ**M ‖ 13 κινδυνώδεα **θ** : -ώδη M ‖ 14 σίτοισιν **θ** : -ίοισι M ‖ 17 χρῆσθαι M : χρήσθω **θ** ‖ 17-18 θερμολουσίῃ καὶ ῥαθυμίῃσιν **θ** : λουτροῖσι καὶ θερμολουσίῃσι καὶ ῥαθ- M ‖ 18 ὁκόταν **θ** : ἢν M ‖ 19 συνηθέων : -ήθων **θ**M ‖ 20 ποτῶν ἢ σιτίων **θ** : σιτίων ἢ πομάτων M ‖ ἐπιθυμίην Littré, Erm. : ἀθυμίην **θ**M Jones ‖ 21 μεγίστην ὑπερβολὴν Joly : -ης -ῆς **θ**M ἐνδείας (sic) ὑπερβολὴν Littré Erm. ‖ 22 ἧσσον : ἥσσω Erm. ‖ 23 οὕτω M : -ως **θ** ‖ ὁρεόμενον : -αιόμενον **θ** -ώμενον M ‖ συμφέρει **θ** : ξ. M οὐ συμφ- Littré Erm.

de nourriture. **3** Les pains faits avec du fromage et du miel indiquent la même chose. De l'eau pure qu'on boit ne fait pas de tort. Tout le reste fait du tort[1].

Tout ce qu'on paraît voir d'habituel indique un désir de l'âme ; tout ce qu'on fuit pris de peur indique un arrêt du sang causé par la sécheresse. Il importe de refroidir et d'humecter le corps.

4 Chaque fois que l'on se bat, qu'on est piqué ou ligoté par un autre, cela indique qu'une sécrétion opposée au circuit s'est produite dans le corps. Il convient de vomir, de dessécher, de se promener, d'user d'aliments légers et de les augmenter après vomissement en cinq jours. **5** S'égarer ou monter avec difficulté indique la même chose[2]. Traversées de fleuves, hoplites, ennemis, monstres aux formes étranges indiquent maladie ou folie. Il convient d'user de peu d'aliments, légers et émollients, de vomissements ; d'augmenter la nourriture en cinq jours ; de faire beaucoup d'exercices naturels, sauf après dîner ; d'éviter le bain chaud, le repos, le froid, le soleil.

6 En suivant ces conseils comme je viens de l'écrire, on sera bien portant pendant sa vie.

Quant à moi, j'ai découvert le régime, dans toute la mesure où, n'étant qu'un homme, on peut le découvrir avec l'aide des dieux.

1. Ces dernières expressions fort abrégées pourraient faire croire à tort que l'auteur envisage une influence du rêve sur la santé. Il est bien certain que, par exemple, il veut dire : « rêver qu'on boit de l'eau pure n'indique pas qu'on soit en mauvaise santé ». Les additions des manuscrits récents aux paragraphes 3 et 5 ont pour but d'expliciter la vraie pensée de l'auteur.

2. Pour l'addition des *deteriores*, voyez la note précédente.

τροφῆς γὰρ ὑπερβολὴν σημαίνει· **3** καὶ ἄρτοι τυρῷ καὶ μέλιτι πεποιημένοι ὡσαύτως σημαίνουσιν. Ὕδωρ πινόμενον καθαρὸν οὐ βλάπτει· τὰ δὲ ἄλλα πάντα βλάπτει. Ὅσα δὲ δοκεῖ ἄνθρωπος θεωρεῖν τῶν συνηθέων, ψυχῆς ἐπιθυμίην σημαίνει· Ὅσα δὲ φεύγει πεφοβημένος, ἐπίστασιν τοῦ αἵματος σημαίνει ὑπὸ ξηρασίης· συμφέρει δὲ ψῦξαι καὶ ὑγρῆναι τὸ σῶμα. **4** Ὅσα δὲ ἢ μάχεται ἢ κεντεῖται ἢ συνδεῖται ὑπ' ἄλλου, ἀπόκρισιν σημαίνει ὑπεναντίην τῇ περιόδῳ γεγονέναι ἐν τῷ σώματι· ἐμεῖν συμφέρει καὶ ἰσχναίνειν καὶ περιπατεῖν· σίτοισι κούφοισι χρῆσθαι, | 662 καὶ προσάγειν ἐκ τοῦ ἐμέτου ἐς ἡμέρας πέντε. **5** Καὶ πλάνοι καὶ ἀναβάσιες χαλεπαὶ ταὐτὰ σημαίνουσιν. Ποταμῶν διαβάσιες καὶ ὁπλῖται καὶ πολέμιοι καὶ τέρατα ἀλλόμορφα νοῦσον σημαίνει ἢ μανίην. Συμφέρει σίτοισιν ὀλίγοισι κούφοισι μαλακοῖσι χρῆσθαι καὶ ἐμέτοισι, προσάγειν ἡσυχῇ ἐς ἡμέρας πέντε, καὶ τοῖσι πόνοισι τοῖσι κατὰ φύσιν πολλοῖσι πλὴν ἀπὸ δείπνου, θερμολουσίην, ῥᾳθυμίην, ψῦχος, ἥλιον φυλάσσεσθαι. **6** Τούτοισι χρεώμενος ὡς γέγραπται, ὑγιανεῖ τὸν βίον, καὶ εὕρηταί μοι δίαιτα ὡς δυνατὸν εὑρεῖν ἄνθρωπον ἐόντα σὺν τοῖσι θεοῖσιν.

1 ὑπερβολὴν : ἐνδείας ὑπερβ- Littré Erm. ‖ 2 post πεποιημένοι add. καθ' ὕπνους ἐσθιόμενοι H^2 recc. Littré ‖ 3 ὅσα Joly : ὁκόσα **θ**M ‖ 4 συνηθέων Joly : -ήθων **θ**M ‖ 5 ὅσα **θ** : ὁκόσα M ‖ 7 ὑγρῆναι **θ** : -ᾶναι M ‖ pr. ἢ om. **θ** ‖ 8 συνδεῖται **θ** : ξ. M ‖ 9 ἐν om. M ‖ συμφέρει **θ** : ξ. M ‖ 10 pr. καὶ om. **θ** ‖ alt. καὶ M recc. : om. **θ**E ‖ 11 ἐς ἡμέρας πέντε M : πρὸς ἡμέρας τέσσερας **θ** ‖ 12 post ἀναβάσιες add. ἐκ φαντασμάτων H^2 recc. Littré ‖ χαλεπαὶ **θ** : -ὰ M ‖ ταὐτὰ Littré : ταῦτα **θ**M ‖ 13 pr. καὶ **θ** recc. : om. MHEIJK ‖ alt. καὶ M recc. : om. **θ**G ‖ tert. καὶ P'Q' Littré : om. **θ**M recc. ‖ νοῦσον M : νούσους **θ** ‖ 14 σίτοισιν **θ** : -ίοισιν M ‖ 16 καὶ τοῖσι πόνοισι M : καὶ σίτοισι καὶ πόν- **θ** ‖ 17 δείπνου M : τοῦ δ. **θ** ‖ 18 χρεώμενος Joly : χρεόμενος **θ** χρώμενος M ‖ 19 ὑγιανεῖ **θ** : -αίνει M recc. -αίνοι K ‖ 20 ἐόντα **θ** : ὄντα M ‖ τοῖσι θεοῖσιν, quae verba in **θ** non erasa sunt.

Note additionnelle a I, viii, 2

Après avoir consulté notre ami M. François Duysinx, maître de conférences à l'Université de Liége et spécialiste bien connu de la musique antique, il nous a semblé que le mieux était d'accueillir sa traduction et de lui en demander un commentaire à l'intention de tous ceux pour qui la musique antique est à peu près inaccessible. Nous le remercions ici très vivement et nous pensons que le lecteur aussi lui saura gré de cette note éclairante.

Le passage qui va de τυχόντα ἁρμονίης... à ... οὐ γὰρ ἂν προσαείσαι ne se comprend que si on recourt à la théorie musicale propre aux Pythagoriciens. Interprétons, selon cette théorie, les termes musicaux qui apparaissent ici, et dégageons-en le sens du passage :

1. ἁρμονία, dans son sens musical le plus général, signifie « arrangement de sons entre lesquels existent des rapports mathématiquement définissables et musicalement harmonieux », « système de sons fondé sur les lois musicales ».

Voici quelques-unes de ces lois, relatives aux intervalles :

— l'octave, la quinte et la quarte sont des consonances parfaites ;

— l'octave se définit par le rapport $\frac{2}{1}$, qui représente ceci : si une corde de longueur n émet un son x, la moitié de la longueur n sur la même corde (ou sur une corde semblable pour la matière, le calibre et la tension) émettra un son situé à l'octave supérieure du son x ;

— la quinte se définit par le rapport $\frac{3}{2}$: les deux tiers de la longueur n émettront un son situé à la quinte supérieure du son x ;

— la quarte se définit par le rapport $\frac{4}{3}$: les trois quarts de la longueur n émettront un son situé à la quarte supérieure du son x.

Une des ἁρμονίαι les plus utilisées dans la théorie est la

« gamme » d'octave du type dorien, ou « mode » dorien, dont on peut représenter la forme diatonique par cette série de sons (de l'aigu au grave) : *mi*$_3$ *ré do si la sol fa mi*$_2$. Dans cette série, quatre sons sont dits « fixes » : *mi*$_3$ *si la mi*$_2$, les sons extrêmes des deux tétracordes qui sont la charpente du mode, les sons qui ne changeront pas de hauteur si on fait passer le mode du genre diatonique au genre chromatique ou au genre enharmonique. Ces quatre sons constituent le σῶμα ἁρμονίας, le « corps » du système musical. Ce sont les seuls auxquels recourt l'auteur du *Régime* dans le § 8, où ces sons sont définis par les intervalles qu'ils créent entre eux : *mi*$_3$-*mi*$_2$: octave ; *mi*$_3$-*si* et *la*-*mi*$_2$: quartes ; *mi*$_3$-*la* et *si*-*mi*$_2$: quintes.

Pour calculer les rapports existant entre ces quatre sons, les Pythagoriciens recouraient à une série de nombres, la « proportion » 6, 8, 9, 12, qui permet d'exprimer tous les rapports en nombres entiers. Ainsi, si le son grave *mi*$_2$ est représenté par le nombre 12, son octave supérieure (*mi*$_3$) vaut 6 ($\frac{12}{6} = \frac{2}{1}$ = octave) ; sa quinte supérieure (*si*) vaut 8 ($\frac{12}{8} = \frac{3}{2}$ = quinte) ; sa quarte supérieure (*la*) vaut 9 ($\frac{12}{9} = \frac{4}{3}$ = quarte). Dans la série 6, 8, 9, 12, les trois termes 6, 9, 12 constituent une progression où 9 est la moyenne arithmétique ; les trois termes 6, 8, 12 constituent une progression où 8 est la moyenne harmonique.

Les nombres 6, 8, 9, 12 sont précisément ceux que Pythagore fixe pour les périodes de développement du fœtus (cf. Censorinus, *De die natali*, 9 et 11) : 6 jours où le sperme se mue en humeur laiteuse ; 8 jours où cette humeur se change en sang ; 9 jours où la chair apparaît ; 12 jours où le fœtus prend forme humaine. Il faut donc que les cellules reproductrices respectent une série numérique du type de la proportion qui régit l'ἁρμονία musicale.

2. συμφωνία a toujours le sens de « consonance », « intervalle consonant ». Les trois seuls intervalles reconnus comme consonants par les Anciens sont l'octave (διὰ πασῶν), la quinte (διὰ πέντε ou δι' ὀξειῶν) et la quarte (διὰ τεσσάρων ou συλλαβή). Leurs rapports ont été définis ci-dessus. Nous avons vu également que ces consonances apparaissent dans le σῶμα ἁρμονίας.

3. σύμφωνος signifie « consonant », c'est-à-dire « en rapport de consonance avec un son donné ». Un intervalle consonant étant défini par un rapport mathématique précis (cf. *supra*), la notion de justesse parfaite est liée à celle de consonance : une « quarte » où l'un des deux sons, le grave ou l'aigu, serait trop haut ou trop bas, serait fausse : elle ne serait plus une quarte de rapport $\frac{4}{3}$. Et ainsi de suite pour la quinte et l'octave. Dans le σῶμα ἁρμονίας, et par conséquent aussi dans toute ἁρμονία d'octave, dans toute « gamme », si une quarte ou une quinte ou l'octave est fausse, tout le système sera faussé : on pourra dire que l'ἁρμονία, dans son ensemble, n'est pas réalisée (cf. ἦν... μὴ τύχῃ τῆς ἁρμονίης) et que le son faux « s'écarte » de son accord (cf. ἀπογενομένου).

4. διὰ παντός a manifestement ici le même sens que διὰ πασέων. C'est l'intervalle (octave) que l'on réalise en allant d'un bout à l'autre de l'instrument (διὰ παντός) auquel songe l'auteur, ou en parcourant de la première à la dernière toutes les cordes (διὰ πασῶν) de cet instrument. Notons que beaucoup d'instruments à cordes avaient, à l'époque, sept cordes, et non huit, mais que les extrêmes consonaient bien à l'octave, un degré étant absent dans la « gamme » constituée par les sept cordes.

5. Τόνος a, en théorie musicale, quatre sens différents (cf. Cléonide, Εἰσαγωγὴ ἁρμονική, § 12) :

a) Un intervalle de ton entier, défini par le rapport $\frac{9}{8}$.

b) Un degré de hauteur auquel on exécute une mélodie donnée. C'est le sens moderne de « tonalité » ou « ton (de transposition) ». Un Grec ancien pouvait chanter une même mélodie en tel ou tel τόνος plus ou moins aigu. Ainsi le τόνος lydien était plus aigu que le τόνος dorien, etc.

c) Le degré de tension auquel est soumise une corde donnée. Ce degré de tension définit le son que rendra cette corde. Plus elle sera tendue, plus le son sera aigu. Il s'agit donc ici de hauteur absolue du son.

d) L'action de tendre les cordes d'un instrument de façon à donner à chaque corde le son qu'elle doit avoir pour être « juste » à l'intérieur d'un système donné. Il s'agit ici de l'accord réalisé en pratique sur un instrument avant de jouer sur cet instrument une mélodie donnée. On réalise cet accord en agissant sur les organes tenseurs de l'instrument, chevilles ou autres.

Dans le § 8 du *Régime*, c'est dans ce dernier sens qu'il faut entendre τόνος. Ce mot concrétise ici la notion même de ἁρμονία. Ἁρμονία représente le système « idéal », où les rapports définis par les nombres 6, 8, 9, 12 sont respectés ; τόνος représente la mise en pratique de ce système idéal sur un instrument à cordes. Éclairons l'idée par un exemple moderne : un violoniste sait, par la théorie, que son violon doit s'accorder, du grave à l'aigu, *sol ré la mi*, soit un système de quatre sons formant trois quintes successives. Ce système est l'ἁρμονία, le modèle idéal de l'accord à réaliser. Mais un violoniste débutant pourra, en s'accordant, tendre trop fort ou trop peu fort l'une ou l'autre de ses quatre cordes. On lui en ferait le reproche en lui disant : « Votre τόνος est faux. » (Alors que l'ἁρμονία à laquelle il visait, était, elle, idéalement juste.)

Si l'accord de base réalisé sur un instrument est faux, tout air joué sur cet instrument sonnera faux, lui aussi. Un instrument mal accordé ne permettra pas d' « accompagner » un chant exécuté correctement à la voix (cf. οὐ γὰρ ἂν προσαείσαι). Il suffit, pour le comprendre, de se rappeler que l' « accompagnement » instrumental antique consistait uniquement à jouer sur l'instrument la mélodie elle-même que la voix chantait sur ce soutien instrumental (προσᾴδω), et à exécuter, pendant les repos de la voix, de très courts interludes instrumentaux.

A la lumière de ces interprétations, le sens général du passage en question est bien : « Il faut que les cellules respectent la série des nombres 6, 8, 9, 12, série qui définit les principaux rapports musicaux, ceux des consonances qui sont à la base de toute ἁρμονία. Si, au cours du développement des cellules, une seule période n'a pas exactement le nombre de jours qui est fixé pour elle par cette série, le fœtus n'aboutira pas, même si les autres périodes ont eu leur nombre exact de jours. C'est *comme* sur un instrument de musique : si une seule corde du σῶμα ἁρμονίας est mal accordée, l'accord d'ensemble ne permet aucune exécution pratique convenable. »

NOTES COMPLÉMENTAIRES

Page 13, *ligne* 23 :

* Diels-Kranz, suivis par Kirk, mettent le point en haut, non pas après ἔχει, mais avant τοσοῦτον. C'est, à notre avis, compliquer inutilement un texte déjà redoutable.

Page 29, *ligne* 16 :

* Ce long chapitre est très intéressant par sa construction systématique qui vise à classer les individus en types d'intelligence. Le détail déborde d'ailleurs le cadre strict de l'aptitude mentale ; il s'agit bien de caractérologie et plus précisément de « caractérologie causale » (cf. G. Palmade, *La caractérologie*, Paris, P. U. F., p. 20 sq.).

L'influence d'Empédocle nous paraît évidente (cf. *Recherches*, p. 88) ; Diogène d'Apollonie pose le principe d'une diversité de l'intelligence (νόησις) d'après les qualités variables de l'air (fr. 5, fin) : c'est, dans un cadre philosophique différent, exactement la même démarche intellectuelle.

Pages 71, *note* 3, et 77, *note* 1 :

* *In extremis*, l'avis de M. F. Lasserre vient confirmer notre position : *Die Fragmente des Eudoxos von Knidos*, Berlin, 1966, p. 225. Comparant le calendrier d'Eudoxe et celui du *Régime*, M. Lasserre refuse la thèse de Rehm, selon laquelle c'est le premier qui aurait influencé le second ; il ne trouve aucune difficulté à notre datation du *Régime*, qu'il mentionne explicitement et semble bien admettre.

Page 89, *ligne* 25 :

* La progression minutieuse (et répétée) n'est pas une exigence personnelle de notre auteur ; la médecine cnidienne notamment offre des exemples analogues ; cf. *Affections internes*, 17, et *Recherches*, p. 198-199.

Page 97, *ligne* 19 :

* Σοφία, pour désigner une science particulière, est un mot du ve siècle, beaucoup plus que du IVe.

INDEX VERBORVM[1]

1. Le présent *Index* n'est pas complet ; nous espérons cependant n'avoir omis aucun terme important au point de vue médical ou philosophique. — Quand un mot apparaît dans plusieurs paragraphes d'un même chapitre, nous n'avons mentionné le chapitre qu'une fois. Nous avons renoncé à dépouiller certaines sections du texte pour des mots d'un usage qui y est trop fréquent ; nous l'indiquons par « *passim* ». Un point d'interrogation mis entre parenthèses indique que le mot en question pose un problème de critique textuelle.

B

Z

H

Θ

I

K

N

Ξ

O

Π

Ρ

Σ

T

Υ

Φ

X

Ψ

Ω

CORRIGENDA ET ADDENDA

R. Joly a publié en 1984 une *editio maior* du traité du *Régime* dans le *Corpus Medicorum graecorum* : Hippocrate, *Du Régime*, édité, traduit et commenté par Robert Joly avec la collaboration de Simon Byl, CMG I, 2, 4, Akademie Verlag, Berlin, 1984, 332 p.

P. 12, l. 23, remplacer « changement » par « déplacement ».
P. 28, l. 25, lire : donnent.
P. 39, n. 1, l. 2, lire : G. Bachelard.
P. 40, l. 22 sqq., remplacer « froid » par « froide », « il » (*bis*) par « elle » et « le » par « la ».
P. 45, n. 2, l. 4, lire : ὀΐων.
P. 54, app., l. 6, remplacer « ἀκτέης Joly : -τῆς » par « ἀκτῆς ».
P. 62, l. 10, lire : τοιῇδε.
P. 68, n. 1, l. 1, lire : 66.
P. 70, n. 1, l. 1, supprimer l'astérisque.
P. 95, l. 11, remplacer « quatre » par « cinq ».
P. 97, n. 1, l. 4, lire : prouvent.
P. 98, n. 2, ajouter : cf. Euripide, *fragment* 432 N.
P. 119, après ἀντίπαλος, ajouter : ἀντίσπασις **66**, 7.
P. 128, après καυσώδης, ajouter κέγχρος **45**, 2.
P. 139, après ὕειος, ajouter ὕλη **52**, 1.
P. 141, lire : ᾠόν.

TABLE DES MATIÈRES

Ce volume,
de la Collection des Universités de France,
publié aux Éditions Les Belles Lettres,
a été achevé d'imprimer
en janvier 2003
sur presse rotative numérique
de Jouve
11, bd de Sébastopol, 75001 Paris

N° d'édition : 4753
Dépôt légal : janvier 2003

Imprimé en France